2021年受験用 鹿児島県
高校入試問題集 公立編

JN061110

2021

公立高校入試 3年分
実戦問題 2 回分

解答用紙集

目　次

※国語・理科・英語・社会の解答用紙はＢ４に，数学の解答用紙はＡ３に拡大コピーしていただきますと，実物大になります。

令和二年度　鹿児島県公立高校入試問題

国語解答用紙

1

1 ①　ましい　②　③　って
④　⑤　⑥　った

2　画

2

1
2
3
4 Ⅰ Ⅱ
5

3

1
2
3
4 Ⅰ Ⅱ Ⅲ

4

1
2 Ⅰ Ⅱ
3
4
5

5

1
2
3
4
5
6
7
8

受験番号

合計得点

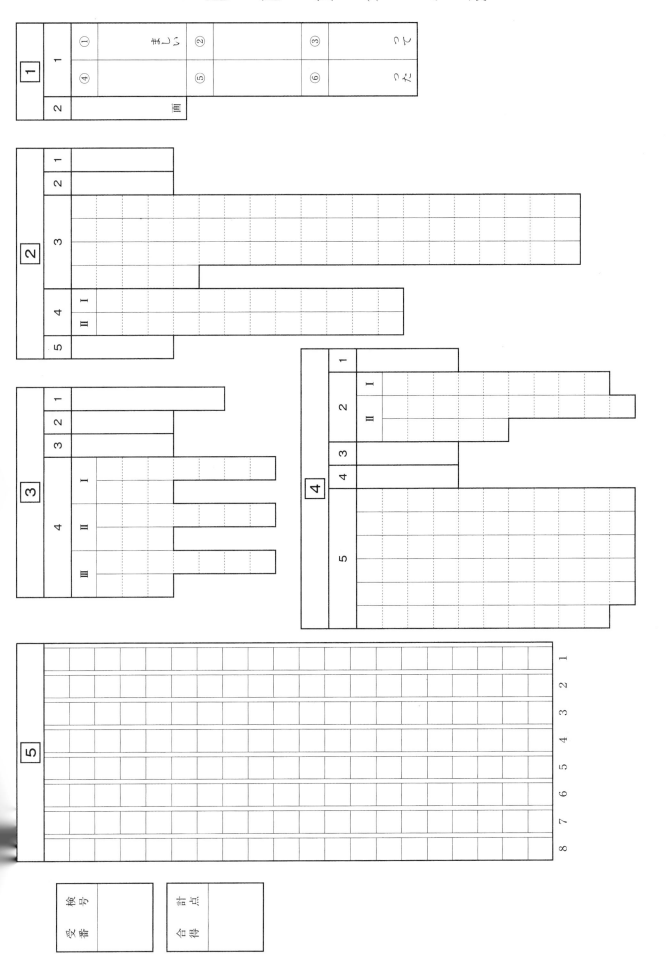

令和２年度　鹿児島県公立高校入試問題

理　科　解　答　用　紙

1	1	類			
	2				
	3				
	4	①		②	
	5				
	6	(1)			
		(2)	①		②
	7				

2	Ⅰ	1		
		2		
		3	→　→　→	
	Ⅱ	1		
		2		
		3	(1)	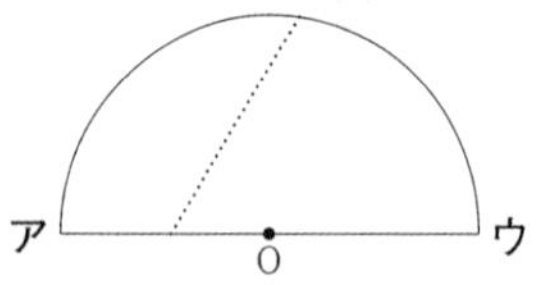
			(2)	

3	Ⅰ	1				
		2	a		b	
		3	Cは，水溶液の温度を下げると，			
		4	g			
	Ⅱ	1				
		2				
		3	(1)	電池		
			(2)	化学式		分子の個数　個

4	Ⅰ	1		
		2	ア →　→　→　→	
		3		
		4		
	Ⅱ	1		
		2		
		3	(1)	
			(2)	
		4		

5	Ⅰ	1	°
		2	
		3	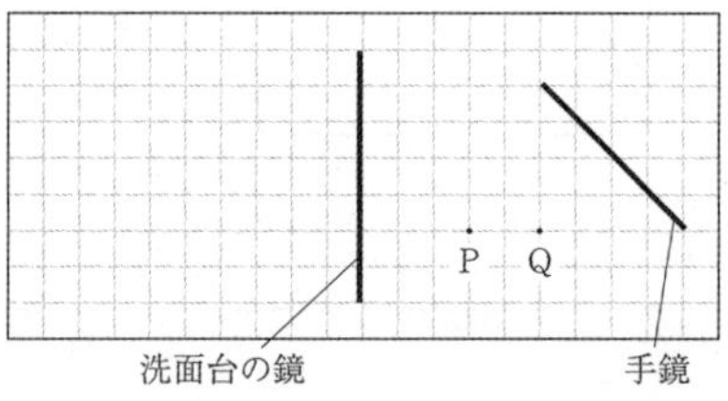
	Ⅱ	1	J
		2	
		3	
		4	cm
		5	

受検番号	

合計得点	

令和２年度　鹿児島県公立高校入試問題

英　語　解　答　用　紙

1	1		
	2		
	3		→ →
	4		① ②
	5	(1) (2)	
		(3)	He began to .
	6		
2	1		① ②
	2	①	
		②	
		③	Then, .
		④	
	3		?
	4		
3	Ⅰ		① ② ③
	Ⅱ	1 (1)	
		1 (2)	
		2	
	Ⅲ	1	
		2	
4	1		→ →
	2		30
	3		?
	4		
	5		
	6		
	7		

受　検 番　号	

合　計 得　点	

令和２年度　鹿児島県公立高校入試問題

社　会　解　答　用　紙

1

Ⅰ	1	山脈
	2	
	3	
	4	
	5	
	6	(1)
		(2)
Ⅱ	1	
	2	
	3	
	4	
	5	
	6	
Ⅲ	X	経路あ　経路い
	Y	

2

Ⅰ	1	
	2	
	3	
	4	
	5	
	6	(　　)→(　　)→(　　)→(　　)
Ⅱ	1	①
		②
	2	
	3	(　　)→(　　)→(　　)
	4	
	5	
	6	
Ⅲ		25

3

Ⅰ	1	
	2	
	3	
	4	
	5	
	6	
Ⅱ	1	
	2	
	3	
	4	
	5	(1)
		(2)
Ⅲ	X	
	Y	30

受検番号	

合計得点	

令和２年度　鹿児島県公立高校入試問題

数　学　解　答　用　紙

1

1 (1)　(2)　(3)　(4)　(5)

2 $y=$　3　4　5

2

1　度　2　3 $x=$

4

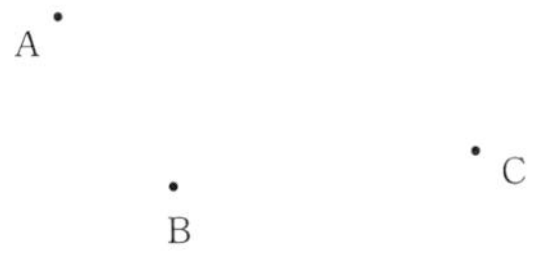

5 （式と計算）

答　A さんが最初に持っていた鉛筆　本,

B さんが最初に持っていた鉛筆　本

3

1　点　2 (1) ア　イ　(2)　点　3　点

4

1 ア

イ

3 (1)　度

$t=$

(2)　m²

2 （証明）

5

1　Q(　,　)

2　$t=$

3 (1) R(　,　)

3 (2) （求め方や計算）

答

受検番号	

合計得点	

平成三十一年度　鹿児島県公立高校入試問題

国語解答用紙

1

1
(1)　　た
(2)
(3)
(4)　　しい
(5)　　く
(6)

2

2

1
2　Ⅰ　Ⅱ
3
4
5

3

1
2
3　Ⅰ　Ⅱ　Ⅲ　Ⅳ

4

1
2
3　Ⅰ　Ⅱ
4
5

5

1
2
3
4
5
6
7
8

受検番号

合計得点

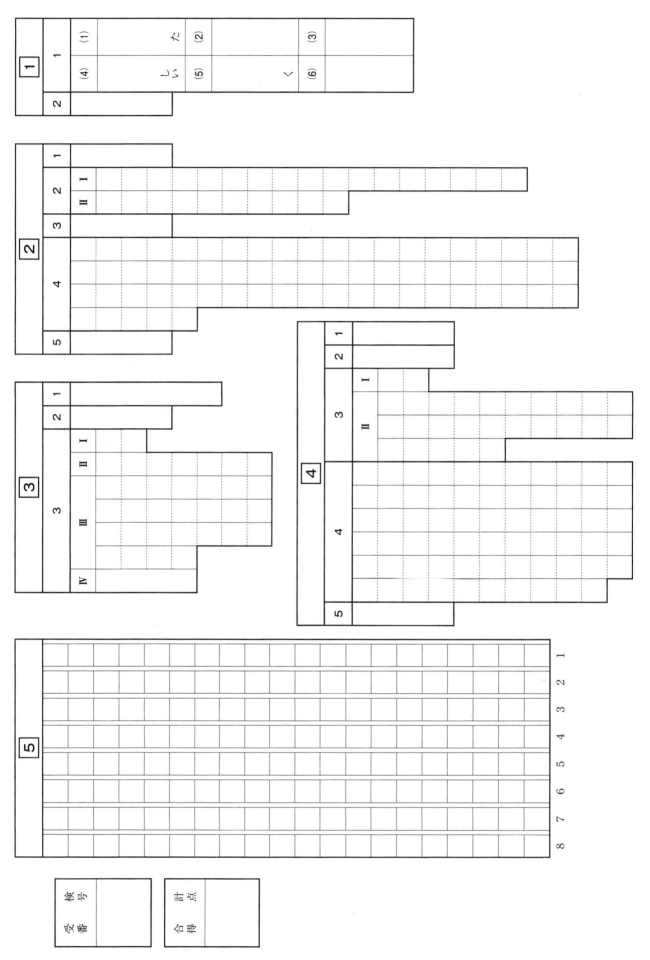

平成31年度　鹿児島県公立高校入試問題

理　科　解　答　用　紙

1	1		
	2	記号	名称
	3		
	4		
	5		
	6		
	7		
	8	①	②

2	Ⅰ	1		神経
		2		
		3		
	Ⅱ	1		
		2		
		3	(1)	
			(2)	cm^3

3	Ⅰ	1			
		2			
		3	(1)		
			(2)	①	②
	Ⅱ	1		Ω	
		2	(1)	mA	
			(2)		
		3	a		
			b		

4	Ⅰ	1	①	②	
		2	リトマス紙		
			イオンの名称		
		3	$Ba(OH)_2$ + H_2SO_4 →		
	Ⅱ	1	(1)		
			(2)		
			(3)		
		2	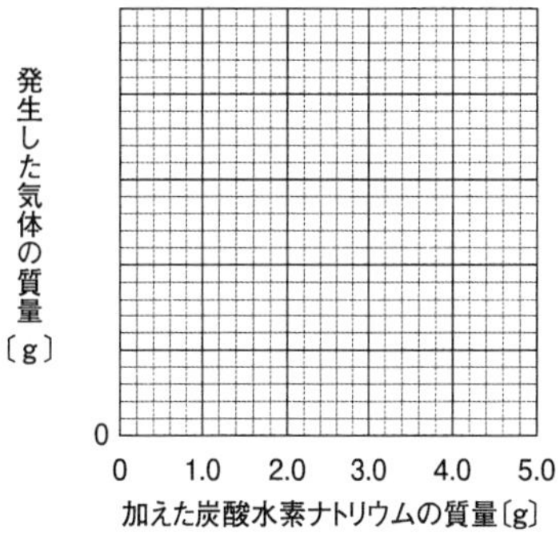		
		3	%		

5	Ⅰ	1	
		2	
		3	
	Ⅱ	1	
		2	
		3	
		4	

受検番号		合計得点	

平成31年度　鹿児島県公立高校入試問題

英　語　解　答　用　紙

1	1		
	2		
	3	①	②
	4	(1)	
		(2)	(3) He .
	5		
2	1	①	②
	2	①	
		②	
		③	
		④	with you ?
	3		?
	4		
3	Ⅰ	①	② ③
	Ⅱ	1	
		2	
	Ⅲ	1 (1)	
		1 (2)	
		2	30
4	1	ア	イ ウ
	2		
	3		
	4		30
	5		
	6		
	7		

受検番号	

合計得点	

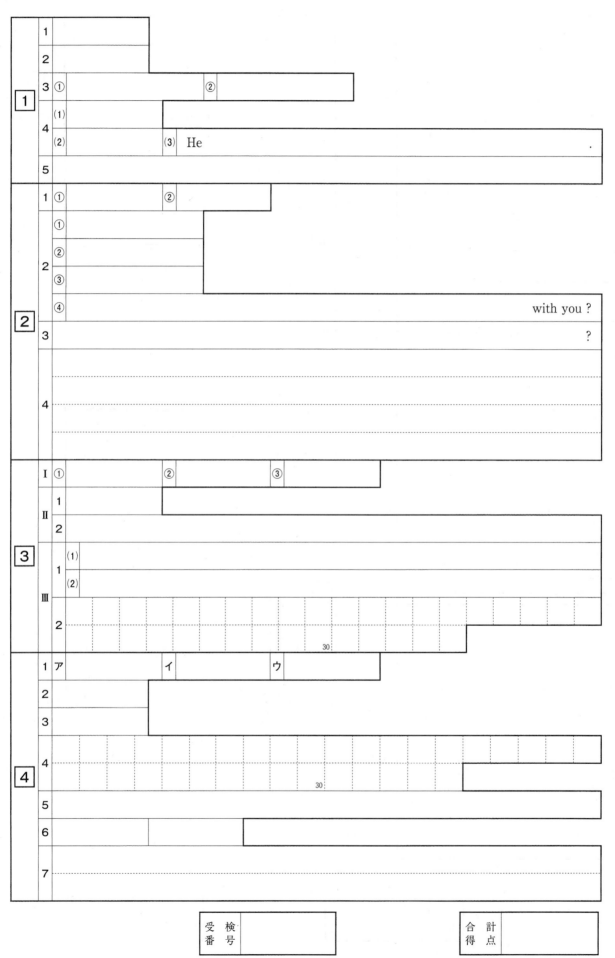

平成31年度　鹿児島県公立高校入試問題

社　会　解　答　用　紙

1	Ⅰ	1	州
		2	
		3	度
		4	（記号）
			（特徴）
		5	
		6	
	Ⅱ	1	
		2	
		3	
		4	
		5	大泉町に多く住む
		6	
	Ⅲ		50

2	Ⅰ	1	①
			②
		2	（　　）→（　　）→（　　）→（　　）
		3	
		4	
		5	
		6	
	Ⅱ	1	①
			②
		2	
		3	
		4	（1899年）
			（理由）
		5	
		6	（　　　）→（　　　）→（　　　）
	Ⅲ		

3	Ⅰ	1	
		2	
		3	
		4	
		5	30
		6	（当選者数）　人
			（特徴）小選挙区制に比べ
	Ⅱ	1	
		2	(1)
			(2)
		3	
		4	
		5	
	Ⅲ		（記号）
			（しくみ）

受検番号		合計得点	

平成31年度　鹿児島県公立高校入試問題

数　学　解　答　用　紙

1	1	(1)		(2)		(3)		(4)		(5)	
	2	度	3		4	倍	5				

2	1	P（　　　　，　　　　）	4	（証明）	5	（式と計算） 答　120円のりんご　　個， 100円のりんご　　個， 80円のりんご　　個
	2					
	3	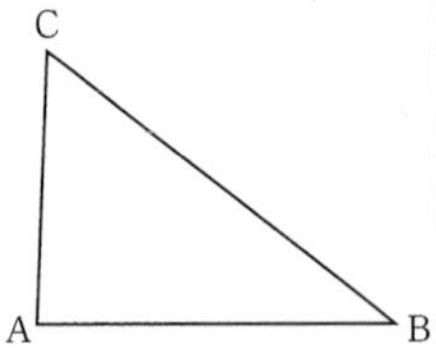				

3	1	点	2	人	3	(1)	点	(2)	

4	1	$a=$		2	(1)	（証明）
	2	(2)	ア			
			イ			
			ウ			

5	1	ア		2	（式と計算） 答　　　　秒後
		イ			
		ウ			
		エ			
		オ			

受検番号			合計得点	

平成三十年度　鹿児島県公立高校入試問題

国語解答用紙

1

1　(1)　(2)　え　(3)　(4)　らす　(5)　む　(6)

2　画

2

1

2

3　Ⅰ　Ⅱ

4

5

3

1

2

3

4　Ⅰ　Ⅱ　Ⅲ

4

1

2

3　Ⅰ　Ⅱ

4

5

5

重視したいこと

1　2　3　4　5　6　7　8

受検番号

合計得点

理　科　解　答　用　紙

1	1	
	2	→　→　→
	3	
	4	
	5	
	6	Aの質量 □ Bの質量
	7	
	8	g/cm^3

2	Ⅰ	1						
		2	km/s					
		3	(1)	km				
			(2)	①		②		
	Ⅱ	1						
		2	1日目と2日目では，1 m^3 の空気にふくまれる水蒸気の質量は					
		3	a		b		c		d	

3	Ⅰ	1	a	
			b	
		2	記号	
			名称	
		3		
		4	%	
	Ⅱ	1		
		2		
		3	a		b	

4	Ⅰ	1				
		2				
		3	個体C		個体D	
		4	a		b	
	Ⅱ	1				
		2				
		3				
		4	a			
			b			

5	Ⅰ	1	秒間				
		2	(1)	①		②	
			(2)				
		3					
	Ⅱ	1					
		2					
		3	(1)	cm			
			(2)	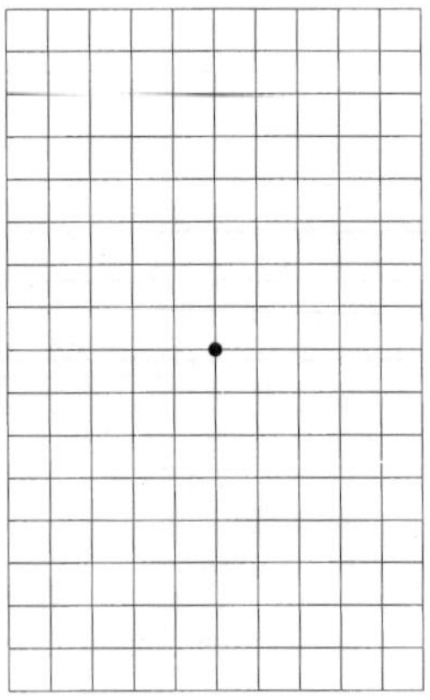			

受検番号	

合計得点	

平成30年度　鹿児島県公立高校入試問題

英　語　解　答　用　紙

1	1		
	2		
	3	①	②
	4	(1)	(2)
	5		
2	1	①	②
	2	①	
		②	
		③	?
		④	
	3		for 10 minutes ?
	4		
3	Ⅰ	① ② ③	
	Ⅱ	1	
		2	
	Ⅲ	1	(1)
			(2)
		2	30
4	1	ア イ ウ	
	2		
	3		35
	4		?
	5		
	6		
	7		

受検番号	

合計得点	

平成30年度　鹿児島県公立高校入試問題

社　会　解　答　用　紙

1	Ⅰ	1	大陸
		2	
		3	
		4	
		5	
		6	
	Ⅱ	1	
		2	
		3	農業
		4	
		5	
		6	（記号）
			（理由）
	Ⅲ		

2	Ⅰ	1	
		2	
		3	
		4	
		5	（　　　）→（　　　）→（　　　）
		6	①
			②
	Ⅱ	1	①
			②
		2	
		3	
		4	
		5	
		6	
	Ⅲ		

3	Ⅰ	1	
		2	
		3	
		4	
		5	
		6	住民が
	Ⅱ	1	
		2	
		3	
		4	
		5	（ X ）
			（記号）
	Ⅲ		

受検番号	

合計得点	

平成30年度　鹿児島県公立高校入試問題

数　学　解　答　用　紙

1

1	(1)		(2)		(3)		(4)		(5) $x=$
2		3	$y=$	4	$n=$	5	%		

2

1		2	$r=$	（体積）　cm³	3

4	（相似な三角形）　　と （証明）	5	（式と計算） 答　トレーニングA　　分，トレーニングB　　分

3

1	m	2		3	(1)	m	
3	(2)	（適切でないもの）	（理由）				

4

1	cm	2 (1)	$y=$
2 (2)	ア		
	イ		
	ウ		
2 (3)	（式と計算） 答　　秒後		

5

1

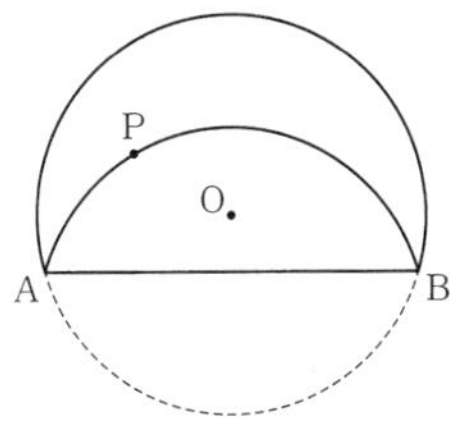

2	(1) 度	(2)	cm

2 (3)	ア		イ		ウ
	エ	答　　cm²			

受検番号	

合計得点	

令和三年度　公立高校入試実戦問題　第一回

国語解答用紙

1

1　①　②　③　り　④　⑤　める　⑥

2

2

1
2
3　50
4　〜
5
6

3

1
2
3
4　Ⅰ　Ⅱ

4

1
2
3
4
5
6

5

1
2
3
4
5
6
7
8

受検番号	

合計得点	

令和３年度　公立高校入試実戦問題　第１回

理　科　解　答　用　紙

1	1		
	2	a	
		b	
	3		
	4		
	5	(1)	
		(2)	
	6	①	②
	7		

2	Ⅰ	1		
		2		
		3		J
		4		倍
	Ⅱ	1	a	
			b	
		2		
		3	実　験	

3	Ⅰ	1		
		2	A	C
		3		

3	Ⅱ	1		
		2	X	神経
			Y	神経
		3		
		4		秒

4	Ⅰ	1	
		2	
		3	g
		4	
	Ⅱ	1	
		2	
		3	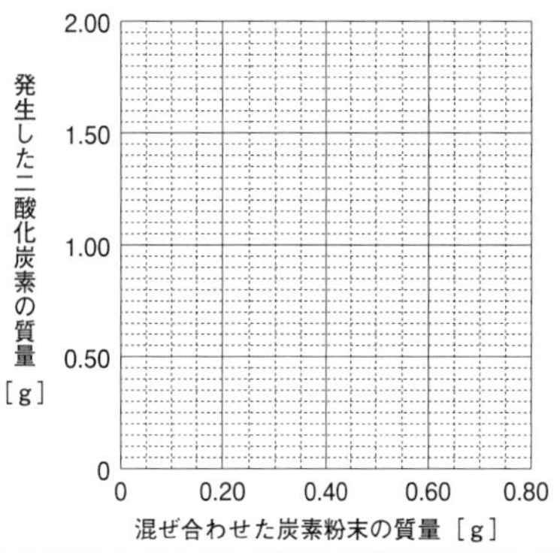
		4	g

5	Ⅰ	1	
		2	
		3	９　時　　分　　秒
		4	秒
	Ⅱ	1	
		2	
		3	
		4	回目

受　検 番　号	

合　計 得　点	

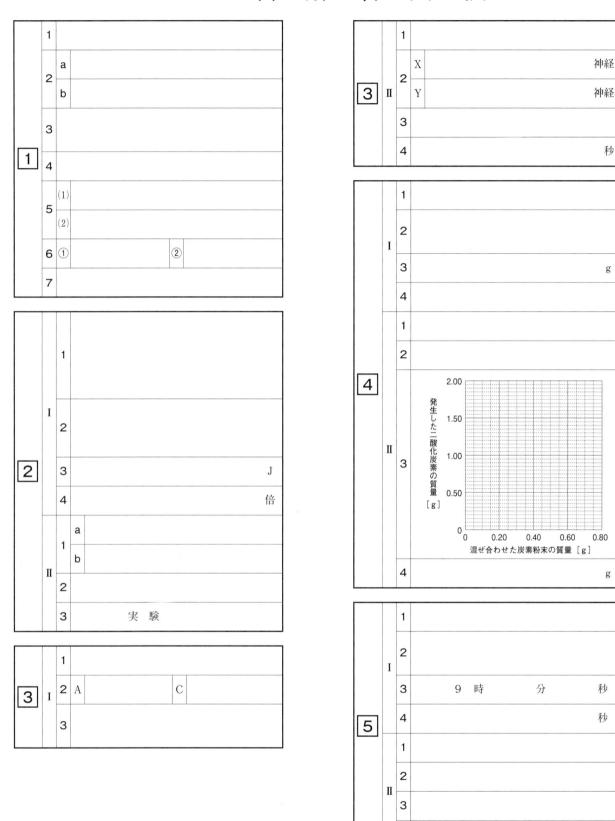

令和３年度　公立高校入試実戦問題　第１回

英　語　解　答　用　紙

1	1		2
	3	→ →	
	4	①	②
	5	(1)	(2)
		(3) She .	
	6		

2	1	①	②
	2	① ?	
		②	
		③	
		④	
	3	?	
	4		

3	Ⅰ	①	②	③	
	Ⅱ	1	(1)		
			(2)		
		2			
	Ⅲ	1	2		

4	1	→ →
	2	
	3	
	4	35
	5	
	6	
	7	

受検番号	

合計得点	

令和３年度　公立高校入試実戦問題　第１回

社　会　解　答　用　紙

1

Ⅰ	1	
	2	
	3	
	4	時間　分
	5	
	6	
	7	
Ⅱ	1	（語句）
		（記号）
	2	10
	3	
	4	
	5	
	6	
Ⅲ		

2

Ⅰ	1	
	2	人
	3	
	4	
	5	
	6	（信仰）
		（記号）
	7	（　）→（　）→（　）→（　）
Ⅱ	1	
	2	
	3	（1935年）　（1960年）　（2018年）
	4	
	5	
	6	（　）→（　）→（　）→（　）
Ⅲ		55

3

Ⅰ	1		海流
	2		
	3		
	4		
	5	(1)	①
			②
		(2)	25
Ⅱ	1		
	2		
	3		
	4		
	5		
	6		
Ⅲ			

受検番号		合計得点	

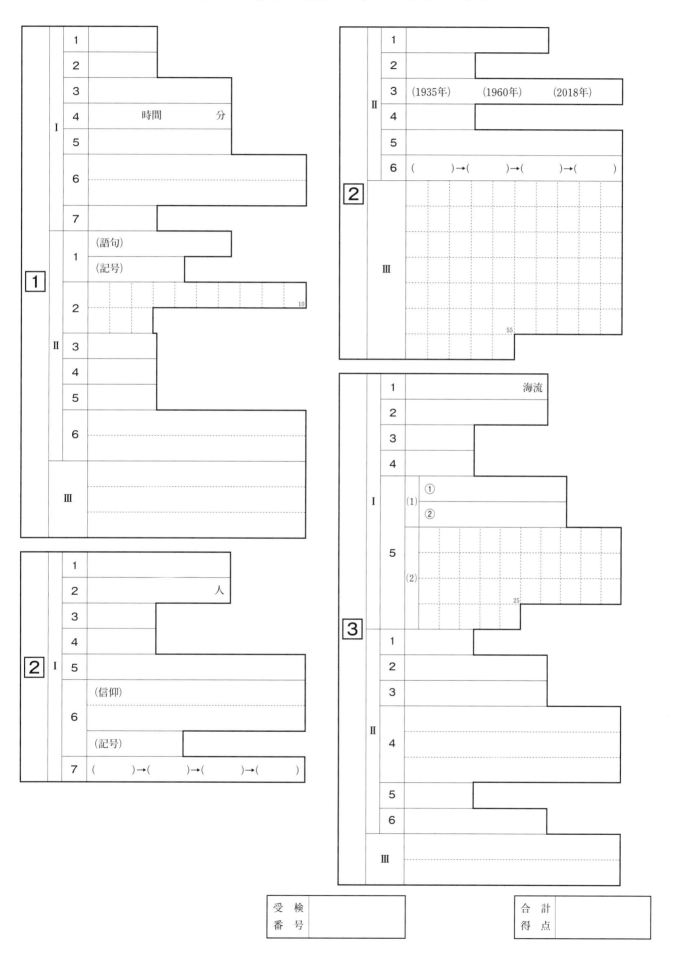

令和３年度　公立高校入試実戦問題　第１回

数　学　解　答　用　紙

1

1	(1)		(2)		(3)		(4)	$x=$　　　, $y=$	(5)
2	円	3	個	4	$y=$	5	度		

2

1

2 (1)　cm^2

2 (2)

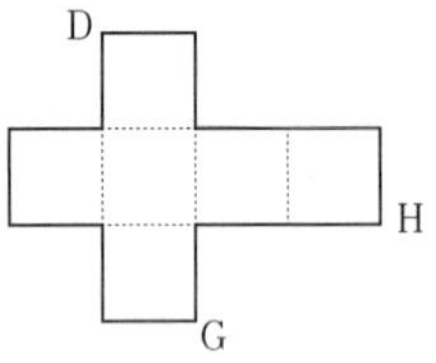

3

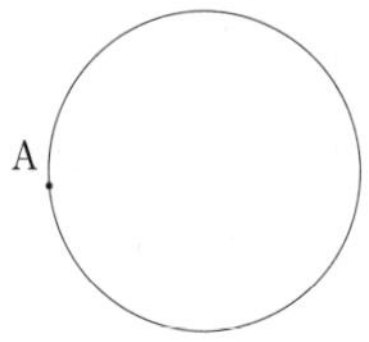

4 (式と計算)

答 大人　　　人 , 中学生　　　人

3

1　倍

2　m

3 (1)

ア	イ	ウ

3 (2)

記号	(説明)

4

1		2	(1)		(2)	①	②	3	分から　　　分の間

5

1 (証明)

2　度

3 (1) (求め方や計算)

答　　　cm^3

3 (2)　　　:

受検番号	

合計得点	

令和三年度　公立高校入試実戦問題　第二回

国語解答用紙

1

1　①　②　やか　③　④　しく　⑤　⑥

2

2

1　2　3　4　5　6

3

1　2　3　4　Ⅰ　Ⅱ

4

1　2　3　4　5　6　40

5

1　2　3　4　5　6　7　8

受検番号

合計得点

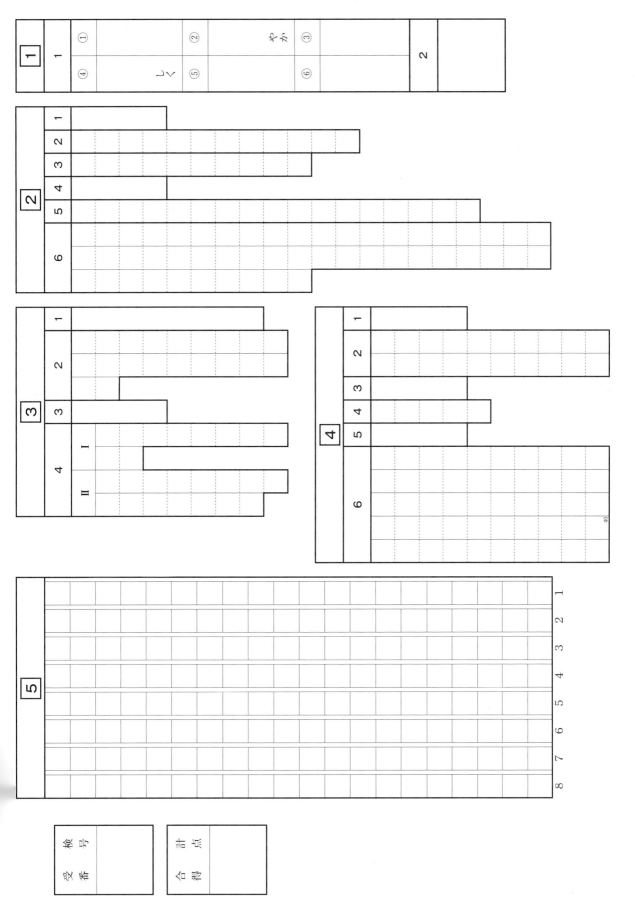

令和３年度　公立高校入試実戦問題　第２回

理　科　解　答　用　紙

1	1			
	2			
	3	①	②	
	4			
	5	m		
	6	(1)		
		(2)	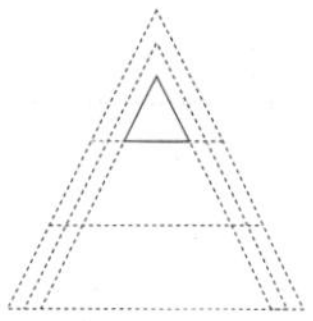	
	7			

2	Ⅰ	1	と
		2	午後　　　　時ごろ
		3	
		4	
	Ⅱ	1	
		2	
		3	,　　　,

3	Ⅰ	1		
		2	a	
			b	
		3		
		4		

3	Ⅱ	1	a	
			b	
			c	
		2	,　　　,	
		3	g／cm^3	

4	Ⅰ	1		
		2		
		3		
		4		
	Ⅱ	1	類	
		2		
		3	a	
			b	
		4	③	⑥

5	Ⅰ	1		
		2		
		3		
		4		
	Ⅱ	1		
		2	PT間	cm/s
			S	cm/s
		3		

受　検 番　号	

合　計 得　点	

令和３年度　公立高校入試実戦問題　第２回

英　語　解　答　用　紙

1	1		2
	3	→ →	
	4	①	②
	5	(1)	(2)
		(3) They will　　　in Asahi Park.	
	6		
2	1	①	②
	2	①	
		②	
		③	
		④	
	3	?	
	4		
3	Ⅰ	①	② ③
	Ⅱ 1	(1)	
		(2)	
	Ⅱ 2		
	Ⅲ 1		2
4	1	→ →	
	2		
	3		
	4	35	
	5	?	
	6		
	7		

受検番号		合計得点	

令和３年度　公立高校入試実戦問題　第２回

社 会 解 答 用 紙

1			
	Ⅰ	1	
		2	
		3	
		4	(1)
			(2)
		5	
		6	
	Ⅱ	1	度
		2	(記号)
			(都市名)　市
		3	
		4	
		5	
		6	
	Ⅲ		

2			
	Ⅰ	1	
		2	
		3	
		4	
		5	
		6	
		7	(　)→(　)→(　)→(　)
	Ⅱ	1	
		2	
		3	
		4	第一次世界大戦が始まると,
		5	
		6	(　)→(　)→(　)
	Ⅲ	X	10
		Y	10

3			
	Ⅰ	1	
		2	①
			②
		3	
		4	
		5	(1)
			(2)
	Ⅱ	1	
		2	
		3	
		4	
		5	
		6	20
	Ⅲ		(記号)
			(理由)

受検番号	

合計得点	

令和３年度　公立高校入試実戦問題　第２回

数　学　解　答　用　紙

1	1	(1)	(2)	(3)	(4) $a=$　　, $b=$	(5)　cm
	2	3 記号	正しくなおしたもの	4 $y=$	5　%	

2	1	(1)　通り	
		(2) 店	確率
	2	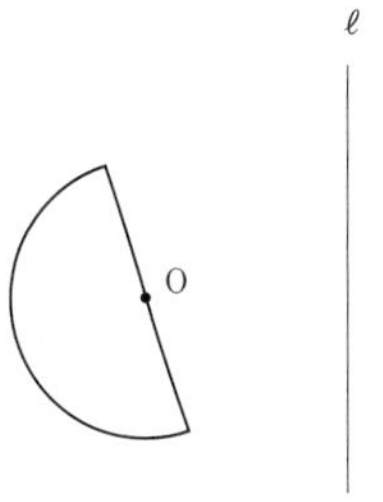	
	3	(証明)	
	4	(式と計算) 答　4人の組　　人,6人の組　　人	

3	1	分	
	2	およそ　人	
	3	(1)　人	
	3	(2) 正しい　正しくない	(説明)

4	1	ア	
		イ	
	2	ウ	
		エ	
	3		
	4	cm^2	

5	1	$a=$	
	2		
	3	(1) $S=$	
	3	(2) (式と計算)	答　$t=$

受検番号	

合計得点	

KYOUSHIN

中学校　3年　　組　　番
氏名

2021年受験用

鹿児島県高校入試問題集　公立編

目　次

問題・正答例と解説

※全ての聞き取りテストは，英語のページにあるＱＲコードをスマートフォン等で読み取って再生することも可能です。

・**英語聞き取りテスト音声ファイルダウンロードページ**
http://www.kakyoushin.co.jp/?page_id=6137

鹿児島県公立高校入試問題の出題傾向と対策　国　語

令和２年度の出題の傾向と対策

大問1は漢字の問題です。今年度から文章中に出てくる漢字の書き取り，読み取りとなり，より漢字を推測しやすくなりました。また，漢字は小中学校で学んだ日常よく使う漢字から出題されます。**特に漢字の書き取りは小学校学習漢字からしか出題されません。**漢字の学習は日ごろの積み重ねです。しっかり復習しましょう。また，書写では行書体の字を楷書体に直したときの総画数を問う問題が出題されました。**書写の行書体の特徴もしっかりおさえておきましょう。**

大問2は，対話とは何か，なぜ大切なのかということを述べた説明的な文章です。品詞の判別や内容理解に関する基本的問題が出題されたほか，記述問題では，筆者が考える「個人としての存在意義」は，どのようなときにもたらされるかということを65字以内でまとめる問題が出題されました。――線部の直前の内容や，その部分についてほかに詳しく述べている箇所を探し，まとめるために必要な言葉を選択する力が求められました。また，同じ内容を複数の言葉で表現している箇所もありました。**日頃から言葉の指す内容にも気をつけて読む練習をしてみましょう。**

大問3は古文です。江戸時代に書かれた「鬼神論」を素材に，登場人物の判別や話の内容をとらえる問題が出題されました。その中には，例年通り，授業の一場面を想定し，先生と生徒の対話の中から話の内容を理解させる問題も出題されました。古文では会話主，動作主が省略されることが多いので，**常にこの言葉は誰が言っているのか，だれがこの動作を行っているのかということを考えながら読む癖をつけましょう。**

大問4は，将棋教室に通う小学五年生の主人公が，以前将棋の対戦で負けてしまった年下の男の子と再戦したことで，自分の考えが前向きなものへと変化した場面を描いた文学的な文章です。主に登場人物の心情を中心に出題されました。**日ごろから本を読むときに登場人物の心情を考えたり，書かれていない部分について想像したりし，さらにその想像を自分の言葉で説明する練習をしてみましょう。**

大問5は条件作文です。今年度は「古典をマンガで読むこと」を題に，資料を踏まえて反対の立場に立って考えを書く問題でした。資料と議論の内容から，ある程度書く内容が定められており，そこに自分の考えを明確に表現することができるかどうかがポイントとなりました。作文力に加え，資料を読み取る力も必要です。

過去５年間の出題内容

	出題内容＼年度	28	29	30	31	2
説明的文章	適語補充	○	○	○	○	○
	内容理解	○	○	○	○	○
	内容の説明	○	○	○	○	○
	内容吟味				○	○
文学的文章	内容理解	○		○	○	○
	内容の説明	○	○	○	○	○
	心情理解	○	○	○	○	○
	心情の説明	○	○	○	○	○
	表現吟味		○			
	文脈の把握	○	○	○	○	○
漢字・書写	漢字の書き取り・読み	○	○	○	○	○
	書写	○	○	○	○	○
	筆順・画数	○	○	○		○

	出題内容＼年度	28	29	30	31	2
古典	仮名遣い	○	○	○	○	○
	動作主・会話主	○				○
	解釈	○	○		○	
	内容理解	○	○	○	○	○
文法	自立語	○		○	○	○
	付属語	○		○		○
	活用		○			
表現	資料を見て書く作文			○	○	○
	意見を参考にして自分の考えを書く作文	○				
	一方の立場に立って自分の考えを書く作文		○			

鹿児島県公立高校入試問題の出題傾向と対策　理　科

令和２年度の出題の傾向と対策

例年同様，物理・化学・生物・地学から１題ずつと，４分野総合問題１題の計５題の出題で，点数配分は４分野がほぼ均等に出題されていました。出題範囲は，中学１～３年生までのほぼすべての単元と小学校の単元で，問題形式は，文章記述問題が増えていました。問題の難易度は，昨年よりやや難しいように感じられ，問題文や資料から情報を読み取る力が求められる問題が多く見られました。

1は４分野総合問題で，例年通り，小問集合形式で出題され，記号問題と単語問題で構成されていました。7の台風の進路についての問題では，教科書で学習した低気圧周辺の風の流れと，観測地点での風向きの変化をあわせて考える必要がありました。

2は地学分野で，Ⅰは流れる水のはたらき，Ⅱは天体の日周運動についての出題でした。Ⅰでは，小学校で学習した内容と中学校で学習した内容をあわせて考える問題が出題されました。関連する単元については学年で区切らずに結び付けながら学習しておく必要性を感じました。

3は化学分野で，Ⅰは溶解度，Ⅱはイオンについての出題でした。Ⅰ４では，とけ残った溶質を完全にとかすために必要な溶媒の質量を求める問題が出題されましたが，質量パーセント濃度を求める公式の知識の知識と数学の文字式の知識を活用して問題を解く必要があり，公式の表す内容を理解して式を立てられるかが問われました。

4は生物分野で，Ⅰは植物の細胞分裂，Ⅱはデンプンの消化についての出題でした。Ⅱ４では，消化酵素の３つの性質について，問題文中で行った実験から確認できる内容を選ぶ問題が出題され，行った実験の目的や結果から何がわかるかを理解できているかが問われました。

5は物理分野で，Ⅰは鏡の反射，Ⅱは小球の運動についての出題でした。Ⅰ３では，２枚の鏡を使った光の道すじを作図する問題が出題され，それぞれの鏡に反射している光を正確にイメージする必要がありました。また，Ⅱ４では，木片の移動距離を変化させる複数の項目の相関関係を丁寧に整理して計算をする必要がありました。

理科の入試では，知識や計算力，読解力や表現力などの総合的な力が求められます。学習した知識は演習を多くこなして，いつでも使えるようにしておきましょう。また，問題文や図表を正確に読みとる習慣も身に付けておきましょう。

過去５年間の出題内容

	出題内容　　年度	28	29	30	31	2
1年範囲	植物のからだのつくり		○	○		
	植物のはたらき（光合成・呼吸・蒸散）	○			○	
	植物の分類					
	身のまわりの物質とその性質				○	
	いろいろな気体とその性質				○	
	水溶液の性質・溶解度	○		○		○
	物質の姿と状態変化		○			○
	光の世界	○		○		○
	音の世界		○		○	
	力の世界	○	○			
	火山とマグマ・火成岩	○			○	
	地震とプレート			○		
	大地の変化・堆積岩・化石		○		○	○
2年範囲	生物の細胞のつくり	○				
	動物の体のはたらき		○			○
	動物の体のつくり	○			○	
	動物の分類	○		○		○
	動物の変遷と進化		○	○		
	物質の成り立ち（分解・原子・分子）	○	○	○		○
	物質どうしの化学変化（化合）	○				
	酸素がかかわる化学変化（酸化・還元）					
	化学変化と物質の質量				○	
	化学変化と熱の出入り	○				

	出題内容　　年度	28	29	30	31	2
2年範囲	電流の性質		○		○	○
	電流と磁界				○	
	静電気と電流	○				
	気象情報と気象観測		○			
	前線と天気の変化			○		
	日本の天気				○	○
	空気中の水蒸気の変化			○	○	
3年範囲	生物の成長と生殖		○	○		○
	遺伝の規則性と遺伝子				○	
	水溶液とイオン	○		○	○	○
	化学変化と電池		○			
	酸・アルカリとイオン				○	○
	物体の運動	○		○		
	力の規則性		○		○	
	仕事とエネルギー					○
	いろいろなエネルギー				○	
	太陽系の天体	○		○		
	天体の１日の動き		○			○
	天体の１年の動き		○			
	太陽と月・惑星の見え方	○	○		○	
	科学技術と人間	○	○	○		
	自然と人間		○	○		○
	小学校で習う内容から	○	○	○		○

鹿児島県公立高校入試問題の出題傾向と対策　英　語

令和２年度の出題の傾向と対策

1は放送による聞き取りテスト。実施時間は，約11分37秒となっていました。昨年までより小問が1つ増え，**1**と**2**は1回だけ放送され，**3**以降は2回ずつ放送されました。それにより，1回しか放送されないものは，放送内容を一度で把握する集中力が求められました。**3**は，放送内容に合わせて絵や資料を正しい順序に並べかえる問題でした。情報量は多いですが，並べかえに必要な情報を確認できれば答えられます。**4**では，曜日を書かせる問題が出されました。月や曜日は覚える数は限られています。よく問われるため，つづりや発音をしっかり習得しておきましょう。聞き取りテストでは，**聞いた英文を適切な表現に発展させて英文に当てはめる力**を身につけておきましょう。対策としては，英文を聞く習慣を持ち，要点を書き取るなどして英文の流れや状況を正確につかむ力をつけておくとよいでしょう。

2は英語表現力をみる問題。**2**は日本語の資料を使った適語補充・英作文の問題で，毎年さまざまな形の資料で出題されています。対話文の内容を資料と照らし合わせていくことに加えて，資料の内容からの適切な言いかえがあり，直訳ではなく対話の流れに合う表現に変えて当てはめる練習が必要でしょう。また，文法力を問うような出題の仕方も近年多く見られます。**4**はテーマに沿った自由英作文で，テーマが与えられるまでの過程が英文になっています。そのテーマを理解した上で，提示された3つの立場から1つ選び，それついて英文を書くものでした。また，20語以上で書くという条件があり，まとまりのある英文を書く力が求められます。昨年に引き続きスピーチ形式になっており，話すことも意識した出題になっていたと思われます。**4**のような問題に備え，身近なことを表現するための語彙力をつけたり，**どのようなテーマでも自分の考えを英語で表現できるように日頃から練習することが大切です。**

3は英文読解問題。鹿児島の話題を取り入れた内容の英文がよく出ています。毎年，全文をしっかり理解しなければ難しい内容把握の問題が出題されます。今年はⅢで日常生活で見られるような資料を利用した出題があり，生活の中での英語の使用を意識させるものでした。**日頃からさまざまな種類の英文や対話文をたくさん読んで，スピードと全体の内容を捉えられる読解力をつけておきましょう。**

4は長文総合問題。毎年，物語文が出題されています。英文はシンプルな展開で読みやすいストーリーですが，単に内容が理解できているかを問う問題だけでなく，**登場人物の気持ちになって，自分なりの英文で表現をする**問題が出題されています。今年は，英作文で10語以上の英文を書く必要があり，高い読解力と英語での表現力が必要とされました。日頃から，長文を自分の言葉で要約できる読解力，語彙力，文法力に加えて，英語での表現力を鍛える勉強をしていきましょう。

過去５年間の出題内容

	年度／出題内容	28	29	30	31	2
聞き取りテスト	英文・対話文に合う絵の選択	○	○	○	○	○
	対話の場面・意図を選択		○	○	○	○
	絵の並びかえによる放送内容の把握					○
	英文に関する質問の答え	○	○	○	○	○
	要約文完成（英語記述）	○	○	○	○	○
	質問に自分の立場で答える	○	○	○	○	○
対話文完成	対話の流れに合う英文の選択	○	○	○	○	○
	英文の当てはまる場所の選択	○	○	○	○	○
適語補充	出題形式					
	日本語の資料をもとに適語補充	○	○	○	○	○
	グラフをもとに英文完成	○				
	出題された単語の品詞					
	名詞			○	○	○
	動詞	○	○	○	○	○
	形容詞	○	○			○
	前置詞	○				
	接続詞			○		

	年度／出題内容	28	29	30	31	2
英作文	条件に合う英文を自分の考えで書く	○	○	○	○	○
	絵の状況に合う英文の完成	○	○	○	○	○
	文脈に合う英文の完成・並べかえ	○		○	○	○
対話文・英文読解	英語の資料の読み取り					○
	内容について英文記述	○	○	○	○	○
	適切な語句の抜き出し		○		○	
	適文選択	○	○	○	○	○
	内容に合う文の選択	○	○	○	○	○
	英文の表題選択		○	○	○	
	絵の並べかえによる流れの把握			○	○	○
	心情の把握	○	○	○	○	○
	適語・適文の選択	○		○	○	○
	流れに合う英語の記述	○	○	○	○	○
	内容について日本語で記述	○	○	○	○	○
	内容に合う文の選択，完成	○	○	○	○	○
	内容に関わる英文表現		○	○	○	○
	流れに合う語句の抜き出し	○				○

鹿児島県公立高校入試問題の出題傾向と対策　社　会

令和２年度の出題の傾向と対策

昨年と同様の大問３つで構成されていました。設問数は昨年と同じ41問でした。点数配分は昨年と変わって，地理が30点，歴史が31点，公民が29点となっています。記述式の出題は，昨年より２問減って13問となっていました。そのうちの２問は短い形式の記述問題であり，さまざまなパターンの記述問題がバランスよく出題されていました。

1 は地理。Ⅰは世界地理で，本初子午線，世界各国の特色，東南アジアの工業などを問う出題でした。Ⅱは日本地理で，日本の各地方の地形や気候，農業や産業，交通に関する出題が見られました。Ⅲは防災に関する出題で，実際に避難場所に避難する場合の経路に関する出題が見られました。地理に関しては，**日頃から世界と日本に見られる特色など，教科書に載っている基本的な内容をしっかりおさえることと，資料に書かれている情報をしっかりと読み取ることが大切です。**

2 は歴史。Ⅰは大宰府にゆかりのある人物とそのことに関する会話文から，古代から近世までのそれぞれの時代に関連する日本や世界に関するできごとなどを問う出題でした。小問**4**では，指定語句を３つ使い，大航海時代の新航路開拓の理由を問う記述問題が出題されました。Ⅱは近代以降の歴史であり，略年表から，各時代の日本と世界のできごとについて問う出題が見られました。Ⅲは，世界恐慌が起きた後にアメリカで実施されたニューディール政策の内容を問う記述問題でした。歴史に関しては，**それぞれの時代の重要なできごと・人物などを理解し，古代から近代までの時代のつながりをおさえることが大切です。**

3 は公民。Ⅰは基本的人権・政治・国際連合やさまざまな国際問題などに関する出題，Ⅱは経済分野であり，社会保障・経済成長率・金融・財政などの出題が見られました。Ⅲは，消費者トラブルがあった場合の消費者の権利を守る経済のしくみなどに関する出題でした。公民に関しては，**政治・経済・国際問題などメディアで取り上げられている内容に興味を持ち，教科書を通して理解を深めることが大切です。**

今後は，教科書に載っている基本的な内容をまんべんなく学習し，その知識を活用することと，資料を読み取る読解力を身につける練習が必要となってきます。入試に向けて一つずつこなしていきましょう。

過去５年間の出題内容

分野	出題内容＼年度	28	29	30	31	2
地理的分野	世界の国々と人々の生活	○	○	○	○	○
地理的分野	アジア	○	○	○	○	○
地理的分野	アフリカ	○	○	○	○	○
地理的分野	ヨーロッパ・ロシア	○	○	○	○	○
地理的分野	南北アメリカ	○	○	○	○	○
地理的分野	オセアニア（オーストラリア）		○		○	○
地理的分野	日本のすがた・世界の中の日本	○	○	○	○	○
地理的分野	地形図		○	○		○
地理的分野	九州地方	○	○		○	○
地理的分野	中国・四国地方	○		○		○
地理的分野	近畿地方	○			○	○
地理的分野	中部地方	○	○	○	○	○
地理的分野	関東地方	○	○	○	○	○
地理的分野	東北・北海道地方	○		○		○
歴史的分野	文明のおこりと日本の始まり				○	
歴史的分野	古墳・飛鳥時代と東アジア		○	○	○	○
歴史的分野	奈良時代	○	○	○	○	○
歴史的分野	平安時代	○	○		○	○
歴史的分野	鎌倉時代	○	○	○		○
歴史的分野	室町時代	○		○	○	○
歴史的分野	世界の動きと天下統一	○	○	○	○	○
歴史的分野	江戸時代	○	○	○	○	○

分野	出題内容＼年度	28	29	30	31	2
歴史的分野	近代ヨーロッパとアジア	○	○	○		
歴史的分野	明治維新～国会の開設	○	○	○	○	○
歴史的分野	日清・日露戦争		○	○	○	○
歴史的分野	第一次世界大戦	○	○	○	○	○
歴史的分野	世界恐慌～第二次世界大戦	○		○	○	○
歴史的分野	戦後の日本～国際社会への復帰	○	○	○	○	○
歴史的分野	国際社会と日本		○		○	○
公民的分野	現代の社会（家族や情報化）		○	○	○	
公民的分野	人権思想の発達		○			
公民的分野	日本国憲法	○	○	○	○	
公民的分野	基本的人権	○	○	○	○	○
公民的分野	地方自治	○		○		○
公民的分野	選挙	○			○	
公民的分野	国会・内閣・裁判所	○	○	○	○	○
公民的分野	家計・消費者の権利と保護		○		○	○
公民的分野	流通・価格・物価	○	○	○		
公民的分野	企業	○	○	○		
公民的分野	国家財政・税金	○	○			○
公民的分野	景気と政府・日本銀行の政策	○	○		○	○
公民的分野	福祉	○			○	○
公民的分野	世界経済と貿易			○		○
公民的分野	国際連合と世界の平和		○		○	○

鹿児島県公立高校入試問題の出題傾向と対策　数　学

令和２年度の出題の傾向と対策

大問１は基礎的な計算・小問集合。**1**は基本的な計算や各単元の基本事項に関する内容。計算問題に関しては，**ミスをしないことはもちろん，スピードにもこだわりましょう。2**以降も，各単元の基本的な内容。落ち着いて，確実に得点できるように，しっかりと問題文を読みましょう。**5**のように，工夫することで大きく時間短縮できる問題もあります。ただ正答を求めるだけでなく，どのようにして答を出すのか，解説等をしっかり読んで解法のパターンを増やしていくことでどのような問題にも対応できる数学力を身につけましょう。**１つの知識の漏れや単純な計算ミスが，そのまま点数につながる内容です。**日頃から**正確，かつ素早い計算ができるように練習を積み重ねること，教科書に出てくる用語や公式はしっかり理解しておくことが大事**です。

大問２は数学的な見方や考え方，表現力をみる小問集合。**1**は平面図形。**2**は確率。**3**は比例式。**4**は作図。いずれも複数の習ったことを応用できるかどうか。**5**は基本的な内容。分数をしっかりと活用して，正確に計算できるかがポイント。**近年全体的な文章量が増えており，大問１，２を短時間で仕上げられるかが高得点へのカギです。日頃から時間を意識して問題に取り組むようにしましょう。**

大問３は資料の整理からの出題。与えられた資料を正確に分析して活用することと，条件の変化をしっかり読み取ることができるかが問われました。１年時の履修内容で入試問題にも取り組むことができるので，得点源にできるように早くから問題演習に取り組みましょう。

大問４は平面図形の問題。場面の変化に応じた適切な図をかくことができるかがポイント。**頭の中でイメージするのではなく，日頃から，文中に示された条件を正確に表した図をかくこと**を心がけましょう。また，このような会話形式の出題は年々増える傾向にあります。**何が問われているのか，ヒントがどこにあるのか，会話の流れをしっかりとおさえましょう。**

大問５は関数。基本的な内容ですが，条件の変化を正確に図の中に反映できるかがポイント。図形的な要素を取り入れた出題が非常に多いので，関数の基本事項の習得はもちろん，図形の性質がどのように使われているのかにも注意しながら設問に取り組みましょう。

毎年，設問の構成や順番に違いはありますが，**教科書で学んだことから出題されるという点では違いはありません**。教科書に出てくる基本語句や公式・定理をしっかりおぼえ，それらを活用する演習問題にあたる。

「基本的な語句・定理の理解」「正確な計算力の定着」「数学的表現力のアップ」

いずれも地道な努力で身に付くもので，それに勝るものはありません。入試に向けて，日々努力しましょう。

過去５年間の出題内容

出題内容	年度	28	29	30	31	2
数の計算	四則混合計算	○	○	○	○	○
	割合の計算	○	○	○	○	○
式の計算	乗法・除法	○	○	○	○	
	絶対値	○				
	因数分解			○		
平方根	計算問題			○	○	○
	基本事項		○	○		○
	素数					
文字式	文字式の利用	○		○	○	
	式の値	○				
	式による証明				○	
	規則の活用				○	○
方程式	不等式	○			○	
	方程式	○	○	○	○	
	方程式の文章題	○	○	○	○	○
	比の利用			○		○
	解の公式	○	○	○	○	○
関数	比例・反比例		○			○
	関数とグラフ		○	○		
	１次関数	○	○	○	○	○
	２乗に比例する関数	○	○	○	○	○
	放物線と直線の交点		○		○	○
	関数と動点・図形	○		○	○	

出題内容	年度	28	29	30	31	2
関数	関数と面積・体積	○				○
図形の基礎	線対称・点対称			○	○	○
	平面図形	○	○	○	○	○
	空間図形	○	○	○	○	○
	展開図・投影図	○	○		○	○
	平行線と角	○	○		○	○
図形と合同	図形の合同		○	○	○	
	二等辺三角形・正三角形	○	○		○	○
図形の相似	図形の相似	○	○	○	○	
	平行線と線分の比					
	中点連結定理					
円	円周角と弧	○	○	○	○	○
	円と接線		○			
図形の計量	図形と三平方の定理	○	○	○	○	○
	特別な直角三角形	○	○	○	○	○
	おうぎ形	○	○	○		
	その他の面積・体積	○		○	○	○
資料の活用	度数の分布		○	○	○	○
	代表値	○	○	○	○	○
	標本調査・有効数字	○	○			
確率	確率	○	○	○	○	○
	場合の数	○				

公立高校入試の実施について

令和２年度入試日程

令和２年度の入試は下記の日程で行われました。

①　一般入試

願　書　提　出　２月６日(木)から２月13日(木)正午(必着)まで
出　願　変　更　２月17日(月)から２月21日(金)正午(必着)まで
学　力　検　査　３月５日(木)

9：20 集 合	(志願先高等学校)	
10：00～10：50	(50分間)	国語
11：10～12：00	(50分間)	理科
13：00～13：50	(50分間)	英語
	(聞き取りテスト11分間程度を含む。)	

３月６日(金)

9：20 集 合		
9：40～10：30	(50分間)	社会
10：50～11：40	(50分間)	数学
学力検査終了後		面接 ※新型コロナウイルス感染拡大防止のため行われませんでした。

合　格　発　表　３月13日(金) 午前11時以後

②　推薦入試

面接・作文等実施　２月４日(火)　場所　志願先高等学校
合　格　者　内　定　２月10日(月)

③　二次募集

願　書　提　出　３月18日(水) から３月19日(木) 正午(必着) まで
面接・作文等実施　３月23日(月)　場所　志願先高等学校
合　格　者　発　表　３月24日(火) 午後２時以後

高校入試 Q＆A

Q1 推薦入試はどのようなものですか。

A　学力検査を実施せず，中学校３年間の学習や活動状況，面接，作文等を総合して評価する制度です。部活動や生徒会活動など学力検査でははかれない中学時代の取り組みを積極的に評価します。各高校が定めた枠内（８％～ 80％）で実施します。

令和３年度公立高校入試日程

○推薦入試	２月 ４日(木)	面接・作文等
○一般入試	３月 ９日(火)	国・理・英
	３月10日(水)	社・数・面接
	３月17日(水)	合格者発表
○二次募集	３月24日(水)	面接・作文等
	３月25日(木)	合格者発表

Q2 学科併願はどんな制度ですか。

A　二つ以上の学科がある高校で学科に志願順位（第１志望，第２志望等）をつけて出願できる制度です。合格の可能性が広がります。

Q3 くくり募集はどんな制度ですか。

A　二つ以上の学科をまとめて募集し，１年生では共通の学習をして，２年生から各学科に分かれて学習する制度です。高校に入って学びながら自分の進む学科を決めていきます。

Q4 第二次入学者選抜とはどんな制度ですか。

A　第一次入学者選抜（推薦入試，一般入試等）の合格者が募集定員に満たない学校・学科で実施する入試で，公立高校で学びたい意志をもつ人に再度受検の機会を提供するものです。再度の学力検査は行わず，面接，作文等で合格者を決定します。

Q5 自己申告書とはどんなものですか。

A　志願者のうち，特別な理由等で年間30日以上欠席のある者が志願の動機・理由等を書いて，中学校長を経て，志願先高等学校長に提出できる書類のことです。

令和２年度公立高校入試状況１

【全　日　制】

高校名	学科名	併願	定員		推薦入試		実質定員	出願者数		出願倍率		受検者数		2次募集
			全体	一定枠	枠	出願者数（一定枠）		全体	一定枠	2年度	31年度	全体	一定枠	全体（一定枠）
鶴丸	普通		320	32	32	32（6）	297	398	33	1.34	1.19	392	30	
甲南	普通		320	32	32	37（12）	294	372	48	1.27	1.45	360	46	
鹿児島中央	普通		320	32	32	33（5）	289	443	24	1.53	1.63	426	23	
錦江湾	普通	理数	160	16	16	11（6）	149	155	3	1.04	1.07	152	3	25
	理数	普通	80		24	6	74	51		0.69	1.01	49		25
武岡台	普通		240	24	24	8（1）	232	260	5	1.12	1.24	250	5	
	情報科学		80		24	11	69	91		1.32	1.34	85		
開陽	普通	福祉	78		(注1) 18	13	66	78		1.18	1.44	71		
	福祉	普通	38		(注1) 6	2	37	23		0.62	0.62	21		
明桜館	文理科学	商業	120		36	7	113	79		0.70	1.14	77		33
	商業	文理科学	80		24	1	79	89		1.13	1.27	85		
松陽	普通	音楽か美術	240	24	(注2) 72	21（1）	218	234	7	1.07	1.18	229	6	
	音楽	普通	40		26	27	14	6		0.43	0.38	6		8
	美術	普通	40		26	25	16	18		1.13	0.90	15		2
鹿児島東	普通		80		8	0	80	70		0.88	0.94	64		22
鹿児島工業	工業Ⅰ類		240		60	38	202	279		1.38	1.28	256		
	工業Ⅱ類		120		30	20	100	129		1.29	1.34	123		
鹿児島南	普通		160	16	16	11（0）	149	179	6	1.20	1.19	176	6	
	商業	情報処理	80		20	14	66	89		1.35	1.20	87		
	情報処理	商業	40		8	6	34	38		1.12	1.12	37		
	体育		40		32	26	14	14		1.00	1.13	14		
吹上	電気	第3志望まで	40		12	0	40	16		0.40	0.62	15		24
	電子機械		40		12	1	39	42		1.08	0.95	41		
	情報処理		40		12	1	39	19		0.49	1.11	18		21
伊集院	普通		240	24	24	9（0）	231	192	3	0.83	0.94	190	3	41
市来農芸	農業経営	第2志望まで	40		12	1	39	17		0.44	0.50	16		26
	生物工学		40		12	0	40	31		0.78	0.73	31		10
	生活		40		12	0	40	11		0.28	0.40	11		29
串木野	普通		80		8	1	79	49		0.62	0.54	46		35
鹿児島玉龍	普通		124	12	13	15（1）	111	163	12	1.47	1.46	154	11	
鹿児島商業	商業	第3志望まで	160		64	12	148	98		0.66	0.89	95		57
	情報処理		80		32	16	64	67		1.05	1.08	61		3
	国際経済		40		16	1	39	7		0.18	0.59	6		23
鹿児島女子	商業	第2志望は情報会計 第3志望は生活科学	80		24	5	75	51		0.68	1.03	50		22
	情報会計	第2志望は商業 第3志望は生活科学	80		24	8	72	41		0.57	0.89	39		32
	生活科学	第2～3志望は 商業か情報会計	160		48	35	126	131		1.04	1.07	130		
指宿	普通		120		12	0	120	93		0.78	0.76	93		27
山川	園芸工学 ・農業経済		40		12	0	40	10		0.25	0.38	9		32
	生活情報		40		12	0	40	33		0.83	0.60	33		7
頴娃	普通	機械電気	40		4	0	40	15		0.38	0.58	15		25
	機械電気	普通	40		12	1	39	29		0.74	0.74	29		10
枕崎	総合学科		80		24	2	78	37		0.47	0.50	37		41

（注1）自己推薦（普通科10%，福祉科10%）を含む。　（注2）体育，書道，英語コース合わせて20%，一般は10%とする。

令和２年度公立高校入試状況２
【全　日　制】

高校名	学科名	併願	定員		推薦入試		実質定員	出願者数		出願倍率		受検者数		2次募集
			全体	一定枠	枠	出願者数（一定枠）		全体	一定枠	2年度	31年度	全体	一定枠	全体（一定枠）
鹿児島水産	海洋	第3志望まで	40		8	3	37	43		1.16	1.13	42		
	情報通信		40		8	3	37	49		1.32	1.09	48		
	食品工学		40		8	0	40	17		0.43	0.58	17		15
加世田	普通		160	16	16	2(0)	158	111		0.70	0.70	104		55
加世田常潤	食農プロデュース	生活福祉	40		12	0	40	15		0.38	0.55	13		27
	生活福祉	食農プロデュース	40		12	0	40	11		0.28	0.35	11		31
川辺	普通		120		12	0	120	61		0.51	0.62	61		59
薩南工業	機械	第4志望まで	40		12	2	38	25		0.66	1.00	25		13
	建築		40		12	0	40	24		0.60	0.78	23		17
	情報技術		40		12	0	40	19		0.48	0.65	19		21
	生活科学		40		12	0	40	27		0.68	0.63	27		13
指宿商業	商業		200		40	17	183	130		0.71	0.94	127		56
川内	普通		320	32	32	16(8)	303	264	18	0.87	1.02	253	18	50
川内商工	機械	第2志望まで	120		30	1	119	119		1.00	0.74	115		3
	電気		80		20	2	78	65		0.83	0.71	65		12
	インテリア		40		10	0	40	46		1.15	0.89	45		
	商業		80		20	3	77	84		1.09	1.01	83		
川薩清修館	ビジネス会計	総合学科	40		12	0	40	10		0.25	0.33	10		31
	総合学科	ビジネス会計	80		24	1	79	61		0.77	0.69	57		25
薩摩中央	普通	第2志望まで	40	4	4	0(0)	40	7		0.18	0.33	7		33
	生物生産		40		12	0	40	9		0.23	0.33	9		28
	農業工学		40		12	0	40	24		0.60	0.58	23		19
	福祉		40		12	0	40	14		0.35	0.25	14		27
鶴翔	農業科学	第3志望まで	40		8	0	40	22		0.55	0.63	22		19
	食品技術		40		8	0	40	10		0.25	0.68	9		30
	総合学科		80		16	5	75	53		0.71	0.45	52		24
野田女子	食物	生活文化	40		12	0	40	18		0.45	0.78	18		22
	生活文化	食物	40		12	1	39	21		0.54	0.65	21		18
	衛生看護		40		12	4	36	14		0.39	0.64	14		22
出水	普通		160	16	16	1(0)	159	124	4	0.78	0.85	122	4	37
出水工業	機械電気		80		24	0	80	58		0.73	1.08	57		23
	建築		40		12	0	40	29		0.73	0.55	29		11
出水商業	商業	情報処理	80		24	1	79	58		0.73	0.87	58		19
	情報処理	商業	80		24	0	80	82		1.03	0.76	81		4
大口	普通		80		8	0	80	40		0.50	0.50	40		40
伊佐農林	農林技術	生活情報	40		12	1	39	29		0.74	0.65	29		10
	生活情報	農林技術	40		12	0	40	27		0.68	0.68	27		14
霧島	機械	総合学科	40		12	0	40	23		0.58	0.36	21		26
	総合学科	機械	80		24	0	80	34		0.43	0.41	33		50
蒲生	普通	情報処理	80		8	1	79	55		0.70	0.50	51		29
	情報処理	普通	40		12	1	39	31		0.79	0.93	30		9
加治木	普通		320	32	32	16(0)	304	317	7	1.04	1.12	291	6	13

令和２年度公立高校入試状況３

【全　日　制】

高校名	学科名	併願	定員		推薦入試		実質定員	出願者数		出願倍率		受検者数		2次募集
			全体	一定枠	枠	出願者数（一定枠）		全体	一定枠	2年度	31年度	全体	一定枠	全体（一定枠）
加治木工業	機械	第6志望まで	80		20	5	75	88		1.17	1.07	87		
	電気		40		10	2	38	39		1.03	0.77	37		
	電子		40		10	0	40	50		1.25	1.33	35		4
	工業化学		40		10	1	39	32		0.82	0.60	32		
	建築		40		10	2	38	35		0.92	1.53	30		3
	土木		40		10	1	39	45		1.15	0.82	45		
隼人工業	インテリア	第3志望まで	40		8	3	37	25		0.68	1.19	25		12
	電子機械		80		16	4	76	72		0.95	0.84	71		5
	情報技術		40		8	0	40	27		0.68	1.10	25		15
国分	普通	理数	280	28	28	8(1)	272	241	1	0.89	1.11	233		38
	理数	普通	40		12	1	39	38		0.97	1.17	30		10
福山	普通		40		4	0	40	18		0.45	0.55	15		25
	商業		40		12	0	40	20		0.50	0.80	20		29
国分中央	園芸工学	第2志望まで	40		8	0	40	35		0.88	1.23	35		5
	生活文化		80		16	4	76	75		0.99	0.96	71		6
	ビジネス情報		120		36	9	111	93		0.84	0.81	92		20
	スポーツ健康		40		24	15	25	19		0.76	1.13	19		8
曽於	文理	第3志望まで	40		8	2	38	26		0.68	0.56	26		13
	普通		40	4	4	1(0)	39	19		0.49	0.59	19		19
	畜産食農		40		8	0	40	37		0.93	1.03	37		4
	機械電子		40		8	3	37	33		0.89	1.15	33		4
	商業		40		8	0	40	43		1.08	0.88	42		
志布志	普通		120		12	3	117	93		0.79	0.73	89		28
串良商業	情報処理	総合ビジネス	80		24	2	78	34		0.44	0.75	33		46
	総合ビジネス	情報処理	40		12	0	40	34		0.85	0.74	34		6
鹿屋	普通		280	28	28	5(0)	275	222	1	0.81	0.91	208		68
鹿屋農業	農業	第2志望まで	40		12	1	39	14		0.36		14		26
	園芸		40		12	2	38	17		0.45		16		24
	畜産		40		12	5	35	17		0.49		17		19
	農業機械		40		12	6	34	34		1.00		33		4
	農林環境		40		12	0	40	28		0.70		27		17
	食と生活		40		12	0	40	27		0.68		26		17
鹿屋工業	機械	第3志望まで	80		16	4	76	65		0.86	0.86	64		12
	電気		40		8	1	39	33		0.85	0.97	33		6
	電子		40		8	1	39	34		0.87	1.00	34		5
	建築		40		8	0	40	44		1.10	0.95	43		
	土木		40		8	2	38	27		0.71	0.65	26		11
垂水	普通	生活デザイン	40		4	0	40	11		0.28	0.41	8		32
	生活デザイン	普通	40		8	0	40	22		0.55	0.83	21		23
南大隅	商業		80		24	0	80	25		0.31	0.41	25		56

令和２年度公立高校入試状況４

【全　日　制】

高校名	学科名	併願	定員		推薦入試		実質定員	出願者数		出願倍率		受検者数		2次募集
			全体	一定枠	枠	出願者数（一定枠）		全体	一定枠	2年度	31年度	全体	一定枠	全体（一定枠）
鹿屋女子	普通	第３志望まで	40	4	4	7(0)	36	34		0.94	0.79	33		3
	情報ビジネス		80		24	4	76	57		0.75	0.70	57		17
	生活科学		80		24	7	73	56		0.77	0.83	55		20
種子島	普通		80		8	0	80	41		0.51	0.71	41		39
	生物生産		40		12	0	40	16		0.40	0.75	16		24
	電気		40		12	0	40	32		0.80	0.55	31		9
種子島中央	普通	情報処理	80		8	0	80	52		0.65	0.71	51		29
	情報処理	普通	40		8	0	40	30		0.75	0.78	30		10
屋久島	普通	情報ビジネス	80		8	1	79	49		0.62	0.50	49		30
	情報ビジネス	普通	40		12	0	40	35		0.88	0.90	35		5
大島	普通		280		28	2	278	232		0.83	0.96	229		49
奄美	機械電気		80		24	0	80	42		0.53	0.49	42		38
	商業	情報処理	40		12	0	40	10		0.25	0.38	10		25
	情報処理	商業	40		12	0	40	47		1.18	0.80	46		
	家政		40		12	0	40	22		0.55	0.45	22		18
	衛生看護		40		12	0	40	27		0.68	0.25	27		13
大島北	普通	情報処理	40		4	0	40	23		0.58	0.60	23		17
	情報処理	普通	40		12	0	40	29		0.73	0.70	29		11
古仁屋	普通		80		8	0	80	40		0.50	0.48	40		41
喜界	普通	商業	40		(注3)		16	0						16
	商業	普通	40		(注3)		5	0						5
徳之島	普通	総合学科	80		8	3	77	59		0.77	0.79	58		19
	総合学科	普通	40		12	2	38	31		0.82	0.49	31		7
沖永良部	普通	商業	80		8	0	80	63		0.79	0.51	61		19
	商業	普通	40		12	0	40	31		0.78	0.70	31		9
与論	普通		80		(注4) 8	0	40	0			0.03			40

（注３）喜界高等学校は連携型中高一貫教育校入学者選抜を実施する。　（注４）与論高等学校は推薦入学者選抜及び連携型中高一貫教育校入学者選抜を実施する。

高校名	学科名	併願	定員		推薦入試		実質定員	出願者数		出願倍率		受検者数	
			2年度	31年度	枠	出願者数（一定枠）		2年度	31年度	2年度	31年度	2年度	31年度
楠隼	普通(注5)		34	41			34	9	12	0.26	0.29		

（注５）楠隼高等学校の入学試験内容は国語，数学，英語の独自問題と面接。

【定　時　制】

高校名	学科名	併願	定員		自己推薦		実質定員	出願者数		出願倍率		受検者数		2次募集
			全体	一定枠	枠	出願者数（一定枠）		全体	一定枠	2年度	31年度	全体	一定枠	全体（一定枠）
開陽	普通	オフィス情報	20		4	5	16	20		1.25	0.79	17		
	オフィス情報	普通	24		4	1	23	15		0.65	0.75	14		
奄美	商業		40		12	0	40	9		0.23	0.13	9		31

【全　体　計】

全・定別	設置者	募集定員	実質定員	出願者数（一定枠）			出願倍率	
				男	女	計	2年度	31年度
全日制	県立	10,390	9,807	4,616（77）	3,663（83）	8,279（160）	0.84	0.89
	市立	1,564	1,414	424（5）	773（7）	1,197（12）	0.85	0.95
	計	11,954	11,221	5,040（82）	4,436（90）	9,476（172）	0.84	0.90
定時制	県立	84	79	22	22	44	0.56	0.46
合計		12,038	11,300	5,062（82）	4,458（90）	9,520（172）	0.84	0.89

令和２年度　鹿児島県公立高校入試問題　理　科

（解答…181Ｐ）

1　次の各問いに答えなさい。答えを選ぶ問いについては記号で答えなさい。

1　生態系の中で，分解者の役割をになっているカビやキノコなどのなかまは何類か。

2　日本列島付近の天気は，中緯度帯の上空をふく風の影響を受けるため，西から東へ変わることが多い。この中緯度帯の上空をふく風を何というか。

3　次のセキツイ動物のうち，変温動物をすべて選べ。

ア　ワニ　　**イ**　ニワトリ　　**ウ**　コウモリ　　**エ**　サケ　　**オ**　イモリ

4　次の文中の①，②について，それぞれ正しいものはどれか。

> ある無色透明の水溶液Ｘに緑色のBTB溶液を加えると，水溶液の色は黄色になった。このことから，水溶液Ｘは ①（**ア**　酸性　　**イ**　中性　　**ウ**　アルカリ性）であることがわかる。このとき，水溶液ＸのpHの値は ②（**ア**　7より大きい　　**イ**　7である　　**ウ**　7より小さい）。

5　**表**は，物質**ア**～**エ**のそれぞれの融点と沸点である。50℃のとき，液体の状態にある物質をすべて選べ。

表

物質	融点〔℃〕	沸点〔℃〕
ア	−218	−183
イ	−115	78
ウ	−39	357
エ	63	360

6　電気について，(1)，(2)の問いに答えよ。

(1)　家庭のコンセントに供給されている電流のように，電流の向きが周期的に変化する電流を何というか。

(2)　豆電球１個と乾電池１個の回路と，豆電球１個と乾電池２個の回路をつくり，豆電球を点灯させた。次の文中の①，②について，それぞれ正しいものはどれか。ただし，豆電球は同じものであり，乾電池１個の電圧の大きさはすべて同じものとする。

> 乾電池１個を用いて回路をつくった場合と比べて，乾電池２個を ①（**ア**　直列　**イ**　並列）につないで回路をつくった場合は，豆電球の明るさは変わらず，点灯する時間は，②（**ア**　長くなる　　**イ**　変わらない　　**ウ**　短くなる）。

7　**図**の**ア**～**エ**は，台風の進路を模式的に示したものである。ある台風が近づいた前後の種子島での観測記録を調べたところ，風向きは東寄りから南寄り，その後西寄りへと変化したことがわかった。また，南寄りの風のときに特に強い風がふいていたこともわかった。この台風の進路として最も適当なものは**ア**～**エ**のどれか。

図

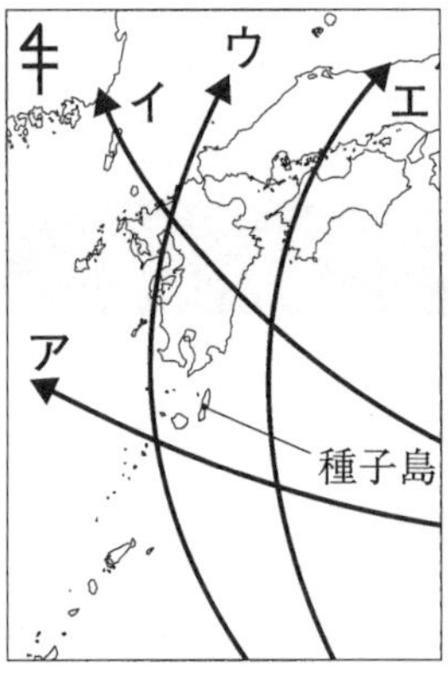

2 次のⅠ，Ⅱの各問いに答えなさい。答えを選ぶ問いについては記号で答えなさい。

Ⅰ **図1**は，ある川の西側と東側の両岸で観察された地層の重なり方を模式的に表したものである。この地層からは，浅い海にすむホタテガイの化石や，海水と淡水の混ざる河口にすむシジミの化石が見つかっている。なお，ここで見られる地層はすべて水平であり，地層の上下の逆転や地層の曲がりは見られず，両岸に見られる凝灰岩は同じものである。また，川底の地層のようすはわかっていない。

図1

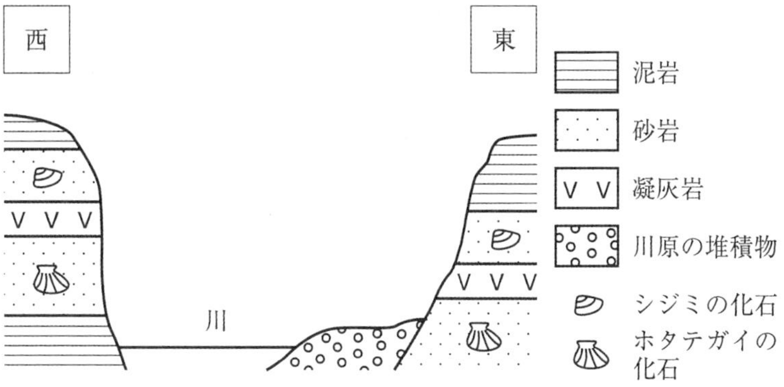

1 下線部の「地層の曲がり」を何というか。

2 **図2**は，**図1**の地層が観察された地域の川の流れを模式的に表したものであり，観察された場所は**P**，**Q**のどちらかである。観察された場所は**P**，**Q**のどちらか。そのように考えた理由もふくめて答えよ。

図2

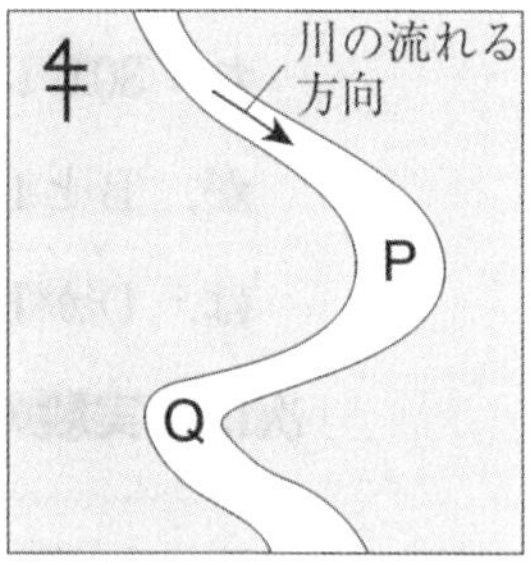

3 この地層を観察してわかった**ア**～**エ**の過去のできごとを，古い方から順に並べよ。

ア 海水と淡水の混ざる河口で地層が堆積した。　**イ** 浅い海で地層が堆積した。

ウ 火山が噴火して火山灰が堆積した。　**エ** 断層ができて地層がずれた。

Ⅱ 夏至の日に，透明半球を用いて太陽の１日の動きを調べた。**図**は，サインペンの先のかげが透明半球の中心Oにくるようにして，１時間ごとの太陽の位置を透明半球に記録し，印をつけた点をなめらかな線で結んで，太陽の軌跡をかいたものである。また，**図**の**ア**～**エ**は，中心Oから見た東，西，南，北のいずれかの方位である。なお，太陽の１日の動きを調べた地点は北緯 31.6°であり，地球は公転面に対して垂直な方向から地軸を 23.4°傾けたまま公転している。

1 東の方位は，**図**の**ア**～**エ**のどれか。

2 地球の自転による太陽の１日の見かけの動きを何というか。

3 太陽の南中高度について，(1)，(2)の問いに答えよ。

(1) 南中高度にあたるのはどこか。解答欄の図に作図し，「南中高度」と書いて示せ。ただし，解答欄の図は，この透明半球を**エ**の方向から見たものであり，点線は太陽の軌跡である。

(2) この日の南中高度を求め，単位をつけて書け。

図

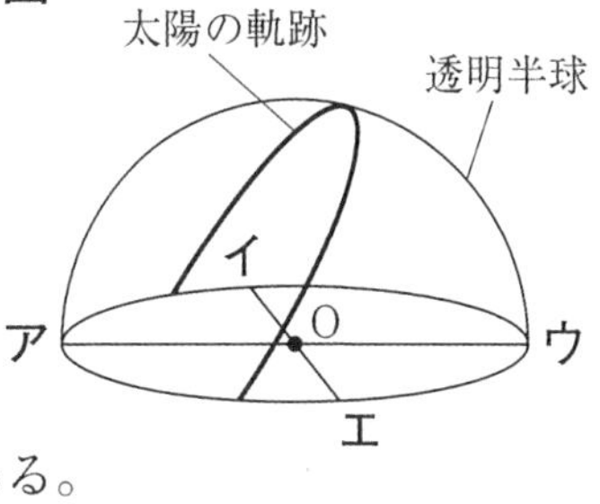

3 次のⅠ，Ⅱの各問いに答えなさい。答えを選ぶ問いについては記号で答えなさい。

Ⅰ　4種類の物質A～Dは，硝酸カリウム，ミョウバン，塩化ナトリウム，ホウ酸のいずれかである。ひろみさんとたかしさんは，一定量の水にとける物質の質量は，物質の種類と水の温度によって決まっていることを知り，A～Dがそれぞれどの物質であるかを調べるために，次の**実験**を行った。

図1

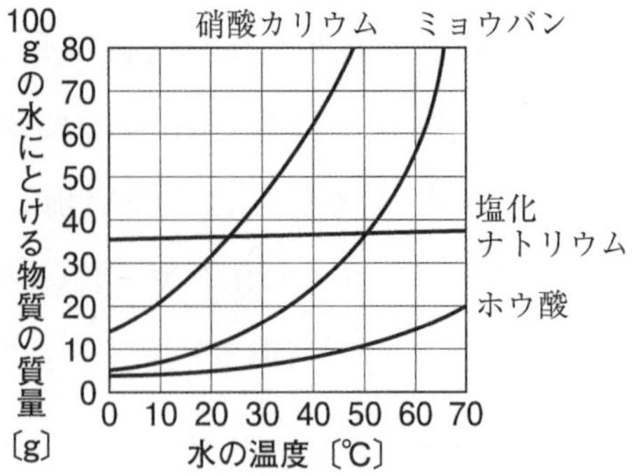

図1は，水の温度と100gの水にとける物質の質量との関係を表したものである。

実験　4本の試験管を準備し，それぞれに30℃の水10gを入れた。次に，これらの試験管にA～Dをそれぞれ別々に3.0gずつ入れ，30℃に保ったままよくふり混ぜると，AとCはすべてとけたが，BとDは**図2**のようにとけ残った。とけ残ったBとDの質量は，DがBより大きかった。

図2

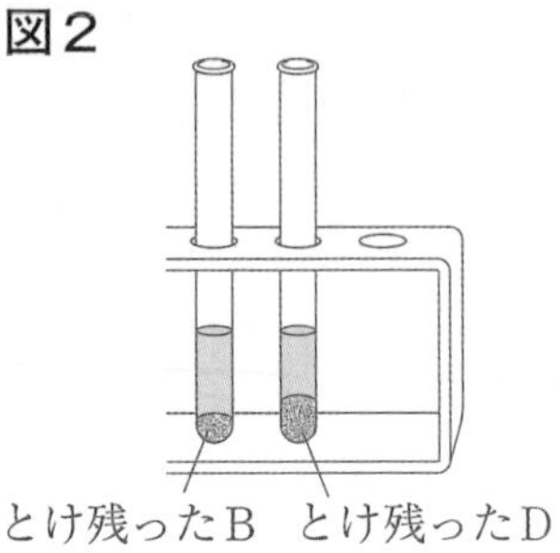

次は，**実験**の後の，2人と先生の会話である。

先　　生：A～Dがそれぞれどの物質なのか見分けることができましたか。

ひろみさん：AとCは見分けることができませんでしたが，Bは［ a ］，Dは［ b ］だとわかりました。

先　　生：そうですね。では，AとCはどのようにしたら見分けることができますか。

たかしさん：水溶液を冷やしていけば，見分けることができると思います。

先　　生：では，AとCについて，確認してみましょう。

1　**実験**で，30℃に保ったままよくふり混ぜた後の塩化ナトリウムのようすを模式的に表しているものとして最も適当なものはどれか。ただし，陽イオンは「●」，陰イオンは「○」とする。

ア
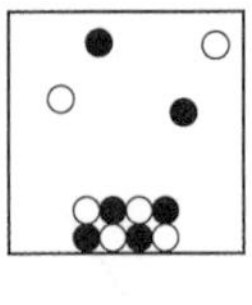

イ
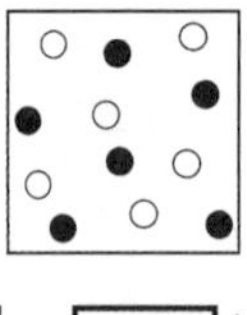

ウ

エ
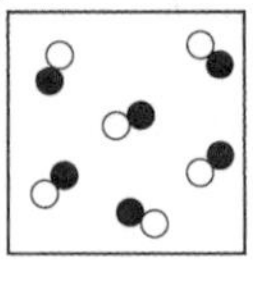

2　会話文中の［ a ］，［ b ］にあてはまる物質の名称をそれぞれ書け。

3　2人は，AとCを見分けるために，**実験**でつくったA，Cの水溶液が入った試験管を氷水が入ったビーカーにつけ，水溶液の温度を下げた。しばらくすると，Cが入った試験管では結晶が出てきたが，Aが入った試験管では結晶が出てこなかった。このことから，AとCを見分けることができた。Cの水溶液の温度を下げると結晶が出てきた理由を，解答欄の書き出しのことばに続けて書け。ただし，「溶解度」ということばを使うこと。

4　2人は，**実験**でとけ残ったDを30℃ですべてとかすため，30℃の水を少なくともあと何g加えればよいかを，30℃の水10gにDがS〔g〕までとけるものとし，次のように考えた。2人の考え方をもとに，加える水の質量を，Sを用いて表せ。

> （2人の考え方）
> 水にとけるDの質量は水の質量に比例することから，3.0gのDがすべてとけるために必要な水の質量はSを用いて表すことができる。水は，はじめに10g入れてあるので，この分を引けば，加える水の質量を求めることができる。

Ⅱ　電気分解装置を用いて，**実験1**と**実験2**を行った。

実験1　電気分解装置の中にうすい水酸化ナトリウム水溶液を入れて満たし，電源装置とつないで，水の電気分解を行った。しばらくすると，**図1**のように陰極側の上部に気体Aが，陽極側の上部に気体Bがそれぞれ集まった。

実験2　**実験1**の後，電源装置を外して，**図2**のように電気分解装置の上部の電極に電子オルゴールをつなぐと，電子オルゴールが鳴った。

図1

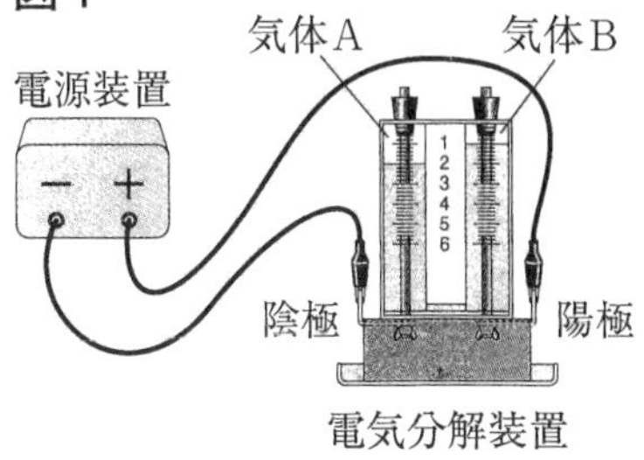

図2

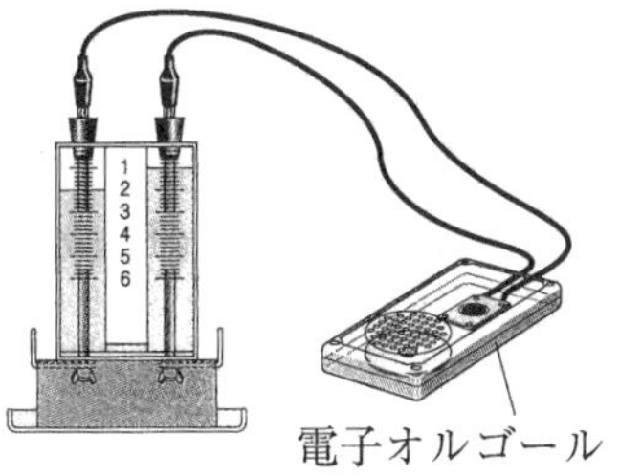

1　**実験1**では，純粋な水ではなく，うすい水酸化ナトリウム水溶液を用いた。これは水酸化ナトリウムが電離することで，電流を流しやすくするためである。水酸化ナトリウムが電離するようすを，化学式とイオン式を用いて表せ。

2　気体Aと同じ気体はどれか。

ア　酸化銅を炭素の粉末と混ぜ合わせて加熱したときに発生する気体

イ　酸化銀を加熱したときに発生する気体

ウ　炭素棒を用いてうすい塩酸を電気分解したとき，陽極で発生する気体

エ　亜鉛板と銅板をうすい塩酸に入れて電池をつくったとき，＋極で発生する気体

3　**実験2**で電子オルゴールが鳴ったことから，この装置が電池のはたらきをしていることがわかった。

(1)　この装置は，水の電気分解とは逆の化学変化を利用して，電気エネルギーを直接とり出している。このようなしくみで，電気エネルギーをとり出す電池を何電池というか。

(2)　気体Aの分子が4個，気体Bの分子が6個あったとする。この電池の化学変化を分子のモデルで考えるとき，気体A，気体Bのどちらかが反応しないで残る。反応しないで残る気体の化学式と，反応しないで残る気体の分子の個数をそれぞれ答えよ。

4 次のⅠ，Ⅱの各問いに答えなさい。答えを選ぶ問いについては記号で答えなさい。

Ⅰ　植物の根が成長するときのようすを調べる実験を行った。まず，タマネギの種子を発芽させ，伸びた根を先端から約1cm切りとった。**図1**は，切りとった根を模式的に表したものである。次に，一つ一つの細胞をはなれやすくする処理を行い，**図1**のA～Cの部分をそれぞれ切りとり，別々のスライドガラスにのせた。その後，核と染色体を見やすくするために染色してプレパラートをつくり，顕微鏡で観察した。**図2**は，A～Cを同じ倍率で観察したスケッチであり，Aでのみひも状の染色体が見られ，体細胞分裂をしている細胞が観察された。

図1

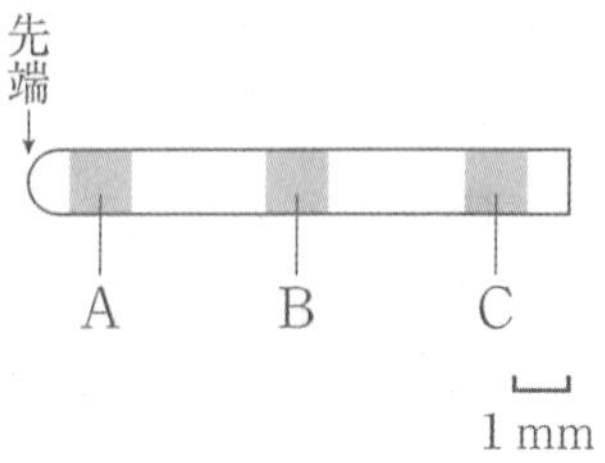

図2

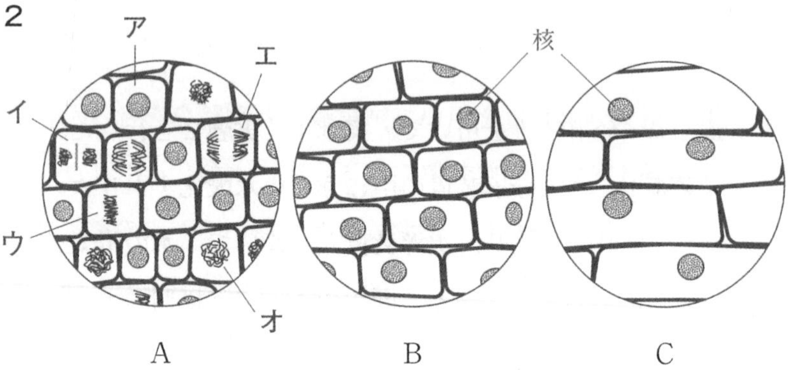

1　核と染色体を見やすくするために使う染色液として適当なものは何か。名称を書け。

2　**図2**のAの**ア**～**オ**の細胞を，**ア**を最初として体細胞分裂の順に並べよ。

3　根はどのようなしくみで成長するか。**図1**，**図2**から考えられることを書け。

4　体細胞分裂を繰り返しても，分裂後の一つの細胞の中にある染色体の数は変わらない。その理由を，体細胞分裂前の細胞で染色体に起こることに着目して書け。

Ⅱ　たかしさんとひろみさんは，ヒトのだ液のはたらきについて調べるため，次の**手順1**～**5**で実験を行った。**表**は，実験の結果をまとめたものである。

手順1　デンプン溶液10 cm^3を入れた2本の試験管を用意し，1本には水でうすめただ液2 cm^3を入れ，試験管Aとする。もう1本には水2 cm^3を入れ，試験管Bとする。

手順2　ビーカーに入れた約40℃の湯で試験管A，試験管Bをあたためる。

手順3　試験管Aの溶液の半分を別の試験管にとり，試験管Cとする。また，試験管Bの溶液の半分を別の試験管にとり，試験管Dとする。

手順4　試験管Aと試験管Bにそれぞれヨウ素液を入れ，結果を記録する。

手順5　試験管Cと試験管Dにそれぞれベネジクト液と沸とう石を入れて加熱し，結果を記録する。

表

試験管	結　　果
A	変化しなかった。
B	青紫色に変化した。
C	赤褐色の沈殿が生じた。
D	変化しなかった。

1　試験管Aと試験管Bの実験のように，一つの条件以外を同じにして行う実験を何というか。

2　**手順2**で，試験管をあたためる湯の温度を約40℃としたのはなぜか。

3　**表**の結果をもとに，(1)，(2)の問いに答えよ。

(1)　試験管Aと試験管Bの結果から，考えられることを書け。

(2)　試験管Cと試験管Dの結果から，考えられることを書け。

4　**図**は，実験の後に，たかしさんがだ液にふくまれる消化酵素の性質について本で調べたときのメモの一部である。これについて，次の２人の会話の内容が正しくなるように，［　　］にあてはまるものとして最も適当なものを，**図**の①～③から選べ。

図

① 水がないときは，はたらかない。
② 中性の溶液中で最もよくはたらく。
③ 体外でもはたらく。

たかしさん：だ液にふくまれる消化酵素には，①～③の性質があることがわかったよ。
ひろみさん：それなら，その性質を確かめてみようよ。
たかしさん：あっ，でも，［　　］の性質は，今回の実験で確認できているね。

5　次のⅠ，Ⅱの各問いに答えなさい。答えを選ぶ問いについては記号で答えなさい。

Ⅰ　ひろみさんは，登校前，洗面台の鏡を使って身なりを整えている。なお，洗面台の鏡は床に対して垂直である。

1　ひろみさんは，鏡による光の反射の実験を思い出した。その実験では，**図１**のように，光源装置から出た光が鏡の点Oで反射するようすが観察された。このときの入射角はいくらか。

図１

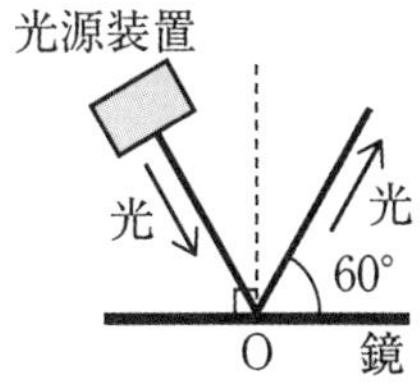

2　ひろみさんが**図２**のように洗面台の鏡の前に立ったとき，ひろみさんから見て，鏡にうつる自分の姿として最も適当なものはどれか。

図２

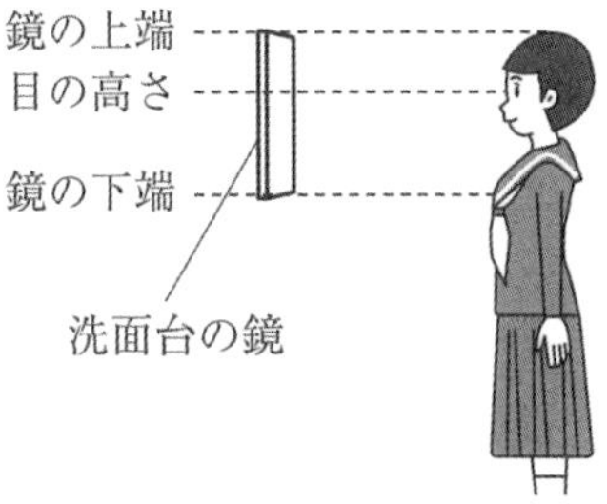

ア

イ

ウ

エ

3　ひろみさんは，**図３**のように，手鏡を用いて，正面にある洗面台の鏡に自分の後頭部をうつしている。**図４**は，このときのようすをひろみさんの目の位置をP，後頭部に位置する点をQとし，上から見て模式的に表したものである。Qからの光が手鏡，洗面台の鏡で反射して進み，Pに届くまでの光の道筋を解答欄の図に実線（──）でかけ。なお，作図に用いる補助線は破線（----）でかき，消さずに残すこと。

図３

図４

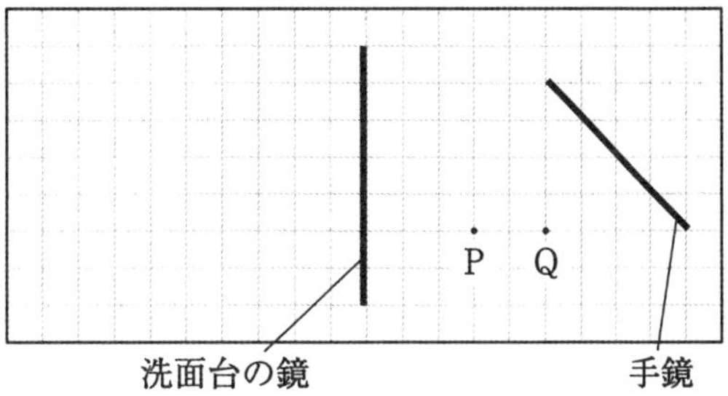

Ⅱ　**図1**のように，水平な台の上にレールをスタンドで固定し，質量20 gと40 gの小球を高さ5 cm，10 cm，15 cm，20 cmの位置からそれぞれ静かに離し，木片に衝突させ，木片の移動距離を調べる実験を行った。**表**は，その結果をまとめたものである。ただし，小球は点Xをなめらかに通過した後，点Xから木片に衝突するまでレール上を水平に移動するものとし，小球とレールとの間の摩擦や空気の抵抗は考えないものとする。また，小球のもつエネルギーは木片に衝突後，すべて木片を動かす仕事に使われるものとする。

図1

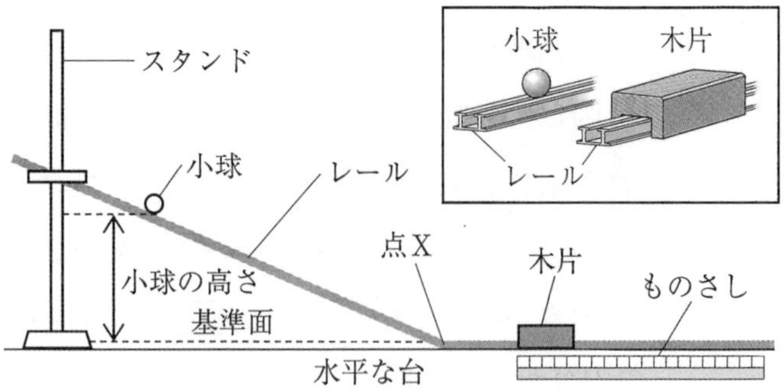

表

小球の高さ〔cm〕		5	10	15	20
木片の移動距離〔cm〕	質量20 gの小球	2.0	4.0	6.0	8.0
	質量40 gの小球	4.0	8.0	12.0	16.0

1　質量20 gの小球を，基準面から高さ10 cmまで一定の速さで持ち上げるのに加えた力がした仕事は何Jか。ただし，質量100 gの物体にはたらく重力の大きさを1 Nとする。

2　小球が点Xを通過してから木片に衝突するまでの間に，小球にはたらく力を表したものとして最も適当なものはどれか。ただし，力の矢印は重ならないように少しずらして示してある。

ア

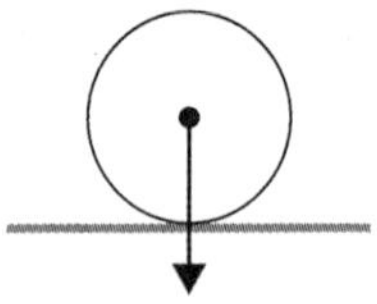

イ

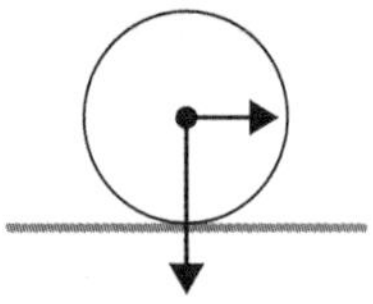

ウ

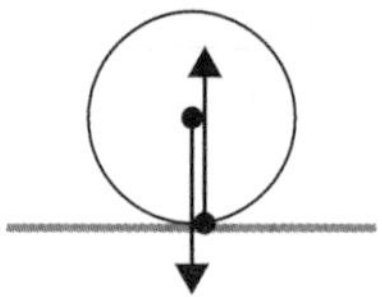

エ

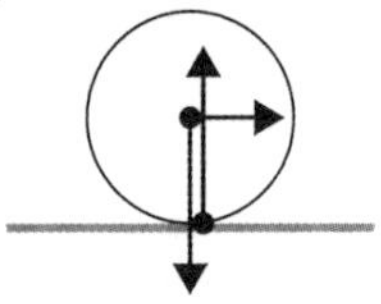

3　小球が木片に衝突したとき，はたらく力について述べた次の文中の［　　］にあてはまることばを書け。

> 小球が木片に力を加えると，同時に小球は木片から同じ大きさで逆向きの力を受ける。これは「［　　］の法則」で説明できる。

4　**図1**の装置で，質量25 gの小球を用いて木片の移動距離を6.0 cmにするためには，小球を高さ何cmの位置で静かに離せばよいか。

5　**図2**のように，点Xの位置は固定したままレールの傾きを**図1**より大きくし，質量20 gの小球を高さ20 cmの位置から静かに離し，木片に衝突させた。**図1**の装置で質量20 gの小球を高さ20 cmの位置から静かに離したときと比べて，木片の移動距離はどうなるか。その理由もふくめて書け。

図2

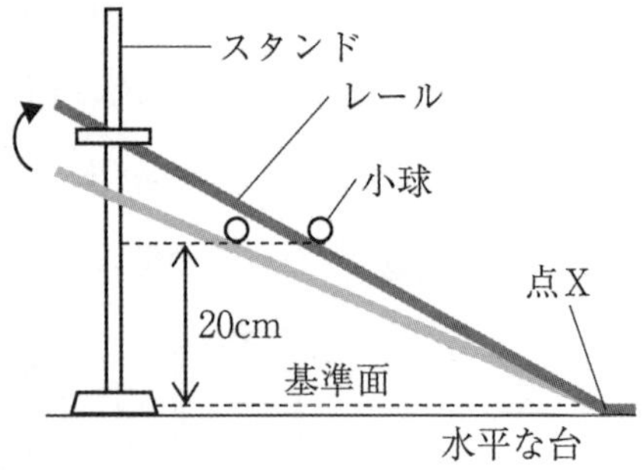

5 **資料1**は、「古典をマンガで読むこと」についての議論をするにあたって、山田さんが考えたことを事前にまとめたメモである。また**資料2**は、実際に議論をしたときの記録の一部である。**資料2**の空欄に入るように、後の条件に従って文章を書きなさい。

条件

(1) 一段落で構成し、六行以上八行以下で書くこと。
(2) 原稿用紙の正しい使い方に従って、文字、仮名遣いも正確に書くこと。
(3) 書き出しは、「二点目は」とすること。

資料1

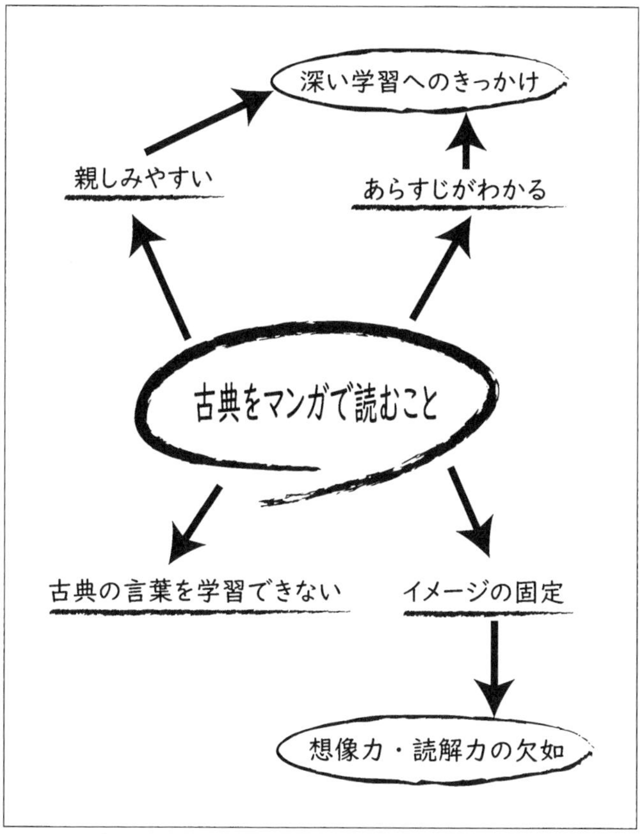

資料2

鈴木さん 「私は、『古典をマンガで読むこと』を推奨したいと思います。古典というと『難しい』とか『読みにくい』と思い込んで、読むことをためらってしまいます。しかし、マンガならどうでしょうか。言葉も現代語で書かれていて親しみやすく、軽い気持ちで読み始める気になります。これがきっかけで、興味をもち始め、発展的な学習につながるのではないでしょうか。」

山田さん 「鈴木さんの言うことはよくわかります。そのような長所があることには、私も賛成です。しかし、私は、『古典をマンガで読むこと』はあまり良くないと思っています。その理由は二点あります。一点目は、絵のイメージが強くて、マンガ作家のイメージを押し付けられる気がするからです。このことは、私たちから想像の楽しみを奪い、読解力の欠如につながってしまうと思います。

理由を二点述べましたが、特に二点目について、伝統的な文化を伝えていくことは重要なことだと思います。」

鈴木さん 「マンガに描かれる古典の世界が、伝統的な文化を表していないと決めつけるのは良くないと思います。古典マンガは、かなり研究して正確に描かれていますよ。だから、興味をもった人は、発展的な学習につなげていくことができると思います。」

「たしかに対局中は敵だけど、盤を離れたら、同じ将棋教室に通うライバルでいいんじゃないかな。ぼくは初段になったばかりだから、三段になろうとしているきみをライバルっていうのは、おこがましいけど」

　ぼくの心ははずんでいた。個人競技である将棋にチームメイトはいないが、ライバルはきっといくらでもあらわれる。④勝ったり負けたりをくりかえしながら、一緒に強くなっていけばいい。

「そういえば、有賀先生のおとうさんが教えた大辻弓彦《おおつじゆみひこ》さんっていうひとが、関西の奨励会でがんばっているんだってね。大辻さんが先にプロになって、きみとぼくもプロになって、いつかプロ同士で対局できたら、すごいよね」

　奨励会試験に合格するにはアマ四段の実力が必要とされる。それに試験では奨励会員との対局で五分《ごぶ》以上の(注)星をあげなければならない。合格して奨励会に入っても、四段＝プロになれるのは20パーセント以下だという。

　それがどれほど困難なことか、正直なところ、ぼくにはよくわかっていなかった。でも、どれほど苦しい道でも、絶対にやりぬいてみせる。

「このあと、となりの図書館で(注)棋譜をつけるんだ。今日の、引き分けだった対局の」

　ぼくが言うと、山沢君の表情がほんの少しやわらかくなった。

「それじゃあ、またね」

　三つも年下のライバルに言うと、⑤ぼくはかけ足で図書館にむかった。

（佐川光晴「駒音高く」による）

(注)　大駒、入玉、馬引き＝いずれも将棋の用語。なお、馬は将棋の駒の一つ。
玉＝将棋で大将に相当する最も大切な駒。
詰ます＝相手がどう動いても次に自分が玉を取り、勝つことができる状態のこと。
読み筋＝将棋で決着までの手順のこと。
詰め将棋をする＝王手の連続で玉を詰ませる将棋の問題を解くこと。
研修会＝ここでは、奨励会（プロ棋士養成機関）入りを目指す者の対局の場。
星をあげ(る)＝勝負に勝つこと。
棋譜＝将棋の対局の記録。

1　——線部①は、ぼくのどのような様子を表しているか。最も適当なものを次から選び、記号で答えよ。

ア　絶対に勝つと気合いを入れている様子。
イ　負けることへの恐怖を隠している様子。
ウ　大事な勝負に臨んで動揺している様子。
エ　勝利を確信して自信に満ちている様子。

2　次の文は、——線部②の理由を説明したものである。［Ⅰ］には、本文中から最も適当な九字の言葉を抜き出して書き、［Ⅱ］には、十五字以内の言葉を考えて補い、文を完成させよ。

最初、山沢君は、ぼくと対戦するのが［Ⅰ］のに、対戦後、読み筋を探していたぼくに［Ⅱ］ことが意外だったから。

3　——線部③におけるぼくの気持ちの説明として、最も適当なものを次から選び、記号で答えよ。

ア　形勢は有利だったが、先生に引き分けの判定をされ、納得できないままましぶしぶ受け入れている。
イ　形勢は有利だったが、自分よりはるかに実力が上である山沢君にはかなわないとあきらめている。
ウ　形勢は有利だったが、詰み筋を見極めきれなかったぼくは、引き分けという判定に納得している。
エ　形勢は有利だったが、詰み筋を読み切れず、また山沢君に負けてしまった悔しさをこらえている。

4　次の文は、——線部④に表れた、ぼくの望む、ライバルとの関係について説明したものである。空欄に入る最も適当な四字熟語を次から選び、記号で答えよ。

［　　］しながら強くなっていける関係。

ア　大器晩成《たいきばんせい》　**イ**　呉越同舟《ごえつどうしゅう》　**ウ**　試行錯誤《しこうさくご》　**エ**　切磋琢磨《せっさたくま》

5　——線部⑤におけるぼくの気持ちを六十五字以内で説明せよ。

をまっすぐにおけない。

「残念だけど、今日はここまでにしよう」

ぼくに手番がまわってきたところで、有賀先生が対局時計を止めた。

「もうすぐ3時だからね」

そう言われて壁の時計を見ると、短針は「3」を指し、長針が「12」にかかっている。40分どころか、1時間半も対局していたのだ。

ぼくは盤面に視線を戻した。ぼくの玉はすでに相手陣に入っていて、詰ませられることはない。山沢君も(注)入玉《にゅうぎょく》をねらっているが、10手あれば詰ませられそうな気がする。ただし手順がはっきり見えているわけではなかった。

「すごい勝負だったね。ぼくが将棋教室を始めてから一番の熱戦だった」

プロ五段の有賀先生から最高の賛辞をもらったが、ぼくは(注)詰み筋を懸命に探し続けた。

「(注)馬引きからの7手詰めだよ」

山沢君が悔しそうに言って、ぼくの馬を動かした。

「えっ？」

まさか山沢君が話しかけてくるとは思わなかったので、②ぼくはうまく返事ができなかった。

「こうして、こうなって」

(注)詰め将棋をするように、山沢君が盤上の駒を動かしていく。

「ほら、これで詰みだよ」

（なるほど、そのとおりだ）

頭のなかで答えながら、ぼくはあらためてメガネをかけた小学2年生の実力に感心していた。

「プロ同士の対局では、時間切れ引き分けなんてない。それは(注)研修会でも、奨励会でも同じで、将棋の対局はかならず決着がつく。でも、ここは、小中学生むけのこども将棋教室だからね。今日の野崎君と山沢君の対局は引き分けとします」

有賀先生のことばに、③ぼくはうなずいた。

「さあ、二人とも礼をして」

「ありがとうございました」

山沢君とぼくは同時に頭をさげた。そして顔をあげたとき、山沢君のうしろにぼくの両親が立っていた。

「野崎さん、ちょっといいですか。翔太君も」

どんな用件なのかと心配になりながら、ぼくは先生についていった。

「翔太君ですが、成長のスピードが著しいし、とてもまじめです。今日の一局も、じつにすばらしかった」

有賀先生によると、山沢君は小学生低学年の部で埼玉県のベスト4に入るほどの実力者なのだという。来年には研修会に入り、奨励会試験の合格、さらにはプロの棋士になることを目標にしているとのことだった。

「小学5年生の5月でアマチュア初段というのは、正直に言えば、プロを目ざすには遅すぎます。しかし野崎君には伸びしろが相当あると思いますので、親御さんのほうでも、これまで以上に応援してあげてください」

まさか、ここまで認めてもらっているとは思わなかったので、ぼくは呆然《ぼうぜん》としていた。

１０３号室に戻り、カバンを持って出入り口にむかうと、山沢君が立っていた。ぼくより20センチは小さくて、腕も脚もまるきり細いのに、負けん気の強そうな顔でこっちを見ている。

「つぎの対局は負けないよ。絶対に勝ってやる」

「うん、また指そう。そして、一緒に強くなろうよ」

ぼくが言うと、山沢君がメガネの奥の目をつりあげた。

「なに言ってんだよ。将棋では、自分以外はみんな敵なんだ」

小学2年生らしいムキになった態度がおかしかったし、「自分以外はみんな敵だ」と、ぼくだって思っていた。

1　――線部③「おほいに」を現代仮名遣いに直して書け。

2　――線部①「道行く人」と同じものを表すのはどれか。═══線部ア〜エの中から一つ選び、記号で答えよ。

ア　かの網の主　　イ　鮑君　　ウ　この御神　　エ　かの鮑魚の主

3　――線部②「携へ持ちし鮑魚一つを網の中に入れて行き去りたる」とあるが、その理由を説明したものとして、最も適当なものを次から選び、記号で答えよ。

ア　麞と鮑魚を交換するというきまりを守ろうと考えたから。
イ　罪のない動物をむやみに取るのはよくないと考えたから。
ウ　他人の獲物を無断で取ることは悪いことだと考えたから。
エ　網の中に食べ物がないと麞がかわいそうだと考えたから。

4　次は、本文をもとにした話し合いの場面である。[Ⅰ]〜[Ⅲ]に適当な言葉を補って会話を完成させよ。ただし、[Ⅰ]には本文中から最も適当な十字の言葉を抜き出して書き、[Ⅱ]・[Ⅲ]にはそれぞれ十字以内でふさわしい内容を考えて現代語で答えること。

先　生　「この話は、人々の信仰心が御利益を生むことの例として取り上げられたものです。では、どういう話か、みなさんでまとめてみましょう。」
生徒A　「人々は何を信仰し、どんな御利益があったのかな。」
生徒B　「鮑魚を神と信じ鮑君として祭ったら、『[Ⅰ]』があって、それを人々は御利益と感じたんだね。」
生徒C　「その後、御利益が鮑君のおかげだとして、本文に『御社おほきに作り出して、賽の神楽の音絶ゆることなし』とあるように、人々が鮑君を[Ⅱ]ことがわかるよね。」
生徒B　「でも、最後にはその正体がわかり、先生が初めにおっしゃったことから考えると、人々が[Ⅲ]ことで、御利益もなくなってしまったんだね。」
生徒A　「なるほど。これは中国の話だけど、他の国にも似たような話がないか調べてみようよ。」

4

次の文章を読んで、あとの1〜5の問いに答えなさい。

> 小学5年生のぼく（野崎《のざき》翔太《しょうた》）は、有賀《ありが》先生の将棋教室で出会った小学2年生の山沢《やまさわ》君との将棋の対戦（対局）に負けた悔しさから研究を重ねてきた。二週間が経《た》ち、山沢君と再戦する機会を得た。

「前回と同じ対局になってしまうけど、それでもいいかな？　先手は野崎君で」

「はい」

①ぼくは自分を奮い立たせるように答えたが、山沢君はつまらなそうだった。

（よし。目にもの見せてやる）

ぼくは椅子にすわり、盤に駒を並べていった。

「おねがいします」

二人が同時に礼をした。序盤から(注)大駒《おおごま》を切り合う激しい展開で、80手を越えると双方の(注)玉《ぎょく》が露出して、どこからでも王手がかかるようになった。しかし、どちらにも決め手がない。ぼくも山沢君もとっくに持ち時間はつかいきり、ますます難しくなっていく局面を一手30秒以内で指し続ける。壁の時計に目をやる暇などないが、たぶん40分くらい経っているのではないだろうか。持ち時間が10分の将棋は30分あれば終わるから、ぼくはこんなに長い将棋を指したことはなかった。

「そのまま、最後まで指しなさい」

有賀先生が言って、そうこなくちゃと、ぼくは気合いが入った。かなり疲れていたが、絶対に負けるわけにはいかない。山沢君だって、そう思っているはずだ。

（勝ちをあせるな。相手玉を詰ます(注)ことよりも、自玉が詰まされないようにすることを第一に考えろ）

細心の注意を払って指していくうちに、形勢がぼくに傾いてきた。ただし、頭が疲れすぎていて、目がチカチカする。指がふるえて、駒

4　次の文章は、――線部③によって期待できることについて説明したものである。［Ⅰ］・［Ⅱ］に入る最も適当な十二字の言葉を、それぞれ本文中から抜き出して書け。

　わたしたちが、対話によって自他の関係を考え、差異を知り、相互理解が可能であることを知って、［Ⅰ］することは、市民としての社会参加という意識をもつことにつながり、対話が充実した社会を構築する助けとなる可能性がある。そして、対話を積み重ね、自己の経験を見つめることで、［Ⅱ］を発見することができるので、人生の危機を乗り越えるためにも有効である。

5　本文の内容について説明したものとして、最も適当なものを次から選び、記号で答えよ。

ア　相手にわかるように話すことと、自分のオリジナリティを追求することという矛盾した課題を解決するためには、他者の思考を整理・調整することが必要である。

イ　自分の語る内容を相手に伝え、影響力のあるものとして理解してもらうためには、対話の前後で変化することのない自分の意見を強く主張することが必要である。

ウ　あらゆる社会的な問題を自分の問題としてとらえて、相対化したうえで説得力のある意見を導き出すためには、さまざまな人との相互的なやりとりが必要である。

エ　よりよい対話のためには、自己の意見と他者の意見との相違点をもとにして、新たな意見にまとめていくことのできる対話の技術を向上させることが必要である。

3　次の文章を読んで、あとの1～4の問いに答えなさい。

　昔、(注)汝南《じょなん》の人、田の中に網を設けて（網を張って）、(注)麏《くじか》を捕らんとす。やがて麏かかりけれど、その網の主いまだ来《きた》らざりしに、①道行く人のあるが麏をば盗みてけり。さりとも人の取り得たらんものをあやなく（理由もなく）取りなんも罪深しと思ひて、その麏の代はりに、②携へ持ちし(注)鮑魚《はうぎょ》一つを網の中に入れて行き去りたる程に、アかの網の主来りて、鮑魚の網の中にあるを見て、このものここにあるべしとも覚えず、いかさまにも（どう考えても）(注)現神《あらがみ》のあらはれさせたまふにこそあめれと（現れなさいましたのであろう）③おほいにあやしむ（不思議に思った）。村の者ども皆寄り集まりて、やがて(注)祠《ほこら》を建て入れまゐらせ、イ鮑君と名づけまゐらせけり。村の者ども病さまざま癒ゆることあれば、ウこの御神の恵みによりしところなりとて斎《いつ》き祭るほどに、御社おほきに作り出《いだ》して、(注)賽《さい》の神楽《かぐら》の音絶ゆることなし。まことにめでたき御神にぞありける。七、八年ほど経て、エかの鮑魚の主この御社のほとり過ぎて、「いかなる御神のかくはあらはれさせたまふらむ」といふに、己が留《とど》め置きし鮑魚なりける。「あなあさまし（ああ驚きあきれたことだ）、それは自らが留め置きしものを」といひければ、かの霊験《れいげん》の事どもたちまち止《や》みにける。

（「鬼神論」による）

(注)　汝南＝地名。中国の河南省の県名。　麏＝シカ科の小動物。
鮑魚＝魚の干物《ひもの》。または、あわび。　現神＝霊験（御利益《ごりやく》）のある神。
祠＝神を祭るための小さな社。
賽の神楽＝神から受けた福に報いるために奏する舞楽。

どんな社会的な問題でも、わたしたちはそれぞれの個をくぐらせて、その問題を見つめています。この「私」と問題とのかかわりが、異なる視点と出会い、対話を通して相互の「個」が理解に至ったとき、「わかった、わかってもらった」という実感が喜びをともなって立ち現れてくるのです。この実感がわたしたちに②個人としての存在意義をもたらすものになるのでしょう。そこには、よりよく生きようとするわたしたちの意志とそのためのことばが重なるのです。

対話は、わたしたち一人ひとりの経験の積み重ねを意味します。

知らず知らずのうちにさまざまな人との対話を積み重ねてきた経験を一度振り返り、そのことによって、これからのよりよい生活や仕事、あるいは人生のためにもう一度、新しい経験を築いていこうとすること、これが対話について考えることだと、わたしは思います。

一般に対話というと、「Aという意見とBという意見の対立からCという新たなものを生み出す」というような技術論としてとらえられがちですが、ここでは、対話というものを、もう少し大きく、あなた自身のこれからの生き方の課題として向き合ってみようと提案しています。その方法もそれほど限定せず、自由に考えていいと思います。

そして、この③対話をデザインするのは、あなた自身に他なりません。

対話は、何かを順番に覚えたり記憶したりするものではありません。他者とのやりとりによって自分の考えをもう一度見直し、さらに自分の意見・主張にまとめていく。この過程で、自分と相手との関係を考え、それぞれの差異を知ることで相互理解が可能であることを知ります。

さらに、自分と相手を結ぶ活動の仲間たちがともにいるという認識を持てば、個人と社会との関係を自覚せざるを得ません。そこから、「社会とは何か」という問いが生まれ、その問いは、市民としての社会参加という意識につながります。こうした活動によって、テーマのある対話が展開できるような、そういう社会が構築される可能性も生まれます。

一〇年後、二〇年後の自分の人生はどのようなものだろうか。この迷いの中で、自分にとっての過去・現在・未来を結ぶ、一つの軸を見《み》出《いだ》すことは、希望進路や職業選択につながっていくプロセスであるばかりでなく、現在の生活や仕事などで抱えている不満や不安、人生のさまざまな局面における危機を乗り越えるためにとても有効でしょう。

さまざまな出会いと対話によって自己の経験を可視化する作業は、自分自身の興味・関心に基づいた、生きる目的としてのテーマの発見に必ずやつながるからです。

（細川英雄「対話をデザインする―伝わるとはどういうことか」による）

(注)　オリジナリティ＝ここでは、他からの借り物でない、自分のことば。または、それによって表される考え。
テーマ＝ここでは、様々な日常の話題の中で、相手と一歩踏み込んで話し合うために必要なもの。

1　本文中の［ a ］・［ b ］にあてはまる語の組み合わせとして、最も適当なものを次から選び、記号で答えよ。

ア　（a　ところが　　b　たとえば）
イ　（a　しかし　　b　なぜなら）
ウ　（a　そして　　b　しかも）
エ　（a　つまり　　b　したがって）

2　――線部①と同じ品詞のものを、本文中の＝＝線部**ア**～**エ**の中から一つ選び、記号で答えよ。

3　――線部②とあるが、「個人としての存在意義」はどのようなときにもたらされるか。この段落までの内容を読んで、六十五字以内で説明せよ。

令和二年度　鹿児島県公立高校入試問題　国語

（解答…179P）

1　次の1・2の問いに答えなさい。

1　次の――線部①～⑥のカタカナは漢字に直し、漢字は仮名に直して書け。

今日は、先輩たちの中学校生活最後の試合だ。会場には、先輩たちの①イサましい姿を見届けようと、多くの②観衆がつめかけている。私たちは、先輩たちの勝利を③祈って、応援席に横断④マクを掲げた。チームをヒキいる主将は、それを見て、「どんな状況でも⑤レイセイさを失わず、みんなでがんばります。」と勝利を⑥誓った。

2　次は、1の文章中の＝＝線部の漢字を行書で書いたものである。これを楷書で書いたときの総画数を答えよ。

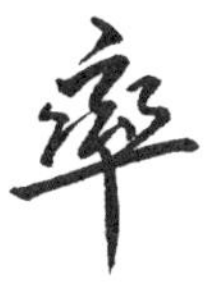

2　次の文章を読んで、あとの1～5の問いに答えなさい。

相手にわかるように話すことと、自分の(注)オリジナリティを追求することは、一見矛盾する反対のことのように感じる人もいるかもしれません。［ a ］、この二つは、それぞれバラバラに存在するものではないのです。

伝えたいことを相手にわかるように話すことが自分と他者の関係における課題であるのに対し、オリジナリティを出すということは、自己内の思考を整理・調整する課題であるといえます。①この二つをどのようにして結ぶかということが、対話という活動の課題でもあります。

どんなにすぐれたもののつもりでも相手に伝わらなければ、ア単なる独りよがりに過ぎません。また、「言っていることはわかるが、あなたの考えが見えない」というようなコメントが相手から返ってくるようでは、個人の顔の見えない、中身のないものになってしまいます。

一人ひとりのオリジナリティを、どのようにして相手に伝えるか、ということが、ここでの課題となります。

ここで、自分の考えを相手にも受け止めてもらうという活動が必要になります。これをインターアクション（相互作用）と呼びます。インターアクションとは、さまざまな人との相互的なやりとりのことです。自分の内側にある「伝えたいこと」を相手に向けて自らの表現として発信し、その表現の意味を相手と共有し、イそこから相手の発信を促すことだと言い換えることもできるでしょう。

(注)テーマを自分の問題としてとらえることで徹底的に自己に即しつつ、これをもう一度相対化して自分をつきはなし、説得力のウある意見を導き出すためには、さまざまな人とのインターアクションが不可欠であるといえます。このインターアクションによって、今まで見えなかった自らの中にあるものがエ次第に姿を現し、それが相手に伝わるものとして、自らに把握されるとき、自分のことばで表現されたあなたのオリジナリティが受け止められ、相手にとっても理解できるものとして把握されたとき、対話は次の段階にすすむと考えることができます。

相手に伝わるということは、それぞれのオリジナリティをさまざまな人との間で認め合える、ということであり、自分の意見が通るということとは、その共有化されたオリジナリティがまた相手に影響を及ぼしつつ、次の新しいオリジナリティとしてあなた自身の中でとらえなおされるということなのです。これこそが対話という活動の意味だということができるでしょう。

そして、あなたの語る内容に相手が賛同してくれるかどうかが、対話での最終的な課題となります。［ b ］、さまざまな人間関係の中で、わたしたちを結びつけているのは、「わかった、わかってもらった」という共通了解の実感だからです。

令和２年度　鹿児島県公立高校入試問題　英　語

（解答…183Ｐ）

1 **聞き取りテスト**　英語は１と２は１回だけ放送します。３以降は２回ずつ放送します。メモをとってもかまいません。

1　これから，Taro と Mary との対話を放送します。二人の明日の予定を表す絵として最も適当なものを下のア～エの中から一つ選び，その記号を書きなさい。

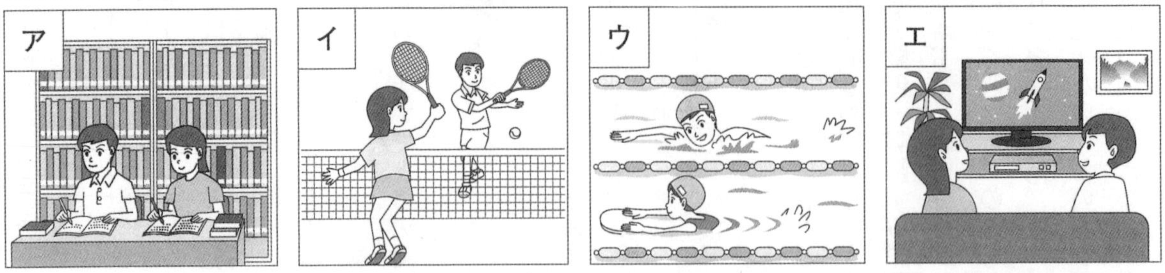

2　これから，George と Tomoko との対話を放送します。二人が対話をしている場面として最も適当なものを下のア～エの中から一つ選び，その記号を書きなさい。

ア　GeorgeがTomokoと山に登っている場面。　イ　GeorgeがTomokoと写真を撮っている場面。
ウ　GeorgeがTomokoに絵を見せている場面。　エ　GeorgeがTomokoに土産を渡している場面。

3　これから，Emi が英語の授業で行った発表を放送します。Emi は家の手伝いについてクラスメートを対象に調べたことを３枚の絵や資料を見せながら発表しました。Emi は下のア～ウをどのような順番で見せたでしょうか。正しい順番になるように絵や資料を並べかえ，その記号を書きなさい。

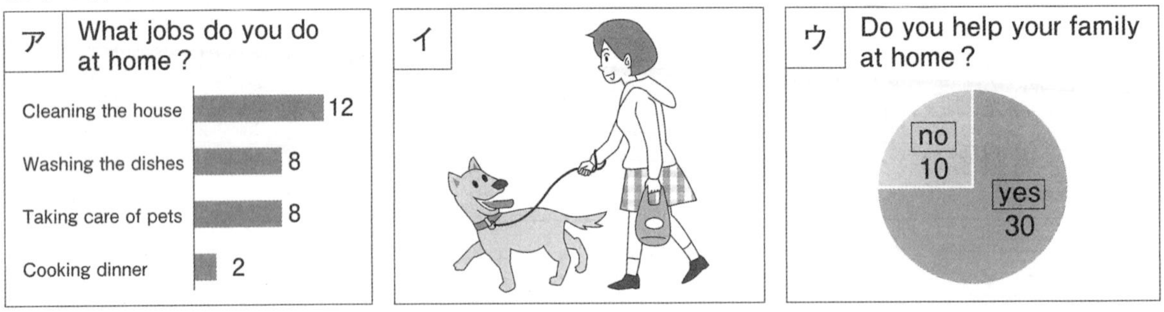

4　これから，Peter と Aki との対話を放送します。下の英文は，その対話をした日の夜，Aki が Peter に送ったメール文です。対話を聞いて，①，②にそれぞれ英語１語を書きなさい。

> Hi, Peter. I enjoyed the concert today. I am happy because I can （ ① ） how to play the violin from you. I will see you at your house on （ ② ）.

5　これから，Shota が英語の授業で行ったスピーチを放送します。スピーチの後に，その内容について英語で三つの質問をします。⑴，⑵はその質問に対する答えとして最も適当なものを下のア～エの中からそれぞれ一つ選び，その記号を書きなさい。⑶は英文が質問に対する答えとなるように，［　　　］に入る適切な英語を書きなさい。

⑴　ア　To a famous library.　　イ　To a history museum.
　　ウ　To good restaurants.　　エ　To some temples.

⑵　ア　They made *sushi*.　　イ　They talked about Kyoto.
　　ウ　They found interesting books.　　エ　They bought some presents.

⑶　He began to ［　　　　　　］.

6　これから，Naomi と Sam との対話を放送します。その中で，Naomi が Sam に質問をしています。Sam に代わってあなたの答えを英文で書きなさい。２文以上になってもかまいません。書く時間は１分間です。

2 次の１～４の問いに答えなさい。

１ 次は，Aya と姉 Kaori のクラスメートである Linda との電話での対話である。下の①，②の英文が入る最も適当な場所を対話文中の〈 ア 〉～〈 エ 〉の中からそれぞれ一つ選び，その記号を書け。

① But can I leave her a message？ ② She isn't home now.

Linda：Hello. This is Linda. May I speak to Kaori？
Aya：I am sorry. 〈 ア 〉
Linda：What time will she come back？ 〈 イ 〉
Aya：Well, I don't know. Do you want her to call you later？
Linda：No, that's OK. 〈 ウ 〉
Aya：Sure.
Linda：We were going to meet at six this evening, but I want to change the time. 〈 エ 〉 Could you tell her to come at seven？
Aya：I see. I will tell her.

２ 次は，Hikari と留学生の Bob との対話である。駅のお知らせ（announcement）を参考にして，（ ① ），（ ② ），（ ④ ）にはそれぞれ英語１語を，［ ③ ］には４語以上の英語を書け。

Hikari：Hi, Bob. You look worried. What's the matter？
Bob：Hi, Hikari. There are many people here today. What is happening？ This may be an announcement about the train for Hanayama, but I can't read Japanese. Can you tell me what it says？
Hikari：OK. The train has （ ① ） because of the heavy rain.
Bob：Really？ When will the train run again？
Hikari：The announcement doesn't say, so I don't know how （ ② ） you should wait for the next train.
Bob：Oh, no！ I have to go to Hanayama today.
Hikari：Then, ［ ③ ］. It leaves from bus stop No.5. Now it is 12:10, so you have （ ④ ） minutes before the next bus leaves.
Bob：Thank you for helping me, Hikari.
Hikari：You're welcome.

（お知らせ）
花山行きの電車について

大雨のため，運転を見合わせております。運転再開の見通しは立っておりません。
ご迷惑をおかけいたしますが，お急ぎの方はバスをご利用下さい。
なお，花山行きのバスは12時から30分ごとに５番乗り場から出ています。

３ 右の絵において，①，②の順で対話が成り立つように，①の吹き出しの［　　］に３語以上の英語を書け。

① This notebook has no name. ［　　］?
② Oh, it's mine. Thank you.

４ 下の絵は，英語の授業中のある場面を表している。場面に合うように，Haruto になったつもりで，次の［　　］に20語以上のまとまりのある英文を書け。２文以上になってもかまわない。ただし，同じ表現を繰り返さないこと。また，符号（，や？など）は語数に含めない。

Where do you want to live in the future?
- near a hospital
- near a convenience store
- near a park
Where do you want to live in the future？ Please look at the blackboard. Choose one place and tell us the reason. Can you start, Haruto？
OK. ［　　］ Thank you.
I see. Thank you, Haruto.

3 次のⅠ～Ⅲの問いに答えなさい。

Ⅰ 次は，ALT の Andrew 先生と Tomoki との対話である。対話文中の ［ ① ］ ～ ［ ③ ］ に入る最も適当なものを下のア～エの中からそれぞれ一つ選び，その記号を書け。

Andrew : What did you do during your winter vacation ?

Tomoki : I studied a lot for the tests in March. ［ ① ］

Andrew : Me ? I went to Koshikishima. It is famous for its traditional event, "*Toshidon* in Koshikishima*". Have you ever heard about it ?

Tomoki : Yes, but I don't know a lot about it. ［ ② ］

Andrew : My friend in Koshikishima told me about it. It was registered on* UNESCO's Intangible Cultural Heritage List*. Every December 31, "*Toshidon*" goes to people's houses to wish for children's healthy growth*. ［ ③ ］

Tomoki : Yes. I want to be a social studies teacher in the future, so I would like to know about events like that.

Andrew : Please read books about such events after your tests.

Tomoki : Yes, I will.

注 *Toshidon* in Koshikishima　甑島のトシドン（行事名または来訪神の名）
be registered on ～　～に登録される
UNESCO's Intangible Cultural Heritage List　ユネスコ無形文化遺産リスト
wish for children's healthy growth　子どもの健全な成長を願う

ア Do you remember the event ?　　イ Are you interested in this event ?
ウ How did you know about it ?　　エ How about you ?

Ⅱ 高校生の Riko が書いた次の英文を読み，あとの問いに答えよ。

This summer, I joined the Inter-High School Competition* as one of the volunteers. This was my first experience as a volunteer. We danced and sang some songs in Kagoshima dialect* at the opening ceremony*.

The volunteers came from different high schools, so we practiced together only on Saturdays and Sundays. At first, we were too nervous to speak to each other. A month before the opening ceremony, our teacher said, "Each of you is working hard, but as a team, you should communicate with* each other." After we practiced that day, all the volunteers stayed and talked about our problems for the first time. Then we decided to have a meeting after every practice. By sharing our ideas, our performance* got better.

At the opening ceremony, we did our best and many people who saw our performance gave us a big hand*. That made me very happy. Our teacher said, "You did a great job! Your performance was wonderful!"

From that experience, I learned an important thing. ［　　　］ is important when we work together. If we do so, we can make something better. This experience will be useful in my life.

注 the Inter-High School Competition　全国高等学校総合体育大会　　dialect　方言
opening ceremony　開会式　　communicate with ～　～とコミュニケーションをとる
performance　演技　　gave us a big hand　盛大な拍手をした

1　次の(1)，(2)の質問に対する答えを本文の内容に合うように英文で書け。

(1)　The volunteers practiced together only on weekends.　Why ?

(2)　How did Riko feel after the performance at the opening ceremony ?

2　[　　　　]の中に入る最も適当な英語を本文中から３語で抜き出して英文を完成させよ。ただし，文頭にくる語は，最初の文字を大文字にすること。

Ⅲ　Ken と Ann はハンバーガー店に来て，メニューを見ながら何を注文するのか話している。１，２について，メニューをもとに，二人がそれぞれ注文するものとして最も適当なものを下のア～エの中からそれぞれ一つ選び，その記号を書け。なお，表示は税込価格とする。

MENU

Hamburgers	
hamburger (100% beef)	$3.00
cheeseburger (100% beef / cheese)	$3.50
fish burger (fish / onion)	$4.00
chicken burger (chicken / onion)	$4.50
big burger (100% beef×2)	$5.50
rice burger (teriyaki chicken / onion)	$5.70
special burger (100% beef×2 / egg / cheese)	$6.50

Side Menu	
French fries (M) / (L)	$2.60 / $3.20
green salad	$3.60
hot chicken salad	$4.80
ice cream	$2.30
apple pie	$2.60

Drinks	
orange juice	$2.25
apple juice	$2.25
coffee	$1.50
tea	$1.50

(例) $2.50＝2ドル50セント (1ドル＝100セント)

1　Ken said, "I want to eat chicken and something cold."

ア　A hamburger and an apple juice　　イ　A special burger and a green salad

ウ　A rice burger and an ice cream　　エ　A chicken burger and a French fries (M)

2　Ann said, "I want something to eat and drink, but I don't want to eat beef.　I only have $6.50."

ア　A big burger and an orange juice　　イ　A chicken burger and an apple juice

ウ　A cheeseburger and a coffee　　エ　A fish burger and a tea

4 次の英文を読み，1～7の問いに答えなさい。

Mike started playing soccer when he was six years old. He enjoyed playing soccer with his friends. When he entered junior high school, he became one of the best players on his team. He felt very happy when he and his team members performed well* and won their games. In the third year, he practiced hard for the last tournament. However, one day in April, while he was riding his bike to soccer practice, he fell* and broke* his right leg. He couldn't move. So he was carried to a hospital. The doctor said to Mike, "You can't use your right leg for a few months." He was very disappointed* to hear that.

Three months later, his leg got better and he started practicing soccer again with his team. However, Mike couldn't play soccer as well as his team members. ①<u>He felt very sad about this</u>, and began to lose his motivation* to play soccer. He sometimes didn't go to practice. Then one day, the coach* said to him, "Mike, you can't join the last tournament as a player." He was very shocked* and didn't go to practice from that day.

A week later, his father said to Mike, "Today I'm going to watch a soccer game played by little children in the park. I want to cheer for* my friend's son. [②]?" At first Mike said, "I don't want to go," but he finally agreed because his father asked him again and again.

They went to the park to watch the game. Some children were very good players and the game was very exciting. About five minutes before the end of the game, one boy joined the game. Mike soon found something different about the boy. He couldn't run quickly and sometimes fell. Mike's father said to Mike, "That boy is my friend's son, John. He was born with a problem with his right leg. He can't even walk well." Mike was very surprised and said, "Why did he choose to play soccer? I think there are many other things he can do more easily." His father answered, "Look at him. He is running after the ball the hardest of all his team members. I think that [③]."

After the game, Mike spoke to John. Mike said, "Hello, John. I am Mike. Do you like playing soccer?" John answered, "Yes, I do. I can't run quickly, but I can play with a ball. I love soccer. I'm very happy when I play soccer with my friends." Mike was shocked to hear his words and ④<u>asked himself, "What am I doing?"</u>

That day became a big day for Mike. He remembered that he was happy nine years ago. He started playing soccer at that time. He really enjoyed soccer when he was little. He thought this was very important and began to practice soccer with his team members again. He knew that he would not play in the last tournament, but he enjoyed running and playing with his friends.

At the tournament, he did his best to help and cheer for his team members. It was fun to be with his team members. After the last game in junior high school, he felt fulfilled*. He decided to play soccer in high school.

注 performed well 活躍した　fell 転んだ　broke 折った　disappointed 失望した
motivation やる気　coach コーチ　shocked ショックを受けた　cheer for ～ ～を応援する
fulfilled 充実した

1　次のア～ウの絵は，本文のある場面を表している。話の展開に従って並べかえ，その記号を書け。

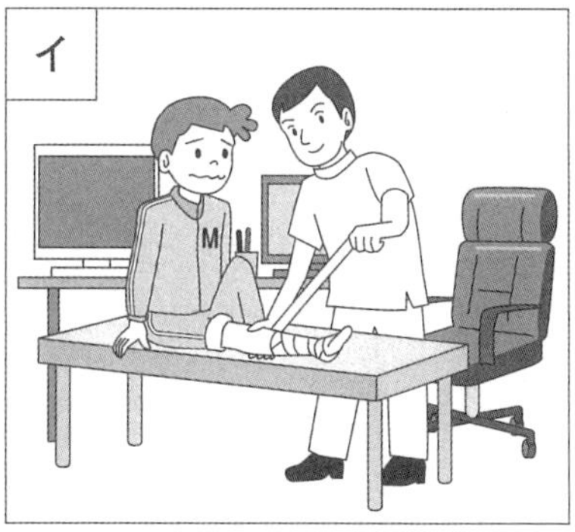

2　下線部①において，Mike は具体的にどのようなことに対して悲しいと感じたのか，30字程度の日本語で書け。

3　［　②　］に，本文の内容に合うように５語以上の英語を書け。

4　［　③　］に入る最も適当なものを下のア～エの中から一つ選び，その記号を書け。

ア　he runs faster than the other members
イ　he is going to stop playing soccer
ウ　soccer is something special to him
エ　playing soccer is boring for him

5　下線部④における Mike の気持ちとして最も適当なものを一つ選び，その記号を書け。

ア　誇らしい気持ち　　イ　ほっとした気持ち
ウ　うらやましい気持ち　　エ　情けない気持ち

6　本文の内容に合っているものを，下のア～オの中から二つ選び，その記号を書け。

ア　Mike fell when he was going to soccer practice by bike, and he was carried to a hospital.
イ　Mike was very shocked to hear that he couldn't play soccer in the last tournament.
ウ　Mike was excited when his father told him about a soccer game played by little children.
エ　Mike was surprised because John spoke to his team members before the end of the game.
オ　Mike remembered his younger days and wanted to practice soccer again, but he couldn't.

7　次は，中学校での最後の試合が終わった後の Mike と Mike の父親との対話である。Mike に代わって［　　　］に10語以上の英文を書け。２文以上になってもかまわない。また，符号（，や？など）は語数には含めない。

Father :　How was the tournament ?
Mike :　I couldn't play, but I felt fulfilled.　Dad, we watched a soccer game played by little children.　Do you remember it ?　That day was a big day for me.
Father :　What do you mean ?
Mike :　Before I broke my leg, I played soccer just to perform well and win games.
［　　　　　　　　　　　　　　　　］
Father :　You learned an important thing from him, right ?
Mike :　Yes.　John is my little teacher.

令和２年度　鹿児島県公立高校入試問題　社　会

（解答…187Ｐ）

1　次のⅠ～Ⅲの問いに答えなさい。答えを選ぶ問いについては一つ選び，その記号を書きなさい。

Ⅰ　次の略地図を見て，１～６の問いに答えよ。

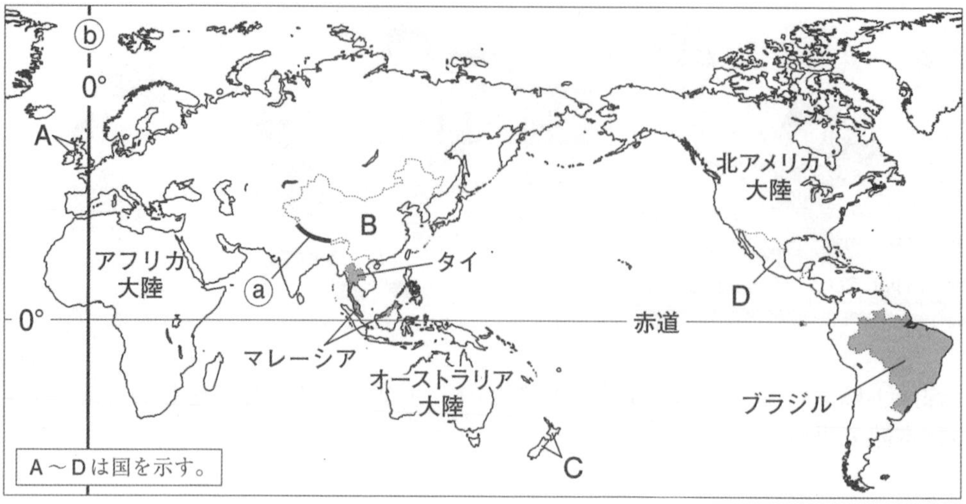

１　略地図中のⓐは，標高 8000 m をこえる山々が連なる山脈である。この山脈の名称を答えよ。

２　略地図中のⓑは，経度の基準となる経線である。これを何というか。**漢字５字**で書け。

３　略地図中の**Ａ**～**Ｄ**国について述べた文として最も適当なものはどれか。

ア　**Ａ**国では，季節風の影響で降水量が多く，茶の栽培が盛んである。

イ　**Ｂ**国では，西部の乾燥地域を中心に米の二期作が盛んである。

ウ　**Ｃ**国では，先住民のマオリの文化を尊重する取り組みが行われている。

エ　**Ｄ**国では，主な言語としてフランス語を使用する人々の数が最も多い。

４　略地図中の**ブラジル**のアマゾン川流域で行われてきた次の文のような農業を何というか。

森林や草原を焼きはらい，その灰を肥料にして作物を栽培する農業。数年すると土地がやせて，作物が育たなくなるため，別の場所に移動して，これをくり返す。

５　**資料１**は，略地図中の**アフリカ大陸**，**オーストラリア大陸**，**北アメリカ大陸**について，それぞれの大陸における気候帯の分布割合を示したものである。**アフリカ大陸**にあてはまるものは**ア**～**ウ**のどれか。

資料１

大陸／気候帯	ア	イ	ウ
熱帯	16.9%	38.6%	5.2%
乾燥帯	57.2%	46.7%	14.4%
温帯	25.9%	14.7%	13.5%
冷帯（亜寒帯）	—	—	43.4%
寒帯	—	—	23.5%

（地理統計要覧2019年版から作成）

６　略地図中の**タイ**や**マレーシア**について，(1)，(2)の問いに答えよ。

(1)　日本やアメリカの企業は，**タイ**や**マレーシア**など，東南アジアの国々へ進出している。その理由を**資料２**を参考に書け。ただし，**生産**ということばを使うこと。

(2)　外国企業の進出もあり，**タイ**や**マレーシア**では**資料３**に見られるような変化があった。**タイ**や**マレーシア**の輸出品目と輸出総額の変化の特徴について，**資料３**をもとに答えよ。

資料２　**各国の主要都市における製造業従事者の月額平均賃金**

	月額平均賃金
日　　本	2339ドル
アメリカ	3144ドル
タ　　イ	338ドル
マレーシア	321ドル

統計年次は2017年
（日本貿易振興機構資料から作成）

資料３　**タイとマレーシアの輸出品目と輸出総額**

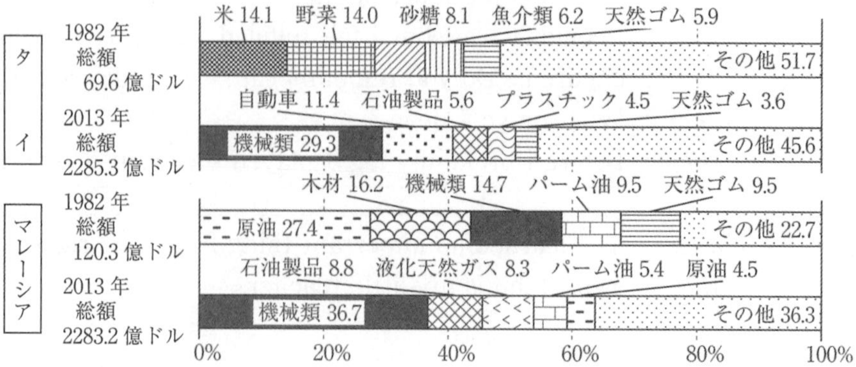

（世界国勢図会2015/16年版などから作成）

Ⅱ　次の略地図を見て，1～6の問いに答えよ。

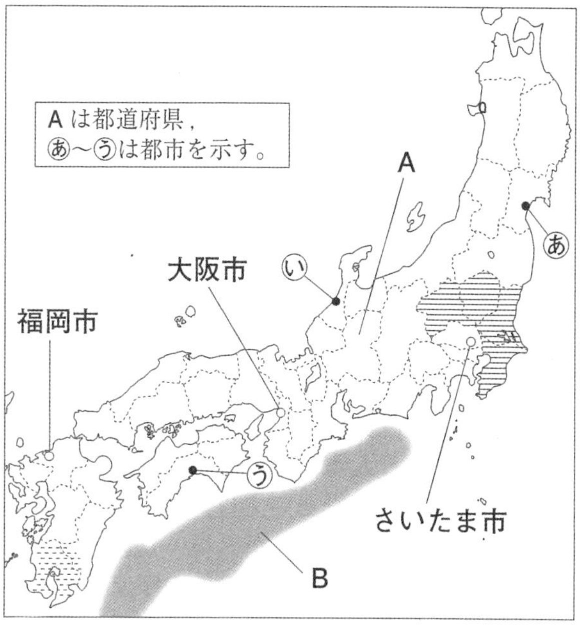

1　略地図中の　　　で示した九州南部には火山からの噴出物が積もってできた台地が広がっている。このような台地を何というか。

2　略地図中のAには，北部に世界遺産に登録されている合掌造りで有名な白川郷がある。この都道府県名を書け。

3　次のX～Zは，略地図中の(あ)～(う)のいずれかの都市の月別平均気温と月別降水量を示したものである。Xが示す都市は(あ)～(う)のうちどれか。

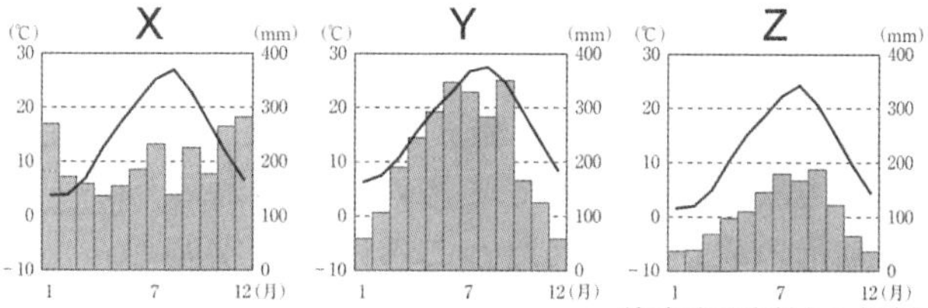

(気象庁の資料から作成)

4　略地図中の　　　は，2017年の乳用牛の飼育頭数上位8位までの都道府県のうち，関東地方にある4県を示している。この4県に関して述べた次の文の［　　　］に適することばを補い，これを完成させよ。ただし，**時間**ということばを使うこと。

この4県には，生産した生乳を，［　　　］ことができるという，共通する特色がある。

5　略地図中のBは，メタンハイドレートが海底に存在する可能性があるとされている海域の一部を示している。メタンハイドレートは，天然ガスの主成分であるメタンガスを含んだ氷状の物質で，日本の排他的経済水域内に多く埋蔵されると推定され，実用化が期待されている。その理由を**資料1**を参考にして書け。

資料1　主な国のエネルギー自給率(%)

日　本	アメリカ	中　国	オーストラリア
8.3	88.4	79.8	301.0

統計年次は2016年
(世界国勢図会2019/20から作成)

6　**資料2**は略地図中の**さいたま市**，**大阪市**，**福岡市**の昼夜間人口比率を示したものである。**さいたま市**に該当するものをア，イから選び，そのように判断した理由を書け。ただし，理由には**通勤**や**通学**ということばを使うこと。

資料2

都市名	大阪市	ア	イ
昼夜間人口比率(%)	131.7	110.8	93.0

※昼夜間人口比率＝昼間人口／夜間(常住)人口×100
統計年次は2015年
(総務省統計局資料から作成)

Ⅲ　次は，中学生のAさんが**資料**を参考に自宅周辺の防災についてまとめたレポートである。Aさんのレポートを完成させよ。ただし，［ X ］には，← で示した**経路**(あ)か**経路**(い)のいずれかを選択し，解答用紙のあてはまる方を ○ で囲み，［ Y ］にはAさんがそのように判断した理由として考えられることを**資料**から読み取って書け。

資料

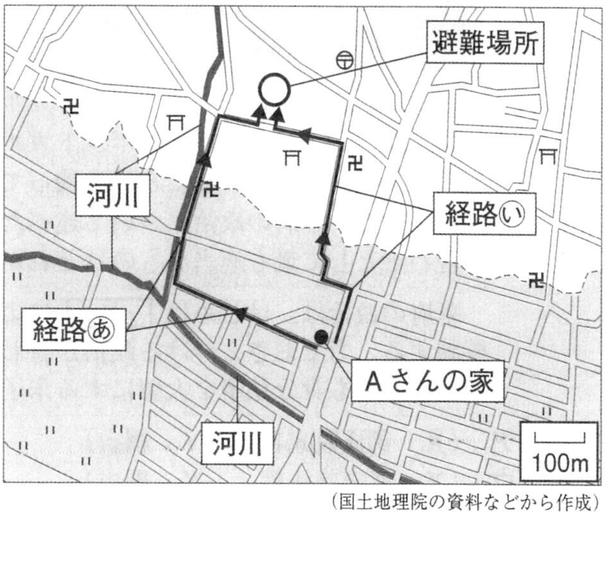

(国土地理院の資料などから作成)

Aさんのレポート

この**資料**の中には，洪水のときに浸水する可能性がある地域が示されており，これによると，私の家も浸水予想地域に含まれています。大雨などにより洪水のおそれがあり**避難場所**に避難しなければならなくなったときの経路としては，この**資料**で考えると［ X ］を選ぶべきです。それは，［ Y ］からです。

※Aさんの家から**経路**(あ)，**経路**(い)を通って避難する際には，障害物や交通遮断などはないものとして考えること。
※**資料**中の ------- 線は，浸水予想地域の境界線を示す。

2 次のⅠ～Ⅲの問いに答えなさい。答えを選ぶ問いについては一つ選び，その記号を書きなさい。

Ⅰ 次は，ある中学生が大宰府にゆかりのある人物についてまとめたA～Dのカードと，生徒と先生の会話である。1～6の問いに答えよ。

A 最澄	B ⓐ鑑真	C 菅原道真	D 足利尊氏
比叡山で修行し大宰府を経由して中国に渡り，仏教を学ぶ。帰国後，天台宗を広める。	日本で仏教を広めるために，中国から来日。鹿児島に到着し，奈良にいたる途中で大宰府を訪れる。	朝廷内の要職につき，ⓑ遣唐使の停止を提言。権力争いに敗れ，大宰府に追いやられる。	建武の新政で後醍醐天皇と対立し，九州へ。大宰府で軍を立て直し，京都で新政権を樹立する。

生徒：古代日本の軍事・外交の要《かなめ》となった大宰府に興味をもったので，大宰府にゆかりのある人物について調べてみました。

先生：大宰府といえば，元号「令和」に関係があります。「令和」の出典は，奈良時代末に大伴家持らが天皇・貴族や農民などの和歌を広く集めてまとめたとされる『［　　　］』の中の，梅花の歌の序文です。この梅花の歌がよまれたところは，大宰府だったといわれています。ところで，足利尊氏も大宰府にゆかりがあることをよく調べましたね。

生徒：博物館で開催されたⓒ室町時代の将軍に関する特別展を見に行き，そこで知りました。

先生：そうでしたか。大宰府は，古代の終わりとともに軍事・外交の要としての歴史的役割を終えることになりましたが，その後，ⓓ江戸時代に福岡藩が行った調査などをきっかけとして，注目されるようになったのですよ。

※表記については，大宰府で統一。

1 会話文中の［　　　］にあてはまる最も適当なことばを書け。

2 ⓐが来日した8世紀の日本と中国の関わりについて述べた文として最も適当なものはどれか。

ア 執権北条時宗のとき，文永の役・弘安の役と二度にわたり元軍の襲来をうけた。

イ 唐の都長安にならった平城京が，律令国家の新しい都としてつくられた。

ウ 明の求めに応じて倭寇の取り締まりが強化され，勘合貿易が始まった。

エ 邪馬台国の女王卑弥呼は魏に使者を送り，魏の皇帝から倭王の称号を与えられた。

3 ⓑに関して，遣唐使などがもたらした唐風の文化を基礎としながら，日本の風土や生活にあった国風文化が摂関政治のころに発達した。この文化に最も関係の深いものはどれか。

ア

イ

ウ

エ

4 ⓒの後半の戦国時代のころ，ポルトガル人やスペイン人は，アジアへの新航路を開拓し，日本にも来航するようになった。ポルトガル人やスペイン人が新航路を開拓した理由を，**イスラム商人**，**価格**，**直接**ということばを使って書け。

5 ⓓに関して，幕府の政治について述べた次の文の［ X ］，［ Y ］にあてはまることばの組み合わせとして最も適当なものはどれか。

> 幕府の政治は，はじめは［ X ］によって大名の築城や結婚などに規制を設けて大名を統制する，力でおさえつける政治が行われていた。その後，5代将軍徳川［ Y ］は，儒学のなかでも身分秩序を大切にする朱子学などの学問を重視する政治への転換を行った。

ア（X 御成敗式目　Y 綱吉）　イ（X 御成敗式目　Y 吉宗）

ウ（X 武家諸法度　Y 綱吉）　エ（X 武家諸法度　Y 吉宗）

6 A～Dのカードを，年代の古い順に並べよ。

Ⅱ 次の略年表を見て，１～６の問いに答えよ。

年	主なできごと
1867	ⓐ大政奉還が行われる ―― A（始）
1877	鹿児島の士族らが ［①］ 戦争をおこす　A
1894	ⓑ日清戦争がおこる ―― A（終）
1914	ⓒ第一次世界大戦がおこる
1972	［②］ が日本に復帰する ―― B（始）
1990	東西ドイツが統一される ―― B（終）

資料１

１ 表の ［①］，［②］ にあてはまる最も適当なことばを書け。ただし，［①］ は**漢字**で書くこと。

２ **資料１**は，ⓐに関するものである。ⓐに対して，武力による倒幕をめざす勢力が天皇中心の政治にもどすために宣言したものは何か。

３ **A**の時期の日本のできごとを，次の**ア**～**エ**から三つ選び，年代の古い順に並べよ。

ア 政府を退いていた板垣退助らが民撰議院設立建白書を政府に提出した。
イ 満25歳以上のすべての男子に選挙権を与える普通選挙法が成立した。
ウ 新しい政治の方針を内外に示す形で五箇条の御誓文が発布された。
エ 天皇から国民に与えるという形で大日本帝国憲法が発布された。

４ ⓑの直前に行われた条約改正について述べた次の文の ［X］，［Y］ にあてはまることばの組み合わせとして最も適当なものはどれか。

> 条約改正に消極的だった ［X］ は，日本が近代国家のしくみを整えたことを背景にして，日本との改正交渉に応じるようになった。政府は，［Y］ 外相のときに，［X］ と条約を結び，領事裁判権（治外法権）の撤廃に成功した。

ア（**X** イギリス　**Y** 小村寿太郎）
イ（**X** イギリス　**Y** 陸奥宗光）
ウ（**X** ロシア　**Y** 小村寿太郎）
エ（**X** ロシア　**Y** 陸奥宗光）

資料２ 物価と賃金の推移

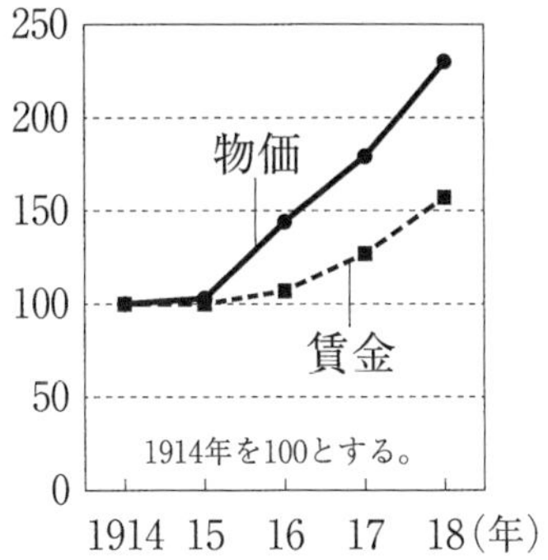

（大正政治史から作成）

５ ⓒに関して，大戦中の日本は好景気であったが，人々の生活は苦しくなった。その理由を**資料２**から読み取れることをもとにして書け。ただし，**労働者**ということばを使うこと。

６ **B**の時期の世界のできごとについて述べた文として，最も適当なものはどれか。

ア アジア・アフリカ会議がインドネシアのバンドンで開かれた。
イ ヨーロッパ共同体加盟の12か国により，ヨーロッパ連合が発足した。
ウ 中国で共産党の毛沢東を主席とする中華人民共和国が成立した。
エ アメリカとソ連の首脳がマルタで会談を行い，冷戦の終結を宣言した。

Ⅲ 次の文は，ある中学生がアメリカでおこった恐慌のようすと，その後に実施された政策についてまとめたものである。**資料１**，**資料２**をもとにして，次の文の ［　　］ に適することばを**25字以上35字以内**で補い，これを完成させよ。ただし，**公共事業**ということばを使うこと。

> 1929年10月，ニューヨークの株式市場で株価が大暴落し，アメリカの景気は急速に悪化した。多くの企業や銀行が倒産し，失業者があふれ，恐慌は世界中に広がった。恐慌への対策として，ルーズベルト大統領は景気の回復を図るために，ニューディールという政策をかかげ ［　　］。

資料１ アメリカの失業率の推移

年	失業率
1929年	3.2%
1933年	24.9%
1937年	14.3%

（マクミラン新編世界歴史統計から作成）

資料２ ニューディールによって建設中のダム

3 次のⅠ～Ⅲの問いに答えなさい。答えを選ぶ問いについては一つ選び，その記号を書きなさい。

Ⅰ 次は，ある中学生が「さまざまな議場」について調べたことをまとめたレポートの一部である。1～6の問いに答えよ。

これは，衆議院の本会議が開かれるところです。正面中央に議長席と演壇があり，その左右にⓐ内閣総理大臣や国務大臣の席があります。ⓑ衆議院及び参議院は，それぞれ，ⓒ主権者である国民を代表する選挙で選ばれた議員で組織されます。

これは，鹿児島県議会の本会議場です。国会が衆議院と参議院で構成されているのに対して，地方公共団体の議会は一院制が採用されています。ここで地方公共団体独自のきまりである □ を定めたり，予算を議決したりします。

これは，ⓓ国際連合の主要機関である総会のようすです。総会はすべての加盟国で構成されています。年1回定期的に開かれ，ⓔ世界のさまざまな問題について討議します。総会では，主権平等の原則に従って，すべての加盟国が平等に1票の議決権をもっています。

1 レポート中の □ にあてはまる最も適当なことばを書け。

2 ⓐに関して，内閣の仕事や権限として最も適当なものはどれか。

ア 憲法改正の発議　イ 予算の議決　ウ 条約の締結　エ 弾劾裁判所の設置

3 ⓑに関して，法律案などについて両議院の議決が一致しない場合には，憲法上一定の要件のもとに衆議院の議決を優先させることが認められているが，その理由として考えられることを**資料1**を参考にして書け。ただし，**国民**ということばを使うこと。

資料1　衆議院と参議院の比較（2019年参議院議員通常選挙時点）

	衆議院	参議院
議員定数	465人	248人
任期	4年 ただし解散のときは任期中でも資格を失う	6年 3年ごとに半数が改選される
解散	あり	なし

4 ⓒに関して，国民が主権者として正しい判断を行うために必要であるとして主張されるようになった新しい人権として最も適当なものはどれか。

ア 社会権　イ 参政権　ウ プライバシーの権利　エ 知る権利

5 ⓓについて，**資料2**の X にあてはまる，国と国との争いを法に基づいて解決するなどの役割を担う機関の名称を書け。

資料2　国際連合の主要機関

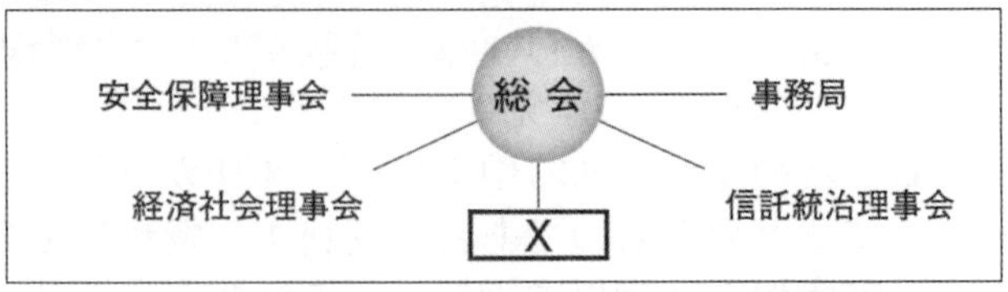

6 ⓔの一つに地球温暖化問題があげられる。2015年に採択されたパリ協定では，発展途上国を含むすべての参加国が温室効果ガスの削減目標を定め，地球温暖化を抑える対策をすすめることで合意した。しかし，合意するまでには，排出削減をめぐり先進国と発展途上国の間で意見の対立もあり長い時間がかかった。**資料3**のような意見に対して，発展途上国は，どのような意見を述べていたと考えられるか。**資料4**をもとにして書け。

資料3　温室効果ガスの排出削減をめぐる先進国の主な意見

地球温暖化は人類共通の課題である。発展途上国の中にも急速な工業化で温室効果ガスを多く排出している国もあり，すべての国が排出削減を行うべきである。

資料4　二酸化炭素の累積排出量（1850～2005年）の割合

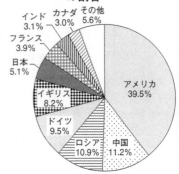

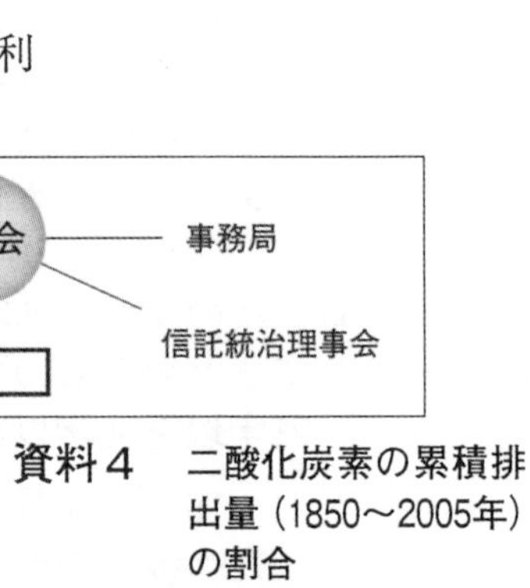

（独立行政法人国際協力機構の資料から作成）

Ⅱ 次は，ある中学校の社会の授業で，生徒たちが班ごとに調べてみたいことについて話し合ったことをまとめたものである。１～５の問いに答えよ。

> **1班** ⓐ国家間の経済協力には，どのようなものがあるのだろうか。
> **2班** ⓑ日本の社会保障制度には，どのようなものがあるのだろうか。
> **3班** ⓒ日本の経済成長率は，近年，どのように推移してきたのだろうか。
> **4班** ⓓ企業は，どのように資金を調達しているのだろうか。
> **5班** ⓔ税金には，どのようなしくみがあるのだろうか。

１ ⓐに関して，1989年に設立された，日本，アメリカ，オーストラリアなど，アジア太平洋の国と地域で話し合いを行う経済協力の枠組みを何というか。略称を**アルファベット**で書け。

２ ⓑについて述べた文として最も適当なものはどれか。

ア 社会保険は，生活保護法にもとづいて，生活費や教育費を支給するしくみである。
イ 社会福祉は，高齢者や障がいのある人などに，生活の保障や支援サービスを行うしくみである。
ウ 公衆衛生は，保険料を納めた人が，病気や高齢になったときに給付を受けるしくみである。
エ 公的扶助は，環境衛生の改善や感染病の予防などにより，生活の基盤を整えるしくみである。

３ ⓒに関して，次の文の［ X ］，［ Y ］にあてはまることばの組み合わせとして最も適当なものはどれか。

> **資料１**は，日本の経済成長率の推移を示している。**資料１**を見ると，2016年度の経済成長率は，2015年度の経済成長率よりも［ X ］していることがわかる。また，**資料１**からは2016年度の国内総生産は，2015年度の国内総生産よりも［ Y ］していることが読み取れる。

ア （X 低下　Y 減少）　イ （X 上昇　Y 減少）
ウ （X 低下　Y 増加）　エ （X 上昇　Y 増加）

資料１　日本の経済成長率(実質)の推移

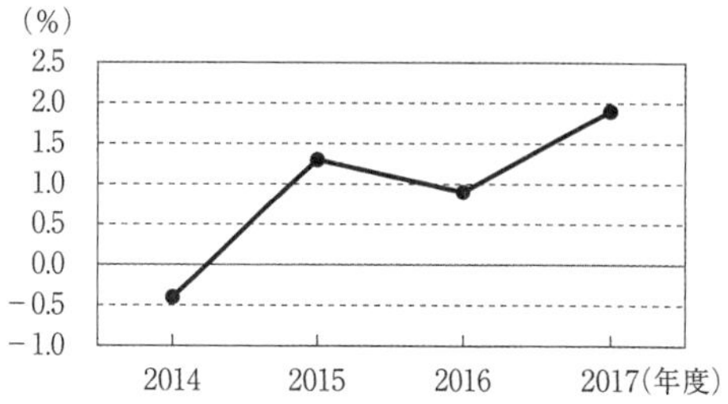

※国内総生産の増加率を経済成長率という。
（平成29年度国民経済計算年報から作成）

４ ⓓに関して，企業が資金を調達する方法には，直接金融と間接金融がある。このうち直接金融について述べた次の文の［　　］に適することばを補い，これを完成させよ。

> 直接金融は，企業が［　　］するなどして，家計などから直接資金を調達する方法である。

５ ⓔに関して，(1)，(2)の問いに答えよ。

(1) 税金などの収入をもとに国や地方公共団体が行う経済活動を何というか。

(2) **資料２**のように，所得が多いほど高い税率を適用する課税の方法を何というか。

資料２　所得税の税率

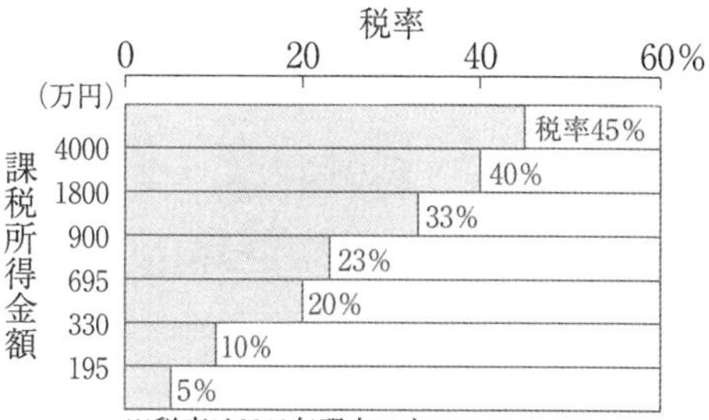

※税率は2019年現在のもの
（財務省資料から作成）

Ⅲ 次は，ある中学生が，「消費生活と経済のしくみ」の学習の際に作成したレポートの一部である。［ X ］には消費者行政を一元化するために2009年に設置された国の行政機関の名称を書け。また，［ Y ］には**資料１**，**資料２**を参考にして，適することばを**30字以上40字以内**で補い，これを完成させよ。ただし，**消費者**という言葉を使うこと。

> 私は，「消費者トラブルにあったとき，どう行動したらよいか」ということを［ X ］のWebサイトで調べました。**資料１**，**資料２**はそこにあった資料の一部です。これらの資料を見て，消費者トラブルにあったときに消費生活センターなどに相談することが大切だと思いました。そのように行動することで，［ Y ］社会の実現につながるからです。これからは社会に与える影響を自覚した責任ある行動をしていきたいと思います。

資料１

> **あなたの行動が社会を変える！**
> 消費者が主役の「消費者市民社会」では，消費者の行動で社会を変えることが求められている。「消費者市民社会」の一員として，自分自身の行動を考えてみよう。

資料２

消費者トラブルの発生：製品やサービスで事故にあった　契約トラブルにあった
→ 消費者のとった行動：行動しない　あきらめる
→ その結果：不正な取引，製品等の事故が続く

令和２年度　鹿児島県公立高校入試問題　数　学

(解答…190Ｐ)

1　次の１～５の問いに答えなさい。

１　次の(1)～(5)の問いに答えよ。

(1)　$8 \div 4 + 6$ を計算せよ。

(2)　$\frac{1}{2} + \frac{9}{10} \times \frac{5}{3}$ を計算せよ。

(3)　$2\sqrt{3} + \sqrt{27} - \frac{3}{\sqrt{3}}$ を計算せよ。

(4)　3つの数 a，b，c について，$ab < 0$，$abc > 0$ のとき，a，b，c の符号の組み合わせとして，最も適当なものを下のア～エの中から１つ選び，記号で答えよ。

	a	b	c
ア	＋	＋	－
イ	＋	－	＋
ウ	－	－	＋
エ	－	＋	－

(5)　下の図のような三角柱がある。この三角柱の投影図として，最も適当なものを下のア～エの中から１つ選び，記号で答えよ。

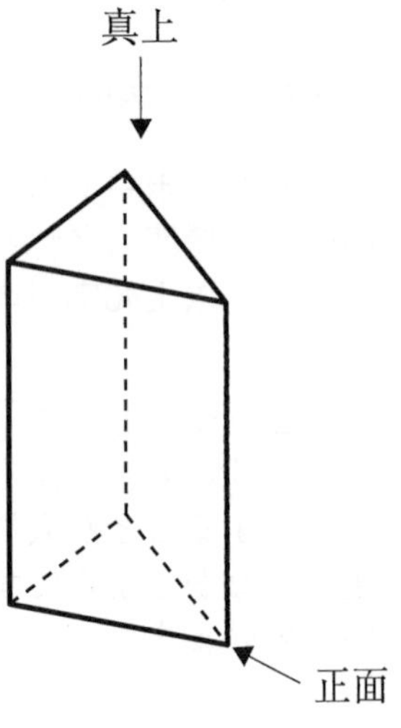

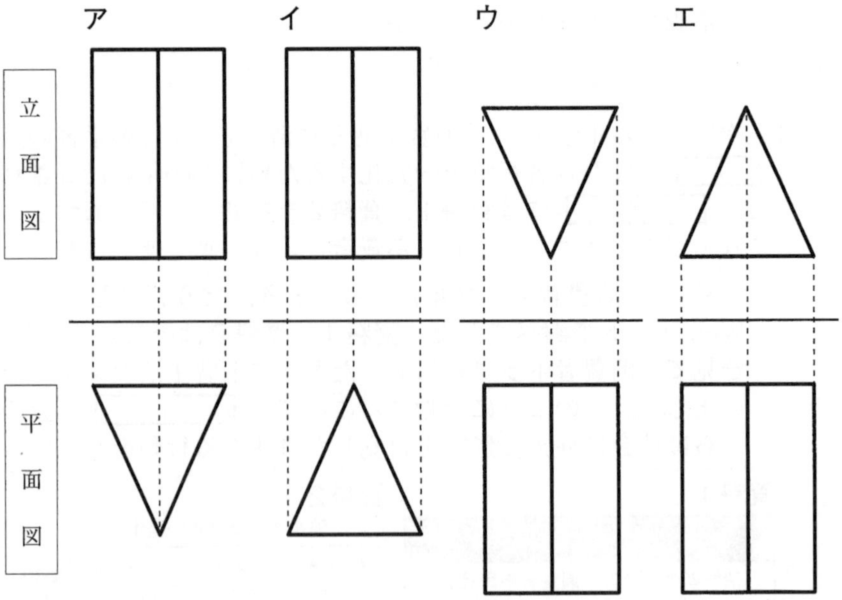

2 y は x に反比例し，$x=2$ のとき $y=-3$ である。このとき，y を x の式で表せ。

3 $\sqrt{7}$ より大きく，$\sqrt{31}$ より小さい整数をすべて書け。

4 次のように，1から6までの数字がくり返し並んでいる。左から100番目の数字は何か。

1，2，3，4，5，6，1，2，3，4，5，6，1，2，3，4，5，6，…

5 国土地理院のまとめた「日本の山岳標高一覧（1003山）」に掲載されている鹿児島県の標高1000 m以上の山〈山頂〉は8つある。8つの中で最も高いものは屋久島にある宮之浦岳であり，その標高は1936 mである。下の表は，残り7つの山〈山頂〉の標高を示したものである。標高を1.5倍したときに，宮之浦岳の標高を上回るものはどれか，下の**ア**～**キ**の中からあてはまるものをすべて選び，記号で答えよ。

	山名〈山頂名〉	標高(m)
ア	紫尾山	1067
イ	霧島山〈韓国岳〉	1700
ウ	霧島山〈新燃岳〉	1421
エ	御岳	1117
オ	高隈山〈大《おお》箆《の》柄岳《がらだけ》〉	1236
カ	高隈山〈御岳〉	1182
キ	永田岳	1886

（国土地理院「日本の山岳標高一覧（1003山）」から作成）

2 次の**1**～**5**の問いに答えなさい。

1 右の図のように，AB ＝ AC である二等辺三角形ABCと，頂点 A，C をそれぞれ通る 2 本の平行な直線 ℓ，m がある。このとき，$\angle x$ の大きさは何度か。

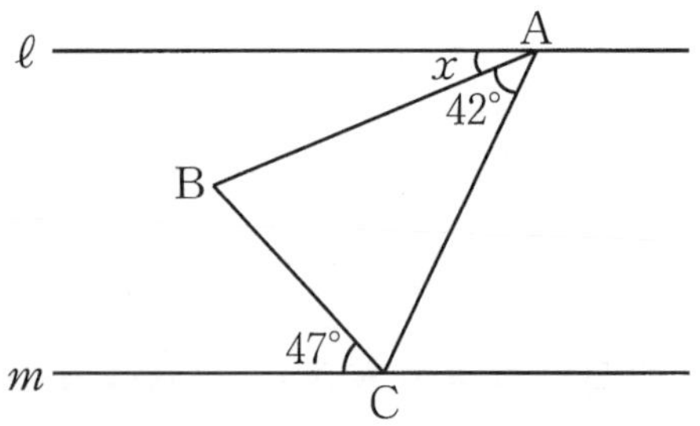

2 硬貨とくじを用いて，次のルールでポイントがもらえるゲームを行う。

> ① 硬貨を 2 枚投げて，表が出た枚数を数える。
> ② 当たりが 1 本，はずれが 1 本入っているくじがあり，その中から 1 本ひく。
> ③ ②で当たりをひいた場合は，(①の表が出た枚数)×200 ポイント，はずれをひいた場合は，(①の表が出た枚数)×100 ポイントがもらえる。

たとえば，硬貨は表が 2 枚出て，くじは当たりをひいた場合は 400 ポイントもらえる。このゲームを 1 回行うとき，ちょうど 200 ポイントもらえる確率を求めよ。

3 次の比例式で，x の値を求めよ。

$$x : (4x - 1) = 1 : x$$

4 右の図のように，3 点 A，B，C がある。この 3 点 A，B，C を通る円周上において，点 B を含まない $\overset{\frown}{AC}$ 上に ∠ABD ＝ ∠CBD となる点 D を，定規とコンパスを用いて作図せよ。ただし，点 D の位置を示す文字 D を書き入れ，作図に用いた線も残しておくこと。

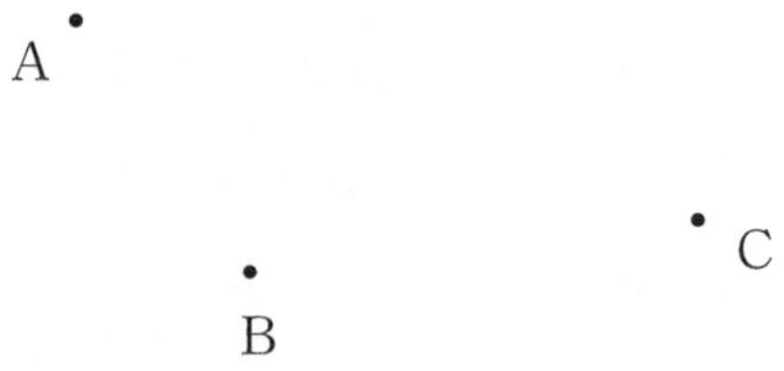

5 A さんと B さんの持っている鉛筆の本数を合わせると 50 本である。A さんの持っている鉛筆の本数の半分と，B さんの持っている鉛筆の本数の $\frac{1}{3}$ を合わせると 23 本になった。A さんと B さんが最初に持っていた鉛筆はそれぞれ何本か。ただし，A さんと B さんが最初に持っていた鉛筆の本数をそれぞれ x 本，y 本として，その方程式と計算過程も書くこと。

3 A～Dの各組で同じ100点満点のテストを行ったところ，各組の成績は右の**表**のような結果となった。ただし，A組の点数の平均値は汚れて読み取れなくなっている。また，このテストでは満点の生徒はいなかった。なお，**表**の数値はすべて正確な値であり，四捨五入などはされていない。次の**1**～**3**の問いに答えなさい。

表

組	人数	平均値	中央値
A	30	[redacted]	59.0
B	20	54.0	49.0
C	30	65.0	62.5
D	20	60.0	61.5

1 B組とC組を合わせた50人の点数の平均値を求めよ。

2 下の図は，各組の点数について階級の幅を10点にしてヒストグラムに表したものである。たとえば，A組のヒストグラムでは50点以上60点未満の生徒は5人いたことを表している。B～Dの各組のヒストグラムは，それぞれ①～③の中のどれか1つとなった。次の(1)，(2)の問いに答えよ。

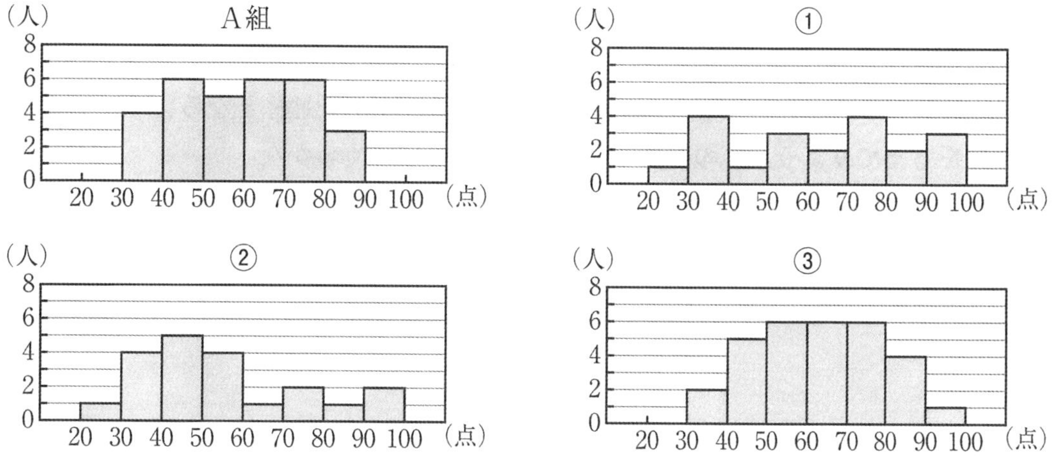

(1) C組のヒストグラムは ア ，D組のヒストグラムは イ である。 ア ， イ にあてはまるものを，①～③の中から1つずつ選べ。

(2) A組のヒストグラムから，A組の点数の平均値を求めよ。ただし，小数第2位を四捨五入して答えること。

3 B組の生徒のテストの点数を高い方から並べると，10番目と11番目の点数の差は4点であった。B組には欠席していた生徒が1人いたので，この生徒に後日同じテストを行ったところ，テストの点数は76点であった。この生徒を含めたB組の21人のテストの点数の中央値を求めよ。

4 次の会話文は「課題学習」におけるグループ活動の一場面である。ひろしさんとよしこさんのグループは，**写真**の観覧車を題材に数学の問題をつくろうと考えた。以下の会話文を読んで，次の**1**～**3**の問いに答えなさい。

写真

ひろし：この観覧車は直径 60 m，ゴンドラの数は 36 台で，1 周するのにちょうど 15 分かかるんだって。この観覧車を題材に，円に関する問題がつくれそうな気がするけど。

図1

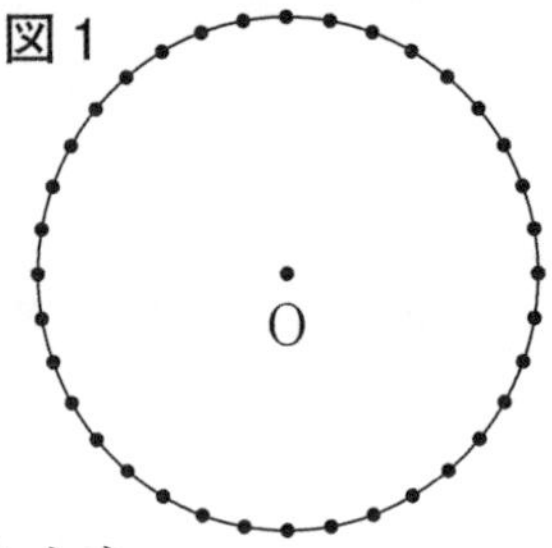

よしこ：まず，観覧車を円と考え，ゴンドラを円周上の点としてみよう。また，観覧車の軸を中心 O とすると，36 個の点が円周上に等間隔に配置されている**図1**のように表されるね。ここで隣り合う 2 つのゴンドラを，2 点 X，Y とすると…。

ひろし：まず，角の大きさが求められそうだね。$\angle XOY$ の大きさはいくらかな。

よしこ：図をかいて，計算してみるね。……わかった。$\angle XOY$ の大きさは [ア] 度だね。

ひろし：いいね。じゃあ点 O を対称の中心として，点 Y と点対称となるように点 Z をとるときを考えてみよう。このとき $\angle XZY$ の大きさはいくらかな。

よしこ：実際に図をかいて角の大きさを測ってみたら，さっきの $\angle XOY$ の半分になったよ。そういえば，<u>1 つの弧に対する円周角は，その弧に対する中心角の半分である</u>って習ったよね。

ひろし：つまり，式で表すと $\angle XZY = \frac{1}{2}\angle XOY$ となるんだね。

よしこ：面白いね。では次はどこか 2 つのゴンドラの距離を求めてみようよ。いま，最高地点にあるものをゴンドラ①，5 分後に最高地点にあるものをゴンドラ②とする。この 2 つのゴンドラの距離を求めよ，なんてどうかな。さっきの**図1**だとどうなるかな。

ひろし：2 点間の距離だね。1 周 15 分だから。……できた。2 点間の距離は [イ] m だ。

先　生：ひろしさんとよしこさんのグループはどんな問題を考えましたか。なるほど，観覧車を円と考え，角の大きさや距離を求める問題ですね。答えも合っていますね。次はどんな問題を考えてみますか。

よしこ：はい。面積を求める問題を考えてみます。点 O を対称の中心として，ゴンドラ②と点対称の位置にあるゴンドラをゴンドラ③とするとき，ゴンドラ①，②，③で三角形ができるから…。

ひろし：せっかくだから観覧車の回転する特徴も問題に取り入れたいな。でもゴンドラが移動するとごちゃごちゃしそうだし。先生，こんなときはどうしたらいいんですか。

先　生：図形の回転ですか。たとえば，ある瞬間のゴンドラ①の位置を点Pとし，t分後のゴンドラ①の位置を点P′とするなど，文字でおいてみてはどうですか。もちろん，観覧車は一定の速さで，一定の方向に回転していますね。

ひろし：わかりました。ゴンドラ②，③も同様に考えて，問題をつくってみます。

1　［ア］，［イ］に適当な数を入れ，会話文を完成させよ。

2　会話文中の下線部について，次の問いに答えよ。

図2は，線分BCを直径とする円Oの周上に点Aをとったものである。**図2**において，$\angle \mathrm{ACB} = \frac{1}{2}\angle \mathrm{AOB}$ が成り立つことを証明せよ。

図2

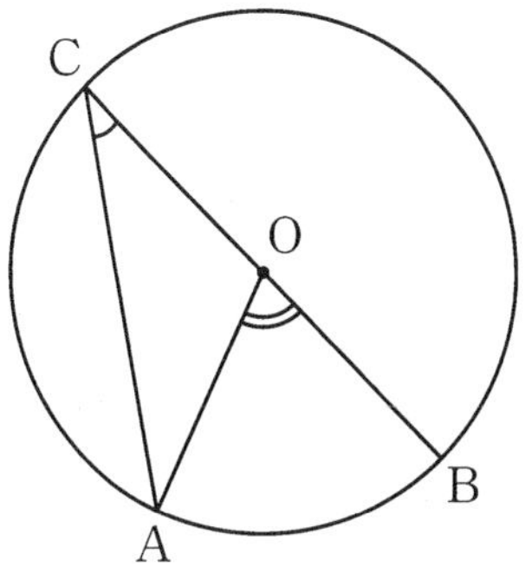

3　会話文中に出てきたゴンドラ①，②，③について，ひろしさんとよしこさんは次の問題をつくった。

> ある瞬間のゴンドラ①，②，③の位置をそれぞれ点P，Q，Rとする。観覧車が回転し，ある瞬間からt分後のゴンドラ①，②，③の位置をそれぞれ点P′，Q′，R′とする。線分QRとP′R′が初めて平行になるとき，3点P，O，P′を結んでできる三角形の∠POP′の大きさとtの値をそれぞれ求めよ。また，そのときの△PP′Qの面積を求めよ。

この問題について，次の(1)，(2)の問いに答えよ。

(1)　3点P，O，P′を結んでできる三角形の∠POP′の大きさとtの値をそれぞれ求めよ。

(2)　△PP′Qの面積は何m^2か。

5 右の図は，2つの関数 $y=\frac{1}{2}x^2$ …① と $y=-x^2$ …② のグラフである。点Pは x 軸上を動き，点Pの x 座標を t とする。ただし，$t>0$ とする。図のように，点Pを通り x 軸に垂直な直線が関数①のグラフと交わる点をQ，関数②のグラフと交わる点をRとする。また，点Oは原点である。次の**1**～**3**の問いに答えなさい。

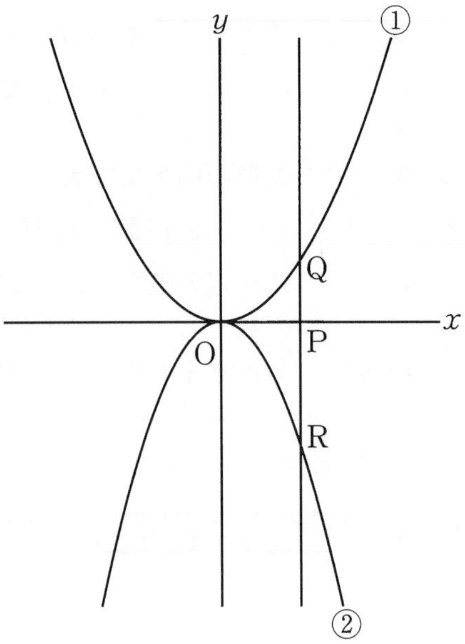

1 $t=2$ のとき，点Qの座標を求めよ。

2 $\mathrm{QR}=\frac{27}{8}$ になるとき，t の値を求めよ。

3 点Rを通り，x 軸に平行な直線が関数②のグラフと交わる点のうち，Rでない点をSとする。△OSRが直角二等辺三角形となるとき，次の(1)，(2)の問いに答えよ。

(1) 点Rの座標を求めよ。

(2) 直線ORと関数①のグラフの交点のうち，Oでない点をTとする。△QTRを直線TRを軸として1回転させてできる立体の体積を求めよ。ただし，円周率は π とし，求め方や計算過程も書くこと。

平成31年度　鹿児島県公立高校入試問題　理　科

（解答…195Ｐ）

1　次の各問いに答えなさい。答えを選ぶ問いについては記号で答えなさい。

1　地下の深いところでマグマがゆっくりと冷えて固まってできた岩石はどれか。

ア　安山岩　　**イ**　花こう岩　　**ウ**　玄武岩　　**エ**　石灰岩

2　**図1**の顕微鏡を使って小さな生物などを観察するとき，視野全体が均一に明るく見えるように調節するものとして最も適切なものは**図1**の**ア**～**エ**のどれか。また，その名称も書け。

図1

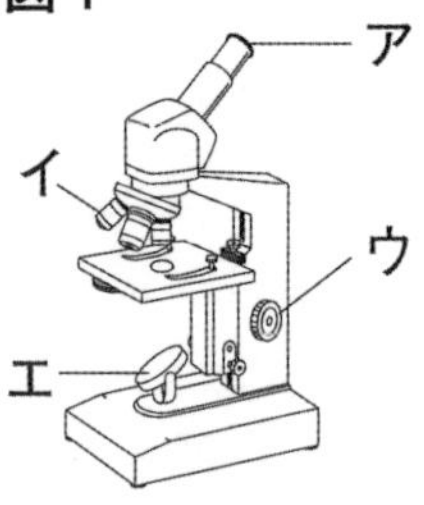

3　太陽の光に照らされたところはあたたかくなる。このように，光源や熱源から空間をへだててはなれたところまで熱が伝わる現象を何というか。

4　実験で発生させたある気体Xを集めるとき，気体Xは水上置換法ではなく下方置換法で集める。このことから，気体Xはどのような性質をもっていると考えられるか。

5　地表の岩石は，太陽の熱や水のはたらきなどによって，長い間に表面からぼろぼろになってくずれていく。このような現象を何というか。

6　エンドウの種子の形には丸形としわ形がある。丸形としわ形は対立形質であり，丸形が優性形質である。丸形の種子から育てた個体の花粉をしわ形の種子から育てた個体のめしべに受粉させたところ複数の種子ができ，その中にはしわ形の種子も見られた。種子の形を丸形にする遺伝子をA，種子の形をしわ形にする遺伝子をａとしたとき，できた複数の種子の遺伝子の組み合わせとして考えられるものをすべて書け。

7　速さが一定の割合で増加しながら斜面を下る物体がある。この物体にはたらいている運動の向きと同じ向きの力の大きさについて述べたものとして，正しいものはどれか。

ア　しだいに大きくなる。　　**イ**　しだいに小さくなる。　　**ウ**　変わらない。

8　**図2**は，20℃のときの液体Aと液体Bの体積と質量の関係を表したものである。次の文中の①，②について，それぞれ正しいものはどれか。

　20℃のとき，同じ質量の液体Aと液体Bの体積を比べると，①（**ア**　液体A　　**イ**　液体B）のほうが小さい。

　また，ビーカーに同じ質量の液体Aと液体Bを入れ，20℃でしばらく放置すると，液体Aと液体Bは混ざり合わずに上下2つの層に分かれた。このとき上の層の液体は，②（**ア**　液体A　**イ**　液体B）である。

図2

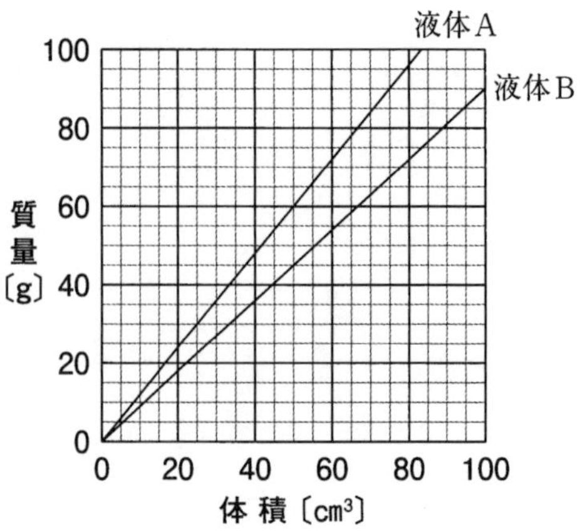

2 次のⅠ，Ⅱの各問いに答えなさい。答えを選ぶ問いについては記号で答えなさい。

Ⅰ **図１**は，ヒトが刺激を受けとってから反応するまでに信号が伝わる経路を模式的に表したものであり，**A**は脳，**B**はせきずい，**C**～**F**は神経を表している。また，**図２**は，ヒトがうでを曲げたときの骨と筋肉を模式的に表したものである。

図１

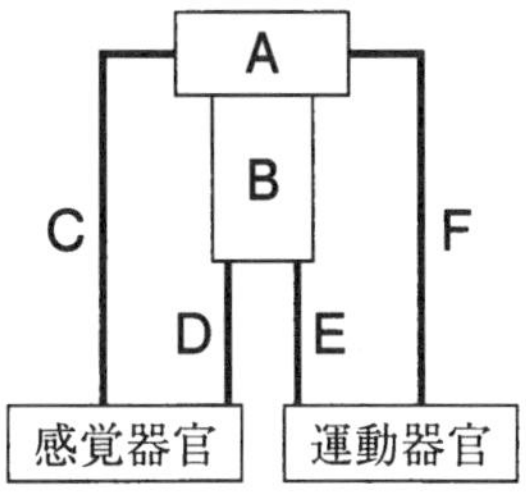

１ ヒトの神経系のうち，判断や命令などを行う脳やせきずいを何神経というか。

２ 熱いなべに手がふれて思わず手を引っこめる反応において，刺激を受けとって反応するまでに信号が伝わる経路を，**図１**の**A**～**F**の記号から必要なものをすべて選び，伝わる順に左から書け。

３ **図２**の状態からうでをのばすとき，**図２**の筋肉Ｘと筋肉Ｙはどうなるか。

ア 筋肉Ｘも筋肉Ｙも縮む。　**イ** 筋肉Ｘも筋肉Ｙもゆるむ。

ウ 筋肉Ｘはゆるみ，筋肉Ｙは縮む。　**エ** 筋肉Ｘは縮み，筋肉Ｙはゆるむ。

図２

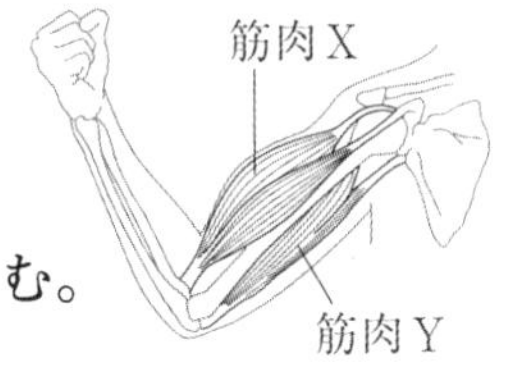

Ⅱ たかしさんは，植物の蒸散について調べる実験を行った。まず，葉の枚数や大きさ，茎の太さや長さがそろっている同じ植物の枝を３本準備した。次に，**図**のように，葉にＡ～Ｃに示す処理をした枝をそれぞれ同じ量の水が入ったメスシリンダーにさし，水面を油でおおった。その後，光が当たる風通しのよい場所に置き，２時間後にそれぞれの水の減少量を調べた。**表**は，その結果である。

ただし，水の減少量は，蒸散量と等しいものとする。また，ワセリンをぬったところでは，蒸散は行われないものとし，気孔１個あたりの蒸散量はすべて等しいものとする。

図

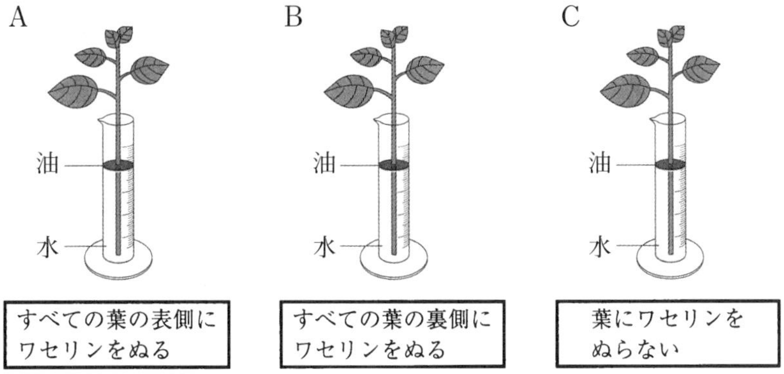

表

	水の減少量〔cm^3〕
A	5.2
B	2.1
C	6.9

１ この実験で，水面を油でおおったのはなぜか。

２ **表**のＡとＢの結果から，この植物の葉のつくりについて考えられることを書け。

３ たかしさんは，「Ｃの水の減少量は，すべての葉の表側と裏側からの蒸散量の合計である。」と考えていたが，実験の結果からこの考えが適切ではないことがわかった。

(1) この考えが適切ではなかったのはなぜか。その理由を「蒸散量」ということばを使って書け。

(2) Ｃの水の減少量のうち，すべての葉の表側と裏側からの蒸散量の合計は何 cm^3 か。

3 次のⅠ，Ⅱの各問いに答えなさい。答えを選ぶ問いについては記号で答えなさい。

Ⅰ **図1**のように，モノコードの駒《こま》とXの間の弦の中央をはじいて音を出した。コンピュータにその音をとりこんだところ，コンピュータには**図2**のような画面が表示された。ただし，**図2**の横軸は時間を表している。

図1

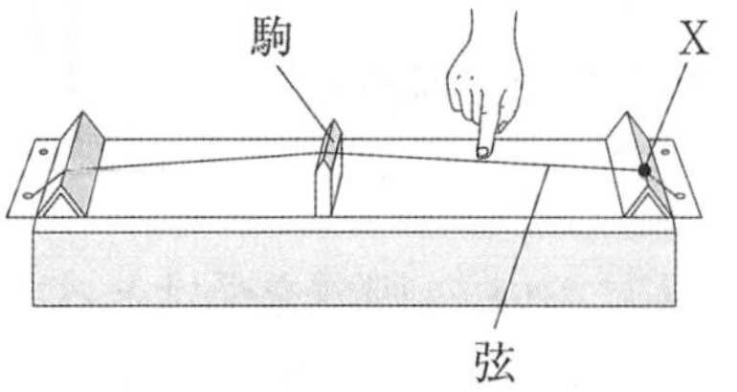

図2

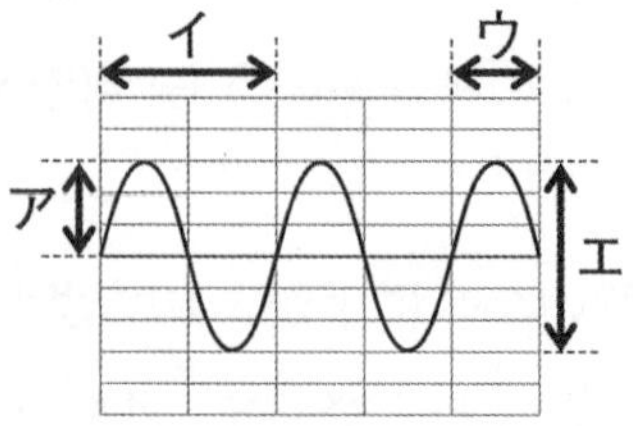

1 空気中での音の伝わり方について述べた次の文中の□にあてはまる同じことばを書け。

> 音源が□することによって空気を□させ，その□が空気中を次々と伝わる。

2 **図2**の**ア**～**エ**の中で，振幅を表しているものはどれか。

3 弦の張りの強さを変えずに，駒の位置と弦をはじく強さを変えて駒とXの間の弦の中央をはじいたところ，駒の位置と弦をはじく強さを変える前の音より高い音が大きく聞こえた。

(1) このときコンピュータに表示された画面は次の**ア**～**エ**のどれか。ただし，**ア**～**エ**の縦軸と横軸の1目盛りの大きさは**図2**と同じである。

ア

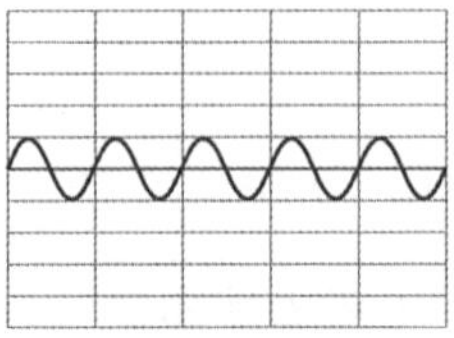

イ

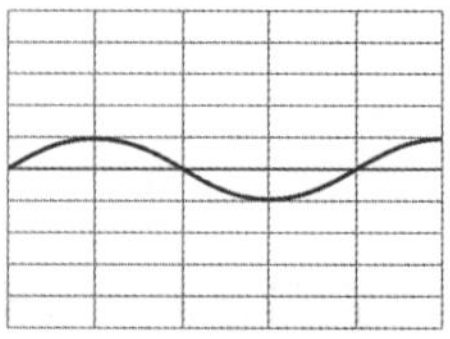

ウ

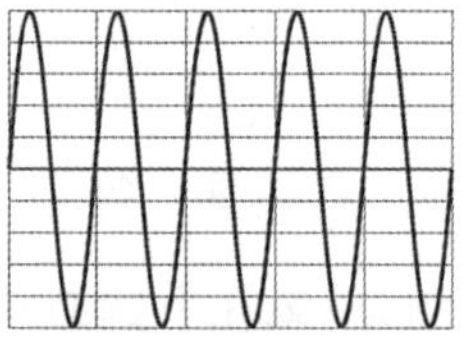

エ

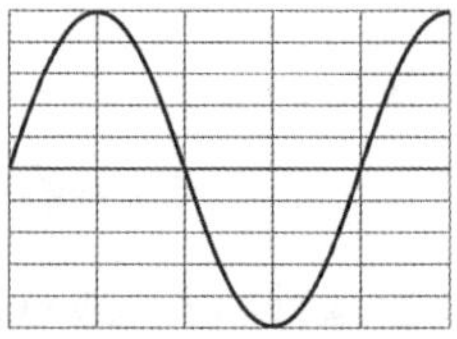

(2) このとき行った操作を述べた次の文中の①，②について，それぞれ正しいものはどれか。

> 駒とXの間の弦の長さが ①（**ア** 長く **イ** 短く）なるように駒の位置を動かし，弦をはじく強さを ②（**ア** 強く **イ** 弱く）した。

Ⅱ 抵抗が同じ大きさの抵抗器aと抵抗器bを用いて**図1**のような回路をつくった。スイッチ2を切った状態でスイッチ1を入れたところ，プロペラを付けたモーターが回転し，電圧計は2.0V，電流計は250mAを示した。

図1

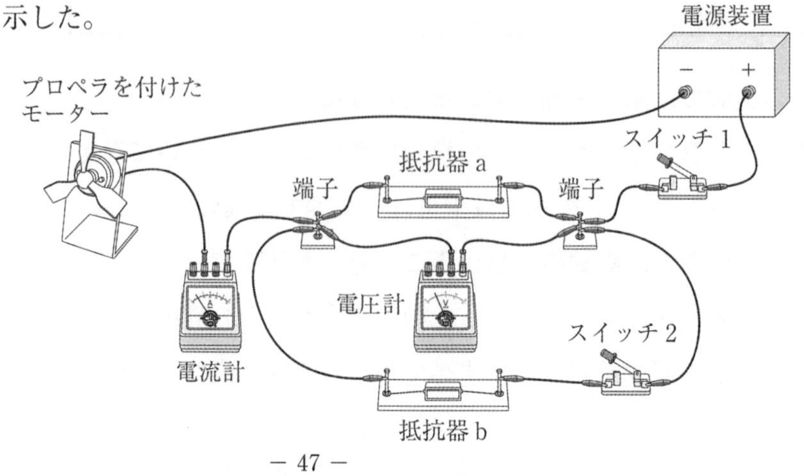

1　抵抗器 a の抵抗の大きさは何Ωか。

2　次に，スイッチ1を入れたままスイッチ2を入れ，電圧計が2.0 V を示すように電源装置を調整した。

(1)　このときプロペラを付けたモーターに流れる電流の大きさは何 mA か。

(2)　このときプロペラを付けたモーターの回転の速さは，スイッチ2を入れる前と比べてどのようになるか。

ア　速くなる。　　イ　遅くなる。　　ウ　変わらない。

3　モーターは，手回し発電機にも使われている。**図2**は，手回し発電機の中のモーターの内部を模式的に表したものである。次の文中の［ a ］，［ b ］にあてはまることばを書け。

図2

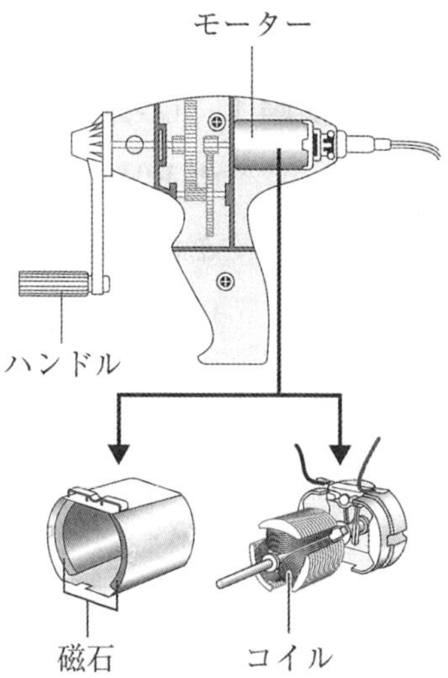

> 手回し発電機のハンドルを回転させると，モーターの中のコイルが回転してコイル内部の［ a ］が変化する。その変化にともない電圧が生じてコイルに電流が流れる。このときに流れる電流を［ b ］という。

4　次のⅠ，Ⅱの各問いに答えなさい。答えを選ぶ問いについては記号で答えなさい。

Ⅰ　硝酸カリウム水溶液でしめらせて電流を流しやすくしたろ紙をスライドガラスに置き，その上に青色リトマス紙と赤色リトマス紙をのせ，両端を金属のクリップでとめた。このとき，2つのリトマス紙の色は変化しなかった。

次に，両端のクリップに電圧を加え，2つのリトマス紙の中央にうすい水酸化バリウム水溶液をしみこませた糸を置くと，一方のリトマス紙の色が変化した。しばらくすると，**図**のようにリトマス紙の色が変化した部分が陽極側に広がった。

図

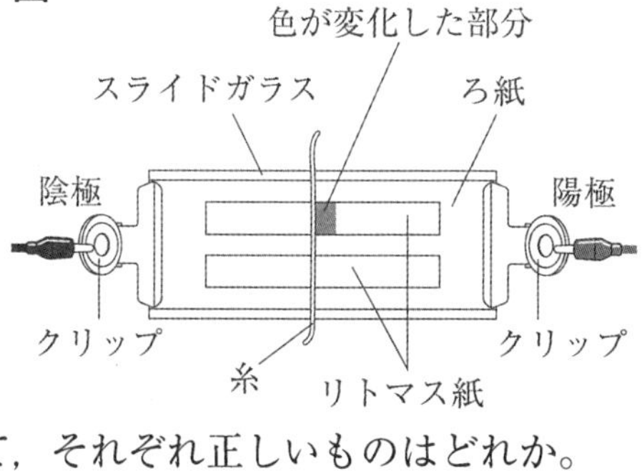

1　硝酸カリウム水溶液に関する次の文中の①，②について，それぞれ正しいものはどれか。

> 硝酸カリウム水溶液は ①（ア　非電解質　　イ　電解質）の水溶液である。また，この水溶液は ②（ア　酸性　　イ　中性　　ウ　アルカリ性）の水溶液である。

2　色が変化したリトマス紙は，青色リトマス紙と赤色リトマス紙のどちらか。また，リトマス紙の色を変化させたイオンの名称を書け。

3　うすい水酸化バリウム水溶液にうすい硫酸を加えると白い沈殿が生じる。この化学変化を表す次の化学反応式を完成せよ。

$$Ba(OH)_2 + \quad H_2SO_4 \rightarrow$$

Ⅱ　ひろみさんとたかしさんは，化学変化と物質の質量の関係について調べるため，炭酸水素ナトリウムとうすい塩酸を使って**実験1**と**実験2**を行った。

実験1　ひろみさんは，プラスチックの容器にうすい塩酸 10.0 cm^3 を入れた試験管と炭酸水素ナトリウム 1.0 g を入れ，**図1**のように容器のふたを閉めて容器全体の質量をはかったところ 75.0 g であった。次に，ふたを閉めたまま容器を傾けて炭酸水素ナトリウムとうすい塩酸を反応させた。反応が終わってからしばらく放置し，再び容器全体の質量をはかったところ 75.0 g であった。

たかしさんは，2つのビーカーにうすい塩酸 10.0 cm^3 と炭酸水素ナトリウム 1.0 g をそれぞれ入れ，**図2**のように2つのビーカー全体の質量をいっしょにはかったところ 210.0 g であった。次に，炭酸水素ナトリウムが入ったビーカーにうすい塩酸をすべて入れて反応させた。反応が終わってからしばらく放置し，再び2つのビーカー全体の質量をいっしょにはかったところ 209.5 g であった。

図1

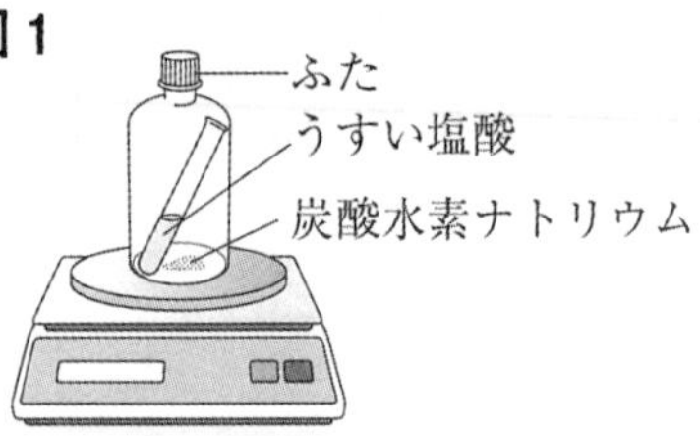

図2

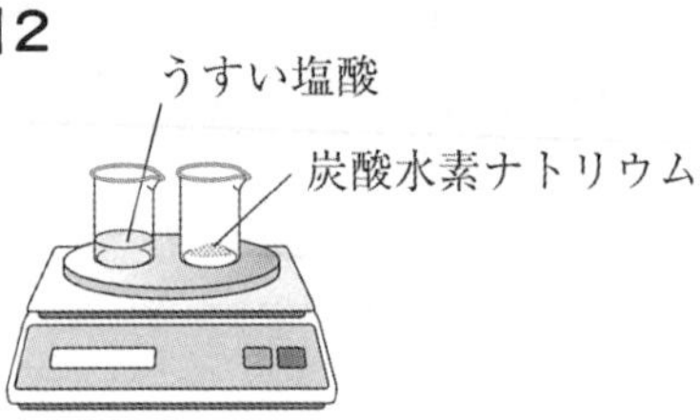

実験2　2人は5つのビーカーにそれぞれうすい塩酸 20.0 cm^3 を入れ，**図3**のように，ビーカー全体の質量をはかった。次に，これらの5つのビーカーに炭酸水素ナトリウム 1.0 g，2.0 g，3.0 g，4.0 g，5.0 g をそれぞれ加え，うすい塩酸と反応させた。反応が終わってからしばらく放置し，再びビーカー全体の質量をはかった。**表**は，この実験の結果である。

図3

表

うすい塩酸を入れたビーカー全体の質量〔g〕	102.0	112.9	103.5	117.0	103.9
加えた炭酸水素ナトリウムの質量〔g〕	1.0	2.0	3.0	4.0	5.0
反応後のビーカー全体の質量〔g〕	102.5	113.9	105.0	119.2	107.1

1　次は，**実験1**について話し合っている2人と先生の会話である。

たかしさん：私の実験では反応の前と後で質量が変わっていましたが，ひろみさんの実験では変わっていませんでした。

先　　　生：その理由は何だと考えますか。

ひろみさん：発生していた気体と関係があるのかな。

たかしさん：そうか，私の実験では，発生した気体の分だけ質量が変わったのかな。

ひろみさん：私の実験では，[a]から質量が変わらなかったのですね。

先　　　生：そのとおりです。このように，化学変化の前と後では，物質全体の質量は変わりません。このことを[b]の法則といいます。

(1) 炭酸水素ナトリウムとうすい塩酸の反応で発生した気体は，二酸化炭素である。二酸化炭素についてあてはまるものをすべて選べ。

ア　温室効果ガスの１つである。　　イ　特有の刺激臭がある。

ウ　空気中に体積の割合で約20％ふくまれている。　　エ　化合物である。

(2) ［　a　］にあてはまる，**実験１**でひろみさんが行った操作を10字以内で書け。

(3) ［　b　］にあてはまることばを書け。

２　**実験２**の結果から，加えた炭酸水素ナトリウムの質量と発生した気体の質量との関係を表したグラフをかけ。ただし，発生した気体はすべて空気中に出ていったものとし，グラフの横軸は加えた炭酸水素ナトリウムの質量〔g〕，縦軸は発生した気体の質量〔g〕とする。また，縦軸については目盛りの数値も書き，結果から求められるすべての値を「●」で記入すること。

３　炭酸水素ナトリウムと塩化ナトリウムの混合物がある。ひろみさんとたかしさんは，**実験２**の結果をもとにして，この混合物にふくまれる炭酸水素ナトリウムの質量の割合を調べた。

実験２で用いたものと同じ濃度のうすい塩酸 20.0 cm^3 に，この混合物 3.0 g を加えて反応させた。反応が終わってからしばらく放置し，質量の変化を調べたところ，1.2 g の気体が発生したことがわかった。この混合物 3.0 g にふくまれていた炭酸水素ナトリウムの質量の割合は何％か。ただし，塩化ナトリウムは塩酸と反応しない。

5

次のⅠ，Ⅱの各問いに答えなさい。答えを選ぶ問いについては記号で答えなさい。

Ⅰ　地球上の水は，状態を変えながら絶えず海と陸地と大気の間を循環している。

１　**図１**は，冬のある日の日本付近の雲のようすであり，日本海上と太平洋上に北西の季節風にそったすじ状の雲が見られる。冬の日本海上の雲のでき方について述べたものとして，最も適切なものはどれか。

図１

ア　シベリア気団からふき出した冷たくしめった季節風が，日本海上で水蒸気をふくんで雲ができる。

イ　シベリア気団からふき出した冷たく乾燥した季節風が，日本海上で水蒸気をふくんで雲ができる。

ウ　小笠原気団からふき出した冷たくしめった季節風が，日本海上で水蒸気をふくんで雲ができる。

エ　小笠原気団からふき出した冷たく乾燥した季節風が，日本海上で水蒸気をふくんで雲ができる。

２　早朝に生じた霧が，昼に消えた。霧が昼に消えた理由を，「露点」ということばを使って書け。

3　**図2**は，地球上の水の循環を模式的に表したものである。矢印は水の移動を表し，（　　）内の数字は全降水量を100としたときのそれぞれの値を示している。**図2**の □ にあてはまる数値を書け。

図2

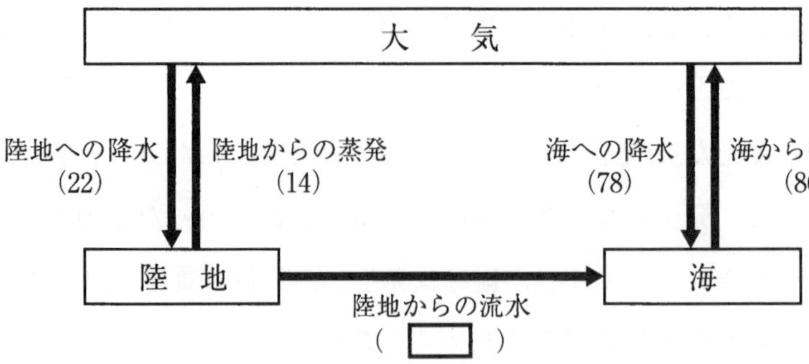

Ⅱ　鹿児島県に住むひろみさんは，7月28日に皆既月食が起こることを知り，月や惑星について調べたり，自宅付近で観察したりした。

1　太陽系の惑星のうち，金星や火星のように木星や土星に比べ小型で密度が大きい惑星を何というか。

2　皆既月食が起こった7月28日の月はどれか。

ア　新月　　**イ**　満月　　**ウ**　上弦の月　　**エ**　下弦の月

3　7月31日は地球と火星が最接近し，太陽から見て地球と火星が同じ方向に位置していることがわかった。7月31日の午後9時ごろ，ひろみさんはどの方角の空に火星を観察することができるか。ただし，地球と火星はほぼ同じ平面上を公転している。

ア　北東の空　　**イ**　北西の空　　**ウ**　南東の空　　**エ**　南西の空

4　**図**は，8月18日の地球の北極側から見た太陽，金星，地球の位置関係を模式的に表したものである。

ひろみさんは，8月18日に金星を天体望遠鏡で観察したところ半月の形に見えた。この後，観察を続けていくと10月下旬には金星が観察できなくなったが，11月中旬ぐらいから再び観察できるようになった。

ひろみさんが11月下旬に金星を観察するとき，金星はいつごろ，どの方角の空に見えるか。ただし，金星と地球はほぼ同じ平面上を公転し，金星の公転周期は0.62年とする。

ア　明け方，東の空　　**イ**　明け方，西の空

ウ　夕方，東の空　　**エ**　夕方，西の空

図

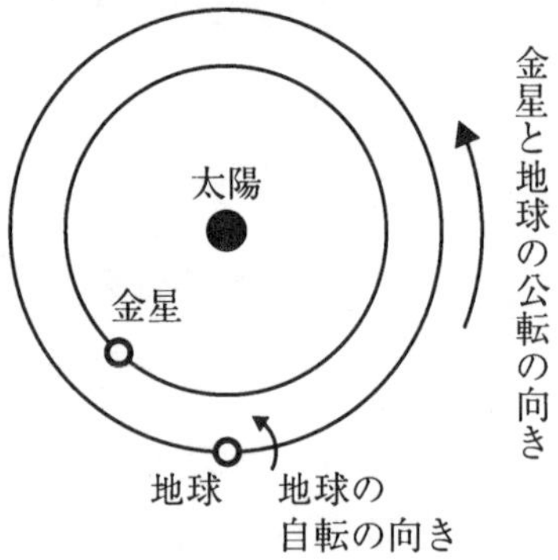

5　我が国の総人口に占める六十五歳以上の人口の割合（高齢化率）は年々上昇しており、内閣府の「平成29年版高齢社会白書」によると、二十七・三パーセントに達している。このことを踏まえ、あとの**資料1**及び**資料2**を参考にしながら、次の(1)〜(5)の条件に従って、作文を書きなさい。

条件

(1) 二段落で構成すること。

(2) 第一段落には、**資料1**及び**資料2**からあなたが読み取ったことを書くこと。

(3) 第二段落には、第一段落を踏まえて、あなたが高齢者とコミュニケーションをとる際にどのようなことを心がけたいかについて、具体的に書くこと。

(4) 六行以上八行以下で書くこと。

(5) 原稿用紙の正しい使い方に従って、文字、仮名遣いも正確に書くこと。

資料1

高齢者の世代間交流

高齢者の若い世代との交流への参加意向についてみると、参加したいと考える人の割合（「積極的に参加したい」、「できるかぎり参加したい」と回答した人の合計）は平成二十五年で五十九・九パーセントとなっており、十年前（平成十五年）に比べると七・二ポイント増加している。

（内閣府「平成29年版高齢社会白書」による）

資料2

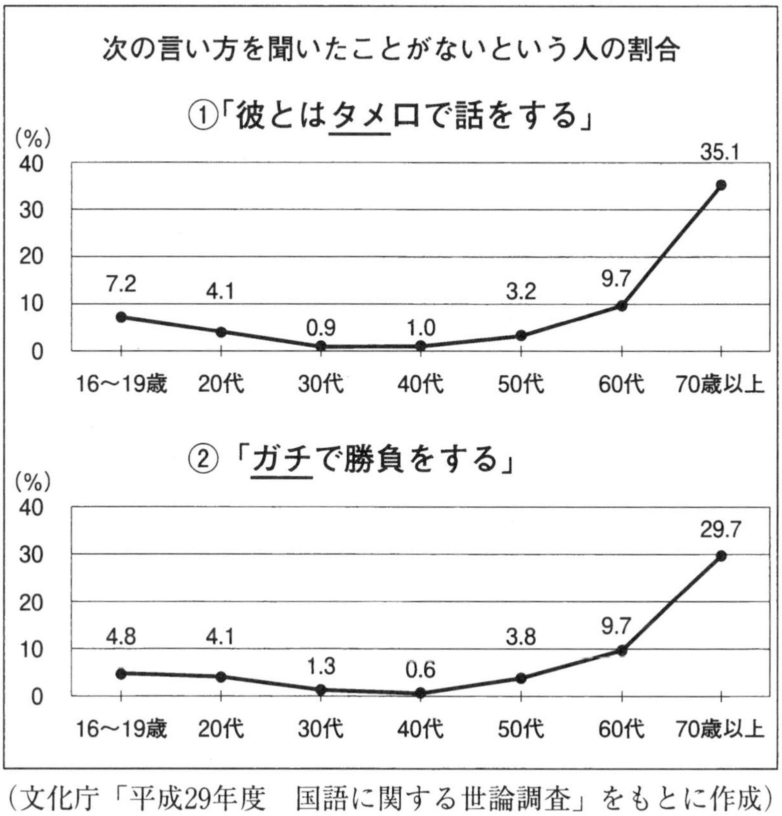

（文化庁「平成29年度　国語に関する世論調査」をもとに作成）

ホクさんにうながされて歩きだした。

「なんや、どないしたんや、雄太」

「まだ、よくわからない」

ホクさんも長老さんもユイさんも軽く笑った。

「そいつはすごい。わからんことがわかったって、そりゃ、すごいことやぞ。わかろうとする最初の一歩がわからんていうことやからな。そっから先は、雄太なりに考えることや。ヒトは考える葦《あし》、やからな」

②不思議な気分になっていた。

わからないということは、わからない自分がだめなんだと今までは思っていた。それなのに、わからないことがすごいことだとホクさんが言う。これからわかればいいのだからと。

ぼくは考えこんでしまった。

ぼくにはまだまだわからないことが多すぎる。どこからわかっていけばいいのかもわからない。ふとユイさんの一言が頭をよぎった。

「自分が素直に感じたこと。それを大切にしていきたい」

ぼくも、この山はきれいだと素直に感じた。だからみんなの手伝いをする。たいして役に立っていないかもしれないけれど、少しは役に立ちたいと思っている。そして、それがすごく楽しい。

(今はその気持ちを大事にすればいいんだ)

長老さんの言葉も浮かんできた。

(ケガをしている自然の手当なんて、お医者さんみたいでちょっとかっこいい)

音をたてないように用心しながら、寝袋に入った。みんなの話が聞けてよかったと思った。そして、いつものように、③スコンと寝入ってしまった。

(にしがきようこ「ぼくたちのP(パラダイス)」による)

(注) 重機＝建築や土木などで用いる大型機械。
雪田草原＝雪が作り出した、田んぼみたいにぬかるんだ草原。
木道＝湿地帯を歩くための、板を渡して作った道。

---

1 ═線部a・b・cからうかがえる雄太の人物像を説明したものとして最も適当なものを次から選び、記号で答えよ。

ア あきらめずに真理を追究しようとする人物。
イ 周囲の状況を冷静に判断して発言する人物。
ウ 物事を一面的にとらえてしまっている人物。
エ 自信がないのに強気に振る舞っている人物。

2 ――線部①はホクのどのような様子を表しているか。最も適当なものを次から選び、記号で答えよ。

ア がっかりしている様子　**イ** じっくり考えている様子
ウ 途方に暮れている様子　**エ** 照れ隠しをしている様子

3 次の文は、――線部②における雄太の気持ちを説明したものである。[Ⅰ]・[Ⅱ]に適当な言葉を補え。ただし、[Ⅰ]には本文中から二字の言葉を抜き出して書き、[Ⅱ]には二十五字以内の言葉を考えて答えること。

> 長老さんの言葉で、自然に対する彼らの思いは[Ⅰ]できたが、自分自身の思いはまだ分からないでいた。そのときホクさんから、今まで自分が否定的に考えていた[Ⅱ]気持ち。

4 ――線部③の理由を六十五字以内で説明せよ。

5 雄太にとって、長老はどのような役割を果たす人物として描かれているか。最も適当なものを次から選び、記号で答えよ。

ア 自然を守ることに対する自分の決意を積極的に語ることで、議論を盛り上げつつ雄太のことを見守る役割。
イ 自然と向きあうときの自分たちの思いを分かりやすく話すことで、雄太が自力で考えられるよう導く役割。
ウ 他の人とは異なる意見を述べることで、雄太に自然についてさらに深く考える必要があると教え諭す役割。
エ 自分たちが行っている活動を具体的に示すことで、雄太に自然を守ることの責任の重さを理解させる役割。

「ユイと話してたんは、そのことかいな。また難しいことを」
　ホクさんが苦笑いしながらユイさんを見た。小屋の戸が開いて、ヘッドランプの明かりの中、長老さんが姿をあらわした。
「みなさん、おそろいですね。星空の下、人生を語ってるのかい？」
「星、でてないです」
　ぼくはすぐに反応した。
「お、そうか。それでも、この雲の上には満天の星は広がっている。それは確かだ。で、なんの話？」
「自然を守るって、ぜったいに大切やろって、雄太が」
　長老さんがぼくを見る。笑みが顔に広がっていった。
「それはまた、大変な議論を吹っかけてきましたね、雄太少年は」
　長老さんは、そばの大きな石の上に腰かけた。ホクさんが語りだした。
「日本人はさ、太古の昔っから自然と仲良しだったんだ。自然の恵みを受けて生きてきた。植物の実を採ったり、作物を育てたり、漁をしたりしてさ。長い間そうしてきたから、体の奥に自然と仲良くしようっていうＤＮＡができてるんだよ。だから、自然を損なう行為を見ると、悲しくなったり、いきどおったりしてしまうわけよ」
　ホクさんが関西弁じゃない。おまけに早口だ。
「このごろの日本人は自然を思い通りに支配してもいいって考えるようになっている。でもさ、原発事故や、大規模な自然災害や開発で自然が損なわれるのを目《ま》の当たりにして、このままじゃいけないと考えはじめた人たちもでてきた。自然の多様性が失われていくことは、人間の存在自体があやうくなるってことにつながるってな」
　ぼくは口をぽかんと開いて聞いていた。ホクさんの話が頭を素通りしていく。
「おい、ホク、熱くなってるぞ。大丈夫か？」
　長老さんが小さな石を、ホクさんの足元にころがした。ホクさんが、あれっと、①頭をかいた。ユイさんのかすれ気味の声が続いた。
「動物の一員としてのヒトっていうより、すべてをこわしてしまえるヒトっていう存在になっちゃったんだよな。この山だって、(注)重機をもってすれば、あっという間に破壊できるけれど、決して元にもどすことはできない。なんか考え違いをしてる気がしてしょうがない」
　頭をかきむしっているユイさんの足元に、長老さんがまた石をころがした。
「おいおい、雄太を見てみろよ。きょとんとした顔してるぞ」
　ぼくは口を半分開いて、みんなの顔を見まわした。
「なあ、雄太。気がついてるかな。この(注)雪田《せつでん》草原のいたるところに、草がはげて土がむきだしになっている場所があるのをさ。痛々しいって思わないか？」
　長老さんの言葉にぼくは強くうなずいた。
「雪や雨が原因のこともあるけど、ヒトの歩いた踏みあとで、草がはがれちゃって、泥だらけの地面が顔をだしてるんだ。それって、どんどん広がってしまうわけよ。自然が荒れてしまってるんだ」
　長老さんがあごをなでながら話しはじめた。
「ぼくには、それが、草原がケガをしてるって思えてしかたがないんだよ。だから、手当をしてやりたいってさ。ヒメが必死で、包帯にあたるような草をさがしていて、ぼくたちは、(注)木道や階段を作って、踏みあとが、言いかえればケガの範囲がこれ以上広がらないように処置してるんだって思ってる」
　長老さんの言葉がすとんと胸に落ちた。
「さすが長老やな。雄太が納得した顔しとるやんか」
　長老さんはぼくの足元に石をころがした。
「自分なりでいいんじゃないかな。雄太なりにさ。ここにいるのが楽しいのなら今はそれだけでもいい。人なんてどんどん変わっていくからな」
　長老さんのヘッドランプの明かりがぼくのほうをむいていた。
「さて、もどらへんか。寝とかんと、明日、もたんからな」

Ⅱには七字以内、Ⅲには二十五字以内でふさわしい内容を考えて現代語で書き、Ⅳにはあとの語群から最も適当なものを選び、記号で答えること。

先生　「農民は『大いに腹立し』たとありますが、なぜ怒ったのでしょうか。」

生徒A　「はい。『Ⅰ』には、舞を演じるという意味とⅡという意味の二つの意味があり、舞々は前者の意味で使ったのに対し、この農民にとっては後者の意味に受け取れる言葉だったので怒ったのだと思います。」

先生　「そうですね。では、本文の最後の『さきの腹立は互ひに根も葉もおりない』という舞々の言葉ですが、舞々はこの言葉をどのような意図で言ったのでしょうか。また、この言葉を聞いて、農民はどのように感じたでしょうか。」

生徒B　「はい。『根も葉もおりない』はなんの理由もないという意味なので、悪意はなく、農民を怒らせるつもりはなかったと言いたかったのだと思います。」

生徒C　「舞々の言葉を聞いた農民は、Ⅲと感じて、さらに腹が立ったのではないかと思います。ここがこの話のおもしろさではないでしょうか。」

生徒A　「私は、むしろあきれたのではないかと思います。この言葉を農民に向かって言ったこの舞々は、Ⅳ人物だと思います。」

先生　「私たちも言葉づかいには気をつけたいですね。」

〔Ⅳの語群〕
ア　善悪を知らない　　イ　失敗を恐れない
ウ　本音が隠せない　　エ　思慮が足りない

4

次の文章を読んで、あとの1～5の問いに答えなさい。

夏休みをむかえた中学二年生の雄太《ゆうた》は、大学で山の環境を守る研究をしているおじに連れられ、ユイ、ホク、長老、ヒメなどの大学生たちと山の保全作業を行っている。ある夜、ユイと二人になった雄太は、山の修復について「自然なんだからあるがままにそのままにしておけばいい」という意見があることを聞かされる。

「どんな意見もありだけど、その中で、山に登ったときの正直な気持ちにしたがうっていうことも、またありなんだと思ってる。うろうろしてしまうだけで、たいしたことができなくてもな」

納得がいかなくて、ユイさんにたずねた。

a「でも、自然を守るってぜったいに正しいことでしょ?」

「ぜったいに正しい、か。難しいな。そんなのってあるのかな。ほかの意見が入りこめないっていうのは、とても危ない気がする。相対《あいたい》する意見があって、当たり前だ。その中でもがいてくことで、考え自体が強くなっていくんじゃないかな。わかろうとしたり、疑ったりすることが大切なんじゃないかな」

「そうかもしれないけど」

釈然としない。

「雄太、こんなとこにいたんか」

小屋からでてきたのは、ホクさんだった。

「なんや、元気ないな。ユイになんか言われたんか?」

b「ホクさん、自然を守るって、ぜったいに大切なことでしょ?」

「なんでや?」

逆にホクさんにたずねられた。

c「え、だって、当たり前なことなんじゃないの?」

「そやから、なんで当たり前なんや?」

ぼくは言葉につまった。

3　本文中の[a]・[b]・[c]・[d]にはそれぞれ「自己」または「他者」が入る。空欄に入れるのに適当な組み合わせとして正しいものを次から選び、記号で答えよ。

ア（a　他者　b　自己　c　自己　d　他者）
イ（a　他者　b　自己　c　他者　d　自己）
ウ（a　自己　b　他者　c　他者　d　自己）
エ（a　自己　b　他者　c　自己　d　他者）

4　――線部②とあるが、筆者は「ひとりよがりの自分を抜け出す」にはどうすることが必要だと述べているか。六十五字以内で説明せよ。

5　次は、四人の中学生が、学ぶということについて発言したものである。筆者の考え方と最も近いものを選び、記号で答えよ。

A　分からない言葉の意味を国語辞書で調べたことで、その言葉の語源も知ることができました。辞書などを使って粘り強く調べ続け、もっと知識の量を増やしたいです。

B　図書室の本で日本の歴史に興味を持ち、京都の寺院や仏像などを見学しに行きました。実際に見たり経験したりすることで、学習したことを確実に定着させたいです。

C　テレビでドキュメンタリー番組を見て、世界には自分の知らない文化があると知りました。インターネットを活用し、他にも知らない文化がないか探してみたいです。

D　福祉体験学習に参加し、私たちの身の回りには多くの段差があることに気づきました。身近な施設をバリアフリーの視点から見直し、改善できることを考えたいです。

3　次の文章を読んで、あとの1～3の問いに答えなさい。

惣別《そうべつ》（一般に）、茄子《なすび》の枯るるをば、百姓（農民は）みな、舞ふといふなり。(注)和泉《いづみ》にての事なるに、道のほとりに茄子を植うる者あり。下手らしき（いかにも下手そうな）(注)舞々《まひまひ》の①とほりあはせ、見れば、大いなる(注)徳利《とくり》に杯を添へてあり。②ちとこれをなん望みにや思ひけん、畠《はたけ》へ立ち寄り、「さらばひとふし舞はん」（それでは一曲舞いましょう）といふ。百姓、門出あしし（悪い）と大いに腹立《ふくりふ》しけれど、とかく言ひ寄り、酒をのみ飲ませけるが、立ちて行きさまに、「さきの腹立は互ひに根も葉もおりない（ありません）」と。

（(注)「醒睡笑」による）

(注)　和泉＝現在の大阪府南部。
舞々＝舞を演じる芸人。
徳利＝酒を入れる容器。
醒睡笑＝江戸時代に書かれた笑話集。

1　――線部①「とほりあはせ」を現代仮名遣いに直して書け。

2　――線部②「ちとこれをなん望みにや思ひけん」の意味として最も適当なものを次から選び、記号で答えよ。

ア　少しでも茄子の豊作を願おうと思ったのであろうか
イ　少しでも舞がうまくなりたいと思ったのであろうか
ウ　少し酒を飲ませてもらいたいと思ったのであろうか
エ　少し畑仕事の手伝いをしようと思ったのであろうか

3　次は、本文について話し合っている先生と生徒の会話である。[Ⅰ]～[Ⅳ]に適当な言葉を補って会話を完成させよ。ただし、[Ⅰ]には本文中から二字の言葉を抜き出して書き、わが家に小さな子どもがやってきた。まだ一歳にもならない女の子である。世の中では孫と呼ぶらしいが、それがかわいいのである。見ているといくつも発見がある。自分の子のときには見えていなかったことばかりである。彼女は世界の中心にいる。天動説のようなもので、自分では何もしなくても、すべてが彼女のまわりをまわっている。世界を所有し、世界は包んではくれても、(注)対峙《たいじ》することはない。

保育園や幼稚園に行くようになって、同じような年齢層の〈他者〉に初めて出会うことになる。ここで〈他者〉を知ることが、すなわち自分という存在を意識する最初の経験となるのだろう。世界は自分のためだけにまわっているのではないことを初めて知る。〈 a 〉を知ることによって初めて〈 b 〉というものへの意識が芽生える。「自我のめばえ」は、〈 c 〉によって意識される〈 d 〉への視線である。自分を外から見るという経験、これはすなわち学ぶということの最初の経験なのである。

先に述べたように、読書をするということは、「こんなことも知らなかった自分」を発見すること、すなわち自分を客観的に眺めることである。〈自己〉の相対化であると言ってもいい。

こんなことを考えている人がいたのかと思う。こんなひたすらな愛があったのか、こんな辛《つら》い別れがあるのかと、小説に涙ぐむ。それらは「読む」という行為の以前には、知らなかった世界ばかりである。それを知るということは、すなわち「それを知らなかった自分」を知るということである。一冊の書物を読めば、その分、自分を見る新しい視線が自分のなかに生まれる。〈自己〉の相対化とはそういうことである。

勉強をするのは、そのためである。読書にしても、勉強にしても、それは知識を広げるということも確かにその通りだが、もっと大切なことは、自分を客観的に眺めるための、新しい場所を獲得するという意味のほうが大きい。小さな子が他者と出会って初めて自分に気づいたように、私たちは〈自己〉をいろいろな角度から見るための、複数の視線を得るために、勉強をし、読書をする。それを欠くと、②ひとりよがりの自分を抜け出すことができない。〈他者〉との関係性を築くことができない。

勉強や読書は、自分では持ち得ない〈他の時間〉を持つということでもある。過去の多くの時間に出会うということでもある。過去の時間を所有する、それもまた、自分だけでは持ちえなかった自分への視線を得ることでもあるだろう。そんなふうにして、それぞれの個人は世界と向き合うための基盤を作ってゆく。

（永田和宏 著「知の体力」（新潮新書刊）による）

(注) モチベーション＝ものごとを行う意欲、やる気。
リスペクト＝尊敬。
漫然と＝とりとめもなく、ぼんやりとした様子で。
対峙＝にらみ合ったまま動かずに対立すること。

1　═線部ア～エの中から、品詞が他と異なるものを一つ選び、記号で答えよ。

2　次の文章は、──線部①の理由について説明したものである。Ⅰ・Ⅱに適当な言葉を補え。ただし、Ⅰには本文中から句読点を含めて十七字で抜き出して書き、Ⅱには十字以内の言葉を考えて答えること。

> ある知識を得て、自分は何も知らない存在だと実感し、自分が知らなかった世界は Ⅰ ということに感動できれば、よりいっそう Ⅱ という思いにつながるから。

平成三十一年度　鹿児島県公立高校入試問題　国語

1 次の1・2の問いに答えなさい。

1　次の――線部のカタカナは漢字に直し、漢字は仮名に直して書け。

(1) 性格がよくニた友人。　(2) 作品をヒヒョウする。
(3) 会場が多くの人でコンザツする。　(4) 成長が著しい。
(5) あこがれの仕事に就く。　(6) 流行が終息した。

2　次に書かれた行書の特徴を説明したものとして、最も適当なものを次から選び、記号で答えよ。

ア　筆脈を意識し点画の一部を連続させて書いている。
イ　点画の一部を省略し筆順を変化させて書いている。
ウ　全ての点画の筆の運びを直線的にして書いている。
エ　全ての点画を筆圧が一定になるように書いている。

2 次の文章を読んで、あとの1～5の問いに答えなさい。

読書をすること、あるいは学問をすることの意味とは何なのだろうか。一般には、これまで知らなかった知識を得ることという答えが返ってきそうだが、読書の〈意味〉、学問の〈意味〉というものを考えたとき、その答えだけでは十分ではないだろうと私は考えている。

読書によって、あるいは学ぶということによって、確かに新しい知識が自分のものとなる。しかし読書や学問をすることの〈意味〉は、端的に言って、自分がそれまで何も知らない存在であったことを初めて知る、そこに〈意味〉があるのだと思う。ある知識を得ることは、そんな知識も持っていなかった〈私〉を新たに発見することなのだ。

私一人の身体のなかに地球十五周分もの細胞が詰まっていると知ることは、そんなにすごい存在だったのかと感動することは、そんなことも知らない自分であったということを、改めて知ることからくる感動なのだ。初めから何でも知っていたら、感動などは生まれない。「知らない存在としての自分を知る」こと、学問はそこから出発する。

自分の知っていることは世界のほんの一部にしか過ぎないのだと自覚する、それはすなわち自分という存在の相対化ということである。それを自覚しないあいだは、自分が絶対だと思いがちである。自分だけしか見えていない。世界は自分のために回っているような錯覚を持つ。

自分は〈まだ〉何も知らない存在なのだと知ることによって、相手と自分との関係も見えてくるだろうし、世界のなかでの自分が存在することの意味も考えることになるだろう。私は〈まだ〉何も知らないと自覚することは、いまから世界を見ることができるということでもある。①それが学問の（注）モチベーションになり、駆動力になる。

「何も知らない自分」を知らないで、ただ日常を普通に生きていることに満足、充足しているところからは、敢《あ》えてしんどい作業を伴う学問、研究などへの興味もモチベーションも生まれないのは当然である。しかし、ああ、自分は実は世界のほんのちっぽけな一部しかこれまで見てこなかった、知っていなかったと実感できれば、そして自分がこれまで知らなかった世界がいかに驚異に満ち、知る喜びにあふれていることを垣間《かいま》見《み》ることができれば、ア おのずから知ることに対する敬意、（注）リスペクトの思いにつながるはずである。

こんなちっぽけな私の身体のなかには、地球十五周分もの細胞が詰まっているのだという驚きと感動、その驚きはイ 必ず自分という存在を見る目に変更を迫るはずである。自分という存在を尊厳の思いとともに見ることのできる基盤ができることでもあるが、いっぽうで、このまま何も知らずに人生を（注）漫然と送っていては、こんな喜びに出会えないだけでも大きな損だろうと思えれば、シメタものである。

（解答…193P）

平成31年度　鹿児島県公立高校入試問題　英　語　（解答…197P）

1 **聞き取りテスト**　英語は２回ずつ放送します。メモをとってもかまいません。

1　これから，Becky と Akira との対話を放送します。Becky が先週末にしたことを表した絵として最も適当なものを下の**ア**～**エ**の中から一つ選び，その記号を書きなさい。

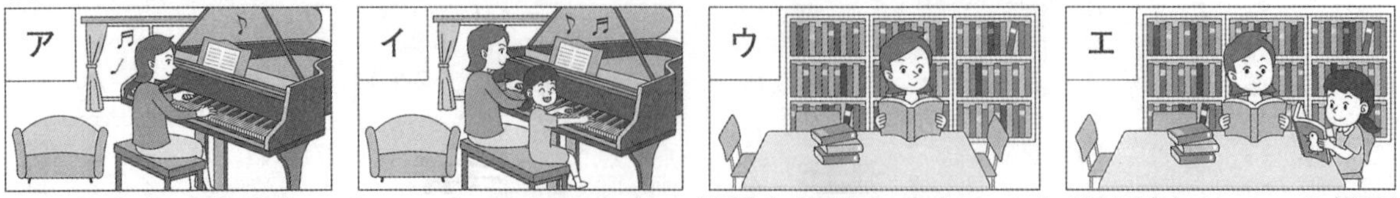

2　これから，高校生の Lucy と Takeshi との対話を放送します。二人が対話をしている場面として最も適当なものを下の**ア**～**エ**の中から一つ選び，その記号を書きなさい。

ア　Takeshi が Lucy に e-mail に書く内容を相談している場面。
イ　Takeshi が Lucy に Australia について尋ねている場面。
ウ　Lucy と Takeshi が e-mail の送信先を確認している場面。
エ　Lucy と Takeshi が Australia について調べている場面。

3　これから，ALT の Tom 先生と Maki との対話を放送します。下はその対話の後に，Maki が作って教室に掲示したポスターの一部です。対話を聞いて，①，②にそれぞれ英語１語を書きなさい。

> **Tom's friend, John, will join our English class!**
>
> **Date : (　①　) 15**
>
> He is interested in Japan.
> Please (　②　) Japanese traditional clothes or toys to the class.

4　これから，Kohei が英語の授業で行ったスピーチを放送します。スピーチの後に，その内容について英語で三つの質問をします。(1)，(2)はその質問に対する答えとして最も適当なものを下の**ア**～**エ**の中からそれぞれ一つ選び，その記号を書きなさい。(3)は英文が質問に対する答えとなるように，空欄に入る適切な英語を書きなさい。

(1)　**ア**　For two years.　　**イ**　For three years.
　　ウ　For four years.　　**エ**　For five years.

(2)　**ア**　Make many friends.　　**イ**　Don't be afraid of speaking English.
　　ウ　Study English every day.　　**エ**　Don't make many mistakes.

(3)　He [　　　　　　　　].

5　これから，中学生の Jack と Jack の母親との対話を放送します。その中で，母親が Jack に質問をしています。Jack に代わってあなたの答えを英文で書きなさい。２文以上になってもかまいません。書く時間は１分間です。

2　次の**1**～**4**の問いに答えなさい。

1　次は，外国でホームステイをしている Daisuke とホストマザーの Ms. Wilson との対話である。下の①，②の英文が入る最も適当な場所を対話文中の〈　**ア**　〉～〈　**エ**　〉の中からそれぞれ一つ選び，その記号を書け。

> ①　Look at this map.　　②　But I don't know how to get there.

Ms. Wilson :　Daisuke, do you have any plans for this Saturday?
Daisuke :　Yes.　I'm going to watch a baseball game with my friends.
Ms. Wilson :　〈　**ア**　〉 That's nice!
Daisuke :　My favorite team will play at the baseball stadium in this town.　〈　**イ**　〉 Could you tell me?
Ms. Wilson :　Sure.　〈　**ウ**　〉 The baseball stadium is here, and our house is near ABC Park.　You should take a city bus from the bus stop* at ABC Park.
Daisuke :　OK.　How long will it take to get there by bus?　〈　**エ**　〉
Ms. Wilson :　About twenty minutes.
Daisuke :　All right.　Thank you.

注　bus stop　バス停

2 次は，職場体験(work experience program)の体験先一覧の一部と，それを見ている Naomi, Kenta と留学生の Cathy との会話である。三人の会話が一覧の内容と合うように，（ ① ）～（ ③ ）にはそれぞれ英語１語を，［ ④ ］には３語以上の英語を書け。

職場体験（11/6～11/8）について

１．南九州水族館

時　　間：9:15～16:00

実習内容：１日目　魚や海洋動物についての学習

２日目　魚へのえさやり，水そうの掃除

３日目　イルカショーの補助

（終了後，イルカとの写真撮影あり）

※三人一組で申し込むこと。

２．フレッシュ鹿児島スーパーマーケット

Cathy : Hi, Naomi! Hi, Kenta! What are you doing?

Naomi : We are reading about a work experience program at an aquarium*.

Kenta : We are planning to choose this program.

Cathy : Oh, that's interesting. Please tell me about it.

Naomi : We'll learn about fish and sea (①) on the first day.

Kenta : And on the second and third days, we'll work with the aquarium staff*!

Cathy : Oh, really? What kind of work will you do?

Naomi : We'll (②) the fish some food and clean some tanks*.

Kenta : We can also help the staff with the Dolphin Show*. After that, we can take (③) with the dolphins!

Cathy : Wonderful! ［ ④ ］ with you?

Naomi : Of course you can. One group should have three people, so we need another student.

Cathy : Great!

注　aquarium　水族館　　staff　従業員　　tank　水そう　　Dolphin Show　イルカショー

3 右の絵において，①，②の順で対話が成り立つように，①の吹き出しの［　　］に４語以上の英語を書け。

①
I like this T-shirt, but it's too big. ［　　］?
②
Yes. Wait a minute, please.

4 下の絵は，新しく来た ALT の先生との授業の場面を表している。場面に合うように，Ichiro になったつもりで，次の［　　］に20語以上のまとまりのある英文を書け。２文以上になってもかまわない。ただし，同じ表現を繰り返さないこと。

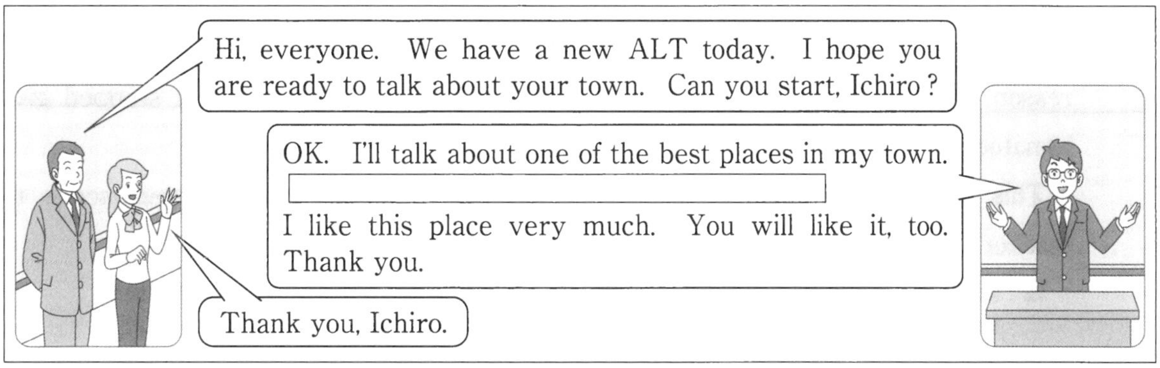
Hi, everyone. We have a new ALT today. I hope you are ready to talk about your town. Can you start, Ichiro?
OK. I'll talk about one of the best places in my town. ［　　］ I like this place very much. You will like it, too. Thank you.
Thank you, Ichiro.

3 次のⅠ～Ⅲの問いに答えなさい。

Ⅰ　次は，中学生の Takuya と ALT の Green 先生との対話である。対話文中の [①] ～ [③] に入る最も適当なものを下のア～エの中からそれぞれ一つ選び，その記号を書け。

Takuya : Hello, Ms. Green. What are you looking at?

Ms. Green : This is the website for Kagoshima Prefecture*.

Takuya : [①]

Ms. Green : Yes. You can also read it in Korean and in Chinese.

Takuya : Oh, really? [②]

Ms. Green : That's a good question. Foreign people can get a lot of information about Kagoshima from this website. For example, they can learn about some famous places, popular local* food, and its history. Before I came to Kagoshima, I learned a lot from this website.

Takuya : That's great. [③]

Ms. Green : Me, too. How about making guide leaflets* for foreign people after school?

Takuya : Let's do that!

注　website for Kagoshima Prefecture　鹿児島県のウェブサイト　　local　地元の
　　guide leaflet(s)　案内リーフレット

ア　Wow, are you reading it in English?
イ　I have lived in Kagoshima for three years.
ウ　I want many foreign people to know about Kagoshima.
エ　Why is this website written in foreign languages?

Ⅱ　次は，中学生の Yukiko が書いたスピーチ原稿である。これを読み，あとの問いに答えよ。

Hello, everyone. I am going to talk about <u>something important</u> that will help us in our lives.

Look at this. This is one of the tomatoes I grew* this year. My brother is studying agriculture* in high school and enjoys growing vegetables*. I thought it was interesting, so I started growing tomatoes in my garden* last year. I gave the tomatoes water every day. However, one month later, many of them became sick. My brother didn't give me any solutions* then, but he said, "Do you know why they are sick? Did you try to find the reason?"

I went to the city library and read a book about growing tomatoes. Finally, I found the reason. Tomatoes don't need a lot of water every day. After that, I stopped giving my tomatoes too much water.

This year, I tried again and I have grown my tomatoes well! Experience is the best teacher. Now I know what to do. I will grow more tomatoes next year.

注　grew ～　～を育てた（現在形は grow，過去分詞形は grown）　　agriculture　農業
　　vegetable(s)　野菜　　garden　菜園　　solution(s)　解決法

1　本文の内容に合っているものを下の**ア**～**エ**の中から一つ選び，その記号を書け。

ア　Yukiko thinks eating tomatoes is good for her health.

イ　Yukiko's brother taught her how to grow tomatoes.

ウ　Yukiko had a problem about growing tomatoes last year.

エ　Yukiko has grown tomatoes well for two years.

2　下線部の内容を最も的確に表している１文を本文中から抜き出して書け。

Ⅲ　中学生の Kyoko が書いた次の英文を読み，あとの問いに答えよ。

When I entered junior high school, I didn't like studying English. It was difficult, and I didn't understand many words. However, last summer, I discovered* a dream.

My grandfather took me to SATSUMA STUDENTS MUSEUM in Ichikikushikino City during last summer vacation. The Satsuma students went to Great Britain* more than 150 years ago. Going abroad was very dangerous at that time, but they learned many new things there and had an influence on* Japan. "The youngest student was only thirteen when he left Japan," my grandfather said. I was surprised to hear that and said, "He was amazing! Only thirteen?" I became interested in going abroad after I visited the museum.

A week later, I watched a TV program about a Japanese doctor who was working hard in a foreign country. That country needed more doctors. I was shocked* to know that many countries didn't have enough doctors. I wanted to do something for sick people. I decided to be a doctor and help people in those countries.

English is very important for working in foreign countries. I have read an English newspaper every week since I watched that program. It's not easy, but I will do everything to improve my English.

注　discovered ～　～を見つけた　　Great Britain　英国　　had an influence on ～　～に影響を与えた
shocked　ショックを受けた

1　次の(1)，(2)の質問に対する答えを英文で書け。

(1)　Why was Kyoko surprised when she heard about the youngest student?

(2)　What did Kyoko start doing after she found her dream?

2　下線部の内容を30字程度の日本語で書け。

4 次の英文を読み，１～７の問いに答えなさい。（[1]～[5] は段落番号を表している。）

[1] Amy was a junior high school student. One day, her class had a meeting and talked about what to do on stage* at the school festival. Amy said, "I love singing. Let's sing together!" "Wait a minute," said Sam. "I can teach you how to dance. Let's dance!" Another girl said she wanted to do a drama. Then Sam said, "[①] How do we decide?"

[2] Sam and Amy asked all their classmates. 14 students wanted to sing, 11 wanted to dance, 8 wanted to do a drama, and 6 wanted to play music. Amy was very (②) and said, "Thank you, everyone! Singing is the biggest group. We've decided to sing! Let's start practicing in the music room after school tomorrow. I'll choose some beautiful songs and teach you how to sing!" Many students didn't look happy, but they said nothing. Sam got angry and left the classroom.

[3] The next day, there were only 18 students in the music room. Sam was not there. They started practicing. Amy stood in front of the students and gave them some advice*. While they were practicing, Amy thought, "Only 18 students... this is a problem. ③I don't understand." Then Mark came to her and said, "You look sad. Are you OK?" He wanted to play music, but he was practicing singing with Amy. Amy said, "I don't know what to do. I just want to sing together." Mark said, "I know how you feel, Amy. But many students are not here." Amy answered, "Right. They didn't say anything when we decided to sing." Mark said, "That's true, but it doesn't mean that [④]. You want to sing. I want to play the trumpet*. Anyway*, our class didn't talk enough* yesterday. If we talk more, maybe we can find a way to be happy." Amy thought, "Talk more..."

[4] That night, Amy went to bed early and thought about Mark's words. She thought, "We want to do different things. Everyone can be happy if we talk more... yes, our class should talk again."

[5] The next morning, the class had another meeting. Amy said to the class, "Only 18 students came to practice yesterday. This is not good. I think we need to talk more." Sam said, "That's true. Let's talk again." Amy said, "I really wanted to sing, so I didn't think about what other people wanted to do. But last night I realized* it was important for all of us to be happy with the performance*." Mark said, "I can't sing well, but I can play the trumpet to your songs*. Listen!" He started to play. The students shouted*, "He's a wonderful player. He should play the trumpet for us!" Someone asked, "What can I do?" The students started to talk here and there with each other. Sam thought for a while* and said, "Maybe I can dance to your songs." Someone else said, "I can do a drama to your songs!" Amy smiled and said, "Thank you, everyone. I've got a good idea! We can put everything together! We can dance, do a drama, play music, and sing in one performance. It's a musical*! We'll do a musical at the festival!" Finally, everyone was happy. Sam said, "Let's start today!"

注　on stage　ステージで　　advice　アドバイス　　trumpet　トランペット
anyway　いずれにせよ　　enough　十分に　　realized　気づいた　　performance　上演
to your songs　あなたたちの歌に合わせて　　shouted　叫んだ　　for a while　しばらくの間
musical　ミュージカル

1　次のア～ウの絵は，本文のどの段落の場面を表しているか。それぞれ［ 1 ］～［ 5 ］の段落番号で答えよ。ただし，絵は話の展開どおりに並んでいるとは限らない。

2　[①] に入る最も適当なものを下のア～エの中から一つ選び，その記号を書け。

ア　I think dancing is difficult for me.　　イ　We know a lot about the festival.

ウ　I can sing better than you can.　　エ　We have some different ideas.

3　（ ② ）に入る最も適当なものを下のア～エの中から一つ選び，その記号を書け。

ア　angry　　イ　excited　　ウ　interested　　エ　sad

4　Amy が下線部③のように考えたのはなぜか，30字程度の日本語で書け。

5　[④] に，本文の内容に合うように２語以上の英語を書け。

6　本文の内容に合っているものを，下のア～オの中から二つ選び，その記号を書け。

ア　All the students in Amy's class wanted to sing at the school festival.

イ　Amy and Sam started to practice singing after the first meeting.

ウ　Dancing was more popular than doing a drama at the first meeting.

エ　Mark came to the music room and practiced singing with his classmates.

オ　Sam finally agreed with Amy because he became interested in singing.

7　次は，文化祭が終わった後の Amy と Mark との対話である。Amy に代わって [　　　] に15語程度の英語を書け。２文以上になってもかまわない。

Mark :　We did a great job.　Thank you for your amazing idea.

Amy :　You helped us a lot, Mark.　I learned an important thing from the class meetings.

Mark :　Oh, did you?　What's that?

Amy :　[　　　　　　　　　　　　]

Mark :　That's true.　Our class has become better now!

平成31年度　鹿児島県公立高校入試問題　社　会

（解答…201Ｐ）

1　次のⅠ～Ⅲの問いに答えなさい。答えを選ぶ問いについては一つ選び，その記号を書きなさい。

Ⅰ　次の略地図を見て，１～６の問いに答えよ。

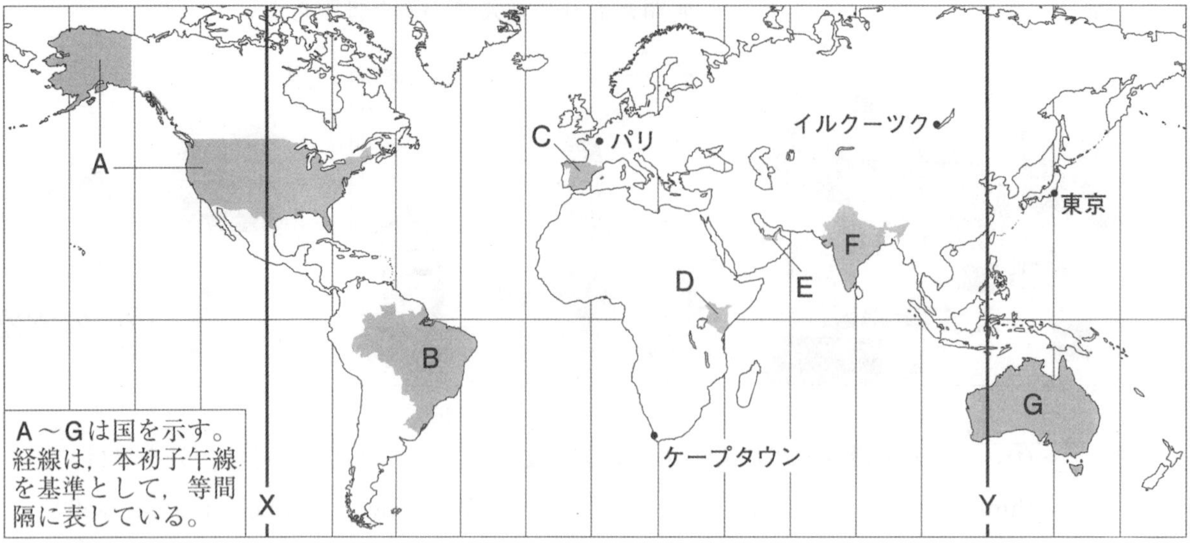

１　世界は大きく６つの州に分けられる。略地図中のＧ国が属する州の名称を書け。

２　**写真１**は，略地図中のＦ国で人々が沐浴《もくよく》をしているようすである。Ｆ国で最も多くの人々が信仰している宗教と，Ｆ国を流れる河川の組み合わせとして最も適当なものはどれか。

写真１

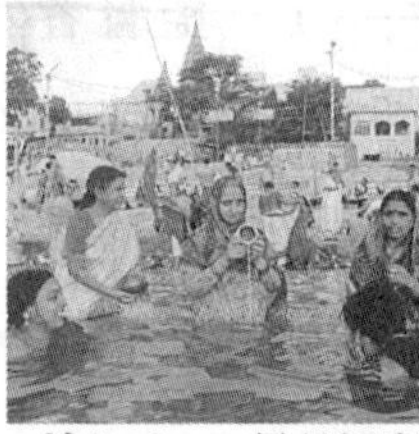

ア　（仏　教　　　メコン川）　　イ　（仏　教　　　ガンジス川）
ウ　（ヒンドゥー教　メコン川）　エ　（ヒンドゥー教　ガンジス川）

３　略地図中のＹの経線は東経120度である。Ｘの経線の経度は何度か。東経，西経を明らかにして答えよ。

４　次のア～エは，略地図中の**パリ**，**ケープタウン**，**イルクーツク**，**東京**のいずれかの月別平均気温と月別降水量を示している。**パリ**にあてはまるものは**ア～エ**のうちどれか。また，**パリ**の気候の特徴を，緯度と気温の面から書け。

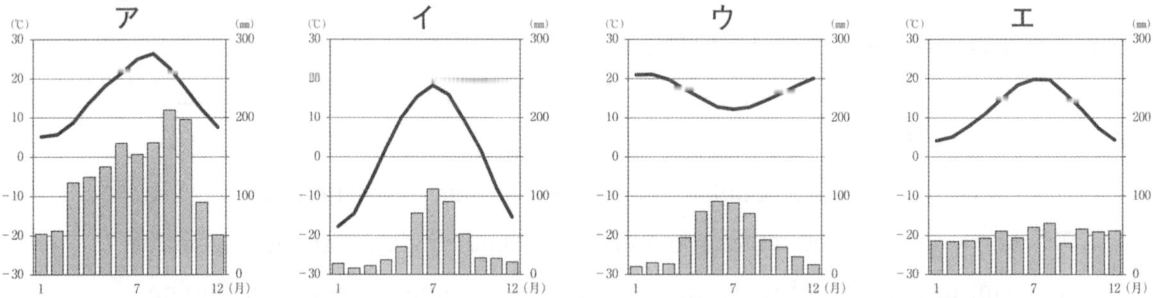

（気象庁の資料から作成）

５　略地図中のＡ～Ｄ国の農業について述べた文として，最も適当なものはどれか。

ア　Ａ国では，フィードロットという農場で，大規模なかんがい農業が行われている。
イ　Ｂ国では，大規模な機械化による農業がすすみ，大豆が主な輸出品となっている。
ウ　Ｃ国では，夏の高温湿潤な気候を生かして，天然ゴムや油やしが生産されている。
エ　Ｄ国では，標高の高い所でカカオが栽培され，その多くが国内で消費されている。

６　略地図中のＥ国は，特定の資源をもとに発展しており，**資料１**，**資料２**はその資源について示したものである。また，Ｅ国は，その資源に頼らない経済をめざして，**写真２**にみられるように商業や観光に力を入れているが，この理由を，**資料１**，**資料２**をもとにして書け。ただし，その資源名を明らかにして書くこと。

資料１

埋蔵量	１兆7067億バレル
年生産量	336億バレル
可採年数	51年

※埋蔵量と年生産量は世界全体の数値（2016年）であり，可採年数は，埋蔵量を年生産量で割った値を示す。

資料２　１バレルあたりの価格

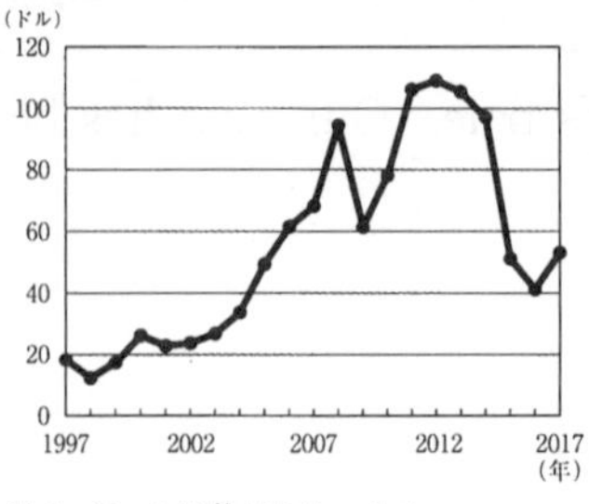

※１バレルは約159リットル

写真２　ドバイの高層ビル

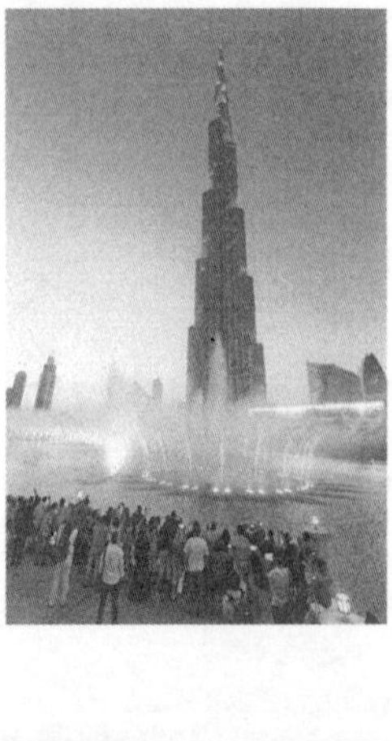

（資料１，資料２はデータブックオブザワールド2018などから作成）

Ⅱ　次の略地図を見て，１～６の問いに答えよ。

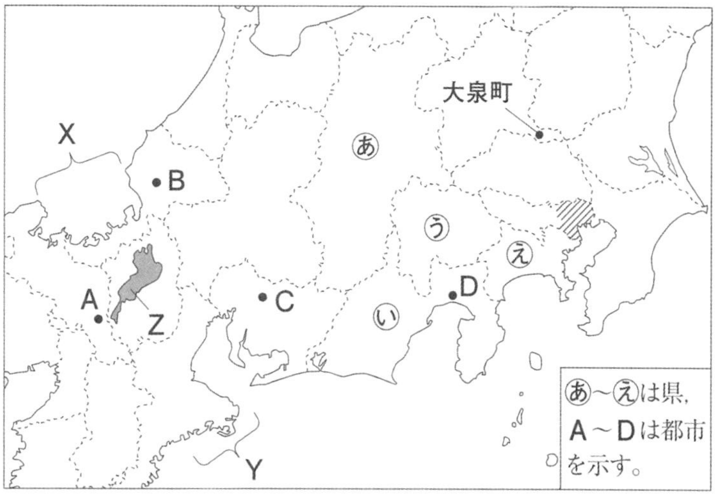

１　略地図中のXの湾やYの半島にみられる，海岸線が複雑に入り組んだ地形を何というか。

２　略地図中のZの湖は，近畿地方で生活する人々に飲料水などを供給する役割をになっている。この湖名を答えよ。

３　**資料１**は，**写真**の畑で栽培される農産物について収穫量の多い都道府県とその割合を示したものである。**資料１**中の［　　　］にあてはまるのは，略地図中の(あ)～(え)のうちどれか。

資料１

都道府県名	割合(%)
［　　　］	38.8
鹿児島	33.1
三　重	8.4
宮　崎	4.9
京　都	4.0

（データブックオブザワールド2018から作成）

写真

４　略地図中のA～Dの都市にみられる工業について述べた次のア～エの文のうち，Bについて述べた文として最も適当なものはどれか。

ア　地域に根づく地場産業として，眼鏡のフレームが製造されている。

イ　西陣織や清水焼などの伝統的工芸品が生産されている。

ウ　製紙原料となるパルプや紙製品の生産が盛んである。

エ　焼き物に適した土がとれることから，陶磁器やファインセラミックスの生産が盛んである。

５　**資料２**は，略地図中の群馬県**大泉町**にある公共施設のウェブページの一部であり，日本語，英語に加えて，**資料２**中に［　　　］で示したようにポルトガル語での表記もみられる。そのうち，ポルトガル語で表記している目的を，解答欄の書き出しのことばに続けて書け。

資料２

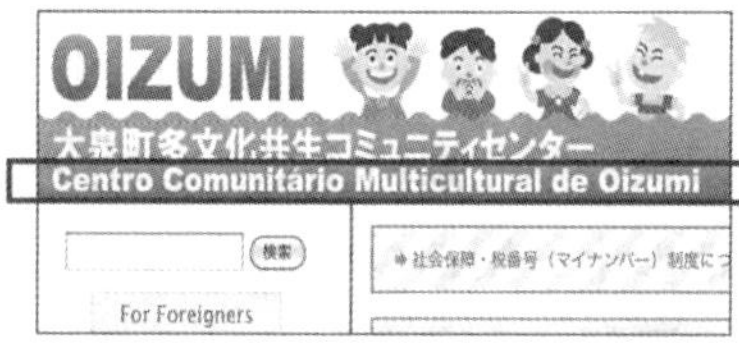

ポルトガル語での表記の例

６　**資料３**は，略地図中の（斜線）で示した東京23区においてみられるヒートアイランド現象について示したものである。これはどのような現象か，**資料３**をもとにして書け。ただし，**都市化**ということばを使うこと。

資料３　**熱帯夜の日数（７月20日～９月30日）**

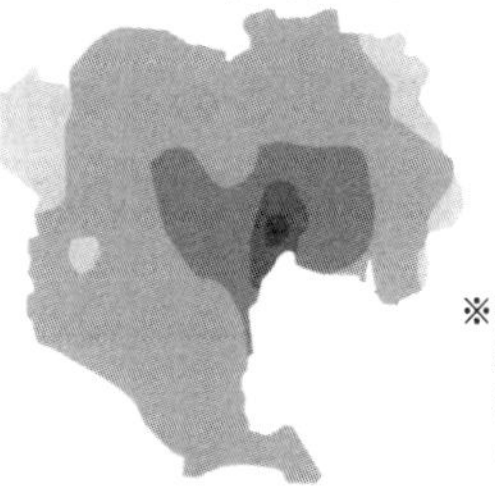

※熱帯夜は，夜間の最低気温が25℃以上の日のことで，色が濃いほど熱帯夜の日数が多いことを表している。

（東京都環境科学研究所の資料から作成）

Ⅲ　**資料１**は，空港を利用して日本に入国した外国人の国や地域の割合を，全国の空港，鹿児島空港，熊本空港について示したものである。また，**資料２**は，鹿児島空港，熊本空港との間にそれぞれ国際線で結ばれた空港がある都市を示している。鹿児島空港，熊本空港から入国した外国人の国や地域の割合についての特徴を，**資料１**，**資料２**をもとにして，**50字以上60字以内**で書け。ただし，**アジア**ということばを使うこと。

資料１　（単位：%）

国名や地域名	全国の空港	鹿児島空港	熊本空港
中　国	23.9	10.8	1.2
台　湾	15.1	16.8	21.8
香　港	6.7	41.8	16.5
韓　国	22.1	24.1	58.6
イギリス	1.4	0.9	0.4
アメリカ合衆国	5.5	1.0	0.7

※平成30年の10月１日から10月31日に入国した外国人の割合を示す。
（法務省出入国管理統計から作成）

資料２

鹿児島空港	インチョン（韓国），テグ（韓国），シャンハイ（中国），タイペイ（台湾），ホンコン（香港）
熊本空港	インチョン（韓国），カオシュン（台湾），ホンコン（香港）

※平成30年10月現在
（鹿児島空港，熊本空港のウェブページから作成）

2　次のⅠ～Ⅲの問いに答えなさい。答えを選ぶ問いについては一つ選び，その記号を書きなさい。

Ⅰ　次の略年表を見て，**1**～**6**の問いに答えよ。

世紀	主なできごと
8	桓武天皇が都を平安京に移す ―――― A
11	［①］文字が広まり，これを用いて「源氏物語」が書かれる
12	壇ノ浦で源氏が平氏をほろぼす ―――― B
15	近畿地方を中心に農民たちによる土一揆がおこる ―――― C
16	全国を統一した［②］が太閤検地や刀狩を実施する ―――― D
18	大阪・京都を中心に元禄文化が栄える ―――― E

略地図

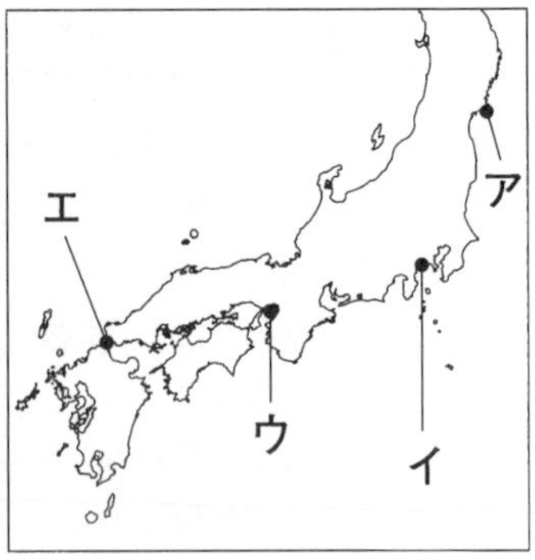

1　表の［①］，［②］にあてはまる最も適当なことばと人名を書け。ただし，［②］は**漢字**で書くこと。

2　A以前につくられた次の**ア**～**エ**を，年代の古い順に並べよ。

ア　富本銭

イ　和同開珎

ウ　漢委奴《かんのわのなの》国《こく》王《おう》ときざまれた印

エ　インダス文字がきざまれた印

3　Bについて，戦いが行われた壇ノ浦は，**略地図**中の**ア**～**エ**のうちどれか。

4　Cについて，**資料1**は，1428年におきた土一揆に関するものである。この土一揆について述べた次の文の［　　　］に適することばを，**資料1**を参考にして**6字程度**で補い，これを完成させよ。

農民たちは土倉や酒屋などをおそい，［　　　］を要求した。

資料1

正長元年ヨリ
サキ者(前ハ)カンへ(神戸)四カン
カウ(郷)ニヲヰメ(負い目)アル
ヘカラス

5　Dに関して，**図**は，このころ行われていた貿易について示したものである。［X］，［Y］にあてはまることばの組み合わせとして最も適当なものはどれか。

図

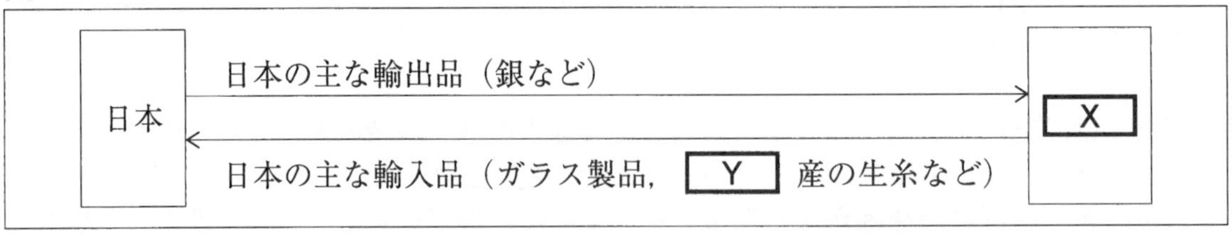

ア（X　オランダ　　Y　中国）
イ（X　オランダ　　Y　ヨーロッパ）
ウ（X　ポルトガル　Y　中国）
エ（X　ポルトガル　Y　ヨーロッパ）

6　Eに関して，**資料2**は，多くの蔵屋敷がおかれ，「天下の台所」とよばれた大阪の港のようすである。大阪が商業の中心地として栄えた理由を，主に蔵屋敷に運びこまれたものを明らかにして書け。

資料2

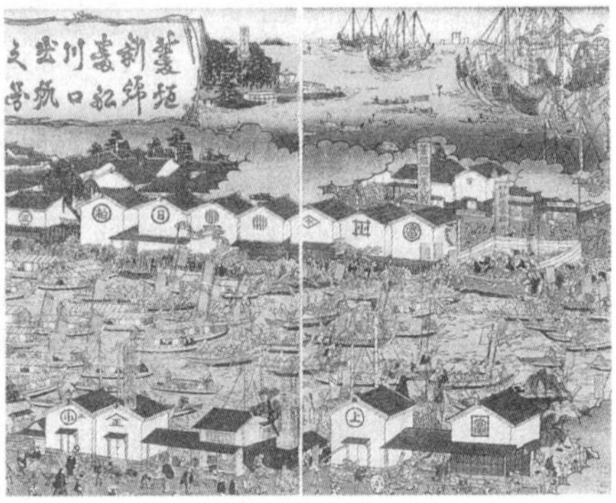

Ⅱ　次は，ある中学生が「近代以降の日本」についてまとめた文である。１～６の問いに答えよ。

【欧米に対抗できる国づくり】

明治政府は，ⓐ政治や産業，教育などの分野で改革を行い，近代化をすすめた。また，自由民権運動をきっかけに，議会政治の実現をめざしてⓑ政党がつくられた。その後，日本では，日清戦争から日露戦争のころにかけてⓒ産業革命が進展した。

【デモクラシーと軍国主義】

民衆の支持のもと，平民宰相とよばれた［①］による本格的な政党内閣が組織された。ⓓ第一次世界大戦後，日本の国際的な地位は高まったが，世界恐慌の影響で深刻な不景気にみまわれ，五・一五事件がおこるなど軍部の力が強まった。

【戦後の成長と豊かな生活】

第二次世界大戦後，GHQ の指令のもとで改革が行われた。［②］戦争がおこると，アメリカから大量の物資が注文され，経済の復興が急速にすすんだ。そして，ⓔ高度経済成長がはじまると，経済成長にともなって国民の所得も向上した。

１　［①］，［②］にあてはまる最も適当な人名とことばを書け。

２　ⓐに関して述べた次の文の［　　　］に適することばを補い，これを完成させよ。ただし，版籍とは何かを明らかにして書くこと。

改革の一つである版籍奉還とは，藩主が［　　　］ことである。

３　ⓑについて，このころつくられた政党と，その政党を結成した人物の組み合わせとして最も適当なものはどれか。

ア　（立憲政友会　大隈重信）　　イ　（立憲政友会　板垣退助）
ウ　（自由党　大隈重信）　　エ　（自由党　板垣退助）

４　ⓒに関して，**資料**の**Ａ**，**Ｂ**は1885年と1899年のいずれかを示している。1899年を示しているのは**Ａ**，**Ｂ**のどちらか。また，その理由について述べた文として最も適当なものはどれか。

資料　日本の輸入総額に占める割合　（単位：％）

	A	B
綿　花	28.2	2.8
綿　糸	2.3	17.7

（日本貿易精覧から作成）

ア　製糸業が発展し，製品である綿糸の割合が減少しているから。
イ　紡績業が発展し，原料である綿花の割合が増加しているから。
ウ　製糸業が発展し，原料である綿花の割合が減少しているから。
エ　紡績業が発展し，製品である綿糸の割合が増加しているから。

５　ⓓに関して，このころ，非暴力・不服従を唱えて活動したガンディーについて述べた次の文の［Ｘ］，［Ｙ］にあてはまることばの組み合わせとして最も適当なものはどれか。

［Ｘ］の民族運動の指導者であり，［Ｙ］の支配に対する抵抗運動を展開した。

ア　（Ｘ　ベトナム　　Ｙ　イギリス）　　イ　（Ｘ　ベトナム　　Ｙ　フランス）
ウ　（Ｘ　インド　　Ｙ　イギリス）　　エ　（Ｘ　インド　　Ｙ　フランス）

６　ⓔ以降におこったできごとを，次のア～エから三つ選び，年代の古い順に並べよ。

ア　国交正常化した中国との関係をさらに改善するため，日中平和友好条約が締結された。
イ　経済発展の一方で社会問題化した公害に対処するため，公害対策基本法が制定された。
ウ　自作農を大幅に増やして地主と小作人の関係を解消するため，農地改革が実施された。
エ　紛争などを平和的に解決する国連の活動に協力するため，PKO 協力法が制定された。

Ⅲ　**資料１**には，大正時代に新しく登場したメディアがみられる。**資料２**は，娯楽や児童文学に関して発行されたものである。大正から昭和初期の社会において，**資料１**の［Ｘ］，**資料２**の［Ｙ］が果たした役割を書け。ただし，［Ｘ］，［Ｙ］にあてはまることばを使うこと。

資料１　［Ｘ］放送と家族の団らん

資料２　新しく発行された［Ｙ］

3　次のⅠ～Ⅲの問いに答えなさい。答えを選ぶ問いについては一つ選び，その記号を書きなさい。

Ⅰ　次は，ある中学生が日本国憲法について書いたレポートの一部である。１～６の問いに答えよ。

> ⓐ日本国憲法は，第二次世界大戦後，大日本帝国憲法を改正する手続きをへて成立しました。この憲法は，欧米の近代の憲法と同じようにⓑ立憲主義の考え方にもとづいてつくられており，政治が人の支配によってではなく，法の支配にもとづいて行われることが求められています。
>
> 前文には，この憲法が制定された理由や目的が書かれており，国民主権，基本的人権の尊重，平和主義の三つの基本原理から成り立っていることがわかります。基本的人権は，平等権，自由権，ⓒ社会権，参政権などに分けることができ，侵すことのできない永久の権利とされています。
>
> また，政治のしくみについては，国の権力は立法，行政，ⓓ司法の三権に分けられ，それぞれ国会，ⓔ内閣，裁判所が担当する三権分立を採用しています。この中でも国会は，国民がⓕ選挙によって選んだ，国民の代表者である国会議員によって構成されており，国権の最高機関と位置づけられています。私たち国民が，主権者として選挙で投票し，自分の意見や考えを政治に反映させていくことが大切だと思います。

１　ⓐに関して，次の条文の［　　］にあてはまる同一のことばを**漢字**で書け。

> 第１条　天皇は，日本国の［　　］であり日本国民統合の［　　］であつて，この地位は，主権の存する日本国民の総意に基く。

２　ⓑに関して，**資料１**は，人の支配と法の支配を模式的に示したものである。**資料１**を参考にして，法の支配について述べた次の文の［　X　］に適することばを補い，これを完成させよ。

> 法の支配における法の役割は，［　X　］ために政府の権力を制限することである。

資料１

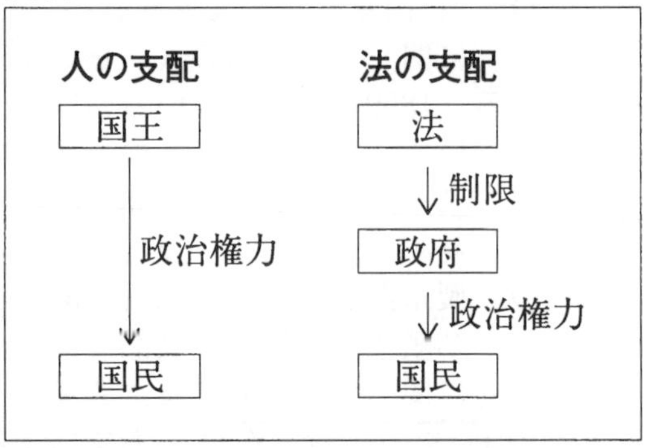

３　ⓒについて，社会権に含まれる権利の一つとして最も適当なものはどれか。

ア　財産権　　**イ**　団結権　　**ウ**　請願権　　**エ**　黙秘権

４　ⓓに関して，日本の司法制度について述べた文として正しいものはどれか。

ア　下級裁判所として，地方裁判所，家庭裁判所，簡易裁判所の３種類が設置されている。

イ　国民から不適任であると訴えられた国会議員について，弾劾裁判を行うことができる。

ウ　三審制がとられており，判決に不服があれば控訴し，さらに上告することができる。

エ　国民が参加して民事裁判や刑事裁判を行う裁判員制度が，2009年から行われている。

５　ⓔに関して，わが国では議院内閣制が採用されている。議院内閣制とはどのようなしくみかを，**30字以上40字以内**で書け。ただし，**信任**，**責任**ということばを使うこと。

６　ⓕに関して，**資料２**は，比例代表制のしくみを理解するために作成したものである。ドント式で議席を配分した場合，Ｂ党の当選者数は何人か。また，小選挙区制と比較した比例代表制の特徴を，解答欄の書き出しのことばに続けて書け。ただし，**票**，**意見**ということばを使うこと。

資料２　**定数４人の選挙区の各政党の得票数**

政党名	Ａ党	Ｂ党	Ｃ党
候補者数	４人	３人	２人
得 票 数	1200票	900票	480票

Ⅱ 次は，ある中学生が平成の時代におこったできごとについて調べ，気づいたことをメモしたものの一部である。１～５の問いに答えよ。

A	B	C	D
A 人や物，ⓐお金などが地球規模で行き交うようになった。	B バブル経済が崩壊し，ⓑ景気が低迷した時期があった。	C 少子ⓒ高齢化がすすみ，人口の減少がはじまった。	D 阪神・淡路大震災やⓓ東日本大震災などが発生した。

１ Aに関して，次の文の ＿＿＿ に適することばを補い，これを完成させよ。ただし，＿＿＿ は**カタカナ**で書くこと。

Aのように地球規模で世界の一体化がすすむことを ＿＿＿ 化という。

２ ⓐに関して，(1)，(2)の問いに答えよ。

(1) **資料１**は経済の循環を示したものである。X，Yに入ることばと，ⅰ，ⅱの説明の組み合わせとして最も適当なものはどれか。

資料１

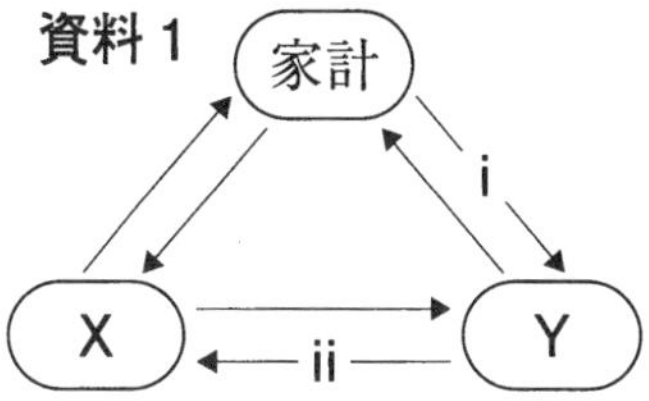

ア（X 政府 Y 企業 ⅰ 税金を納める ⅱ 労働力を提供する）
イ（X 政府 Y 企業 ⅰ 労働力を提供する ⅱ 税金を納める）
ウ（X 企業 Y 政府 ⅰ 税金を納める ⅱ 労働力を提供する）
エ（X 企業 Y 政府 ⅰ 労働力を提供する ⅱ 税金を納める）

(2) 次の文の ＿＿＿ に適することばを補い，これを完成させよ。

近年は，お金の価値をデジタルデータ化した ＿＿＿ が開発され，現金のやりとりをしなくてもICカードや携帯電話を用いて買い物ができるなど，支払いの手段は多様化している。

３ ⓑに関して，このような場合に政府が行う財政政策として最も適当なものはどれか。

ア 所得税や法人税などの税率を引き上げ，歳入を増やす。
イ 生活保護や雇用保険などの給付を減らし，歳出を減らす。
ウ 国債などを銀行から買い上げ，通貨の量を増やす。
エ 公共事業への支出を増やして，企業の仕事を増やす。

４ ⓒに関して，**資料２**は，日本，イギリス，フランス，スウェーデンの人口に占める高齢者の割合の推移と将来予測を示したものである。**資料２**をもとに，日本の高齢化のすすみ方の特徴について述べた次の文の ＿＿＿ に適することばを補い，これを完成させよ。ただし，**期間**ということばを使うこと。

日本は，他の国々と比較して ＿＿＿ という特徴がある。

資料２

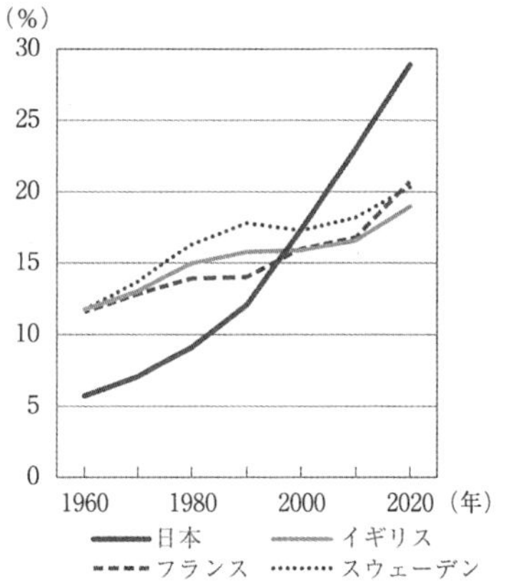

（国立社会保障・人口問題研究所の資料から作成）

５ ⓓに関して，この震災の後，再生可能エネルギーによる発電が一層すすめられている。再生可能エネルギーによる発電は，環境への影響が少ないなどの利点があるが，いくつかの課題もある。このうち**資料３**からわかる課題を書け。

資料３ 発電にかかる費用の比較

発電方法	石炭火力	天然ガス火力	風力	地熱	太陽光
費用	12.3円	13.7円	21.6円	16.9円	24.2円

※費用は発電量１kWhあたりの費用で，建設費や運転維持費などを含む。
（資源エネルギー庁の資料から作成）

Ⅲ **資料１**は，フェアトレード商品であることを示すラベルである。**資料１**のラベルが示された商品の取り引き価格の推移を表したものは，**資料２**のア，イのどちらか。また，このフェアトレードのしくみを，その目的を明らかにして書け。ただし，**発展途上国**，**生活**ということばを使うこと。

資料１

資料２ コーヒー豆の価格の推移

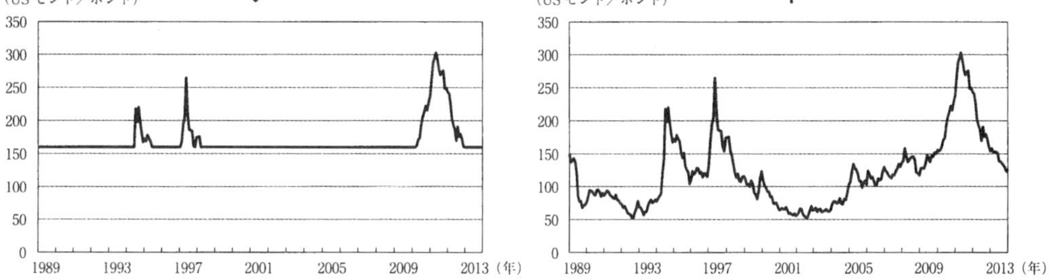

※価格はコーヒー豆１ポンド（約454グラム）あたりの価格で，１セントは0.01ドルである。
（国際通貨基金の資料などから作成）

平成31年度　鹿児島県公立高校入試問題　数　学

（解答…204Ｐ）

1 次の**1**～**5**の問いに答えなさい。

1　次の(1)～(5)の問いに答えよ。

(1)　$5 \times (6 - 2)$ を計算せよ。

(2)　$\frac{1}{4} + \frac{5}{3} \div \frac{10}{9}$ を計算せよ。

(3)　$2\sqrt{7} - \sqrt{20} + \sqrt{5} - \frac{7}{\sqrt{7}}$ を計算せよ。

(4)　変数 x の変域が $x < 2$ であることを数直線上に表したものとして，最も適当なものを下の**ア**～**エ**の中から１つ選び，記号で答えよ。

ア 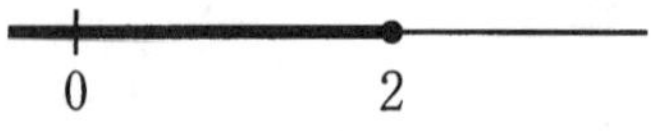

イ 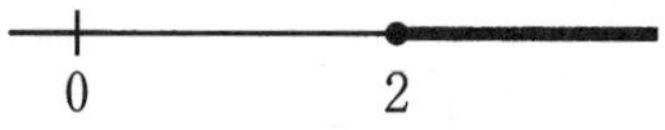

ウ 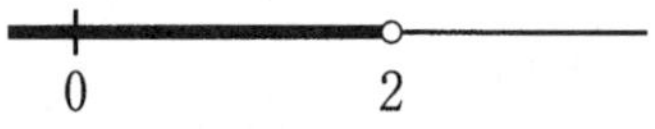

エ 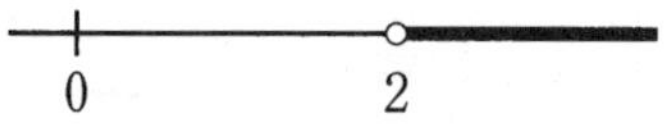

(5)　次の方程式のうち，4 は解である方程式はどれか，下の**ア**～**エ**の中からあてはまるものをすべて選び，記号で答えよ。

ア　$2x = 8$

イ　$\frac{1}{2}x = \frac{1}{8}$

ウ　$x(x+4) = 0$

エ　$x^2 - x - 12 = 0$

2　右の図で，3点A，B，Cは円Oの周上にある。$\angle x$ の大きさは何度か。

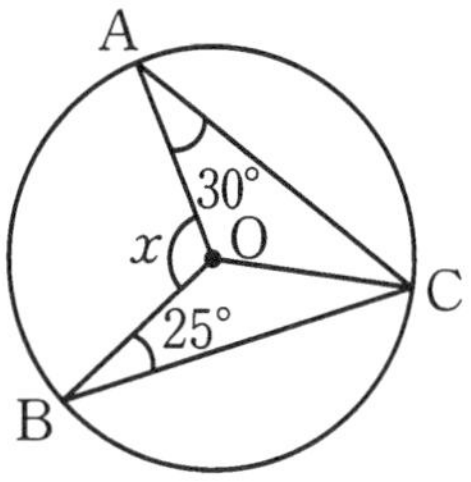

3　関数 $y = x^2$ について，x の値が3から6まで増加するときの変化の割合を求めよ。

4　高さが等しい円柱Aと円柱Bがある。円柱Aの底面の円の半径は，円柱Bの底面の円の半径の2倍である。円柱Aの体積は，円柱Bの体積の何倍か。

5　下の表は，オクラの都道府県別収穫量の上位5位を示したものである。全国の総収穫量に対する高知県の収穫量の割合は，14.2％であった。全国の総収穫量に対する鹿児島県の収穫量の割合を求めたい。正しい答えが得られる式を下の**ア**～**エ**の中から1つ選び，記号で答えよ。

順位	都道府県名	収穫量(トン)
1	鹿 児 島	5153
2	高　　知	1733
3	沖　　縄	1336
4	熊　　本	851
5	福　　岡	604

(平成26年産地域特産野菜生産状況調査から作成)

ア　$\dfrac{1733}{5153} \times 14.2$　　**イ**　$\dfrac{5153}{1733} \times 14.2$

ウ　$\dfrac{1733}{5153} \div 14.2$　　**エ**　$\dfrac{5153}{1733} \div 14.2$

2 次の**1**～**5**の問いに答えなさい。

1 右の図のように，関数 $y=-\frac{1}{2}x^2$ のグラフ上に2点A，Bがあり，A，Bのx座標はそれぞれ -2，4である。直線AB上に点Pがあり，直線OPが△OABの面積を2等分しているとき，点Pの座標を求めよ。

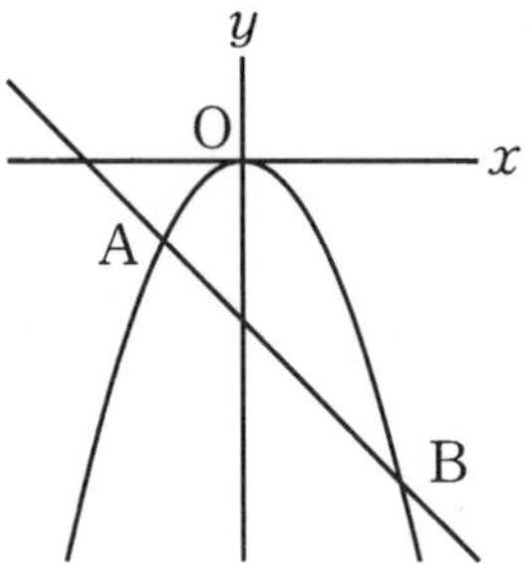

2 次の文中の［　　］に適当な数を入れ，文を完成させよ。

> 1から4までの数字を1つずつ書いた4枚のカード[1]，[2]，[3]，[4]がある。このカードをよくまぜて，その中からカードを同時に2枚取り出すとき，取り出したカードに書かれた2つの数の和が［　　］となる確率は $\frac{1}{3}$ である。

3 右の図の△ABCで，点Aが辺BCと重なるように，△ABCを折り目が1本だけつくように折り返す。折り目を表す線と辺BCが平行になるときに，点Aが辺BCと重なる点をDとする。折り目を表す線と辺BC上にある点Dを，定規とコンパスを用いて作図せよ。ただし，点Dの位置を示す文字Dを書き入れ，作図に用いた線も残しておくこと。

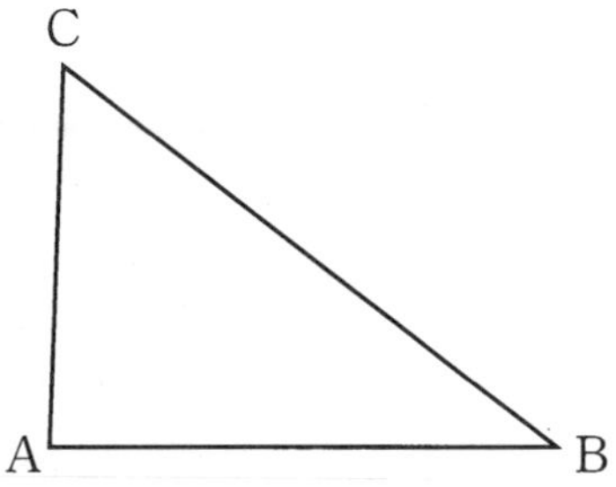

4 右の図のように，∠BAC = 90° の直角二等辺三角形ABCと，頂点A，B，Cをそれぞれ通る3本の平行な直線ℓ，m，nがある。線分BCと直線ℓとの交点をDとし，頂点Aから2直線m，nにそれぞれ垂線AP，AQをひく。このとき，△ABP ≡ △CAQであることを証明せよ。

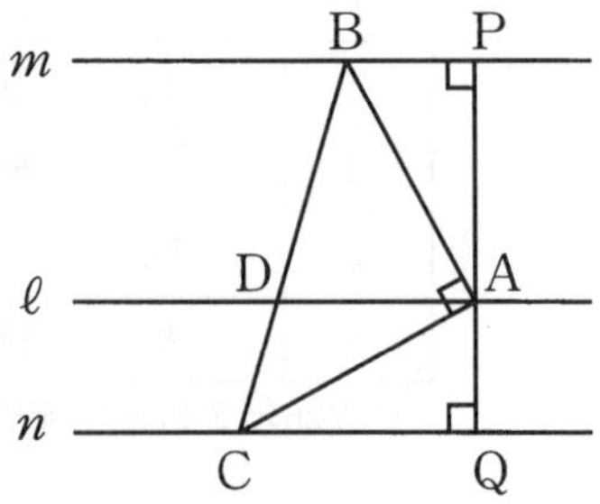

5 1個の値段が120円，100円，80円の3種類のりんごを合わせて17個買い，1580円支払った。このとき，80円のりんごの個数は120円のりんごの個数の3倍であった。3種類のりんごをそれぞれ何個買ったか。ただし，120円のりんごをx個，100円のりんごをy個買ったとして，その方程式と計算過程も書くこと。なお，消費税は考えないものとする。

3 Aさんと B さんのクラスの生徒20人が，次のルールでゲームを行った。

> ・**図**のように，床に描かれた的があり，的の中心まで5 m 離れたところから，的をねらってボールを２回ずつ転がす。
> ・的には5点，3点，1点の部分があり，的の外は0点の部分とする。
> ・ボールが止まった部分の点数の合計を１ゲームの得点とする。
> ・ボールが境界線上に止まったときの点数は，内側の点数とする。

図

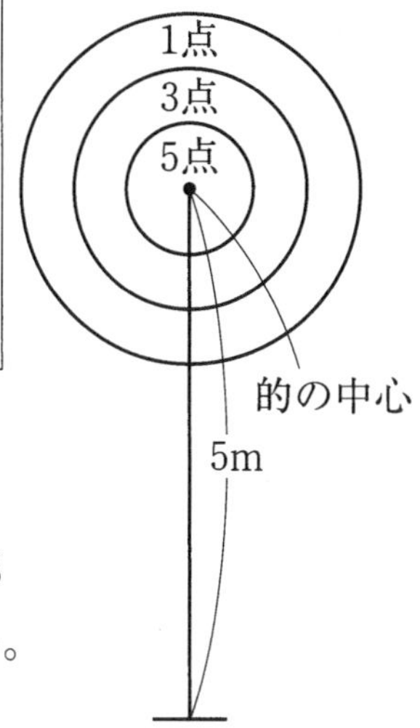

たとえば，1回目に5点，2回目に3点の部分にボールが止まった場合，この生徒の1ゲームの得点は 5+3 = 8（点）となる。

1ゲームを行った結果，下のようになった。このとき，2回とも3点の部分にボールが止まった生徒は2人であった。次の**1**～**3**の問いに答えなさい。

得点(点)	0	1	2	3	4	5	6	8	10
人数(人)	0	0	5	2	5	1	4	2	1

1 20人の得点について，範囲（レンジ）は何点か。

2 1回でも5点の部分にボールが止まった生徒は何人か。

3 Aさんと B さんは，クラスの生徒20人の得点の合計を上げるためにどうすればよいかそれぞれ考えてみた。次の⑴，⑵の問いに答えよ。

⑴ Aさんは「ボールが止まった5点の部分を1点，1点の部分を5点として，得点を計算してみるとよい。」と考えた。この考えをもとに得点を計算した場合の，20人の得点の中央値（メジアン）は何点か。ただし，0点と3点の部分の点数はそのままとする。

⑵ B さんは「1 m 近づいてもう1ゲームやってみるとよい。」と考えた。この考えをもとに**図**の的の点数は1ゲーム目のままで20人が2ゲーム目を行った。その結果は，中央値（メジアン）が5.5点，Aさんの得点が4点，B さんの得点が6点で，B さんと同じ得点の生徒はいなかった。この結果から必ずいえることを下の**ア**～**エ**の中からすべて選び，記号で答えよ。

ア 1ゲーム目と2ゲーム目のそれぞれの得点の範囲（レンジ）は同じ値である。

イ 5点の部分に1回でもボールが止まった生徒の人数は，2ゲーム目の方が多い。

ウ 2ゲーム目について，最頻値（モード）は中央値（メジアン）より大きい。

エ 2ゲーム目について，Aさんの得点を上回っている生徒は11人以上いる。

4 自然数を1から順に9個ずつ各段に並べ，縦，横3個ずつの9個の数を□で囲み，□内の左上の数をa，右上の数をb，左下の数をc，右下の数をd，真ん中の数をxとする。たとえば，右の**表**の□では，$a=5$，$b=7$，$c=23$，$d=25$，$x=15$である。次の**1**，**2**の問いに答えなさい。

表

1段目	1	2	3	4	5	6	7	8	9
2段目	10	11	12	13	14	15	16	17	18
3段目	19	20	21	22	23	24	25	26	27
4段目	28	29	30	31	・・・				
⋮									

1 aをxを使って表せ。

2 $\mathrm{M}=bd-ac$とするとき，次の(1)，(2)の問いに答えよ。

(1) a，b，c，dをそれぞれxを使って表すことで，Mの値は4の倍数になることを証明せよ。

(2) aが1段目から10段目までにあるとき，一の位の数が4になるMの値は何通りあるか，次の□の[ア]～[ウ]に適当な数を入れ，求め方を完成させよ。

［求め方］

(1)よりMの値は4の倍数だから，Mの値の一の位の数が4になるのはxの一の位の数が[ア]または[イ]になるときである。

xは2段目から11段目までにあり，各段の両端を除く自然数であることに注意して，Mの値の個数を求めると[ウ]通りである。

5 次の**1**，**2**の問いに答えなさい。

1　次の ア ～ オ に適当な数または番号を入れ，会話文を完成させよ。

先生：**図1**は，正八面体の見取図と展開図です。正八面体とは，どのような立体でしたか。

図1

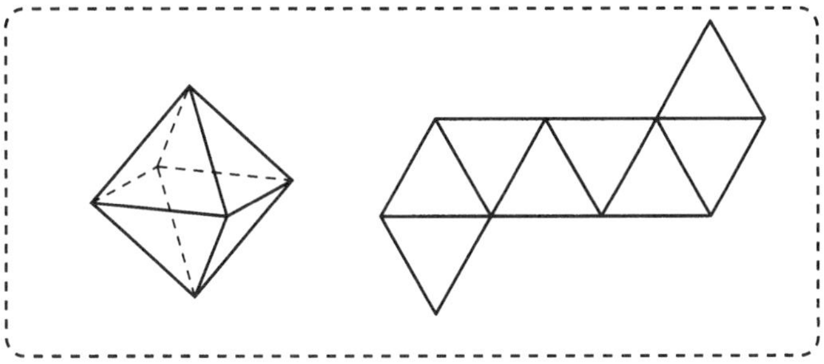

生徒：8個の合同な正三角形で囲まれた立体で，頂点が6個，辺が ア 本あります。

先生：そうですね。では，正八面体の体積を立方体を使って求めてみましょう。**図2**のように，立方体のそれぞれの面の対角線の交点をA，B，C，D，E，Fとするとき，この6個の点を頂点とする正八面体ができます。このとき，四角形AEFC，ABFD，BCDEは合同な正方形です。立方体を正方形BCDEを含む平面で切った切り口は**図3**のようになり，正方形BCDEの対角線の長さは，立方体の1辺の長さと等しいことが分かります。立方体の1辺の長さを4 cmとして正八面体ABCDEFの体積を求めてみましょう。

図2

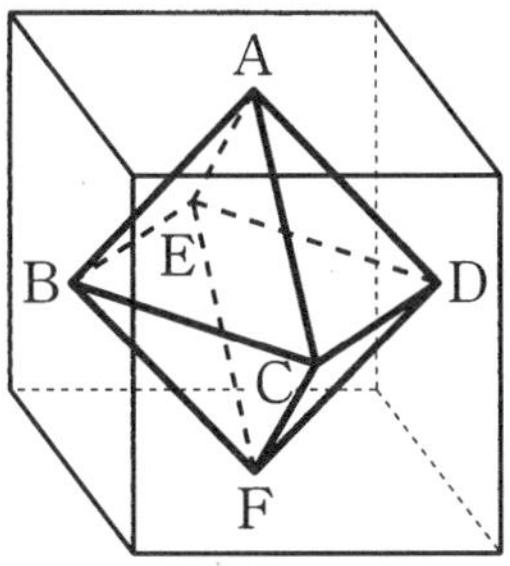

図3

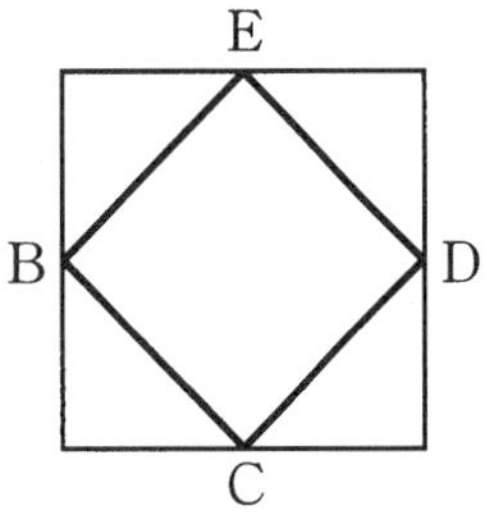

生徒：正方形BCDEの面積は イ cm^2 だから，正四角すいABCDEの体積は ウ cm^3 です。この正四角すいの体積の2倍が正八面体の体積となります。

先生：立方体を使うと，体積が求めやすくなります。正八面体の特徴にもよく気がつきました。では，次の問題はどうでしょうか。

先生：**図4**の１辺の長さが６cmの正八面体において，点Bから辺AC，CD，DFを通って点Eまで，１本の糸をかけます。糸の長さが最も短くなるようにかけたときの，糸の長さは何cmか，**図5**の展開図を使って求めてみましょう。

図4

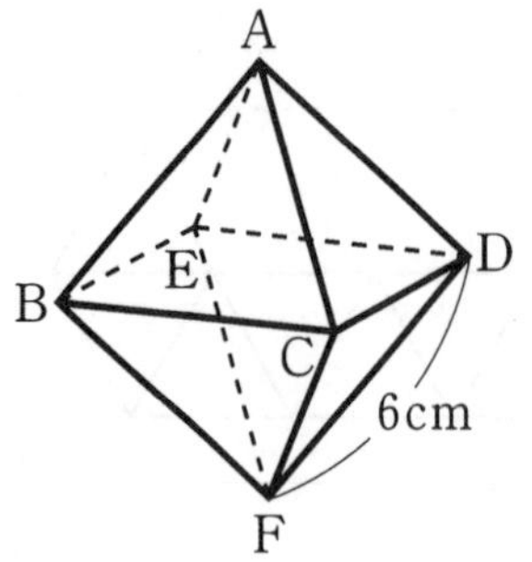

図5

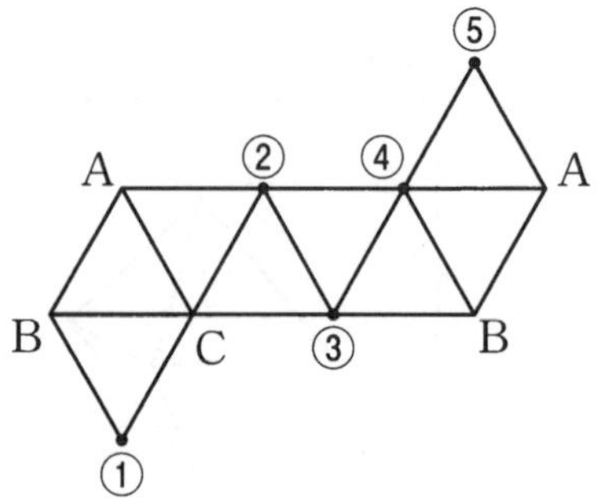

生徒：**図5**の①～⑤の中で，点Eにあたる番号は，［エ］です。かけた糸のようすを**図5**にかき入れて考えてみると，最も短くなるときの糸の長さは，［オ］cmとなりました。

先生：そうですね。展開図にかき入れると，かけた糸のようすが分かりやすくなります。
最後は，正八面体の中に作られた立体の体積の変化の問題です。**図6**の１辺の長さが６cmの正八面体の辺上を，毎秒１cmの速さで６秒間だけ動く２点P，Qがあります。２点P，Qは点Aを同時に出発し，点Pは辺AB上を点Bに向かって，点Qは辺AD上を点Dに向かって動きます。三角すいCPFQの体積が正八面体ABCDEFの体積の$\frac{1}{6}$となるのは，２点P，Qが点Aを出発してから何秒後のことか，考えてみましょう。

図6

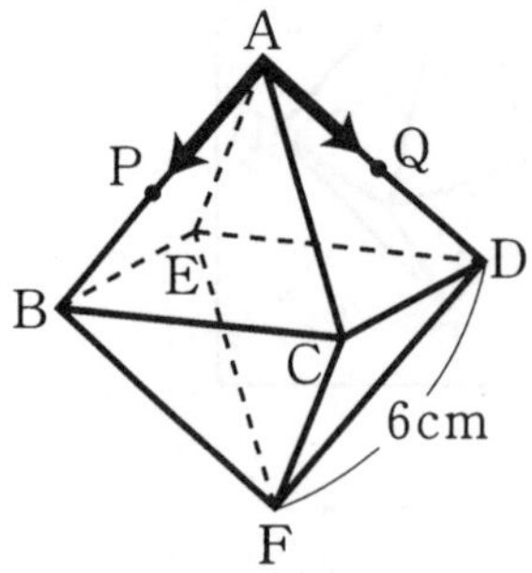

2　**1**の会話文中の下線部について，何秒後か求めよ。ただし，２点P，Qが点Aを出発してからt秒後のこととして，tについての方程式と計算過程も書くこと。

平成30年度　鹿児島県公立高校入試問題　理　科

（解答…209 P）

1 次の各問いに答えなさい。答えを選ぶ問いについては記号で答えなさい。

1　寒冷前線付近では，寒気によって暖気がおし上げられるために強い上昇気流が生じて雲が発生し，強い雨を短時間に降らせることがある。この雲として最も適当なものはどれか。

ア　高層雲　　**イ**　乱層雲　　**ウ**　巻雲　　**エ**　積乱雲

2　アブラナの花のつくりについて，「おしべ」，「花弁」，「めしべ」，「がく」を花の中心から順に並べよ。

3　太陽のように，自ら光や熱を出してかがやいている天体を何というか。

4　放射線に関する単位のうち，放射線の人体に対する影響を表すものを書け。

5　日本で現在生息しているオオカナダモやカダヤシのように，もともとその地域に生息していなかったが，人間の活動によってほかの地域から持ちこまれて野生化し，子孫を残すようになった生物を何というか。

6　次のAとBの質量を比べた。

A　水 100 g と物質 a 40 g を 95 g のビーカーに入れ，よくかき混ぜ，物質 a がすべてとけたもの

B　水 100 g と物質 b 40 g を 95 g のビーカーに入れ，よくかき混ぜたが，物質 b が 4.1 g とけ残ったもの

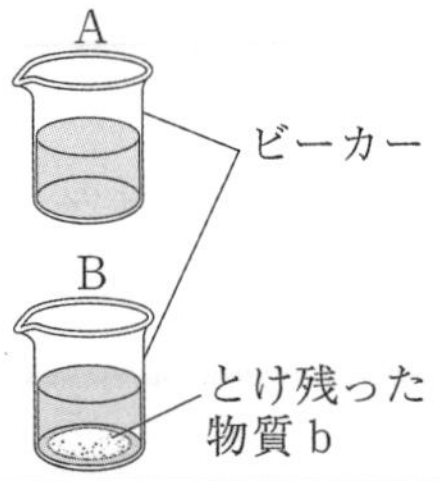

解答欄の□に等号（=）または不等号（<，>）を書き，AとBの質量の関係を表せ。ただし，気体の発生や水の蒸発はないものとする。

7　コイルに鉄しんを入れて電流を流し，**ア**～**エ**のような電磁石をつくった。電磁石の磁力が最も強いものはどれか。ただし，乾電池1個の電圧の大きさはすべて同じで，導線，鉄しんは同じものである。

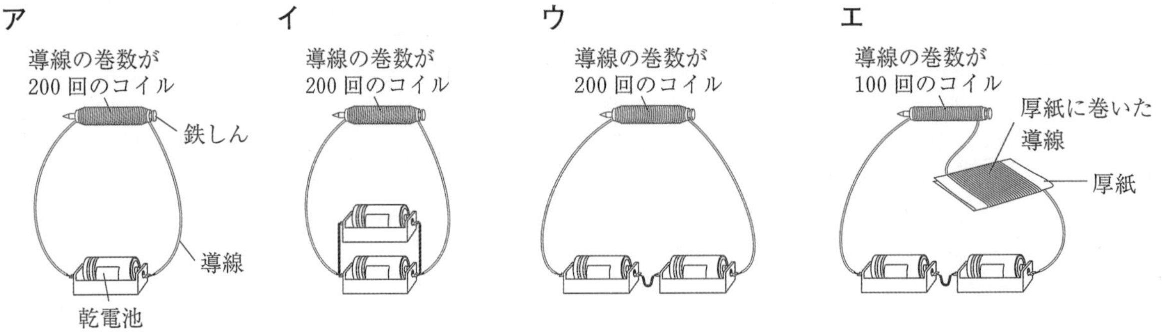

8　100mLのメスシリンダーに30.0mLの目盛りまで水を入れた。これに16.2gの金属を入れると，図のようになった。この金属の密度は何 g/cm^3 か。

図

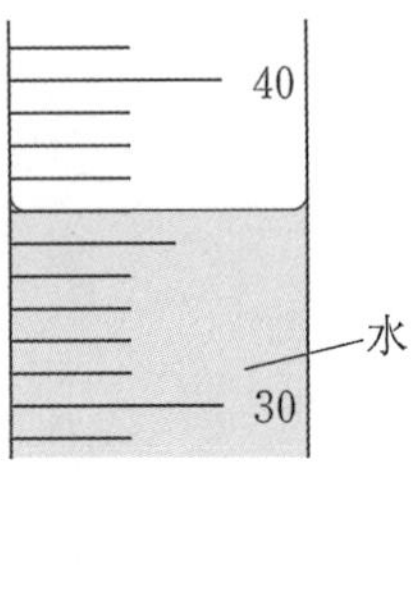

2 次のⅠ，Ⅱの各問いに答えなさい。答えを選ぶ問いについては記号で答えなさい。

Ⅰ **図**は，ある場所で発生した地震Aの震源からの距離とP波，S波が届くまでの時間との関係をグラフに表したものである。2つのグラフはP波，S波のいずれかを示している。ただし，P波とS波はそれぞれ一定の速さで伝わるものとする。

図

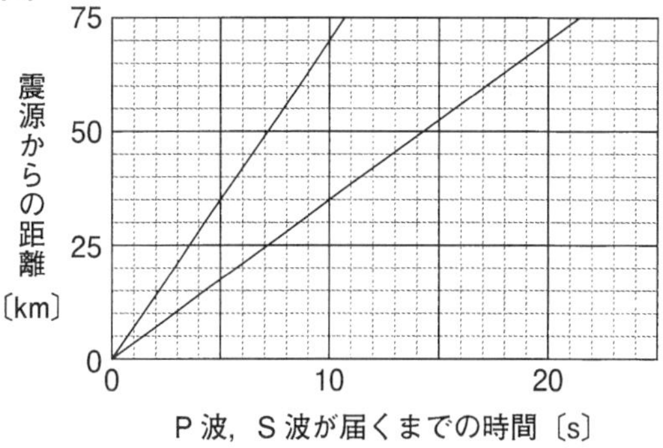

1 震源の真上の地表の点を何というか。

2 S波の速さは何 km/s か。

3 観測点Xでは初期微動継続時間が10秒であり，震度4が観測された。

(1) 震源から観測点Xまでの距離は何 km か。

(2) 地震Aの発生から1か月後にほぼ同じ場所で地震Bが発生した。このとき，観測点Xでは震度2が観測された。地震のマグニチュードに関する次の文中の①，②について，それぞれ正しいものはどれか。

マグニチュードは，①（ア ゆれの大きさ イ 震源の深さ ウ 地震の規模）を表している。2つの地震のマグニチュードを比べると ②（ア 地震Aのほうが大きい イ 地震Bのほうが大きい ウ 地震Aと地震Bは同じである）。

Ⅱ 4日間の湿度を比べるために，**図**のような装置を用いて，**手順1～3**の実験を4日間同じ時刻に行い，露点を調べた。**表**はそのときの気温と露点をまとめたものである。ただし，金属製のコップの中の水温とコップの表面付近の空気の温度は等しいものとする。

手順1 表面をよくふいた金属製のコップに，気温と同じ温度のくみ置きの水を入れる。

手順2 氷を入れた試験管でコップの中の水をかき混ぜる。

手順3 コップの表面がくもり始めたときの水温をはかり，このときの水温を露点として記録する。

図

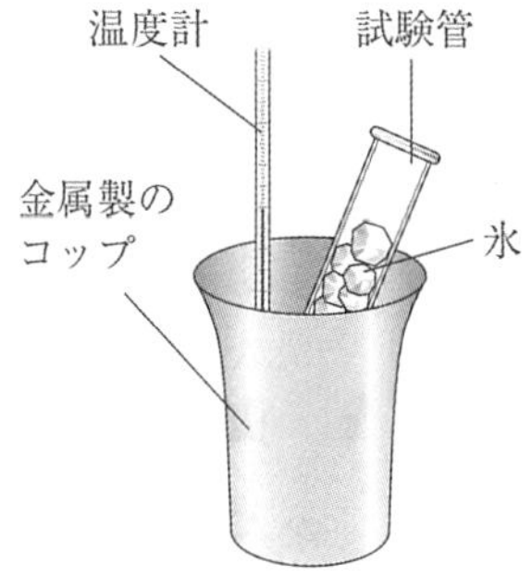

表

	1日目	2日目	3日目	4日目
気 温〔℃〕	24	20	20	24
露 点〔℃〕	10	10	16	8

1 金属製のコップを用いるのは，金属がどのような性質をもつからか。

2 1日目と2日目の湿度を比べると1日目のほうが低い。その理由を解答欄の書き出しのことばに続けて書け。ただし，「飽和水蒸気量」ということばを使うこと。

3 4日間の湿度を低い順に並べたとき，[a]～[d]にあてはまる数字を書け。

[a]日目の湿度 ＜ [b]日目の湿度 ＜ [c]日目の湿度 ＜ [d]日目の湿度

3 次のⅠ，Ⅱの各問いに答えなさい。答えを選ぶ問いについては記号で答えなさい。

Ⅰ 図の水溶液A～Eは，塩化ナトリウム水溶液，砂糖水，石灰水，アンモニア水，うすい塩酸のいずれかである。A～Eはすべて無色透明で，Aからは特有の刺激のあるにおいがした。それぞれどの水溶液であるかを調べるために，次の**実験1**，**2**を行った。

図

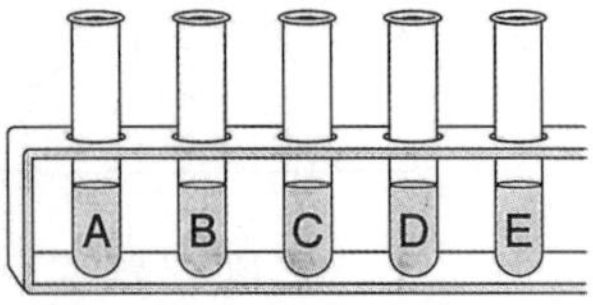

実験1 A～Eをそれぞれ青色と赤色のリトマス紙につけ，色の変化を調べた。AとCでは赤色リトマス紙が青色に変化し，Dでは青色リトマス紙が赤色に変化した。また，BとEではどちらの色のリトマス紙も変化しなかった。

実験2 5つの蒸発皿を用意し，A～Eをそれぞれ別々の蒸発皿に少量ずつとって熱した。AとDを入れた蒸発皿には何も残らなかったが，CとEを入れた蒸発皿には白い物質が残り，Bを入れた蒸発皿には黒くこげた物質が残った。

1 次の文中の［ a ］にあてはまることばを書け。また，［ b ］にあてはまる水溶液の名称を書け。

> **実験1**の結果から，AとCは［ a ］性であることがわかる。また，**実験1**，**2**の結果から，Bは［ b ］であることがわかる。

2 炭酸水素ナトリウムを熱して発生する気体と反応させると白くにごる水溶液はA～Eのどれか。また，その水溶液の名称も書け。

3 ある水溶液とDを反応させると，Eにとけている物質をふくむ水溶液ができた。ある水溶液を考え，このときの化学変化を化学反応式で表せ。ただし，ある水溶液は，A～Eとは異なる水溶液である。

4 蒸発皿に15.0 gのEを入れ，水をすべて蒸発させたところ，2.4 gの白い物質が残った。Eの質量パーセント濃度は何％か。

Ⅱ 図のように，2本の炭素棒を電極とし，塩化銅水溶液の電気分解を行ったところ，電極Aには銅が付着し，電極Bからは塩素が発生した。このときの化学変化は，次の化学反応式で表すことができる。

$$CuCl_2 \rightarrow Cu + Cl_2$$

図

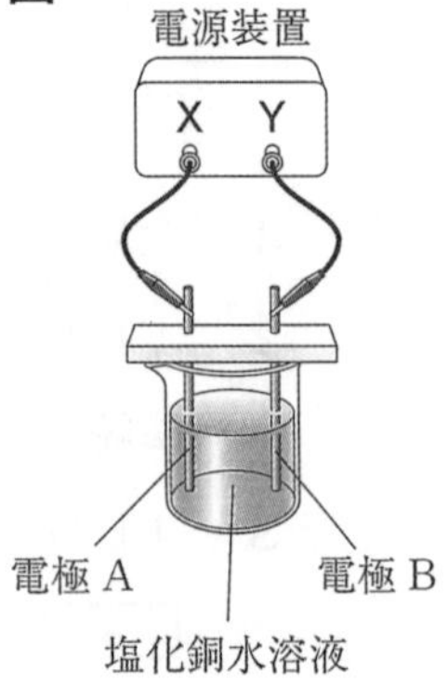

1 塩化銅が水にとけているようすを模式的に表しているものはどれか。ただし，陽イオンは「●」，陰イオンは「○」とする。

ア　　イ　　ウ　　エ

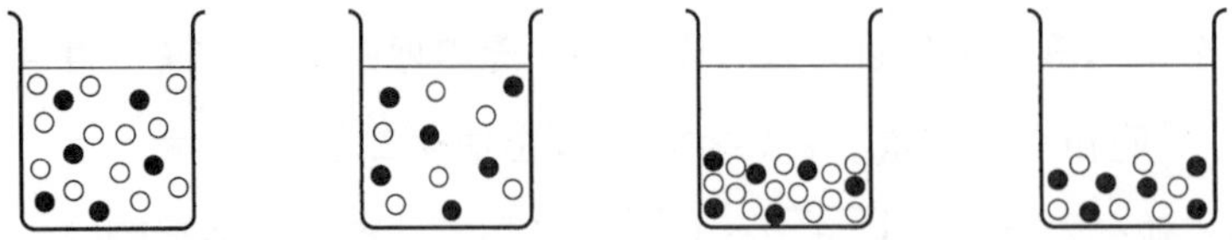

2 電源装置の＋極は，X，Yのどちらか。そのように考えた理由もふくめて答えよ。ただし，「陽極」または「陰極」ということばを使うこと。

3　次の文中の［a］，［b］にあてはまる数値を書け。ただし，電気分解によって生じた銅はすべて電極Aに付着したものとする。

> 原子1個の質量は，原子の種類によって決まっている。銅原子1個と塩素原子1個の質量の比を9：5とすると，銅原子1個と塩素分子1個の質量の比は9：［a］となる。
> 電気分解によって生じた銅と塩素の質量の比は9：［a］となることから，電極Aに銅が0.18g付着したとき，反応した塩化銅は［b］gであると考えられる。

4

次のⅠ，Ⅱの各問いに答えなさい。答えを選ぶ問いについては記号で答えなさい。

Ⅰ　ジャガイモは，有性生殖と無性生殖の両方の生殖を行う。**図1**のように，ジャガイモの個体Aの花粉をジャガイモの個体Bの花に受粉させ，できた種子をまいて育てると，個体Cができた。また，個体Bにできたいもを切りはなして植えると，個体Dができた。ただし，**図1**では個体Cと個体Dの土の中のようすは省略してある。

図1

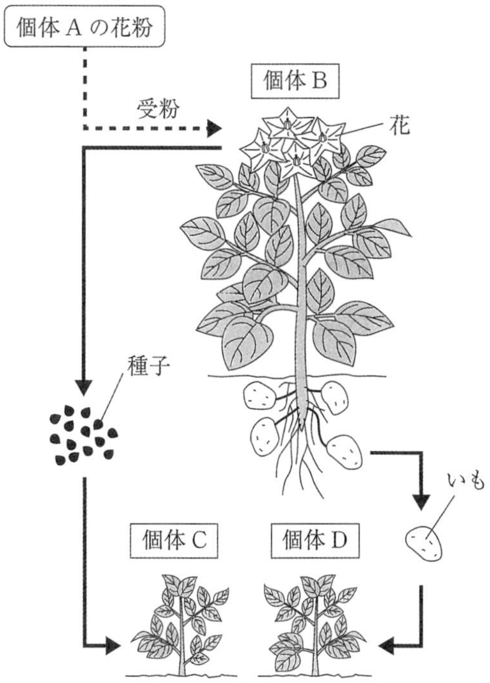

1　ジャガイモの花では胚珠が子房の中にある。このように，胚珠が子房で包まれている植物を何というか。

2　有性生殖において，生殖細胞ができるときに行われる特別な細胞分裂を何というか。

3　**図2**は，個体Aと個体Bのからだの細胞にある染色体の1対を模式的に表したものである。**図2**をもとに，個体Cと個体Dのからだの細胞の染色体のようすをそれぞれ解答欄の図にかけ。

図2

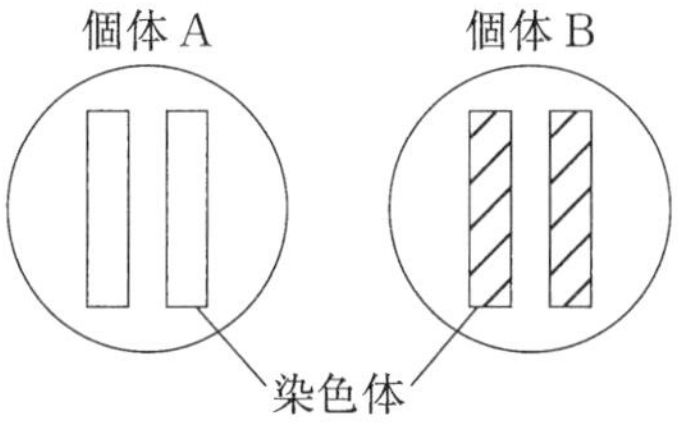

4　ジャガイモの新しい品種を開発し，生産することについて述べた次の文中の［a］，［b］に「有性」または「無性」を書け。

> 新しい品種を開発するときは，［a］生殖を利用してさまざまな親の組み合わせから得られた多くの種子をまき，それぞれの個体の品質などを調べて選抜していく。開発した品種を生産するときは，［b］生殖を利用する。

Ⅱ　図1のように，おもてにA～Gのいずれかの記号，うらにイモリ，ハト，ザリガニ，メダカ，ウサギ，アサリ，トカゲのいずれかの動物の名称が書かれたカードがある。

先生が動物の特徴をもとにこれらのカードを図2のように分類し，下の①～③のヒントを示した。

図1

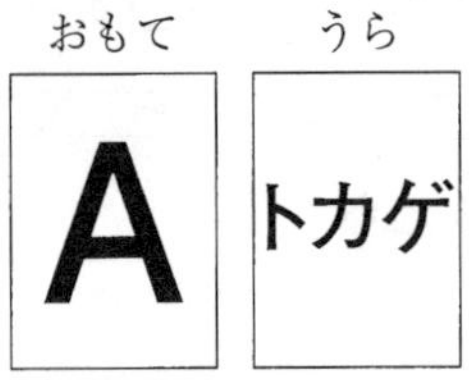

図2

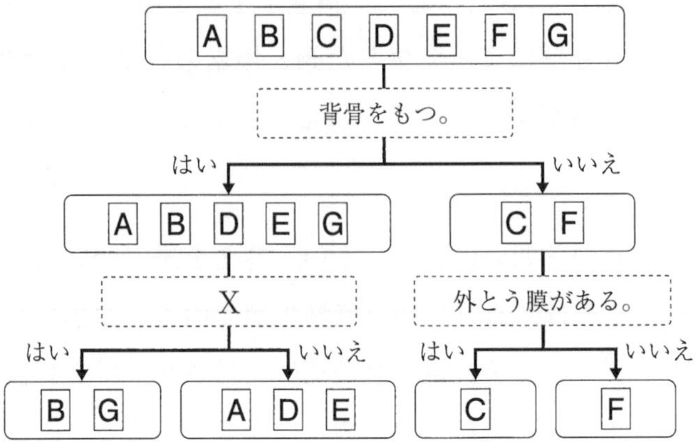

（先生の示したヒント）

① カードAの動物は，トカゲである。
② カードBの動物は，移動のための器官としてひれをもち，体表はうろこでおおわれている。
③ カードDの動物は，移動のための器官としてあしをもち，子を乳で育てる。

図2や先生の示したヒントをもとに花子さんと太郎さんは，A～Gのカードの動物について考えた。

1　カードCとカードFの動物のように背骨をもたない動物を何というか。

2　カードCの動物は何か。

3　図2の [X] にあてはまるものとして，最も適当なものはどれか。

ア　恒温動物である。　　　イ　変温動物である。

ウ　陸上に殻をもつ卵をうむ。　　　エ　水中に殻のない卵をうむ。

4　花子さんと太郎さんは，A～Gのカードの動物について考えたあと，始祖鳥の復元図を見ながら始祖鳥の特徴について話をした。次の会話文中の [a] にあてはまるA～Gの記号を書け。また，[b] にあてはまることばを書け。

花子さん　「始祖鳥には，カード [a] の動物のようにつばさがあり，羽毛をもつなど，鳥類の特徴があるね。」

太郎さん　「ほかにも，つばさの中ほどには3本のつめがあり，口には歯があるなど，始祖鳥には，[b] 類の特徴もあるよ。」

先　　生　「二人ともよく気づきましたね。このような鳥類と [b] 類の両方の特徴をもつ生物の存在から，鳥類は [b] 類から進化してきたと推測されているのですよ。」

5 次のⅠ，Ⅱの各問いに答えなさい。答えを選ぶ問いについては記号で答えなさい。

Ⅰ　次郎さんと正子さんのクラスでは，１秒間に60打点を記録する記録タイマーを使ってグループごとに力学台車の運動を調べた。**図１**のように水平な面上で力学台車をおし出したところ，記録テープに等間隔で打点が記録されている区間があった。**図２**は次郎さんのグループが，打点が等間隔になり始めた点を基準点とし，基準点から６打点ごとに記録テープを切りはなして方眼紙に左から時間の経過順に並べてはりつけたものである。

図１

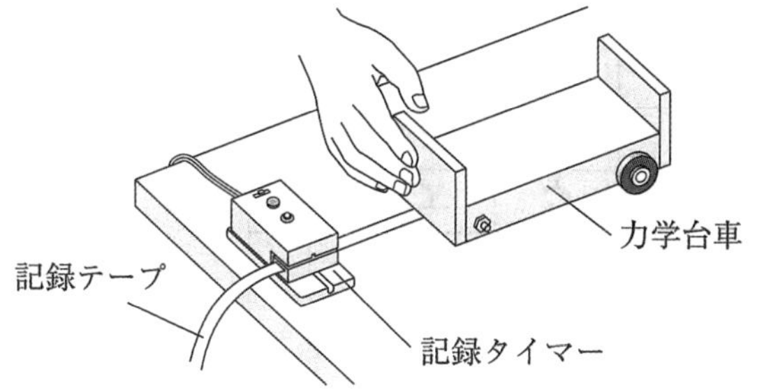

図２

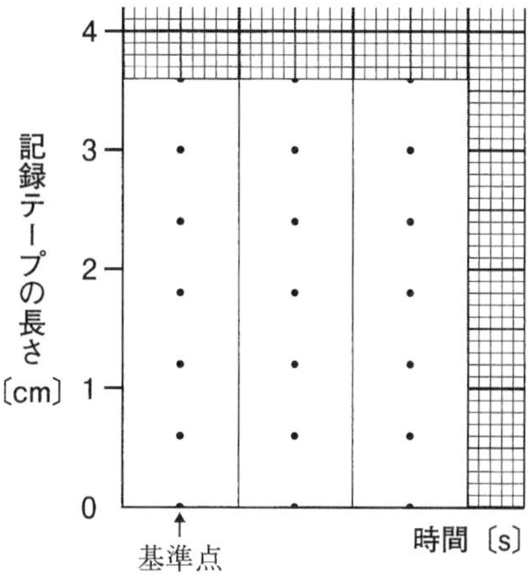

１　６打点ごとに切りはなした記録テープの長さは，力学台車が何秒間で移動した距離を表しているか。

２　等間隔で打点が記録されている区間の力学台車の運動について，(1)，(2)の問いに答えよ。ただし，基準点が記録された時刻を０秒とする。

(1)　力学台車の①速さと時間，②移動距離と時間の関係を表すグラフは，それぞれどれか。ただし，力学台車の速さまたは移動距離を縦軸に，時間を横軸に表す。

ア

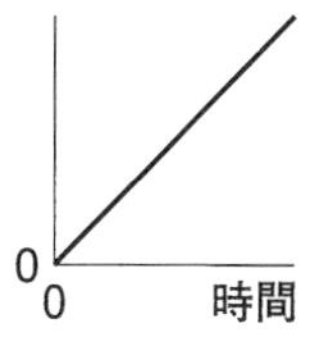

イ

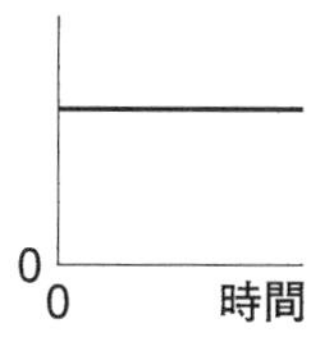

ウ

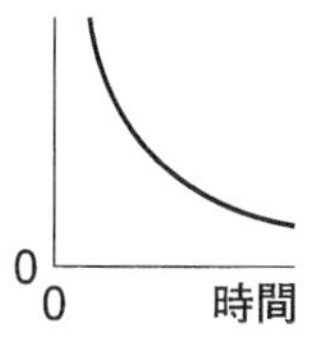

エ

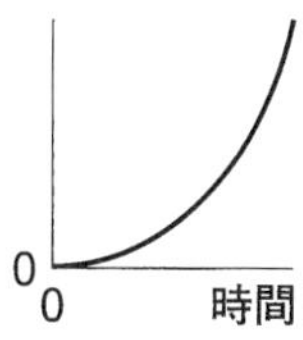

(2)　等間隔で打点が記録されている区間の力学台車の運動を何というか。

３　正子さんのグループは，等間隔で打点が記録されている記録テープを，**図３**のように基準点から５打点ごとに切りはなして方眼紙に左から時間の経過順に並べてはりつけた。

５打点ごとに切りはなした記録テープの長さはいずれも 2.5 cm であった。この区間の力学台車の平均の速さはどれか。

ア　15 cm/s　　**イ**　20 cm/s
ウ　25 cm/s　　**エ**　30 cm/s

図３

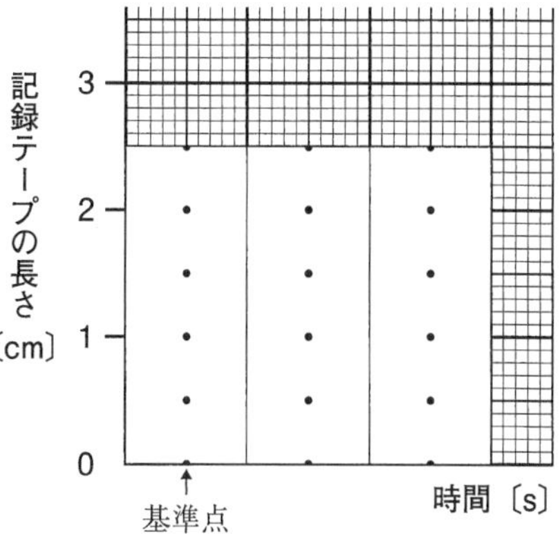

Ⅱ　凸レンズには，光を屈折させて集めるはたらきがある。

1　凸レンズを通して物体を見るとき，物体が凸レンズと焦点の間にあると，像が物体と同じ向きに大きく見える。このような像を何というか。

2　**図1**は，物体が凸レンズの焦点より外側にあるときのようすを模式的に表したものである。**ア**～**エ**の中で，スクリーンを置いたときはっきりとした物体の像がうつる位置はどれか。ただし，光は凸レンズの中心線上で屈折するものとする。

図1

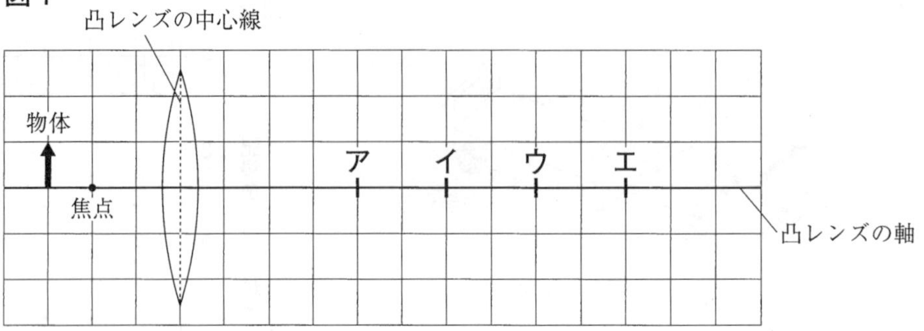

3　電球，厚紙，凸レンズ，方眼紙をはったスクリーン，光学台を用いて**図2**のような装置を組み立てた。この厚紙は**図3**のように「**L**」の形が切り抜かれ，電球側から見て「**L**」の向きになるようにとりつけられている。「**L**」の形が切り抜かれた部分の最も長い縦の辺の両端をそれぞれ**A**，**B**とすると，**AB**間の長さは4.0 cmである。また，**図3**の「●」は凸レンズの軸と厚紙の交点を示している。

この装置で凸レンズから厚紙までの距離を変え，はっきりとした像がうつるようにスクリーンを動かし，スクリーンにうつった像の**AB**間の長さを調べた。**表**はその結果である。

図2

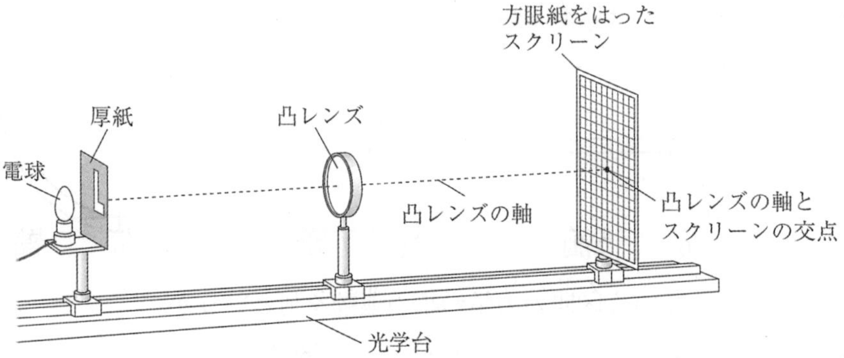

図3

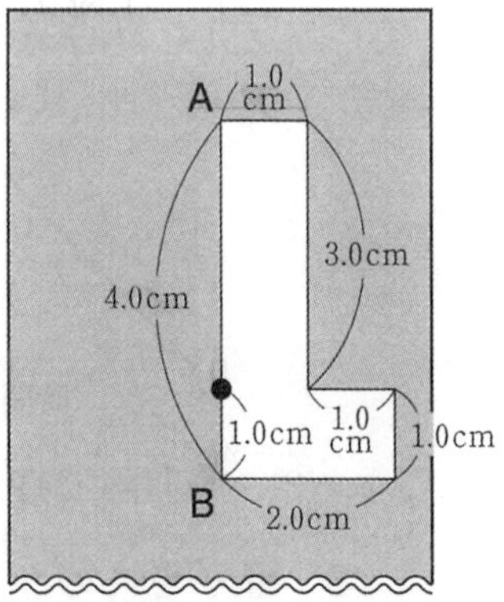

※　「●」は凸レンズの軸と厚紙の交点を示している。

表

凸レンズから厚紙までの距離〔cm〕	15	20	25	30	35
凸レンズからスクリーンまでの距離〔cm〕	30	20	17	15	14
スクリーンにうつった像のAB間の長さ〔cm〕	8.0	4.0	2.7	2.0	1.6

(1)　この凸レンズの焦点距離は何cmか。

(2)　凸レンズからスクリーンまでの距離が，凸レンズから厚紙までの距離の2倍のとき，凸レンズ側から観察するとスクリーンにうつった像はどのように見えるか。**表**の結果をもとに，見える像のようすを解答欄の方眼に  を用いてかけ。ただし，方眼の1目盛りを1.0 cmとする。また，方眼の中心にある「●」は凸レンズの軸とスクリーンの交点を示している。

5

鹿児島県では、二年後に国民体育大会・全国障害者スポーツ大会が開催され、県内各地で多くの競技が実施される。**資料1**は、二〇一五年に本県で開催された第30回国民文化祭への来場者を対象に行ったアンケート結果の一部である。この結果をもとに、国民体育大会・全国障害者スポーツ大会で来県される方々《かたがた》に本県を再訪したいと思ってもらえるように、どのような取り組みをしたいか、あなたの考えを書け。ただし、あとの(1)～(4)の条件に従って書くこと。

資料1

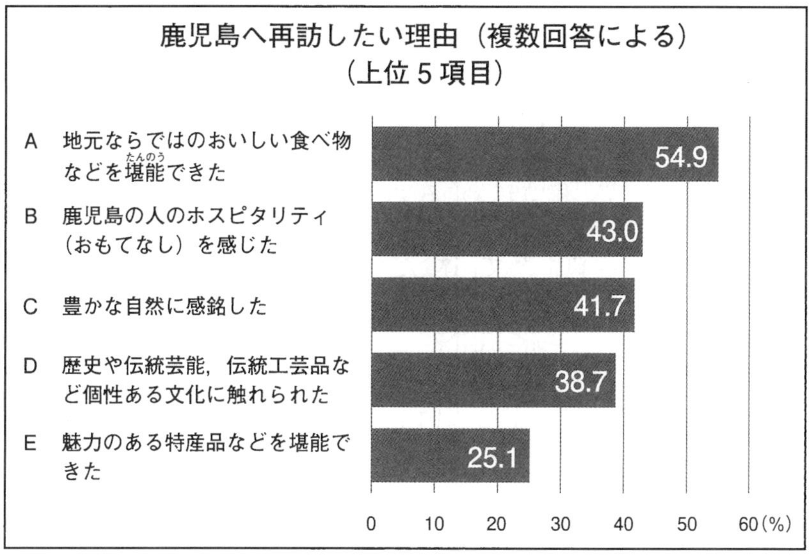

（第30回国民文化祭鹿児島県実行委員会「第30回国民文化祭・かごしま2015公式記録」をもとに作成）

資料2

主な農産物・農産加工品

黒砂糖	桜島だいこん	さつまいも
茶	黒酢	タンカン
ボンタン		など

主な水産物・水産加工品

鰹節《かつおぶし》	きびなご	うなぎ
さつまあげ	ブリ	カンパチ
		など

主な畜産物・畜産加工品

鹿児島黒牛	かごしま黒豚	さつま地鶏《じどり》
		など

主な菓子類・その他

あくまき	かるかん	ふくれ菓子
両棒餅《じゃんぼもち》	酒ずし	など

主な工芸品

本場大島紬《つむぎ》	薩摩切子《さつまきりこ》	薩摩焼
竹製品	甲冑《かっちゅう》	種子鋏《たねばさみ》
屋久杉製品		など

資料3

主な伝統行事・民俗芸能

十五夜行事
妙円寺詣《みょうえんじまい》り
流鏑馬《やぶさめ》
市来の七夕踊り
川内大綱引
東郷文弥節《ぶんやぶし》人形浄瑠璃
くも合戦
太鼓踊り
面踊り
秋名のアラセツ行事
諸鈍《しょどん》シバヤ　など

資料4

主な観光地や自然

桜島	錦江湾	開聞岳《かいもんだけ》
池田湖	霧島	吹上砂丘
曽木《そぎ》の滝	佐多岬	志布志湾
屋久島	奄美群島	各地の温泉
		など

（**資料2～4**は，鹿児島県ホームページをもとに作成）

条件

(1) 取り組みを考える際にあなたが重視したいことを、**資料1**のA～Eの再訪したい理由から一つ選び、解答用紙に記号を記入すること。

(2) **条件**(1)で選択したことをもとに、**資料2～4**を用い、具体的に書くこと。複数の資料を用いてもよい。

(3) 六行以上八行以下で書くこと。

(4) 原稿用紙の正しい使い方に従って、文字、仮名遣いも正確に書くこと。

「……何を」

「正太郎に、どういうふうに接していいかわからないって」

「………」

「自分が無理矢理水泳をやらせて、つらい思いをさせたんじゃないかって。だから、正太郎がやることに関して、口を出すのはやめようって、正太郎が水泳やめたときに決めたんだって。でも、そんなの、口に出してくれないとわからないよね。お父さん、そういうの、へたくそなんだよ。だからいま、お母さんが代わりに言っちゃった。お父さんのこと、許してあげて。お父さんだって、お母さんと同じこと、正太郎に対して思ってるんだよ」

今日の母は、まるで友達みたいな口調で話す。

④僕は、本当は、わかっていたのだ。でも、途中であきらめた自分が情けなくて、僕のほうが、父と距離を置くようになったのだ。

いまからでも、僕たち親子は、笑って話したり、思っていることを伝え合ったりできるだろうか。流れていく窓の外の景色に目をやりながら、僕はそんなことを考えた。

「できるよ、家族なんだから」

母は、僕の心が読めるみたいだ。

（小嶋陽太郎「ぼくのとなりにきみ」による）

1　――線部①「言葉に詰まる」は僕のどのような様子を表しているか。最も適当なものを次から選び、記号で答えよ。

ア　受け答えに困っている　　**イ**　反論するのをためらっている

ウ　指摘に落ちこんでいる　　**エ**　言い訳をするのを恥じている

2　――線部②における僕の気持ちを説明したものとして、最も適当なものを次から選び、記号で答えよ。

ア　真琴に対してつまらない意地を張っていた自分が腹立たしく、家族に同情されてしまうのではないかと思うとやりきれない。

イ　真琴や母に八つ当たりをしてしまった自分が情けなく、僕の質問に一度も答えなかった母の気持ちを思うといたたまれない。

ウ　父に対する反発心を真琴へとぶつけてしまった自分が悔しく、父から軽蔑されてしまうのではないかと思うと落ち着かない。

エ　真琴の努力を踏みにじってしまった自分が恥ずかしく、気づきながらも僕を責めない母と真琴の気持ちを思うと申し訳ない。

3　次の文は、――線部③における、真琴の泳ぎを見る僕の心情を説明したものである。［Ⅰ］・［Ⅱ］に適当な言葉を補え。ただし、［Ⅰ］には本文中から四字の言葉を抜き出して書き、［Ⅱ］には十五字以内の言葉を考えて答えること。

> 途中で水泳をやめてしまったことへの後悔や、自分にはできなかった父のような見事な泳ぎをする真琴への嫉妬による［Ⅰ］を感じながらも、真琴の泳ぎをしっかりと見ることで、［Ⅱ］と思っている。

4　――線部④とあるが、僕はどのようなことを「わかっていた」のか。六十字以内で書け。

5　僕にとって母はどのような存在であるか。その説明として最も適当なものを次から選び、記号で答えよ。

ア　優しさの中にも挨拶や食事の作法など、しつけに厳しい一面があり、誤った道に進もうとする僕を正しく導いてくれる存在。

イ　家族全員に気を配り、父や真琴との関係に悩む僕を受け入れ、一歩踏み出そうとする僕に寄り添い、後押ししてくれる存在。

ウ　自分の思いははっきりと口にしないが、口調を工夫して本音を引き出す聞き上手で、家族のことを第一に考えてくれる存在。

エ　真琴や父にも気配りしているように見えるが、本当は僕を一番信頼して、何でも好きなようにすることを許してくれる存在。

4 次の文章を読んで、あとの1～5の問いに答えなさい。

> 中学一年生の僕（正太郎《しょうたろう》）は母親に頼まれ、妹である真琴《まこと》の水泳大会に同行することになった。僕が会場で時間をもてあましていると、母親から昼食に連れ出された。

「最近、いつお父さんと話した？」と母が言った。

「……おはようくらいなら、毎日言ってるけど」

「正太郎、お父さんのこと、嫌い？」

①言葉に詰まる。

そして母は、「正太郎が、真琴のこと、素直に応援できない気持ち、お母さんにはわかる」と言った。

母は今日、僕を道案内のために連れてきたわけではないのだ。

「……母さん、メダルのこと、気づいてる？」

それは、声に出して言った言葉なのか、心の中だけで言った言葉なのか、自分でもわからなかった。

母は眉尻を少し下げて、困ったような顔をした。たぶん、僕は、声に出して言ったんだ。僕はもう一度、言い直した。

「僕が真琴の部屋からメダル盗んだこと、気づいてる？」

母はその質問には答えず、「お母さんは、正太郎が、好きなことやってくれてたら、それでいいと思う」と言った。

僕はなんと言ったらいいかわからなくて、何口目かのオムライスを口に運んだ。卵はふわふわではなく薄いやつで、ケチャップの味が強くする。

母さんは、僕がメダルを真琴の部屋から持ち出したことを知っているのだ。母さんだけじゃない、真琴だって、きっと知っているのだ。あのメダルは、真琴の努力の証《あかし》だ。努力して取った大事なメダルがなくなって、気づかないはずがないだろう。

「なに泣いてるのよ」

「……ごめんなさい」

②真っ赤なケチャップに、涙が垂れる。

ごめんなさい。ごめんなさい。

僕は、同じ言葉を繰り返しながら、オムライスを食べた。

「泣きながら食べたら、作ってくれた人に失礼じゃない」と母は言った。

僕は、オムライスを、時間をかけて食べ切った。

午後、僕は母と並んで真琴の合同練習をプールサイドの端っこのほうで見学した。市民プールは、塩素のにおいがした。僕がこの世で、一番嫌いなにおい。

休憩時間になり、水泳帽を被《かぶ》った真琴は母と僕を発見して、ちゃんと見てた？　また記録更新したんだよ！　と言った。

「ごめん、二人でお昼食べてたら見逃しちゃった」

怒るかと思ったが、真琴は、バカー！　と言っただけだった。いや、これでちゃんと怒っているのか。

「またすぐに更新するでしょ。そのときはちゃんと見るから」

母の言葉に、真琴はうれしそうな顔をした。

笛が鳴って、真琴はコーチのもとへ走っていった。

初めて見る真琴の泳ぎは見事だった。しなやかで、力強くて、子どものころに見た父の泳ぎをミニサイズにしたみたい。僕にはできなかった、父みたいな泳ぎ。そう思うと、やはり胸がキリリと痛んだ。

でも僕は、③ちゃんと最後まで真琴の泳ぎを見た。

真琴は、ひとかきごとに確実に速くなっていくのだろう。

僕だって、あのとき水泳をやめていなければ、真琴みたいに、父みたいに速くなれたのだろうか。僕はいつか、真琴の泳ぎを、胸の痛みなしで、心の底から「がんばれ」と思いながら、見られるようになるだろうか。そう思いながら、僕は真琴のクロールを見ていた。

帰りの車内は静かだった。

「お父さんね、このまえ言ってたよ」母がまた唐突に言った。

3　次の文章を読んで、あとの**1**～**4**の問いに答えなさい。

（ある男が）いづかたに火（火事）ありと聞きても、①ありあふ調度なんど縄にゆひつけて、井のうちへ入れつ。水に入れがたきものは袋やうのものへうち入れて、かたはらさらずおきぬ（自分のそばに離さず置いていた。）。「火のかく遠きをいかでさはしたまふ（どうしてそのようになさるのか。）。」といへば、「焼けゆかば遠きも近くなりぬべし。」といふ。「風よければこなたへはきたらじ。」といへば、「風かはりなばさはあらじ（もし風向きが変わったらそんなことはないだろう。）。」といふ。人みな笑ひぬ。

ある日いと遠方のなりしが、風とみに吹きいでて、またたくうちに焼けひろごり、かの男のあたりも焼けうせぬ。火しづまりて、近きあたりのものら、「もの食はんとしてもうつはものなし。」となげけば、かの男したりがほにて、「かして②まゐらせん。」とて、かの縄を引きたぐれば、はさみよ、くしよなどいふもの引きあげつ。また袋のうちより、うつはものなど出《い》だしつつ、「つねづね人に笑はれずば、③いかでかかるときほまれしつべき。」といひしを、「げにも。」といひし人もありしとぞ。

（「花月草紙」による）

1　――線部②「まゐらせん」を現代仮名遣いに直して書け。

2　――線部①「ありあふ調度なんど」とは何を指すか。本文中から句読点を含めて十四字で抜き出して書け。

3　――線部③「いかでかかるときほまれしつべき」における男の気持ちを説明したものとして最も適当なものを次から選び、記号で答えよ。

ア　困っている人々を助けることができて誇らしい気持ち。
イ　自分を笑った人々を助けることになって悔しい気持ち。
ウ　今回もまた助けてもらうことになって情けない気持ち。
エ　笑われていたのに今回助けてもらってうれしい気持ち。

4　次は、本文について話し合っている先生と生徒の会話である。[Ⅰ]～[Ⅲ]に適当な言葉を補って会話を完成させよ。ただし、[Ⅰ]にはふさわしい内容を考えて二十字以内の現代語で書き、[Ⅱ]には本文中から五字の言葉を抜き出して書き、[Ⅲ]にはあとの語群から最も適当なものを選び、記号で答えること。

先　生　「人々はなぜ男を笑ったのですか。」
生徒A　「はい。男が、遠くの火事でも延焼してくるかもしれないと考えて、身の回りの道具に被害が及ばないようにしていたことを[Ⅰ]と思ったからだと思います。」
先　生　「そうですね。しかし、実際に、ある日、火事が男たちの住んでいた所まで延焼してきて、食事をしようにも器がないことを人々は嘆いていましたが、その時の男の様子はどうでしたか。」
生徒A　「はい。器を貸そうとした時の『[Ⅱ]』という表情から、非常に得意な様子だったのではないかと思います。」
生徒B　「私は、この男の用心深さから、[Ⅲ]ということわざを思い出しました。」

〔Ⅲの語群〕**ア**　能ある鷹《たか》は爪を隠す　**イ**　情けは人のためならず
ウ　備えあれば憂いなし　**エ**　災いを転じて福となす

2 本文中の a にあてはまる語として、最も適当なものを次から選び、記号で答えよ。

ア だから　イ しかも　ウ つまり　エ しかし

3 次の文は、――線部のように筆者が考える理由について説明したものである。 Ⅰ ・ Ⅱ に適当な言葉を補え。ただし、 Ⅰ には本文中から句読点を含めて十三字で抜き出して書き、 Ⅱ には三十字以内の言葉を考えて答えること。

> ＡＩは、多くの情報を Ⅰ ことが可能だが、人間が生きていくことを前提とした課題である場合でも、 Ⅱ ことに何の迷いももたないのではないかと思われるから。

4 筆者は、本文において「人間の値打ち」とは何だと考えているか。六十五字以内で書け。

5 この文章について説明したものとして、最も適当なものを次から選び、記号で答えよ。

ア 「いいのだ」、「あるわけだ」と断定的な文末表現にすることで、読み手が筆者の考えに共感できるように工夫している。

イ 「人間クサイ」や「イキモノ」などカタカナで表記することで、人工知能に対する筆者の肯定的な立場を強調している。

ウ 「東大ロボ」や「ルーシー」など複数の具体例を挙げることで、筆者の考えが説得力をもって伝わるよう工夫している。

エ 「今」、「だが今」を最初と最後の段落の冒頭に用いることで、筆者の立場が一貫したものであることを強調している。

進むほど、これからの世のなかは、効率が重視されるようになっていくだろう。だが、「意味を理解できない」AIが導き出す「最適」な答えが、人間が求めるものと同じとは限らない。

極端な話、「地球環境を守るためにはどうすればいいか」という課題を与えられたら、AIは「人間がいなくなること」とためらいなく答えるのではないだろうか。人間こそが、環境に負荷を与える最大の原因なのだから、AIは「そんな人間に価値はない」と判断すると思う。

いいことも悪いこともする、どうしようもない失敗もしてしまう、それが人間という厄介なイキモノだ。AIよりずっと効率が悪い。

それでも、覚えた「正解」以外の「別解」をいくつも見つけ出せるのは人間の強みである。人間が生きていくなかでは、合理的に解決できないことがいくらでもある。そんなとき、自由な発想でどうハードルを飛び越えるか、そこに人間の値打ちが出てくるのではないだろうか。

一見、成功した人ほど値打ちが上がるように思えるが、失敗を繰り返すプロセスがなければ成功は生まれない。ということは、失敗が多いことが値打ちにつながることもあるわけだ。

人間は大昔から失敗をするイキモノだった。約三百十八万年前にエチオピアにいたアウストラロピテクスの「ルーシー」に逢《あ》いにいってきた。エチオピア国立博物館だ。猿人なのに木から落ちていた可能性があるという。ルーシーの化石をCT(注)で調べると、右上腕骨が骨折しており、「落下して地面にぶつかったときに、衝撃を弱めようと腕を出して起こる圧迫骨折」の跡ではないかと推測されている。

そうであれば、人間の値打ちは失敗から始まっている、ということになる。木から落ちる失敗こそ、ホモ・サピエンスを生み出す幕開けだったのだ。

「ルーシー」が木から落ちてしまったのは、直立二足歩行をするようになったアウストラロピテクスが地上で生活することが増え、旧猿人の時代よりも木登りの能力が退化したからではないか。サルであれば手のように器用な能力があった足を、人類の祖先はあえて退化させ、その代わりに直立二足歩行をすることで両手の機能を高めた。「木から落ちる」という失敗で別の道を見出《みいだ》していったのだ。

原始時代、空いた両手を使って、人類の祖先は道具を使い出し、狩りをし、火を用いるなど肉を効率的に食べる方法を編み出して、脳を発達させていった。手を使って食べ物を運び、貯《たくわ》えた。

やがて彼らは大いなる好奇心を持ってアフリカを出て、世界中に広がるグレートジャーニーの旅を始める。そして家族をつくり、コミュニティで助け合いながら、進化を続けてきた。

だが今、人間は進化の旅の途上で途方に暮れているように見える。人間の価値が見えにくい時代だからこそ、人間クササの復興が大事。AIに「いらない」と言われてしまうような人間のどこに価値があるのか、人間の値打ちを見つめ直しながら、考えていきたいと思う。

（鎌田實「人間の値打ち」による）

(注) CT＝放射線などを用いて、物体の断層画像を撮影する方法。

1 ＝＝線部**ア**～**エ**の中から、品詞が他と異なるものを一つ選び、記号で答えよ。

平成三十年度　鹿児島県公立高校入試問題　国　語

（解答…207P）

1 次の1・2の問いに答えなさい。

1　次の――線部のカタカナは漢字に直し、漢字は仮名に直して書け。

(1) 努力する人をソンケイする。　(2) 団子をおソナえする。
(3) 卒業記念にショクジュをする。　(4) 工夫を凝らす。
(5) 試合に臨む。　(6) 依頼を快諾する。

2　次の行書で書かれた漢字を楷書で書いたときの総画数を答えよ。

2 次の文章を読んで、あとの1～5の問いに答えなさい。

今、時代は大きく変わろうとしている。急速なスピードで進化するAI（人工知能）の存在は、「人間を超えていくのではないか」という一種のおそれを芽生えさせている。少し前まで「人間には勝てない」と言われていた将棋や囲碁でも、あっと言う間にトップ棋士がAIにかなわなくなった。

そんな時代にこそ、人間の値打ちが問われてくる。今以上におもしろい人間が出てくるような気がする。早過ぎることはない。今からAIにはできないような生き方を始めればいいのだ。優れたAIがつくられればつくられるほど、やさしく、想定外にあったかく、強く、破壊力のある人間クサイ人間になってやる、と自分に言い聞かせている。

今後十～二十年で、事務員や秘書といったオフィスワーカーや、小売店販売員や飲食店接客係、スーパーのレジ打ち係、ビルの管理人、タクシーやトラックの運転手などの職業は、AIも含めた機械に取って代わられていくと言われている。実際、人型ロボットの接客が少しずつ導入され始めている。「人間より気をつかわなくてすむのがいい」と言うお客さんもいるようだ。

教育という「人間を育てる」場所にも、インターネットがどんどん進出してきている。アメリカの大学では、ネットを使った遠隔授業ができる大学が人気を集めつつある。キャンパスに通わなくても、世界のどこにいても、パソコンを開けばすぐに一流の授業を受けることができ、費用も従来の大学より安いとあって、学生からは好評のようだ。

効率はいいが、こうなると、教育ってなんだろう、と思ってしまう。そのうち、教室にいるのはロボット先生だけ、子どもたちはパソコンやタブレットで勉強する、ということになるかもしれない。そのとき、人間の先生は「いらない」と言われてしまうのだろうか。

興味深いことに、今のところAIは東大に入れないことがわかったのだという。国立情報学研究所が二〇一一年にスタートした「ロボットは東大に入れるか」プロジェクトは、東大に合格できるAIの開発を二〇二一年春を目標に進めてきた。東大ロボの強みは、驚異的な計算力や暗記力。[a]、難しいのは「意味を理解する」ことだ、とプロジェクトのリーダーである新井紀子教授は言う。問題文の意味を理解できないと解けないタイプの問題については、現在の技術ではブレイクスルー（突破）できない、それがプロジェクト凍結という結論につながった。

AIは、大量の情報を効率的に処理し、最適化する。技術が進めば

平成30年度　鹿児島県公立高校入試問題　英　語　（解答…211Ｐ）

1 **聞き取りテスト**　英語は２回ずつ放送します。メモをとってもかまいません。

1　これから，John と Megumi との対話を放送します。Megumi が次の日曜日に予定していることを表した絵として最も適当なものを下の**ア**～**エ**の中から一つ選び，その記号を書きなさい。

2　これから，Yuta と Cathy との対話を放送します。二人が対話をしている場面として最も適当なものを下の**ア**～**エ**の中から一つ選び，その記号を書きなさい。

ア　Yuta が Cathy に折り紙を紹介している場面。
イ　Yuta と Cathy が折り紙を展示している場面。
ウ　Cathy が Yuta に折り紙を見せている場面。
エ　Cathy と Yuta が折り紙を折っている場面。

3　これから，Takuya と留学生の Judy との対話を放送します。下の英文は，その対話をした日の夜，Judy が Takuya に送ったメール文の一部です。対話を聞いて，①，②にそれぞれ英語１語を書きなさい。

> Hi, Takuya.
> Thank you for（　①　）me to the party.
> I can't wait for the party on（　②　）28.

4　これから，Ayumi が英語の授業で行ったスピーチを放送します。スピーチの後に，その内容について英語で二つの質問をします。その質問に対する答えとして最も適当なものを下の**ア**～**エ**の中からそれぞれ一つ選び，その記号を書きなさい。

(1)　**ア**　She felt happy.　　**イ**　She felt worried.
　　ウ　She felt excited.　　**エ**　She felt sleepy.

(2)　**ア**　She writes a letter to a person.
　　イ　She sings songs with a person.
　　ウ　She gives a person a nice present.
　　エ　She talks to a person with a smile.

5　これから，Tom と Saori との対話を放送します。その中で，Tom が Saori に質問をしています。Saori に代わってあなたの答えを英文で書きなさい。書く時間は１分間です。

2　次の**１**～**４**の問いに答えなさい。

1　次は，Ken と ALT の Smith 先生との対話である。下の①，②の英文が入る最も適当な場所を対話文中の〈　**ア**　〉～〈　**エ**　〉の中からそれぞれ一つ選び，その記号を書け。

> ①　I hope she will like it.　　②　Have you decided what to buy？

Ken : I'm going to stay with* a family in Canada for a month. 〈 **ア** 〉 I want to buy something for my host mother*.
Mr. Smith : Oh, that's nice. 〈 **イ** 〉
Ken : No. Do you have any ideas？
Mr. Smith : Let's see. 〈 **ウ** 〉 How about a fan*？
Ken : A fan？ What is that？
Mr. Smith : You call it "*sensu*" in Japanese, right？
Ken : Oh, I see. *Sensu*！ That's a good idea. 〈 **エ** 〉
Mr. Smith : I think she will.

注　stay with ～　～の家に泊まる　　host mother　ホストマザー　　fan　扇子《せんす》

2 次は，夏祭りのボランティアを募集するチラシ（flyer）の一部と，それを見ている Nozomi と留学生の Ann との対話である。二人の対話がチラシの内容と合うように，（ ① ），（ ② ），（ ④ ）にはそれぞれ英語１語を，［ ③ ］には４語以上の英語を書け。

○○町では夏祭りのボランティアを募集しています！

日　　　時：2017年８月６日（日）　13時～17時
活 動 場 所：○○町わかば公園（12時45分までに来てください。）
活 動 内 容：公園の清掃，テント張り，飲食コーナーの設営
参 加 資 格：中学生以上の方
持参するもの：帽子，タオル（飲み物は準備いたします。）
備　　　考：昼食は済ませて来てください。

Ann : What is in your hand, Nozomi ?
Nozomi : A flyer.　Our town is （ ① ） for volunteers who can help with* the summer festival on August 6.
Ann : Really ?　I'm interested in volunteer work.
Nozomi : Oh, are you ?　Let's go together.
Ann : Sounds good.　What will we do ?
Nozomi : We will clean Wakaba Park and put up* tents.　Also, we are going to set up* a place which will be used for eating and （ ② ）.　The volunteer work will start at one o'clock in the afternoon, so we should get to the park by 12 : 45.　You know where it is, right ?
Ann : Yes.　［ ③ ］?
Nozomi : Yes.　A cap and a towel*.　Oh, I have one more thing to tell you.　Finish your lunch （ ④ ） you go to the park.
Ann : OK.　I hope I can be a big help.

注　help with ～　～の手伝いをする　　put up ～　～を張る　　set up ～　～の設営をする
　　towel　タオル

3 右の絵において，①，②の順で対話が成り立つように，①の吹き出しの［　　　］に４語以上の英語を書け。

② Of course, you can.
Wait a minute.
① Mom, I have something to check on the Internet.
______ for 10 minutes?

4 下の絵は，英語の授業中のある場面を表している。場面に合うように，次の［　　　］に３文以上のまとまりのある英文を書け。ただし，同じ表現を繰り返さないこと。

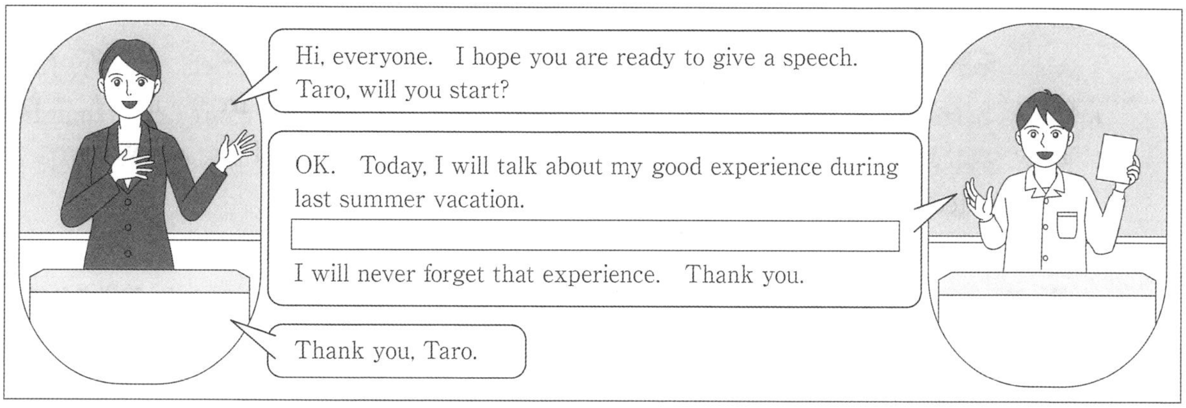
Hi, everyone.　I hope you are ready to give a speech.
Taro, will you start?
OK.　Today, I will talk about my good experience during last summer vacation.
I will never forget that experience.　Thank you.
Thank you, Taro.

3 次のⅠ～Ⅲの問いに答えなさい。

Ⅰ 次は，ALT の Eric 先生と Kaori との対話である。対話文中の [①] ～ [③] に入る最も適当なものを下のア～エの中からそれぞれ一つ選び，その記号を書け。

Eric : What do you usually do in your free time ?

Kaori : I usually read books. I like reading very much.

Eric : What kind of books do you like ?

Kaori : All kinds of books. When I was a child, a traveling library* visited my town. [①] They were all interesting.

Eric : What is a traveling library ?

Kaori : It's a vehicle* which carries many books. It visits towns and cities, so people can borrow them.

Eric : That sounds cool ! [②]

Kaori : No. It stopped visiting my town in 2005. [③]

Eric : What is it ?

Kaori : A new traveling library will go around this city next April, and it will visit my town, too !

Eric : Wow ! That's great. You can borrow books again !

Kaori : That's right. And there is something special about it. It will also serve* something to drink. I can't wait !

注 traveling library 移動図書館　vehicle 乗り物　serve ～ ～を出す

ア But I heard something good.

イ I borrowed many books from it.

ウ Does it still visit your town ?

エ Does it carry anything to drink ?

Ⅱ 次は，高校生の Atsuko が書いたスピーチ原稿である。これを読み，あとの問いに答えよ。

Do you like green tea ? I love to drink it. I read about green tea on the Internet. Today, I would like to share some things I learned.

First, Kagoshima is the second largest producer* of green tea in Japan. Green tea is made in many areas* of Kagoshima. A lot of people enjoy drinking tea made in Kagoshima.

Also, green tea is exported* to foreign countries, especially to America. Today, Japanese food has become popular in America, so more green tea is exported from Japan than before*.

Last, green tea is [　　　]. For example, it makes our blood pressure* lower, and it keeps our teeth clean. It also makes us relaxed*.

I got very interested in green tea, so I want to learn more about it.

注 the second largest producer 第2位の生産地　area(s) 地域　be exported 輸出されている
than before 以前より　blood pressure 血圧　relaxed くつろいだ

1　本文の内容に合っているものを下のア～エの中から一つ選び，その記号を書け。

ア　Atsuko learned about green tea by reading books.

イ　It is very difficult to make green tea in Kagoshima.

ウ　More Japanese green tea is sold to America now.

エ　Atsuko began to drink green tea because she got sick.

2　本文の内容に合うように，［　　　　］に適切な英語を補って英文を完成せよ。ただし，英語は3語以上で書くこと。

Ⅲ　中学生の Takeshi が書いた次の英文を読み，あとの問いに答えよ。

Last year, we had a school festival. Our class decided to make a big mosaic* and started to make it after school two months before the festival. At first, I didn't want to do it because I didn't like working with other people. Some of my classmates and I went home without working together with the other students. The atmosphere* of our class was not good.

One day, our teacher said to us, "Some of you are not working hard for the festival. Of course, I want you to make a wonderful mosaic, but it is more important to work together." I felt sorry* to hear that. The teacher continued, "If you do this, you will get something wonderful."

From the next day, I changed my attitude*, and all my classmates began to help each other. We talked about how to make the work* better and kept working hard for many days. Finally, we finished making the mosaic.

The day before the festival, we put the work on the wall of the school building*. When we saw it, we shouted for joy*. I was happy, and my classmates had big smiles on their faces. One of my classmates said, "We feel happy now because we worked together for the same goal." At that time, I understood what our teacher wanted to tell us.

注　mosaic　モザイクアート　　atmosphere　雰囲気　　felt sorry　申し訳なく思った
　　attitude　態度　　work　作品　　school building　校舎　　shouted for joy　歓声をあげた

1　次の(1)，(2)の質問に対する答えを英文で書け。

(1)　At first, Takeshi didn't want to make the mosaic. Why ?

(2)　What changed Takeshi's attitude ?

2　下線部の内容を30字程度の日本語で書け。

4 次の英文を読み，1～7の問いに答えなさい。（[1]～[9] は段落番号を表している。）

[1] Lisa was a first-year junior high school student. When she was three, she began ballet* and enjoyed practicing. Before she entered junior high school, she joined many competitions* and always got prizes. She often said to her parents, "I want to be a professional* ballet dancer."

[2] After Lisa entered junior high school, lessons became harder, so she sometimes skipped* them. One day, the ballet teacher said, "Lisa, do your best! The competition is coming soon." "I know," said Lisa and thought, "I have always got prizes at competitions. I don't need to practice so hard. I can do it again."

[3] The competition came. Lisa didn't get a prize. She thought, "Why? I can't believe it." From the next day, she practiced for the next competition. She just thought, "［ ① ］ I can get a prize." At the next competition, Lisa didn't get a prize again. She was shocked*. When she was going home, she thought, "I will give up* my dream. I can't become a professional ballet dancer..." She felt sad.

[4] After that day, Lisa didn't practice ballet for a week. Her mother said, "Lisa, your teacher called me. She is worried about you. Why don't you go to your lessons? Your dream is to be a professional ballet dancer, right?" Lisa said, "It is too difficult for me to become a professional ballet dancer. I have no talent for* ballet." Her mother was sad.

[5] Before Lisa went to bed that night, she thought, "Should I give up my dream, or should I go to my lessons?" She didn't practice for one month. She always thought about the same question for a long time, but ②she could not decide.

[6] One day, Lisa's uncle visited her family. His name was Ben. He said, "I haven't seen you for a long time, Lisa!" "Nice to see you, again," said Lisa. Ben said, "I remember you got many ballet prizes. Are you still practicing ballet?" Without answering the question, Lisa asked, "What do you do now?" "I work at a hospital. I became a doctor to help many people. It was my dream," said Ben. Lisa said, "Wow, you did it! ［ ③ ］?" Ben said, "Of course, it was! I worked very hard. I had to pass* a test to become a doctor. I failed* the test many times. I often thought about giving up my dream, but I tried again and again. Finally I passed the test." Lisa said, "You are great. You didn't give up..." Ben said, "If we give up our dreams easily, we will regret* it later. If you have a dream, try your best." Lisa thought, "Did I do my best for my dream?" Something changed in her mind.

[7] That night, Lisa said to her mother, "Mom, I was wrong. I should work hard for my dream. I talked with Ben and learned an important thing. Tomorrow, I will go to my lesson." Her mother was (④) to hear that.

[8] The next day, Lisa went to her teacher and said, "I'm sorry. May I practice ballet here again?" "Of course!" said the teacher with a big smile. Lisa started practicing again. It was very hard but she never stopped. She practiced hard and did her best every day.

[9] Five years later, an invitation* to a famous professional ballet group's performance* was sent to Ben. The names of the performers* were written on it. Lisa's name was among them.

注 ballet バレエ　competition(s) コンクール　professional プロの
skipped～ ～を怠けて休んだ　shocked ショックを受けた　give up～ ～をあきらめる
have no talent for～ ～の才能がない　pass～ ～に合格する　failed～ ～（試験等）に落ちた
regret～ ～を後悔する　invitation 招待状　performance 公演　performer(s) 演技者

1　次のア～ウの絵は，本文のどの段落の場面を表しているか。それぞれ［１］～［９］の段落番号で答えよ。ただし，絵は話の展開どおりに並んでいるとは限らない。

2　[　①　] に入る最も適当なものを下のア～エの中から一つ選び，その記号を書け。

ア　I am a good ballet dancer.　　イ　I know a good ballet dancer.

ウ　I understand my mother's words.　　エ　I have never skipped a lesson.

3　下線部②とは具体的にどのようなことか，35字程度の日本語で書け。

4　[　③　] に，本文の内容に合うように５語以上の英語を書け。

5　（　④　）に入る最も適当なものを下のア～エの中から一つ選び，その記号を書け。

ア　angry　　イ　tired　　ウ　happy　　エ　sleepy

6　本文の内容に合っているものを下のア～オの中から二つ選び，その記号を書け。

ア　After Lisa entered junior high school, she began ballet and got a lot of prizes.

イ　Lisa's teacher didn't talk to her because Lisa sometimes skipped ballet lessons.

ウ　When Lisa's uncle visited her family, he talked to her about his experience.

エ　Lisa's teacher was glad to know that Lisa would start practicing ballet again.

オ　Ben wanted to see the ballet performance, so he was excited to get the invitation.

7　次は，公演を見た後の Ben と Lisa との対話である。Lisa に代わって [　　　　] に15語以上の英文を書け。英文は２文以上になってもかまわない。

Ben :　Hi, Lisa!　You became a professional ballet dancer.　You were so great.

Lisa :　Thank you.　When you visited me five years ago, I was thinking about giving up my dream, but you changed my mind.

Ben :　What do you mean?

Lisa :　[　　　　　　　　　　　　　　　　　　　　] So, I could become a professional dancer.　I want to be a famous dancer in the future.

Ben :　You can do it.

平成30年度　鹿児島県公立高校入試問題　社　会

（解答…215P）

1　次のⅠ～Ⅲの問いに答えなさい。答えを選ぶ問いについては一つ選び，その記号を書きなさい。

Ⅰ　次の略地図を見て，1～6の問いに答えよ。

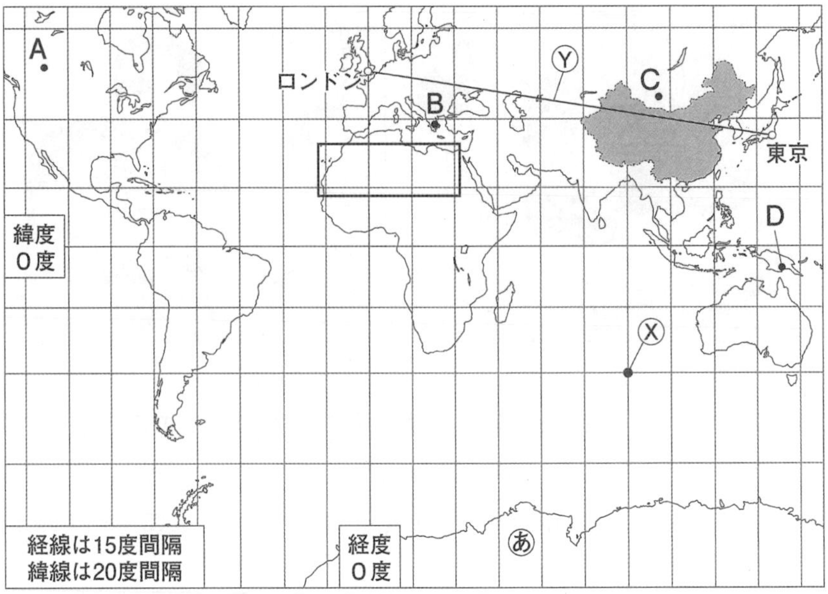

1　略地図中の(あ)の大陸名を書け。

2　略地図中のⓍが示す緯度と経度の組み合わせとして正しいものはどれか。

ア（南緯30度，東経90度）

イ（南緯30度，東経120度）

ウ（南緯40度，東経90度）

エ（南緯40度，東経120度）

3　略地図中のⓎについて述べた次の文の□に適することばを補い，これを完成させよ。

> この略地図では，すべての経緯線が□ようにつくられており，Ⓨはロンドンと東京との最短距離を示すものではない。

4　次のア～エは，略地図中のA～Dのいずれかの地点で特徴的にみられる住居の写真である。B地点でみられるものはどれか。

ア

イ

ウ

エ

5　右の**資料**は，略地図中の□で囲まれた部分を拡大したものである。この資料の国境線には，かつてヨーロッパの国々が，民族分布とは関係なく領土を分割していた特徴がみられる。その特徴とはどのようなことかを書け。

資料

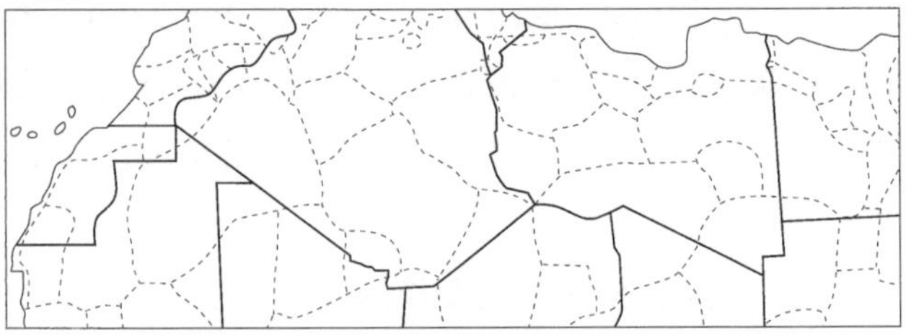

――― は国境線を示す。（国境線の一部に未確定部分がある。）
------- は民族分布のおよその範囲を示す。
（世界民族言語地図などから作成）

6　下の**図**，**表**は，略地図中の［網かけ］で示された国の人口に関するものである。**図**，**表**からわかるこの国の人口の変化を書け。ただし，この国でとられていた人口政策の名称を明らかにして書くこと。

図　人口の推移と将来予測

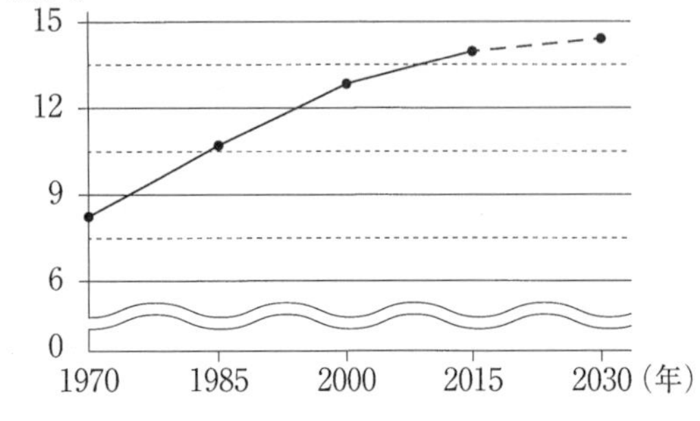

表　年齢別人口の割合（%）の推移と将来予測

	1970年	1985年	2000年	2015年	2030年
0～14歳	40.4	30.7	24.6	17.7	15.4
15～64歳	55.9	64.0	68.5	72.6	67.6
65歳以上	3.8	5.3	6.9	9.7	17.1

※内訳の合計が100%にならないところがある。

（図，表とも国連資料から作成）

Ⅱ　次の略地図A～D（縮尺は異なる）について，1～6の問いに答えよ。

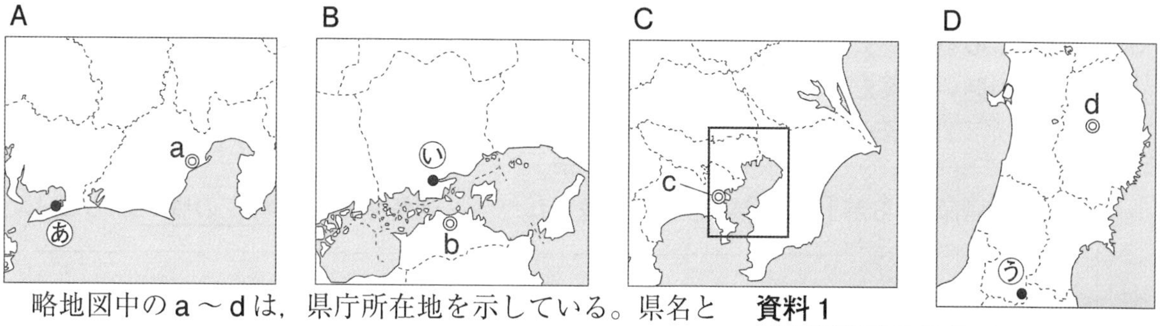

1　略地図中のa～dは，県庁所在地を示している。県名と県庁所在地名が同じものは，a～dのうちどれか。

2　次のア～エは，略地図A～Dにみられる県の特色について述べた文である。略地図Aにみられる県の特色として最も適当なものは，ア～エのうちどれか。

ア　年降水量が少ないため多くのため池がつくられている。
イ　米などの豊作を祈る竿燈《かんとう》まつりが行われている。
ウ　日本で有数の貿易港である成田国際空港がある。
エ　都道府県別の自動車の生産額において一位となっている。

資料1

3　**資料1**は，略地図A中のあの都市で行われている菊の電照栽培のようすである。**資料1**のような施設を利用して，花などを生産する農業を何というか。

4　**資料2**は，略地図B中のいの都市から3時間以内に自動車で到達できる四国側の範囲の変化を示している。このように変化した理由について述べた次の文の［　　　　］に適することばを補い，これを完成させよ。

資料2

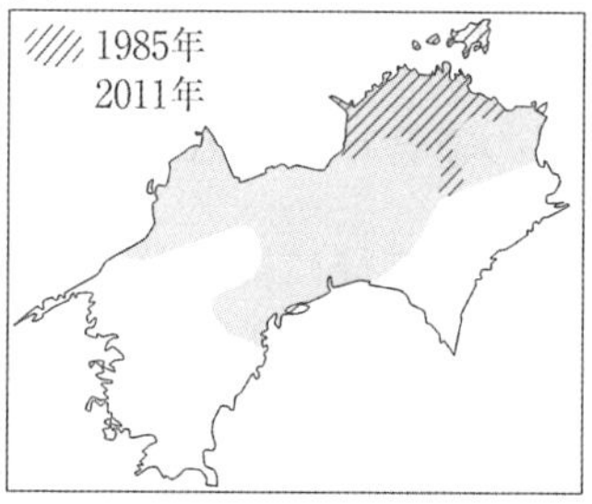

資料3

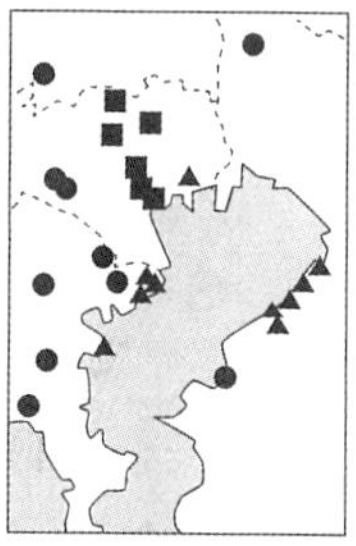

> 四国側の高速道路などの道路が整備され，1988年には［　　　　］したから。

5　**資料3**は，略地図C中の［　　］で囲まれた地域の工場の分布を示しており，●，■，▲は出版・印刷，石油化学，電気機械の工場のいずれかである。石油化学の工場は●，■，▲のうちどれか。

6　**資料4**は，略地図D中のうの地点にあるスキー場付近の地形図であり，ア，イは上級者コース，初心者コースのいずれかである。傾斜の急な上級者コースはア，イのどちらか。また，そのように判断した理由を説明せよ。ただし，**等高線**ということばを使うこと。

資料4

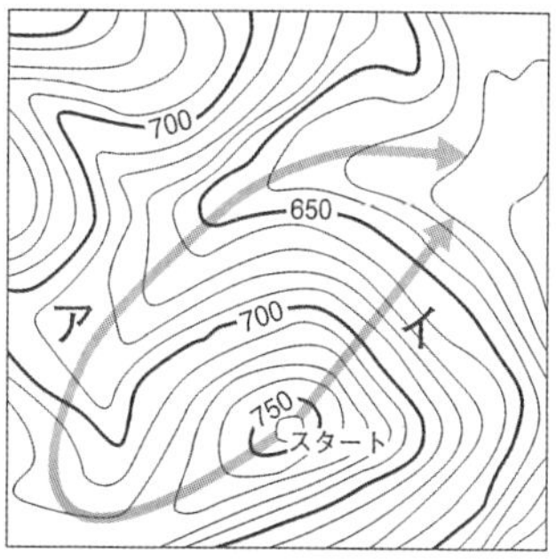

Ⅲ　**資料1**は，**資料2**のあの海流を利用した発電の実験のようすを模式的に表したものである。この発電の利点について，あの海流名を**漢字2字**で明らかにして書け。ただし，**再生可能**，**持続可能**ということばを使うこと。

資料1

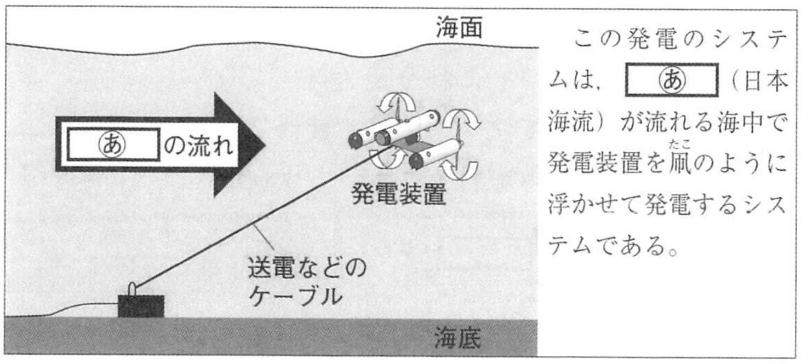

この発電のシステムは，［あ］（日本海流）が流れる海中で発電装置を凧《たこ》のように浮かせて発電するシステムである。

資料2

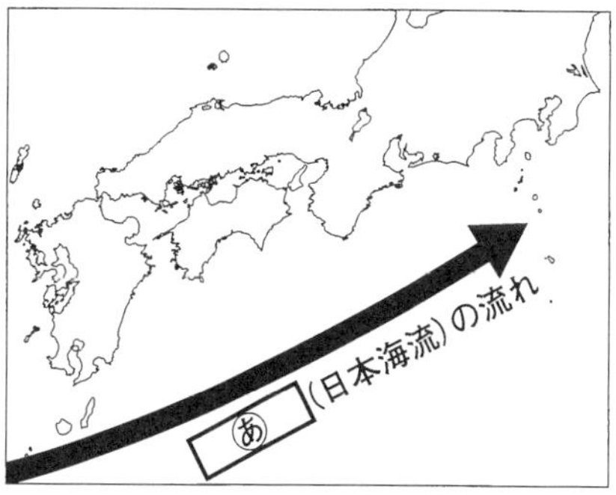

2 次のⅠ～Ⅲの問いに答えなさい。答えを選ぶ問いについては一つ選び，その記号を書きなさい。

Ⅰ 次は，ある中学生が同じ世紀におこった日本と世界の主なできごとをまとめた表の一部である。**1**～**6**の問いに答えよ。

世紀	日本の主なできごと	世界の主なできごと
7	小野妹子らが □ として隋へ送られた	朝鮮半島でⓐ白村江の戦いがおこった
13	承久の乱がおこった ―――――― A	フビライ・ハンが国号を元と定めた
15	ⓑ応仁の乱がおこった ―――――― B	コロンブスがアメリカ大陸付近の島に着いた
19	水野忠邦が天保の改革をすすめた ―― C	イギリスと清がⓒアヘン戦争で戦った

1 表中の □ にあてはまる最も適当なことばを**漢字3字**で書け。

2 ⓐについて述べた次の文の □ に適することばを補い，これを完成させよ。ただし，**略地図**中の**X**の国名を明らかにして書くこと。

663年，日本は □ ために朝鮮半島に大軍を送ったが，唐と新羅の連合軍に敗れた。

略地図 7世紀半ばの東アジア

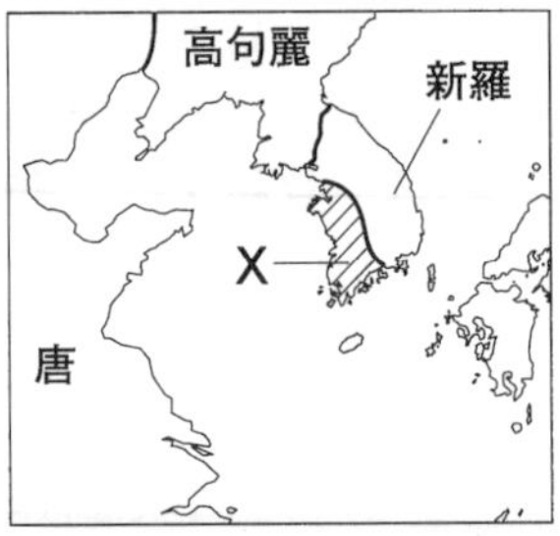

3 **資料1**は，**A**の後に開かれたある仏教のようすである。**資料1**に関して述べた文として，最も適当なものはどれか。

ア 日蓮は，題目を唱えれば人も国も救われると説いた。
イ 一遍は，念仏の札を配りながら民衆に教えを広めた。
ウ 親鸞は，阿弥陀如来の救いを信じる心を強調した。
エ 栄西は，座禅によって自らさとりを開こうとした。

資料1

4 ⓑのころに，全国に広がっていった下剋上の風潮とは，どのようなことかを書け。ただし，**実力**ということばを使うこと。

5 **B**と**C**の間の時期につくられたものを，次の**ア**～**エ**から三つ選び，年代の古い順に並べよ。

ア 姫路城

イ 鑑真像

ウ 慈照寺の銀閣

エ 見返り美人図

6 ⓒの後に，幕府が対外政策を転換した内容について述べた次の文の ① ， ② に適することばを補い，これを完成させよ。ただし， ① は**資料2**を参考にして法令の名称を書き， ② は**燃料や水**ということばを使って書くこと。

清がイギリスに敗れたことを知った幕府は， ① を改め，寄港した ② て帰らせることにした。

資料2

外国船が，どこの海辺の村に着岸したとしても，近くの人々で，有無を言わさず打ち払いなさい。

（徳川禁令考をもとに作成）

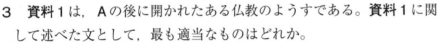

Ⅱ　次の略年表を見て，１～６の問いに答えよ。

年	主なできごと	
1871	ⓐ鹿児島県などが設置される	
1885	［①］が初代内閣総理大臣になる	
1890	第１回ⓑ衆議院議員総選挙が行われる	
1902	日英同盟が締結される	↑
1918	富山県で［②］がおこり全国に広がる	A
1927	ⓒ金融恐慌がおこる	↓
1956	ⓓ日本が国際連合に加盟する	
1964	東京オリンピックが開催される	

資料１

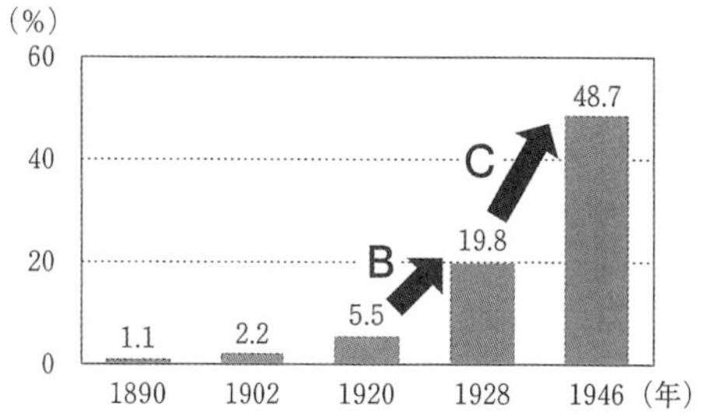

（総務省資料から作成）

1　［①］，［②］にあてはまる最も適当な人名とことばを書け。

2　Aの時期の世界のようすについて述べた文として，最も適当なものはどれか。

　ア　フランスでは，ナポレオンが権力を握り，皇帝になった。
　イ　アメリカでは，北部と南部が対立し，南北戦争がおこった。
　ウ　ロシアでは，レーニンが指導者となり，ロシア革命がおこった。
　エ　ドイツでは，プロイセンの王が即位して，ドイツ皇帝になった。

3　ⓐに関して，明治政府は藩をなくして府県を設置した。この改革を何というか。

4　ⓑについて，**資料１**は，総人口に占める有権者の割合の推移を表したグラフである。B，Cの変化について述べた次の文の［X］，［Y］にあてはまることばの組み合わせとして最も適当なものはどれか。

> Bの変化は［X］による制限の廃止，Cの変化は［Y］による制限の廃止から生じたものである。

　ア（X　職業　　Y　納税額）
　イ（X　性別　　Y　納税額）
　ウ（X　納税額　Y　職業）
　エ（X　納税額　Y　性別）

資料２

5　ⓒに関して，**資料２**は銀行でおこったさわぎのようすである。このようなさわぎがおこった理由を書け。ただし，**銀行**，**預金**ということばを使うこと。

6　ⓓ以前のできごとについて述べた文として，最も適当なものはどれか。

　ア　日韓基本条約を結び，韓国政府を朝鮮半島における唯一の政府と承認した。
　イ　教育の機会均等や男女共学，義務教育などを定めた教育基本法を制定した。
　ウ　中東でおこった戦争の影響で石油危機となり，経済に大きな打撃を受けた。
　エ　重化学工業を発展させ，資本主義国でアメリカにつぐ国民総生産になった。

Ⅲ　［A］，［B］は，ある中学生が日本の工業の近代化の歴史をまとめたカードの一部である。［A］，［B］には，それぞれ生産性を高めるためにどのような工夫がみられるかを書け。ただし，**分担**，**西洋**及び［B］のカードの［　　］にあてはまることばを使うこと。

［A］　江戸時代後半，下の絵のように綿織物がつくられた。

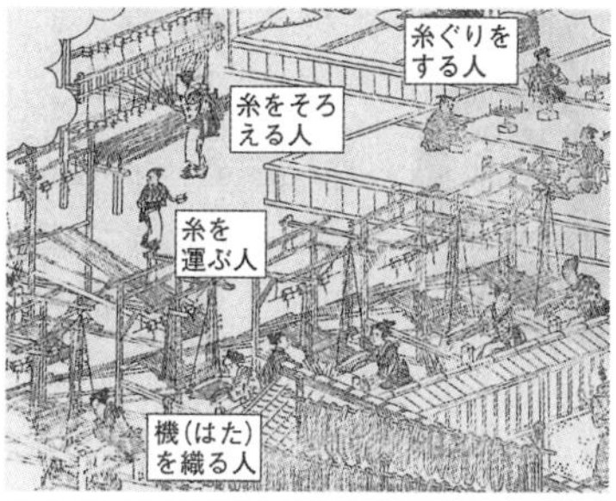

［B］　明治時代前半の1872年，群馬県に官営模範工場として［　　］が設けられ，下の絵のように生糸がつくられた。

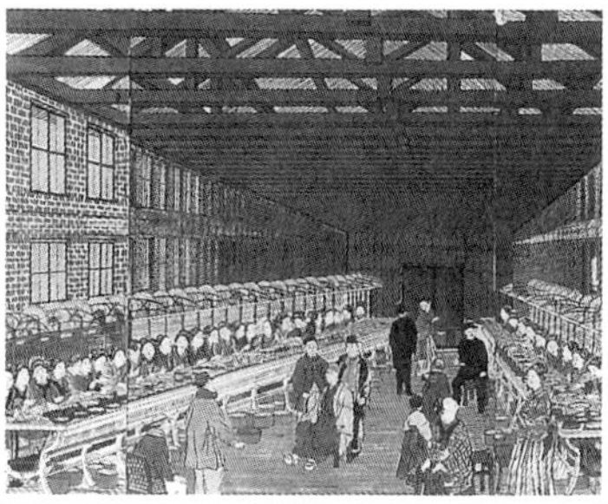

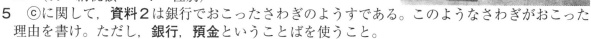

3 次のⅠ～Ⅲの問いに答えなさい。答えを選ぶ問いについては一つ選び，その記号を書きなさい。

Ⅰ 次は，ある先生と生徒の会話の一部である。**1**～**6**の問いに答えよ。

先生：日本の権力分立について学習しましたね。どうして権力を分ける必要があるのですか。
生徒：それは国の権力が一つの機関に集中することを防ぐためです。
先生：そうですね。国の権力は，立法，行政，司法の三権に分けられ，それぞれⓐ国会，ⓑ内閣，ⓒ裁判所が担当しています。そのうち国会は何をするところですか。
生徒：ⓓ法律の制定や，予算の審議，条約の承認などを行うところです。
先生：そのとおりです。法律は**図**のようにつくられています。次は，ⓔ地方自治について学習します。

図

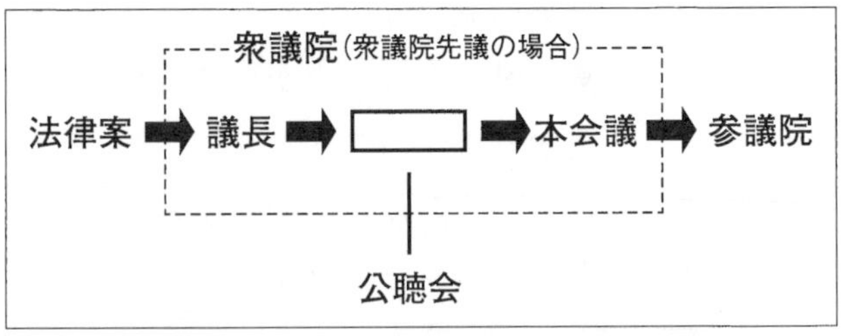

1 図中の ［　　］ にあてはまる最も適当なことばを**漢字３字**で書け。

2 ⓐについて，国会が国権の最高機関とされる理由を書け。ただし，**主権者**，**議員**ということばを使うこと。

3 ⓑに関して，次の文の ［ X ］，［ Y ］ にあてはまることばの組み合わせとして最も適当なものはどれか。ただし，憲法の規定をふまえて答えること。

内閣総理大臣の任命は，［ X ］ が行う。また，内閣総理大臣は，国務大臣を任命する。ただし，その ［ Y ］ は，国会議員の中から選ばれなければならない。

ア（X 国会　Y ３分の２）　イ（X 国会　Y 過半数）
ウ（X 天皇　Y ３分の２）　エ（X 天皇　Y 過半数）

4 ⓒに関して，裁判には新しい証拠が出てきた場合，一度判決が確定した後に，やり直しを行う再審という制度がある。この制度について述べた次の文の ［　　］ に適することばを補い，これを完成させよ。

再審は，裁判において ［　　］ ために設けられた制度である。

5 ⓓに関して，男女雇用機会均等法は，ある国際条約の採択を受けて制定された。この国際条約として，最も適当なものはどれか。

ア 子どもの権利条約　イ 人種差別撤廃条約
ウ 女子差別撤廃条約　エ 障害者権利条約

6 ⓔに関して，**資料１**は，○○市で住民が住民投票を請求するまでの経緯である。**資料２**は，その後行われたエアコン設置の是非を問う住民投票の結果であり，**資料３**は，住民投票を受けた○○市長の対応である。**資料１**～**３**を参考にして，地方自治は，「民主主義の学校」といわれる理由を，解答欄の書き出しのことばに続けて書け。

資料１

○○市長は，市内の小中学校へのエアコン整備計画を撤回した。これに対して，住民はエアコン設置を求める運動をし，住民投票を請求した。

資料２

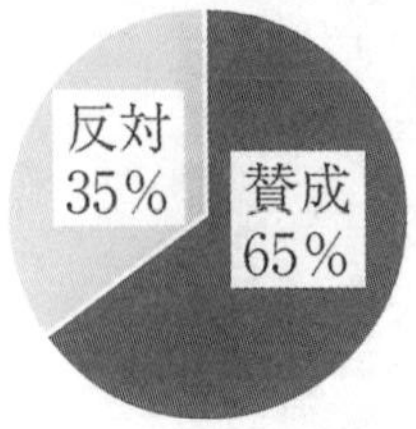

資料３

○○市長は，住民投票の結果を参考にして，一部の学校へのエアコン設置を決定した。

Ⅱ　次は，ある中学生が授業の調べ学習のために作成したプレゼンテーションのスライドの一部である。１～５の問いに答えよ。

社会保障制度	金融ⓑ機関の種類	日本経済の課題	経済の国際化
・社会保険	・日本銀行	・市場の独占ⓒ	・多国籍企業
・公的扶助	・都市銀行	・企業の社会的責任	・産業の空洞化
・社会福祉ⓐ	・保険会社	・労働環境の見直しⓓ	・外国為替相場ⓔ
・公衆衛生	・証券会社　　など	・地方の活性化　など	・自由貿易協定　など

１　ⓐについて，**資料１**にみられる工夫のような，障がいのある人や高齢者などが，社会の中で安全・快適に暮らせるように，さまざまな障壁を取り除こうとする考えを何というか。**カタカナ**で書け。

資料１

２　ⓑについて述べた文として，最も適当なものはどれか。
ア　企業などが，商品の売り上げからお金を調達することを，直接金融という。
イ　企業などが，商品の売り上げからお金を調達することを，間接金融という。
ウ　企業などが，金融機関からお金を調達することを，直接金融という。
エ　企業などが，金融機関からお金を調達することを，間接金融という。

３　ⓒについて述べた次の文の［　　　］に適することばを補い，これを完成させよ。ただし，**競争**ということばを使うこと。

　公正取引委員会は，市場の独占を防ぎ，［　　　］ために，独占禁止法にもとづいて市場を監視している。

４　ⓓに関して，1947年に制定された，賃金や労働時間などについて規定している法律は何か。

５　ⓔに関して，**資料２**について述べた次の文の［X］に適する数字を書け。また，［Y］，［Z］にあてはまることばの組み合わせとして最も適当なものはどれか。

　Aのとき，１ドル＝116円，１バレル＝53ドルであり，100バレルの価格は，円に換算すると，614800円となる。
　Bのとき，１ドル＝112円，１バレル＝54ドルであり，100バレルの価格は，円に換算すると，［X］円となる。
　為替相場がAからBに変化した場合［Y］になり，ドルでの商品価格が上昇しても，輸入は［Z］になる。

ア（Y　円高　　Z　有利）　イ（Y　円高　　Z　不利）
ウ（Y　円安　　Z　有利）　エ（Y　円安　　Z　不利）

資料２　為替相場と原油価格の推移

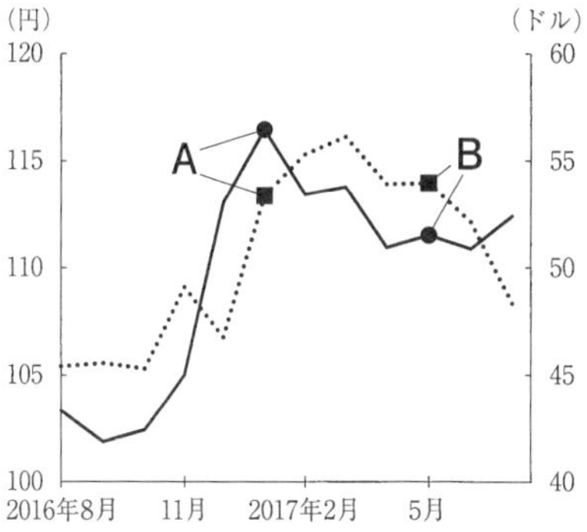

── ドルに対する為替相場(円)
…… 1バレルあたりの原油価格(ドル)
※1バレルは約159リットル
(財務省資料などから作成)

Ⅲ　**資料１**は，農林水産省が2008年から推進している事業「フード・アクション・ニッポン」のロゴマークである。この事業の目的の一つに，国産農産物の消費拡大がある。国産農産物の消費を拡大する必要がある理由を，**資料２～４**をもとにして書け。

資料１

国産の消費拡大に向けた国民運動
FOOD ACTION NIPPON

資料２　日本の食料自給率の推移

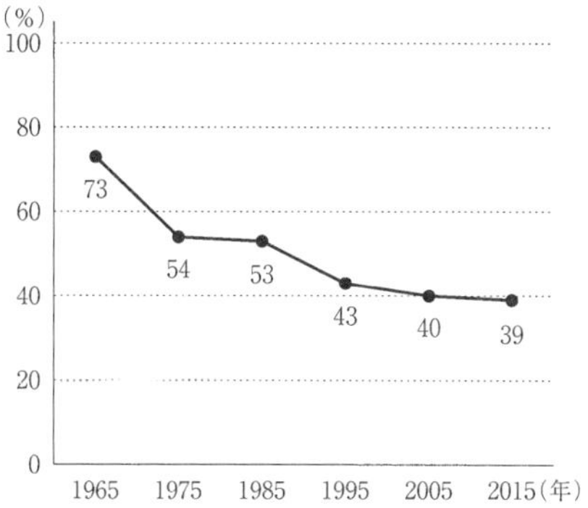

資料３　日本の農産物の国別輸入実績（2005年）

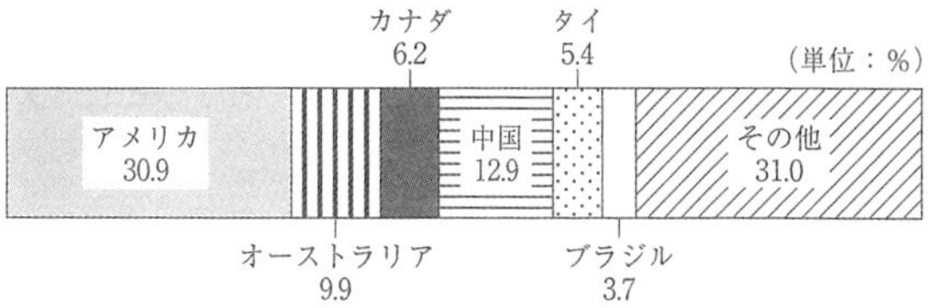

資料４　各国でみられた気象状況

国名（年度）	気象状況
アメリカ（2012）	高温，乾燥
オーストラリア（2012）	低温，乾燥
カナダ（2010）	大雨による洪水

（資料１～４は農林水産省資料から作成）

H30年　鹿児島県公立

平成30年度　鹿児島県公立高校入試問題　数　学

（解答…218P）

1　次の**1**～**5**の問いに答えなさい。

1　次の(1)～(5)の問いに答えよ。

(1)　$5 + 4 \times 6$ を計算せよ。

(2)　$\dfrac{9}{5} \div 0.8 - \dfrac{1}{2}$ を計算せよ。

(3)　$\sqrt{60} \div \sqrt{5} + \sqrt{27}$ を計算せよ。

(4)　次の□と△にどんな自然数を入れても，計算の結果がつねに自然数になるものはどれか，下の**ア**～**エ**の中からあてはまるものをすべて答えよ。

ア　□＋△　　　**イ**　□－△　　　**ウ**　□×△　　　**エ**　□÷△

(5)　比例式 $3:4 = (x - 6):8$ について x の値を求めよ。

2　$3x^2+9x-12$ を因数分解せよ。

3　下の図の直線 ℓ の式を求めよ。

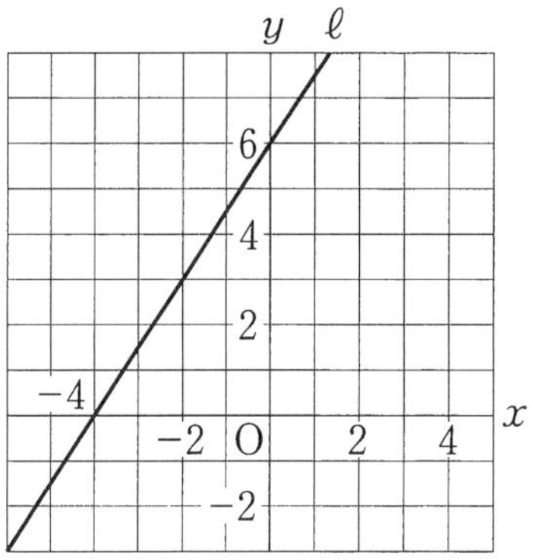

4　n を 50 以下の正の整数とするとき，$\sqrt{5n}$ の値が整数となるような n の値をすべて求めよ。

5　下の表は，平成 28 年公表の畜産統計において，肉用牛のうち黒毛和種の飼養頭数について，都道府県別飼養頭数の上位 5 位と全国の総飼養頭数を示したものである。鹿児島県の飼養頭数は，全国の総飼養頭数の何％にあたるか。ただし，小数第 1 位を四捨五入して答えること。

順位	都道府県名	飼養頭数(頭)
1	鹿　児　島	303000
2	宮　　　崎	210000
3	北　海　道	163200
4	熊　　　本	72300
5	沖　　　縄	69400
全国の総飼養頭数		1594000

（注：「飼養」とは動物にえさを与え，養い育てること。）

2 次の**1**～**5**の問いに答えなさい。

1 大小2つのさいころを同時に投げる。大きいさいころの出た目の数をx座標，小さいさいころの出た目の数をy座標とする点をP(x, y)とするとき，点Pが1次関数 $y=-x+8$ のグラフ上の点となる確率を求めよ。

2 右の図は半径r cmの球を切断してできた半球で，切断面の円周の長さは4π cmであった。このとき，rの値を求めよ。また，この半球の体積は何cm^3か。ただし，πは円周率とする。

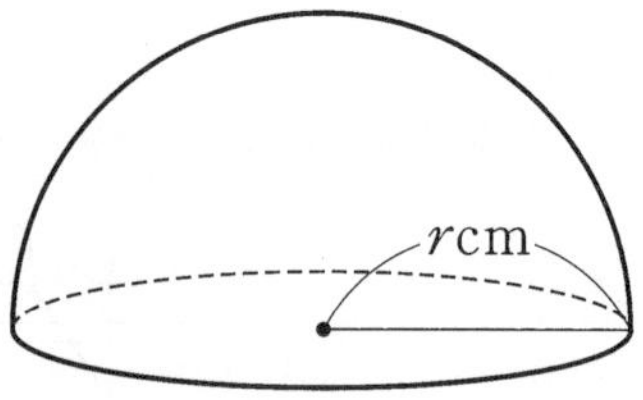

3 右の図のような，面積が$42\ \text{cm}^2$のL字型の図形がある。Aさんは，xの値を求めるために，

$$\underbrace{8\times3}_{\text{①}}+\underbrace{x\times9}_{\text{②}}-\underbrace{x\times3}_{\text{③}}=42$$

という方程式を考えた。次の文は，Aさんが自分の考えた式を説明したものである。□にあてはまる言葉を書け。

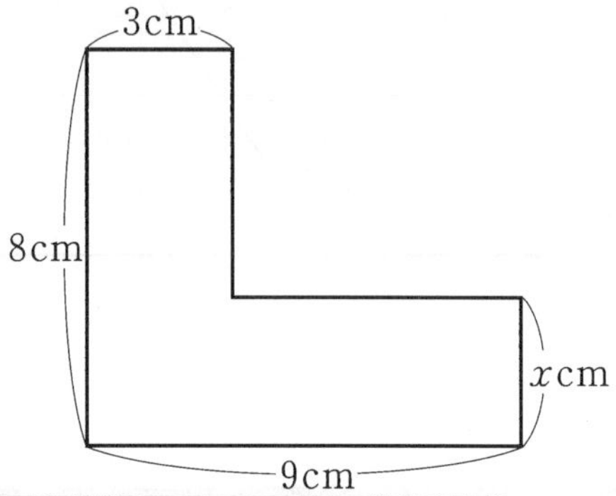

面積を考えるために必要な図形を3つ考え，①から③の式で表しました。①と②の和から③をひいたのは，③で表される図形が，①と②それぞれで表される図形の□部分だからです。

4 右の図は，△ABCにおいて，辺AB上に点Dを，辺AC上に点EをBC∥DEとなるようにとり，線分CDと線分BEとの交点をFとしたものである。このとき，図の中には相似な三角形の組が複数ある。そのうちの1組を選び，それが相似であることを証明せよ。

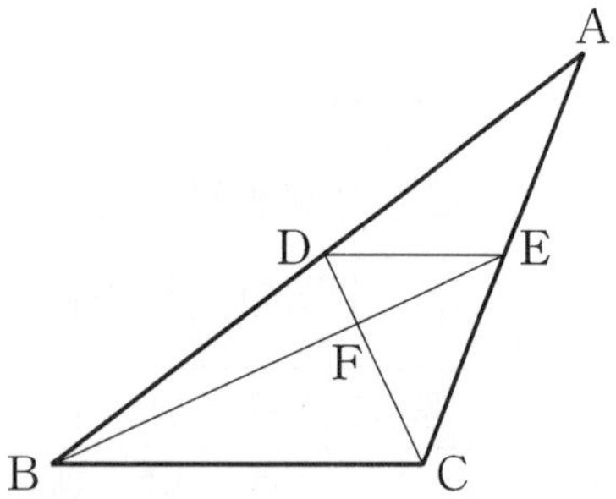

5 右の表は2種類のトレーニングA，Bについて，それぞれを60分間行うときに消費するエネルギーを表したものである。2種類のトレーニングA，Bを合計60分間行い，消費するエネルギーがちょうど300 kcalになるように計画を立てたい。このとき，AとBのトレーニングを行う時間はそれぞれ何分ずつか。ただし，Aを行う時間をx分，Bを行う時間をy分として，その方程式と計算過程も書くこと。

60分間で消費するエネルギー	
トレーニングA	280 kcal
トレーニングB	340 kcal

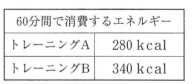

3　右の**表**は 30 人が所属しているスポーツクラブで，全員に実施したハンドボール投げの記録を度数分布表に整理したものである。記録はすべて整数値であり，30 人の記録の平均値は 20.5 m であった。ただし，平均値は四捨五入などはされていない。次の **1**～**3** の問いに答えなさい。

表

階級(m)	度数(人)
以上　　未満 5 ～ 10	1
10 ～ 15	5
15 ～ 20	6
20 ～ 25	12
25 ～ 30	5
30 ～ 35	1
計	30

1　最頻値（モード）は何 m か。

2　15 m 以上 20 m 未満の階級の相対度数を求めよ。

3　このクラブに新しく5人が入り，ハンドボール投げを実施したところ，記録は下のようになった。この 5 人の記録を**表**に加えて整理した。次の (1)，(2) の問いに答えよ。

新しく入った 5 人の記録（m）				
20	19	11	14	27

(1)　このクラブに所属する 35 人の記録の平均値は何 m か。ただし，小数第 2 位を四捨五入して答えること。

(2)　下の**ア**～**オ**は，この 5 人の記録を**表**に加える前と加えた後を比較して述べたものである。この中で適切でないものを 1 つ選び記号で答えよ。また，その理由を根拠となる数値を用いて書け。

ア　範囲（レンジ）はどちらも同じである。

イ　中央値（メジアン）を含む階級の階級値はどちらも同じである。

ウ　最頻値（モード）を含む階級の階級値はどちらも同じである。

エ　記録が 20 m 以上の人数の割合はどちらも同じである。

オ　15 m 以上 20 m 未満の階級の相対度数はどちらも同じである。

4 下の**図1**のように，AB ＝ AD ＝ 6 cm，BC ＝ 12 cm，∠DAB ＝ ∠ABC ＝ 90°，∠BCD ＝ 45° の台形 ABCD と PQ ＝ 6 cm，PS ＝ 12 cm の長方形 PQRS が直線 ℓ 上に並んでいる。このとき，次の**1**，**2**の問いに答えなさい。

図1

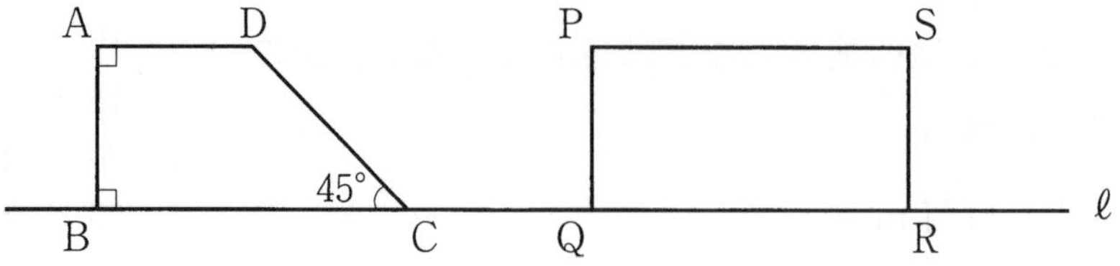

1 辺 CD の長さは何 cm か。

2 下の**図2**のように長方形 PQRS を固定し，台形 ABCD が直線 ℓ に沿って毎秒 1 cm の速さで矢印(→)方向に移動し，頂点 C が頂点 R と重なったとき移動が止まる。**図3**はその途中のようすを表したものである。頂点 C が頂点 Q を通過してから x 秒後の 2 つの図形の重なる部分の面積を y cm² とする。次の (1) ～ (3) の問いに答えよ。

図2

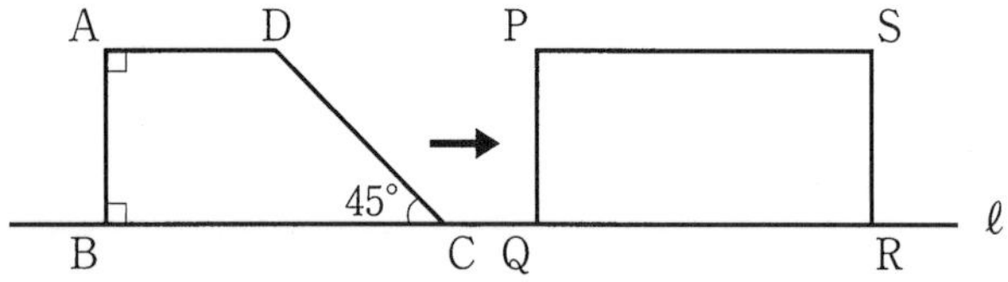

図3

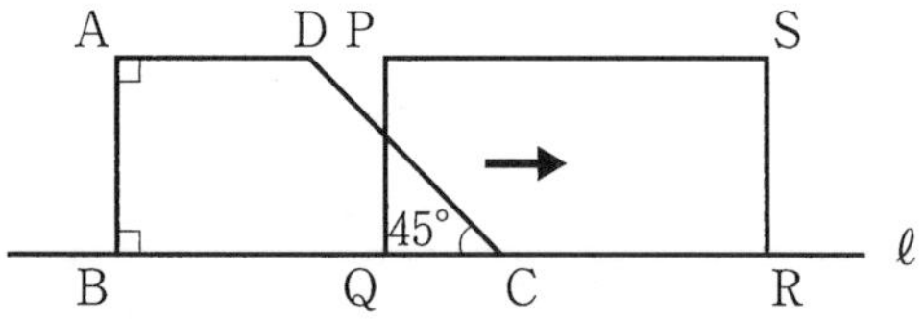

(1) $x = 8$ のとき，y の値を求めよ。

(2) 下の表は，頂点 C が頂点 Q を通過してから移動が止まるまでの x と y の関係を表したものである。 ア ～ ウ にそれぞれあてはまる数または式を書け。

x の変域	式
$0 \leqq x \leqq$ ア	$y =$ イ
ア $\leqq x \leqq 12$	$y =$ ウ

(3) 台形 ABCD の移動が止まった状態から，今度は下の**図4**のように台形 ABCD を固定し，長方形 PQRS が直線 AB に沿って，毎秒 2 cm の速さで矢印(↑)方向に移動する。辺 CD と辺 QR との交点を T とするとき，台形 AQTD の面積が 24 cm² となるのは長方形 PQRS が移動し始めてから何秒後か。ただし，長方形 PQRS が移動し始めてから t 秒後のこととして，t についての方程式と計算過程も書くこと。

図4

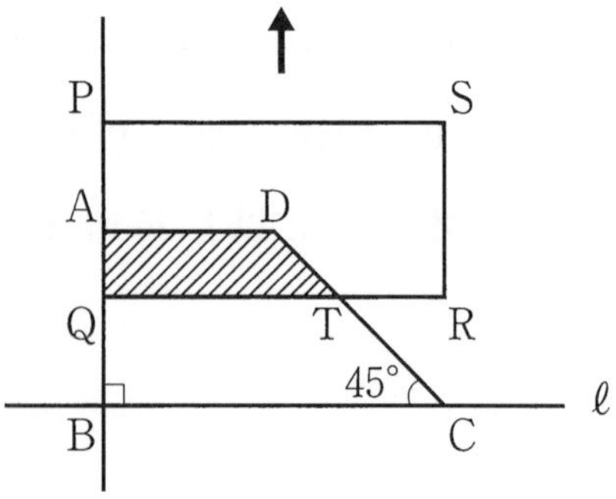

5 平面上に円Oがある。円Oの周上に2点A，Bがあり，弦ABに関して円Oを折り返した。次の**1**，**2**の問いに答えなさい。

1 右の図のように，折り返した$\overset{\frown}{\mathrm{AB}}$上に点Pをとる。$\overset{\frown}{\mathrm{AP}}$を円周の一部とする円Cを，定規とコンパスを用いて作図せよ。ただし，円Cの中心を示す点と文字Cも書き入れ，作図に用いた線も残しておくこと。

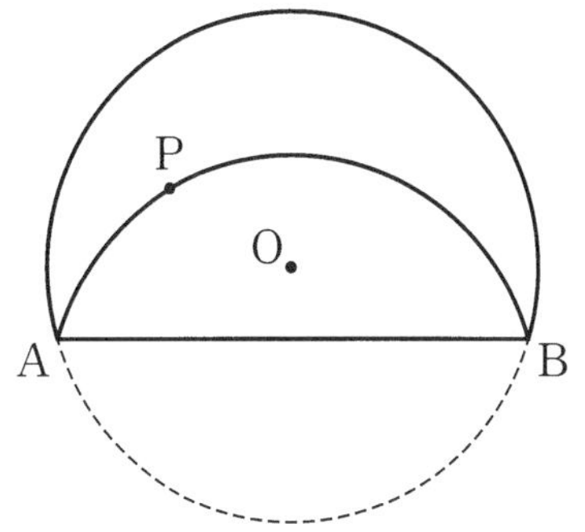

2 右の図のように，円Oの直径AQと，折り返した$\overset{\frown}{\mathrm{AB}}$との交点をRとする。$\angle \mathrm{BAQ} = 15°$，AQ = 12 cm であるとき，次の(1)～(3)の問いに答えよ。ただし，円周率はπとする。

(1) ∠AOBの大きさは何度か。

(2) $\overset{\frown}{\mathrm{BR}}$の長さは何 cm か。

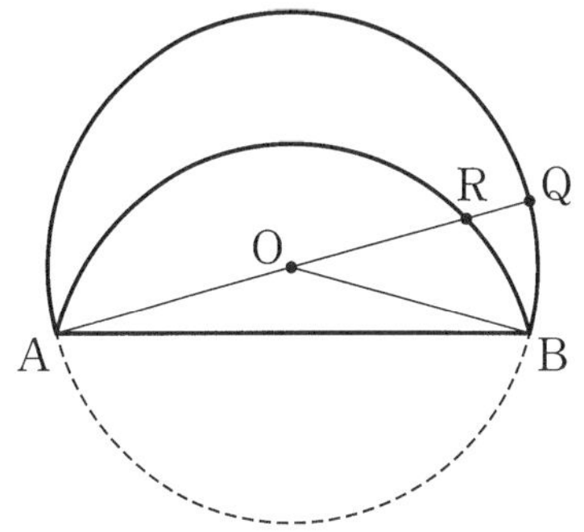

(3) 「△RBQの面積は何 cm^2 か」の問いに対する解答を，［　　］の中に途中まで示してある。［ア］～［エ］を適当にうめ，解答を完成させよ。ただし，［エ］には△RBQの面積を求める計算過程の続きを書くこと。

右の図のように，円Oを折り返す前の点Rの位置にある点をSとし，線分OBと線分QSの交点をTとする。
2点RとSは線分ABに関して対称だから，AB ⊥ RS
AQが円Oの直径より ∠ABQ = 90°
よって，RS［ア］QB …①
∠BAQ = ∠BAS より円周角が等しいから $\overset{\frown}{\mathrm{BQ}} = \overset{\frown}{\mathrm{BS}}$
これより，∠QAS = 30° となるから ∠QOS = 60°
さらに，OQ = OS だから，［イ］は正三角形 …②
また，［イ］において，∠TOQ = ∠TOS = 30°
よって，OBは線分QSの垂直二等分線 …③
①より，△RBQの面積は［ウ］の面積と等しいから

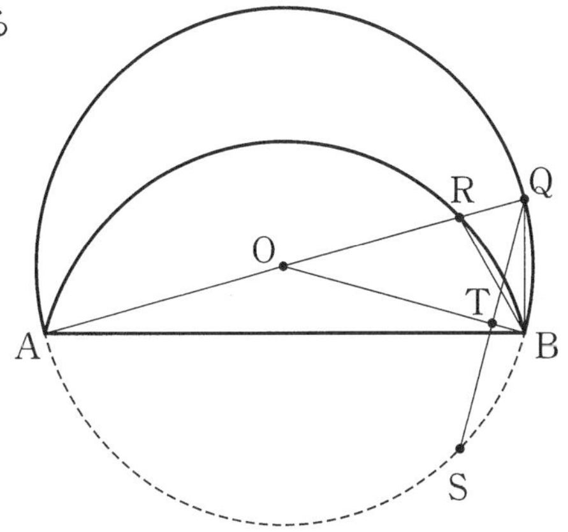

エ 答　　　　　　cm^2

令和３年度　公立高校入試実戦問題　第１回　理　科

（解答…222Ｐ）

1　次の各問いに答えなさい。答えを選ぶ問いについては記号で答えなさい。

１　からだの細胞でできた二酸化炭素は血液にとけて肺まで運ばれる。二酸化炭素を多くふくむ血液を何というか。

２　多細胞生物の細胞について述べた次の文中の[a]，[b]にあてはまることばをそれぞれ書け。

> 多細胞生物の細胞には，さまざまな形態が見られ，形やはたらきが同じ細胞は集まって[a]をつくる。さらに，いくつかの種類の[a]が集まって１つのまとまった形をもち，特定のはたらきをする[b]となる。そしていくつかの[b]が集まって個体がつくられている。

３　**図１**のように，鉛筆を両端から同じ大きさの力でおさえたとき，先端がとがっている側の方が圧力が大きくなって痛く感じる。先端がとがっている側の方が圧力が大きくなるのはなぜか。

図１

４　炭酸水素ナトリウムを熱すると，３種類の物質に分解された。そのうち，発生した液体の化学式を書け。

５　海に面した地域では，よく晴れた日に風向きが１日のうちで変化することがある。**図２**は，陸と海のようすを模式的に表したものである。

図２

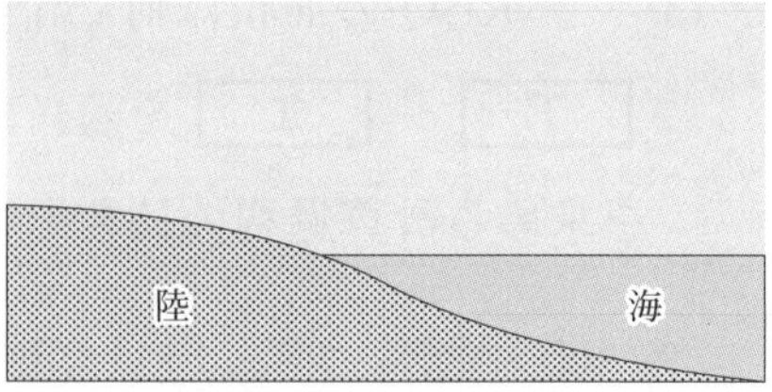

(1)　下線部のような風を何というか。

(2)　晴れた日の昼間は，海から陸へ向かって風がふく。この理由として，最も適当なものはどれか。

ア　海上の気温が陸上よりも高くなり，海側に上昇気流ができるから。
イ　海上の気温が陸上よりも高くなり，海側に下降気流ができるから。
ウ　陸上の気温が海上よりも高くなり，陸側に上昇気流ができるから。
エ　陸上の気温が海上よりも高くなり，陸側に下降気流ができるから。

６　次の文中の①，②について，それぞれ正しいものはどれか。

> 固体のロウに熱が加えられて液体のロウになると，体積は①（**ア**　大きくなる　**イ**　小さくなる　**ウ**　変わらない）。また，質量は②（**ア**　大きくなる　**イ**　小さくなる　**ウ**　変わらない）。

７　**図３**のような真空放電管に，蛍光板を入れて電圧を加えると，蛍光板にあたって光りかがやくＸが観察できた。このＸを何というか。

図３

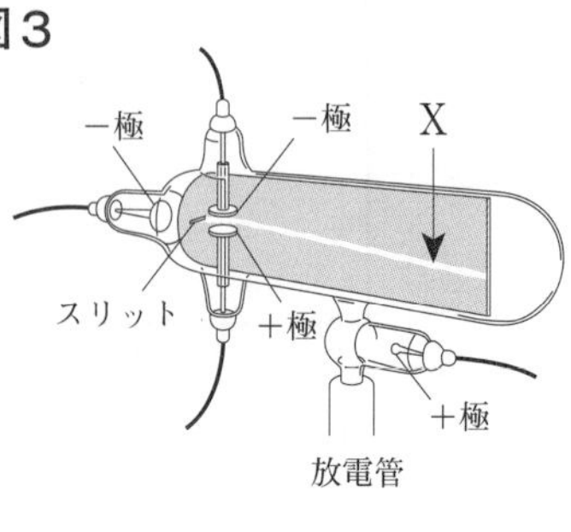

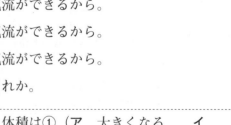

2 次のⅠ，Ⅱの各問いに答えなさい。答えを選ぶ問いについては記号で答えなさい。

Ⅰ 電熱線から発生する熱量について調べるため，次の**手順１～３**で実験を行った。**表**は，実験の結果をまとめたものである。ただし，電熱線で発生した熱はすべて水の温度上昇に使われるものとする。

手順１ 電熱線A，電流計，電圧計，スイッチ，電源装置を**図１**のようにつなぎ，容器に水200 gを入れ，水温をはかった。

手順２ スイッチを入れ，電熱線Aに5.0 Vの電圧が加わるように調整して，ガラス棒で水をゆっくりかき混ぜながら，電流の大きさと１分ごとの水温をはかった。

手順３ 電熱線Aのかわりに，電熱線B，Cを用いて**手順１，２**と同様の操作を行った。

図１

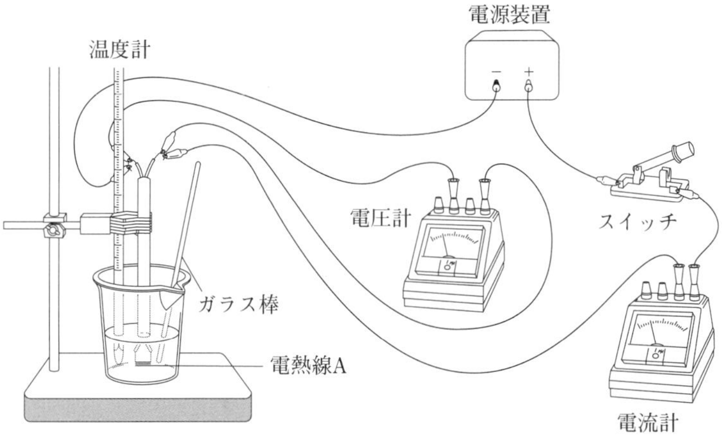

表

	電流〔A〕	水温〔℃〕					
		0分	1分	2分	3分	4分	5分
電熱線A	1.0	15.0	15.4	15.7	16.1	16.4	16.8
電熱線B	2.5	15.0	15.9	16.8	17.7	18.6	19.5
電熱線C	5.0	15.0	16.8	18.6	20.4	22.2	24.0

１ **図１**の回路を，**図２**の電気用図記号を用いて回路図に表せ。

２ 回路に流れる電流の大きさが予測できないとき，電流計の－端子は，50mA，500 mA，５Aの端子のうち，はじめにどの端子を用いればよいか。そのように考えた理由もふくめて答えよ。

３ 実験で，電熱線Bに５分間電流を流したときに発生した熱量は何Jか。

４ **図１**の電熱線Aのかわりに，**図３**のように電熱線Aと電熱線Cを並列につないで，**手順１，２**と同様の操作を行うと，５分後の水の温度上昇は，電熱線Aだけのときの何倍になると考えられるか。

図２

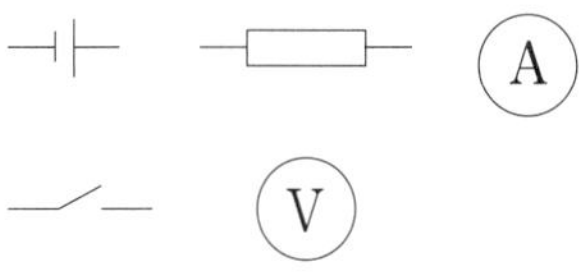

図３

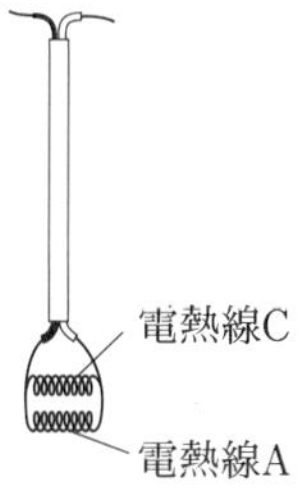

Ⅱ　図のように，太い弦３本と細い弦２本の一方のはしを固定して，もう一方のはしにおもりをつけて滑車に通し，５本の弦を平行に張った。それらの弦の固定部分と滑車の間の，ＡまたはＢの位置に木片を置き，表のように条件を整えた。固定部分と木片の中央部分をはじき，発生する音の高さを調べた。ただし，弦はすべて同じ材質のものであり，弦の張りの強さはおもりの数によって決まるものとする。

図

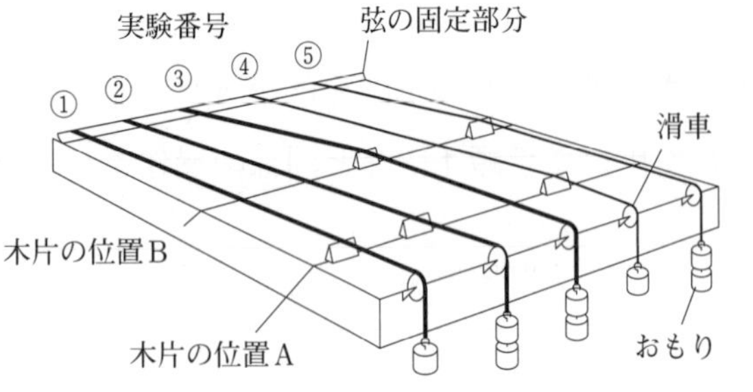

表

実験番号	条件		
	弦の太さ	木片の位置	おもりの数
①	太い	Ａ	１個
②	太い	Ａ	２個
③	太い	Ｂ	２個
④	細い	Ａ	１個
⑤	細い	Ｂ	２個

１　次の文中の［ a ］，［ b ］にあてはまる最も適当なことばを書け。

　弦が振動すると，まわりの［ a ］が振動して，音の［ b ］となって広がり，耳に伝わるので，音が聞こえる。

２　実験番号①と②の結果を比較してわかることはどれか。

ア　弦の太さが細い方が高い音が出る。
イ　弦の張りが強い方が高い音が出る。
ウ　弦の振動する部分が短い方が高い音が出る。
エ　振幅が大きい方が大きい音が出る。

３　実験番号①～⑤で，最も高い音が出た実験はどれか。

3　次のⅠ，Ⅱの各問いに答えなさい。答えを選ぶ問いについては記号で答えなさい。

Ⅰ　植物のはたらきを調べるため，図のように，二酸化炭素をとけこませて緑色に調整したＢＴＢ溶液を，試験管Ａ～Ｄに入れたあと，試験管Ａ，ＣにはオオカナダモをE入れ，試験管Ｃ，Ｄは光が当たらないようにアルミニウムはくで包んだ。その後，光のよく当たる場所に４本の試験管を置き，２時間後に試験管内の液の色を観察した。表は，その結果をまとめたものである。

図

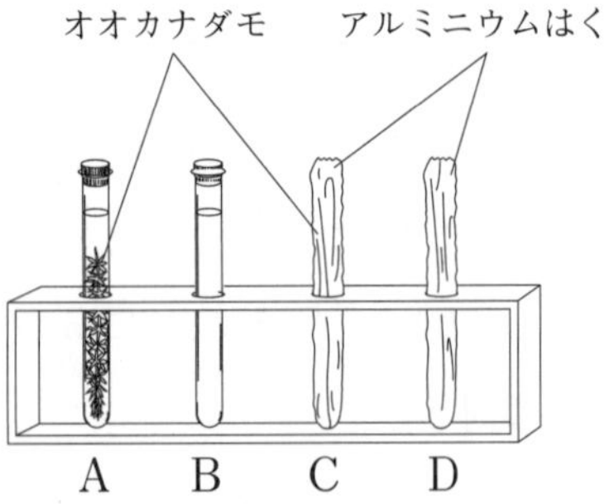

表

試験管	Ａ	Ｂ	Ｃ	Ｄ
液の色	青色	緑色	黄色	緑色

１　オオカナダモは，葉脈が平行に通っている。被子植物の中でこのような特徴をもつ植物を何というか。

２　試験管Ａ，ＣのＢＴＢ溶液の色が緑色から変化した理由として最も適当なものはそれぞれどれか。

ア　オオカナダモは光合成だけを行っており，光合成によって二酸化炭素の量が減ったから。

イ　オオカナダモは呼吸だけを行っており，呼吸によって二酸化炭素の量が増えたから。

ウ　オオカナダモは呼吸と光合成を行っており，呼吸によって出す二酸化炭素の量より，光合成によってとり入れる二酸化炭素の量の方が多いから。

エ　オオカナダモは呼吸と光合成を行っており，光合成によって出す酸素の量より，呼吸によってとり入れる酸素の量の方が多いから。

３　光合成で葉につくられたデンプンは別の物質に変えられてから，からだ全体の細胞に運ばれ養分として使われる。このようにデンプンが別の物質に変えられる理由を書け。

Ⅱ　図１のように，先生と20人の生徒が手をつないだ。先生は右手でストップウォッチを押すと同時に左手でＡさんの右手をにぎり，右手をにぎられたＡさんは，すぐに左手でＢさんの右手をにぎるというように，次々と手をにぎっていくことをした。最後のＴさんは，Ｓさんから右手をにぎられたらすぐに，左手で先生から受けとっていたストップウォッチをとめた。これを10回行って１回あたりの平均を求めたところ，3.12秒であった。

図１

１　ヒトは骨と筋肉のはたらきによって動く。筋肉の両端の骨についている部分を何というか。

２　下線部について，刺激によって生じた信号が伝わった経路を図２のように表した。Ｘ，Ｙにあてはまる最も適当なことばを書け。

図２

右手の皮膚《ひふ》 → 〔Ｘ〕神経→（せきずい）→ 神経系（脳） →（せきずい）→〔Ｙ〕神経 → 左腕の筋肉

３　この実験のように，意識して起こす反応を，次からすべて選べ。

ア　暗い所から明るい場所に出たら，目のひとみが小さくなった。

イ　「危ない」と声がしたので，とっさにしゃがんだ。

ウ　食物を口の中に入れたら，だ液が出た。

エ　100 m走で，ピストルの音が聞こえた瞬間にスタートした。

４　この実験に参加した生徒について，右手に刺激を受けとってから左手をにぎるまでにかかった１人あたりの時間は平均で何秒か。小数第２位まで答えよ。

4　次のⅠ，Ⅱの各問いに答えなさい。答えを選ぶ問いについては記号で答えなさい。

Ⅰ　鉄と硫黄の化合について調べるため，次の**実験１**と**実験２**を行った。

実験１　鉄粉 7.0 g と硫黄の粉末 4.0 g をよく混ぜ合わせ，２本のアルミニウムはくの筒につめた。**図**のように，一方の筒を加熱し，赤くなったらすばやく砂皿の上に置いた。赤くなった部分が筒全体に広がり，鉄粉と硫黄の粉末は完全に反応した。加熱しない筒の中の物質をA，加熱してできた物質をBとした。

図

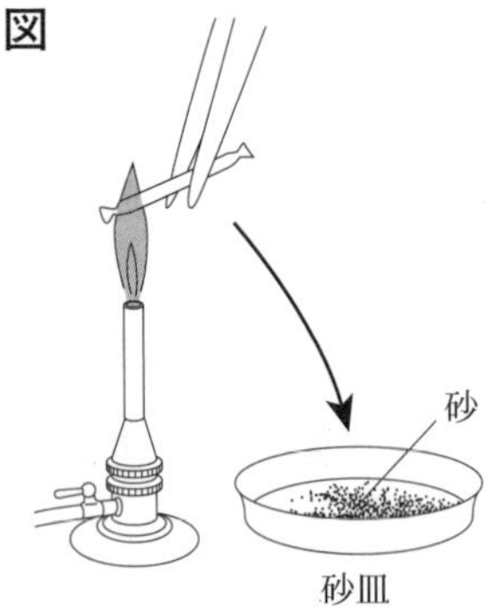

実験２　AとBの一部をそれぞれ試験管にとり，うすい塩酸を加えた。

１　鉄や硫黄のような，１種類の原子だけでできている物質を何というか。

２　**実験１**で，砂皿に置いた後も反応が続いた理由を書け。

３　**実験１**と同じように，鉄粉 6.0 g と硫黄の粉末 2.4 g をよく混ぜ合わせ，加熱して十分に反応させたとき，物質Bは何 g できると考えられるか。

４　**実験２**で，AとBはそれぞれどうなるか。

ア　Aは変化しないが，Bは気体が発生する。

イ　Aは気体が発生するが，Bは変化しない。

ウ　AもBも気体が発生するが，Aから発生する気体は特有のにおいがある。

エ　AもBも気体が発生するが，Bから発生する気体は特有のにおいがある。

Ⅱ　**図**のように，酸化銅6.00 g と炭素粉末0.15 g を混ぜ合わせ，試験管Aに入れて加熱すると，二酸化炭素が発生し，銅ができた。十分に加熱して気体が発生しなくなってから火を消した。十分に冷えてから試験管Aの中に残った物質の質量を測定した。この操作を，混ぜ合わせる炭素粉末の質量を0.30 g，0.45 g，0.60 g，0.75 g と変えながら，それぞれ実験した。**表**は，その結果をまとめたものである。

図

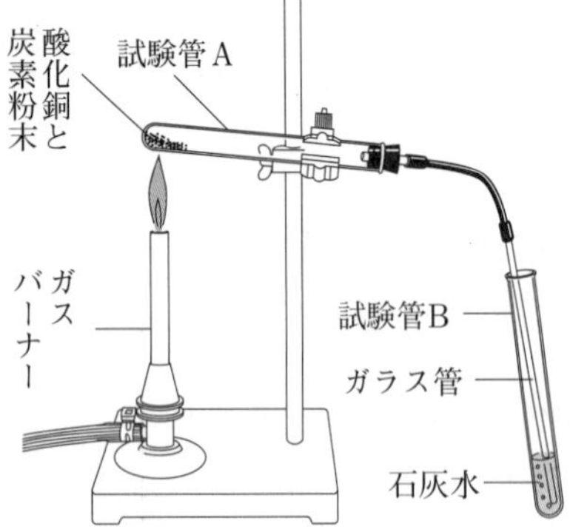

表

酸化銅の質量　[g]	6.00	6.00	6.00	6.00	6.00
混ぜ合わせた炭素粉末の質量　[g]	0.15	0.30	0.45	0.60	0.75
試験管Aの中に残った固体の質量　[g]	5.60	5.20	4.80	4.95	5.10

１　この実験で，酸化銅に起こった化学変化を何というか。

２　この実験で起こった化学変化を化学反応式で表せ。

３　**表**より，混ぜ合わせた炭素粉末の質量と，発生した二酸化炭素の質量との関係を表したグラフをかけ。

4　この実験において，炭素粉末0.30 gを混ぜ合わせて反応させたとき，反応後の試験管Aの中には何 gの銅が生じていると考えられるか。

5　次のⅠ，Ⅱの各問いに答えなさい。答えを選ぶ問いについては記号で答えなさい。

Ⅰ　地震について調べるため，けんじさんとかおりさんは日本列島付近で発生したM 6.3の地震について，観測地点A～Dの４つの地点でそれぞれ観測した。**表**は，観測地点A～Dの初期微動と主要動の到着時刻と震源からの距離をまとめたものである。ただし，この地震の波は，それぞれ一定の速さで伝わっているものとする。

表

観測地点	初期微動の到着時刻	主要動の到着時刻	震源からの距離
A	9時47分0秒	9時47分7秒	56km
B	―	―	120km
C	9時47分5秒	9時47分17秒	96km
D	9時47分21秒	9時47分49秒	224km

注：B地点での地震のゆれの到着時刻については，データがない。

次は，**表**を見ながらの２人と先生の会話である。

先　　　生：この**表**から，地震の発生した時刻を推測することはできますか。
けんじさん：はい。初期微動を伝える波の速さを求めることで，地震の発生した時刻を推測することができます。
先　　　生：そうですね。では，その波の速さはどのようにして求めることができますか。
かおりさん：観測地点AとCの初期微動の到着時刻と震源からの距離を比較することで求められると思います。
先　　　生：では，初期微動を伝える波の速さを求めて，地震の発生した時刻を推測してみましょう。

1　下線部の「M」の読み方を書け。

2　**図**は，日本列島付近のプレートの境界で地震の起こるしくみを説明したものである。②の説明文の［　　　　］にあてはまる文を書け。

3　この地震の発生した時刻は，９時何分何秒であると考えられるか。会話文をもとに求めよ。

図

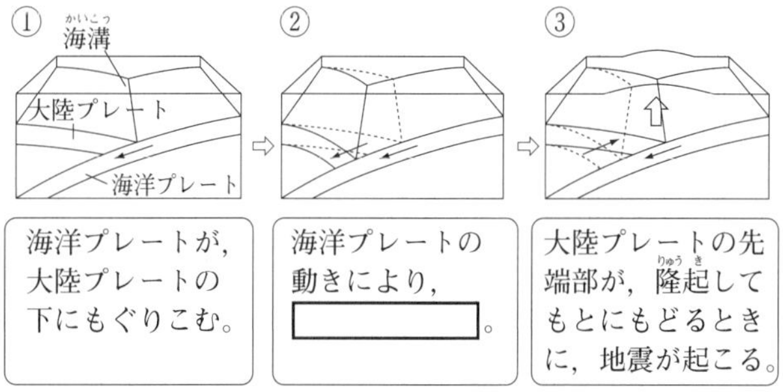

4　この地震において，B地点での初期微動継続時間は何秒であると考えられるか。

Ⅱ　くみ置きの室温の水を金属製のコップに半分くらい入れて，コップの中の水の温度と室温が同じであることを確認する。次に，コップの中に氷水を少しずつ入れていき，コップの表面に水滴がつき始めたときの水の温度を測定した。この操作を，異なる室温のもとで４回行った。**表**は，実験結果をまとめたものであり，**図**は，気温と飽和水蒸気量の関係を表したものである。

表

実験	室温［℃］	水滴がつき始めたときの水の温度［℃］
１回目	13	7
２回目	28	23
３回目	20	11
４回目	17	15

図

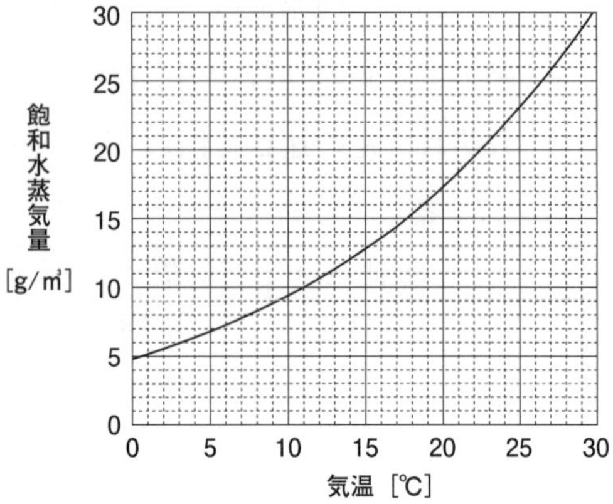

1　コップの表面に水滴がつき始めたときの温度を何というか。

2　物質の変化を状態変化と化学変化の２種類に分けるとき，実験において，コップの表面に水滴がつくのと同じ種類の変化が起こっているものをすべて選べ。

ア　水素と酸素の混合気体に点火すると，音を立てて反応する。

イ　二酸化マンガンにオキシドール（うすい過酸化水素水）を加えると，気体が発生する。

ウ　室温のもとで，ドライアイスがしだいに小さくなった。

エ　氷がとけてすべて水になると，体積が小さくなった。

3　３回目の実験を行ったときの空気の湿度はおよそ何％か。

ア　49～51％　　**イ**　53～55％　　**ウ**　57～59％　　**エ**　61～63％

4　実験でコップの表面に水滴がつき始めてからさらに５℃温度を下げるとき，最も多くの水滴が生じる実験は，１回目～４回目のどのときか。ただし，すべて同じ体積の空気で比べるものとする。

5　中学三年生の美和子さんは、去年参加した職場体験について、中学二年生に向けて自分の体験を発表することになった。**資料1**は、美和子さんが発表のために作ったメモである。また**資料2**は、**資料1**をもとに書いた原稿である。**資料2**の空欄に入るように、後の条件に従って文章を書きなさい。

条件

(1)　一段落で構成し、六行以上八行以下で書くこと。

(2)　原稿用紙の正しい使い方に従って、文字、仮名遣いも正確に書くこと。

(3)　書き出しは、「三つ目は」とすること。

資料1

①　職場で注意しなければならないこと
・つめを切っておく。
・髪を束ねておく。

②　あいさつ
・あいさつはコミュニケーションの基本。
・大きな声で元気にあいさつする。

③　感謝の気持ち
・先生方は子どもたちのことで忙しい。
・私たちにも気を遣ってくれる。
・私たちに丁寧に指導してくれる。
・職場の方への感謝の気持ちを忘れない。

資料2

私は、去年保育園で職場体験をしました。働くといった体験は初めてだったので、はじめは戸惑うことも多かったのですが、なんとかやり遂げることができ、ほっとしたことを覚えています。

今日は、皆さんに、職場体験に参加するときに気をつけてほしいことを三つ話します。

一つ目は、職場で注意しなければならないことをしっかりと確認しておくことです。私の場合、つめを切っておくことと髪を束ねておくことの二つに注意しました。なぜなら、小さな子どもを相手にするので、子どもたちにけがをさせてしまったり、不衛生なかっこうで子どもたちに接したりしてはいけないからです。

二つ目は、大きな声であいさつすることです。「あいさつはコミュニケーションの基本だ。」と言われます。私は、職場体験の一日目から、大きな声で元気にあいさつすることを心がけました。すると、子どもたちも私と同じくらい大きな声で元気にあいさつを返してくれました。そして、大きな声でのあいさつを毎日続けているうちに、保育園の先生や子どもたちとも話しやすくなりました。

以上の三つが、職場体験に参加するときに気をつけてほしいことです。

私は、職場体験に参加して、将来、子どもたちとふれ合う仕事に就きたいと思いました。帰るときに私のそばにかけよってきて、子どもたちが、「楽しかったよ。また来てね。」と言ったことが、私に大きな充実感を与えてくれたからです。

皆さんも、しっかりがんばってきてください。

寝たのである。お陰でびっくりするほど酷《ひど》い状態でもなかった。

だが貸本屋の主人は(注)一瞥《いちべつ》して、

「水で濡らしたろう?」と言った。

「すみません」

正直に謝る声が少しかすれた。

それを聞いて主人は、

「気をつけてね。みんなのモンやけん」と言った。

それだけだった。

帰り道の足取りは軽かった。

主人はそればかりか、別段いやがらずに次の本も貸してくれたのだ。

よかったねえ、よかったねえ。繁は何度も雅彦にそう言った。③ほんと、よかったねえ、と雅彦も何度も繰りかえした。

（さだまさし「精霊流し」による）

(注) 欄干＝橋に設けられた落下防止のための手すり。
一瞥＝ちらっと見ること。

1 ══線部「ない」と品詞が同じものを次から一つ選び、記号で答えよ。

ア 一人で行っても楽しくない。　**イ** 絶対に言わない。

ウ 無駄のない生き方をする。　**エ** 二度とない機会だ。

2 ▼ ▲の部分と同じように、繁の思い切りのよさが行動に表れた一文を抜き出し、その最初の五字を書け。

3 本文中の□にあてはまる語として、最も適当なものを次から選び、記号で答えよ。

ア 平然と　**イ** 漠然と　**ウ** 猛然と　**エ** 冷然と

4 ――線部①についての説明として、最も適当なものを次から選び、記号で答えよ。

ア 反抗的な繁の態度に感情的になった母親は、雅彦にも理不尽な怒りをぶつけるが、小心な雅彦は口答えもできないでいる。

イ 繁の活躍によって助けられた雅彦は、みずから罪を引き受けて謝ることで、母親の強い怒りから弟をかばおうとしている。

ウ 母親から兄としての責任を厳しく問われた雅彦は、弟の気持ちにも配慮して、本当のことを言わずおとなしく謝っている。

エ 気持ちを高ぶらせた母親と無反省な弟に挟まれ、雅彦は心にもない謝罪をして、母親の激しい怒りをかわそうとしている。

5 ――線部②の「手柄」とは具体的にどういうことを指すか。三十字以内で書け。

6 ――線部③とあるが、雅彦はどういうことを「よかった」と言っているのか。四十字以内で書け。

「あ」

雅彦の声に驚いて繁は片足が水の中に浸《つ》かったまま橋の上を見上げた。ゆっくりと落ちてくる別冊付録を口を開けて見つめていたが、それが川面を叩《たた》く音で我に返った。

次の瞬間、繁はためらわずにそのまま川の中へジャンプした。

「やめろ」という雅彦の言葉も声にならなかった。水面をゆっくりと本が流れて橋の下をくぐってゆく。繁が泳ぎながら近づこうとする。雅彦は本誌を足元に置くと反対の、下流側の欄干《らんかん》(注)へ走った。あわてて覗き込むと、ちょうど繁が本に追いついたところだった。

「大丈夫か！」

雅彦の声に、繁は自分の胸ほどの深さの水の中で、濡《ぬ》れた本を高く掲げて仁王立ちし、口をとがらせて目を大きく、丸くすると、何遍も小さく頷《うなず》きながら「おう！」とだけ返事をした。

母は本気で怒った。怒ると、母は怖かった。着替えをする繁の太股《ふともも》あたりが母の掌《てのひら》に打たれて、ぱちん、と何度も大きな音を立てた。

「死んだらどげんするとね！」
（どうするのよ）

「あげん浅か川じゃ死なんばい」
（あんな浅い川じゃ死なないよ）

繁はあさっての方を向いて□言う。また、ぱちん、と今度は尻《しり》を叩かれている。

「違う！　あんた、なめなさんなよ。崖からうっかり滑って落ちてみらんね。どこか打って、気失《うしの》うたらそのまんまたい」

母は向き直って、「あんたは、何しよったと！」と今度は雅彦を怒る。

「弟が川に落ちて、あんた、黙って見とったとね！」

いや実は貸本の……そう言いかけるのへ、繁が目で「言うな」と合図する。繁は、これが原因で貸本を禁じられるのが辛い、と合図しているのだ。

「ごめんなさい」

①雅彦は小さな声で謝った。

怒りが収まらぬまま母が夕食の買い物に出かけたあと、玄関脇《わき》に隠したあの濡れた本を取り出し、雅彦は途方に暮れた。せめて失《な》くさなかっただけ有難《ありがた》いが、ここまで濡れた本は元に戻らないだろう。明日までに乾いたにせよ、おそらく各ページはごわごわになって、すぐにそれと気づかれるに違いない。弁償することになるのだろうか。どこにもそんなお金などない。重苦しい気持ちに潰れそうになる。

その脇で繁はもう、そのことをすっかり忘れたように、借りてきた本誌を読みふけっている。②手柄の弟は責められない。まあ、いいか、と呟《つぶや》くしかなかった。

翌日、案の定、その本はごわごわになったが思ったほどではなかった。実は夜、生乾きのまま、雅彦はその本を自分の布団《ふとん》の下に敷いて

2 ――線部①「いひつけて」の主語にあたる人物として、最も適当なものを次から選び、記号で答えよ。

ア 谷風　**イ** 小角力　**ウ** 魚売る男　**エ** 予

3 ――線部②「まけよ」と言わせたのはなぜか。その理由を十五字以内の現代語で書け。

4 次は、本文について話し合っている先生と生徒の会話である。[Ⅰ]・[Ⅱ]に適当な言葉を補って会話を完成させよ。ただし、[Ⅰ]には十字以内でふさわしい内容を考えて現代語で答え、[Ⅱ]には本文中から最も適当な十四字の言葉を抜き出して書くこと。

先生　「この話のおもしろさはどこにありますか。」

生徒　「『関取である谷風が、値段をまけるというのは[Ⅰ]に通じるので避けるべきだ』という魚売りの言葉に影響されて、鰹を魚売りの言い値で買ってしまったところだと思います。」

先生　「そうですね。それを作者はどのように考えていますか。」

生徒　「冷静に考えると、谷風はまけさせたのであって、まけるのは魚売りであったのに、『まける』という言葉に敏感になって早とちりしてしまいました。だから、魚売りに『まけよ』と言わせたことは、『[Ⅱ]』と述べているように、気にしなくてもよかったと考えています。」

先生　「その通りです。よく理解できていますね。」

4

次の文章を読んで、あとの1～6の問いに答えなさい。

> 昭和三十年代、当時は本が高価だったため、子どもたちはよく貸本屋を利用していた。長崎市内に住む二つ違いの兄弟、雅彦《まさひこ》と繁《しげる》は、近所の貸本屋で月刊漫画誌「少年画報」を借りて帰っていた。

▼新しい本を借りた帰り道のこと。

渋る雅彦をそこに置き去りにして、

「いっぺん、ここから降りたかったと」

そう言ってこの川原まで八メートルほどもある崖っ縁の、低いコンクリートのフェンスをまたぐと、繁はすばしっこい猿のように崖に生えている太い草や岩を拠《よ》りどころにいとも簡単にするすると川へ下りて行った。▲

雅彦が橋の上から見下ろしていると、あと数メートルで川原に届く辺りで繁が滑った。あっという間に右足が水の中にはまり込む。深い瀬ではないが、前日降った雨で幾分水かさは増していた。雅彦がはらはらしながら橋の上から覗《のぞ》き込んだとき、「少年画報」の本誌の間に挟まっていた別冊付録集がするりと動いた。あわてて取り押さえようとする雅彦の腕の一瞬の動きをすり抜けるように一度指の先で跳ね、小さな鳥が羽ばたくようにはたはたとページを翻《ひるがえ》しながら川面《かわも》にゆっくりと落ちていった。

3　次の文は、――線部②について、筆者がこの謎の答えを、日本人がどのような状況で、どのようなことを考えていたからだと捉えているかをまとめたものである。［　　］に五十字以上六十字以内の言葉を補い、文を完成させよ。ただし、状況については、その背景となる事情を(八)・(九)段落の内容を踏まえて書くこと。

日本人は［　　　　　　　　］と考えていたから。

4　――線部③とあるが、この日本人の価値観と対照的に書かれている価値観を、「という価値観」に続くように、本文中から二十二字で抜き出し、その最初と最後の五字を書け。

5　本文を内容の上から四つのまとまりに区切るとき、最も適当なものを次から選び、記号で答えよ。

ア　(一)－(二)～(四)－(五)～(十三)－(十四)・(十五)
イ　(一)～(四)－(五)～(七)－(八)～(十三)－(十四)・(十五)
ウ　(一)－(二)～(七)－(八)～(十二)－(十三)～(十五)
エ　(一)～(四)－(五)～(九)－(十)～(十二)－(十三)～(十五)

6　本文の内容について説明したものとして、最も適当なものを次から選び、記号で答えよ。

ア　二十一世紀にファッション界を発展させるための羅針盤は、物を細工して小さく詰め込む日本人の優れたアイディアである。
イ　二十一世紀に技術立国として世界をリードするための羅針盤は、荷物を背負ってただひたすら歩いていた日本人の勤勉さである。
ウ　二十一世紀に韓国、中国など様々な国々と良い関係を築くための羅針盤は、世界の中で際立っている日本人の縮める性向である。
エ　二十一世紀に直面する地球規模のエネルギー問題に対応するための羅針盤は、物を細工して縮める日本人の技術である。

3

次の文章を読んで、あとの1～4の問いに答えなさい。

関取(注)谷風梶之助《たにかぜかじのすけ》、(注)小角力《こずまふ》を供につれ、日本橋本船町を通りける時、鰹《かつを》をかはんとしけるに、価《あたひ》いと高かりければ、供の者に①いひつけて、②「まけよ」といはせて行き過ぎしを、魚売る男《うををのこ》よびとどめて、「関取のまけるといふはいむべき事なり（避けなければいけないことだ）」といひければ、谷風立ちかへり、「かへかへ」と③いひてかはせたるもをかしかりき。これは谷風のまくるにあらず。魚売る男の方をまけさする事なれば、さのみ（それほど）いむべき事にはあらざるを、「かへかへ」といひしは、ちとせきこみし（ちょっと早とちりした）と見えたり。これは予《よ》が若かりし時、まのあたり見たる事なりき。

（「仮名世説」による）

(注)　谷風梶之助＝江戸時代後期に実在した力士。
　　　小角力＝相撲取りの新弟子。

1　――線部③「いひてかはせたる」を現代仮名遣いに直して書け。

ない。古い時代の絵画を見ても、旅する日本人は皆、荷物を背負って歩いていた。（七）

南北に細長い日本列島は、いくつもの海峡《かいきょう》、縦走する山脈、大小の山々、そして無数の河川によって分断されていた。約三千年前、この分断された列島の(注)沖積《ちゅうせき》平野で稲作が開始された。かつては海の底であった沖積平野は、(注)肥沃《ひよく》だが排水の悪い湿地帯であった。日本人は、この湿地の沖積平野にへばりつくようにして米を作っていった。（八）

地形で分断されていた日本人たちは、ことのほか情報好きであった。理由を見つけては情報を求めて旅に出た。日本人の旅とは歩くことであった。荒々しい海峡、連なる山々、気まぐれに流れる河川、そして腰まで沈む湿地帯、これらの日本列島の地形が、人々に牛馬の利用を許さなかった。（九）

③荷物を背負って歩き続けていく日本人たちに、ある大切な価値観が生まれていった。日本人は荷物を背負いながら、あることを考え続けていたのだ。それは、荷物を一ミリでも薄く、一グラムでも軽くしたい。そのことだけを考えて歩いていた。一日中歩いて宿に着いた旅人たちは、夜長、物を小さくする工夫を交換し、いかに物を縮めたかを誇った。そして、その縮められた物は、あっという間に日本中に広まった。（十）

ハサミや筆の道中小間物道具や何種類もの薬を収納できる印籠《いんろう》、そして大きな提灯《ちょうちん》を小さく縮めてしまった小田原提灯があった。この小田原提灯のアイディアはファッション界の三宅一生氏によって「プリーツ・プリーズ」という女性服に生まれ変わり、世界中の女性を魅了してしまった。（十一）

物を細工して縮める。物を細工して小さく詰め込む。これは絶対的な価値となっていった。日本人は縮めることを美意識までに(注)昇華していった。（十二）

同じ旅をするにも、牛馬に荷物を預ける民族にその性向は生まれない。旅をするときには、袋やトランクにあらゆるものを放り入れ、いくつもの荷物を馬車に放り上げた。彼らの誇るべき価値は、いかに多くの物を持ち、いかに大きな物を運ぶかであった。（十三）

二十一世紀、地球規模で環境は激変し、エネルギー資源が枯渇《こかつ》していく。この未来世界において、エネルギーを最小にする持続可能な社会の構築は不可避である。日本人は「かわいい」と言っては、小さなものを愛した。かわいいものを作るため、細工して詰め込み、縮める技術を生んできた。この縮める技術こそが、エネルギーを最小にする持続可能な社会を実現していく。（十四）

二十一世紀の人類の航海の羅針盤は、小さきものを愛する日本文明となる。日本人の航海の羅針盤は、日本文明を創ってきた自分たち自身に確かな視線を向けることなのだ。（十五）

（竹村公太郎「小さきものへの愛」による。一部省略等がある。）

(注)　沖積平野＝流水のたい積作用によって川すじに生じた平野。
肥沃＝土地が肥えて作物がよくできること。
昇華＝物事がさらに高次の状態へ一段と高められること。

1　本文中の［a］にあてはまる語として、最も適当なものを次から選び、記号で答えよ。

ア　だから　**イ**　そして　**ウ**　しかし　**エ**　しかも

2　——線部①が指す内容を七字で抜き出して書け。

令和三年度 公立高校入試実戦問題 第一回 国語

（解答…221P）

1

次の1・2の問いに答えなさい。

1 次の――線部①～⑥のカタカナは漢字に直し、漢字は仮名に直して書け。

私は最近まで、①キソク正しい生活ができていませんでした。テレビを見たり、宿題をしたりしていると②就寝時間が遅くなり、朝は起きられないという状況に③陥りがちでした。そこで時間の過ごし方を見直すと、するべきことがフク数あるのに、④ヨウリョウが悪いことに気づきました。そこを気に⑤トめることで、一つのことをこなす時間を⑥削減することができました。そして、早寝早起きもできるようになりました。

2 次は、1の文章中の＝＝線部の漢字を行書で書いたものである。これを楷書で書いたときの総画数と同じ画数になる漢字を一つ選び、記号で答えよ。

ア 遠　イ 確　ウ 増　エ 報

2

次の文章を読んで、あとの1～6の問いに答えなさい。〔(一)～(十五)は段落番号を示す。〕

急激な気候変動、世界人口の急増、そして資源のひっ迫が次々と人類を襲ってくるこの二十一世紀、日本は危険な漂流物を避け、荒れ狂う海を進んで行く羅針盤《らしんばん》を持っているのか。　(一)

二十年ほど前、ある日本人論が世に登場した。韓国の李御寧《イー・オリヨン》氏の『「縮み」志向の日本人』である。日本人による日本人論は、みな欧米との比較になっている。真の日本を知るには、欧米との比較だけではなく、韓国と中国との比較が必要だ。もし、韓国や中国と異なる点があれば、それこそ真の日本の特徴である。　(二)

その韓国人や中国人と異なる日本人の性向とは、「縮める」ことである。日本人は大陸から入ってきた団扇《うちわ》を扇子《せんす》に縮めた。食事を幕の内弁当に縮め、大きな木を盆栽に縮めた。近代に入ってからも①それは続いた。こうもり傘を折りたたみ傘に縮め、コンピューターを電卓に縮めた。日本人の縮める性向こそ、世界の中で際立っている。李御寧氏は、日本人自身が気がついていなかった面に光を当てた。　a　、その李御寧氏も「なぜ、日本人は縮めるのか」には触れてはいなかった。　(三)

なぜ、日本人はものを縮めるのか、この謎《なぞ》を解きたい。私は、そんな子どもっぽい挑戦の心を、二十年間、胸にしまっていた。　(四)

一年前、広重の東海道五十三次「日本橋・朝之《の》景」を見つめていた。この絵はもう数え切れないほど見ているが、その日はなぜか目が離せなくなっていた。②二十年間抱えてきた謎「なぜ、日本人は縮めるのか」が解けていく瞬間であった。　(五)

この絵は、朝早い日本橋を渡る大名行列が描かれている。その先頭は、大きな荷物を担《かつ》ぐ二人の足軽だ。その足軽から目を離せなくなっていたのだ。彼らの担ぐ荷物はいかにも重そうだ。殿様の着替えや国《くに》許《もと》への土産や書類が詰まっているのだろう。今から何百キロメートルも遠い故郷に向かって、ただひたすら歩いていく。この大名行列に荷物を運ぶ牛や馬はいない。荷物はすべて足軽たちが背負っていた。　(六)

大名行列だけではない。江戸時代、老若男女《ろうにゃくなんにょ》を問わず旅をする人々は、荷物を背にしていた。荷物を背負うのは江戸時代に始まったわけでは

令和３年度　公立高校入試実戦問題　第１回　英　語

（解答…224 P）

1　聞き取りテスト

英語は１と２は１回だけ放送します。３以降は２回ずつ放送します。メモをとってもかまいません。

1　これから，Chisato と Michael との対話を放送します。その対話の内容を表すものとして，最も適当なものを下のア～エの中から一つ選び，その記号を書きなさい。

ア
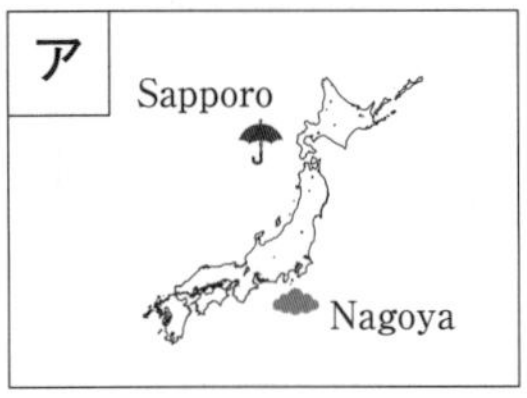

イ

ウ

エ
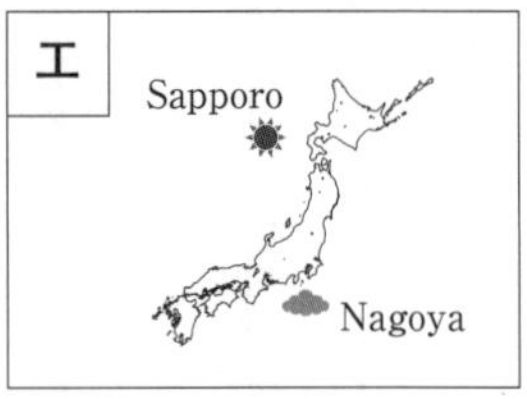

2　これから，Hiroshi と Lily との対話を放送します。二人が対話している場面として最も適当なものを下のア～エの中から一つ選び，その記号を書きなさい。

ア　Hiroshi が Lily に手紙を書いている場面。

イ　Hiroshi が Lily にペンを借りている場面。

ウ　Hiroshi が Lily にノートを借りている場面。

エ　Hiroshi が Lily にペンを貸している場面。

3　これから，Jane が英語の授業で行った発表を放送します。 Jane は日本語の学習方法について自分が使っていたものを見せながら発表をしました。Jane は下のア～ウをどのような順番で見せたでしょうか。正しい順番になるように絵を並べかえ，その記号を書きなさい。

ア

イ
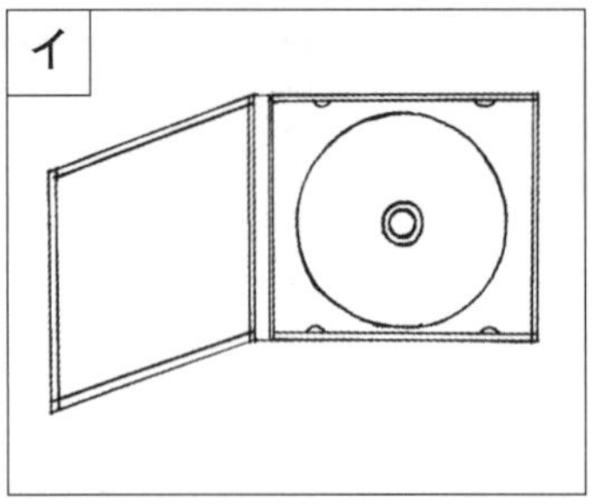

ウ
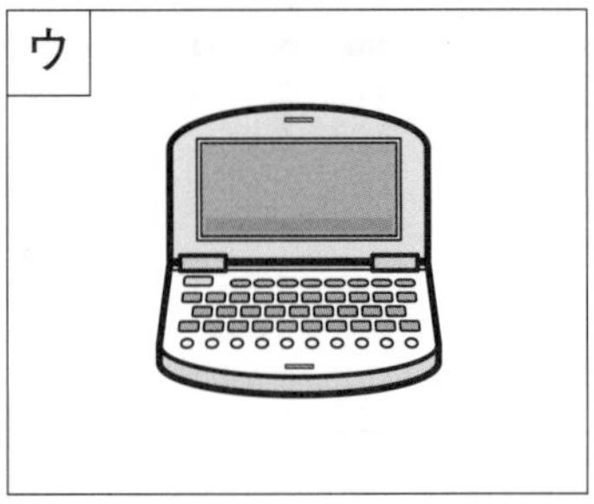

4　これから，中学生の Kota と Tina との対話を放送します。Kota と Tina は文化祭の役員集会の張り紙を見て話をしています。次の英文は，Tina のその日の日記の一部です。対話を聞いて，①，②にそれぞれ英語１語を書きなさい。

Kota and I will go to the library at 3:30 (　①　). We will talk about the festival there. We will need a notebook and a (　②　).

5　これから，Tomoe が英語の授業で行ったスピーチを放送します。スピーチの後に，その内容について英語で三つの質問をします。⑴，⑵はその質問に対する答えとして最も適当なものを下のア～エの中からそれぞれ一つ選び，その記号を書きなさい。⑶は英文が質問に対する答えとなるように，＿＿＿に入る適切な英語を書きなさい。

⑴　ア　Two books.　　イ　Three books.
　　ウ　Six books.　　エ　Eight books.

⑵　ア　Many flowers.　　イ　Many cars.
　　ウ　Some people.　　エ　Some books.

⑶　She ＿＿＿＿＿＿.

6　これから，Yoshio と Susie との対話を放送します。その中で，Yoshio が Susie に質問しています。Susie に代わってあなたの答えを英文で書きなさい。２文以上になってもかまいません。書く時間は１分間です。

2 次の１～４の問いに答えなさい。

１　次は，高校生の Keiko と Hill 先生との対話である。下の①，②の英文が入る最も適当な場所を，対話文中の〈　ア　〉～〈　エ　〉の中からそれぞれ一つ選び，その記号を書け。

①　I liked them very much.　　②　Oh, really ?

Mr. Hill : Did you visit America when you were a junior high school student, Keiko ?〈　ア　〉

Keiko : Yes.〈　イ　〉 I went to California* with some other students from Kagoshima.

Mr. Hill : 〈　ウ　〉 I'm from California.

Keiko : Wow, I didn't know that. I went to some beaches* in California.〈　エ　〉

Mr. Hill : Me, too. I lived near the beach and often went there.

注　California　カリフォルニア州　　beach(es)　海辺

２　次は，中学生の Kana と Billy との対話である。市立動物園の割引クーポン券（coupon）を参考に，[　①　] には４語以上の英語を，（　②　）～（　④　）にはそれぞれ英語１語を書け。

Kana : Hi, Billy. Look at this coupon. My mother gave me this a few weeks ago. I found it in my desk this morning.

Billy : [　①　] ?

Kana : We can use it at the city zoo. For example, when we enter* the zoo, we can get a discount*. It's only（　②　）hundred yen for two people !

Billy : That's sounds* wonderful ! I have wanted to see the white tigers* there.

Kana : OK, let's go ! We can't bring any（　③　）into the zoo, but we can have lunch at the restaurant.

Billy : Can we get a discount ?

Kana : Yes ! Everything is 10% off*.

Billy : Let's leave now. We can get there before noon.

Kana : Billy, wait ! We can't use the coupon.

Billy : Why ?

Kana : Today is May 3. Look. We had to use the coupon by*（　④　）30.

Billy : Oh, no !

注　enter　入る　　get a discount　割引を受ける　　sound　～に思われる

white tiger(s)　ホワイトタイガー　　10% off　10% 割引　　by　～までに

市立動物園割引クーポン券

○入園料
大人（中学生以上）
580円→400円
小人（小学生以下）
無　料
・食べ物の持ち込みはご遠慮ください。
○園内レストラン
全メニュー　10%割引
・1枚につき2人まで有効
・利用期間
3月24日(火)から4月30日(木)まで

休園日:毎週月曜日
開園時間10:00～18:00
地図(Ⓟ3　D-4)
電話　28-＊＊＊＊

３　右の絵において，①，②の順で対話が成り立つように，①の吹き出しの [　　　] に５語以上の英文を書け。

② At 10:30. Please get on the bus soon.
① Excuse me. [　　　] ?

４　下の絵は，英語の授業中のある場面を表している。場面に合うように，Yui になったつもりで，次の [　　　] に 20 語以上のまとまりのある英文を書け。２文以上になってもかまわない。ただし，同じ表現を繰り返さないこと。また，符号（, や ? など）は語数に含めない。

What do you want to do on your school trip?
— Learn about Japanese culture
— Go to the city zoo
— Enjoy climbing* mountains
We have a school trip* in May. What do you want to do on your school trip ? Please look at the blackboard. Choose one and tell us your reason. Can you start, Yui ?
OK. [　　　] Thank you.
I see. Thank you, Yui.

注　school trip　修学旅行　　climb　登る

3 次のⅠ～Ⅲの問いに答えなさい。

Ⅰ　次は，アラスカ（Alaska）に旅行中の Tsutomu とそこで出会った Pat との対話である。対話文中の [①] ～ [③] に入る最も適当な英文を，下の**ア**～**エ**の中からそれぞれ一つ選び，その記号を書け。

Tsutomu : Please tell me more about Alaska, Pat.

Pat : All right. [①]

Tsutomu : About languages. What language were you and your wife using at the lunch table ?

Pat : It was Yup'ik*. We speak both* Yup'ik and English.

Tsutomu : I didn't know that. Alaska has two languages !

Pat : No. [②] Yup'ik is just one of them.

Tsutomu : Oh, really ? Does everyone in your family speak both Yup'ik and English ?

Pat : No. In my family, only my wife and I use both languages every day. My father and mother spoke* Yup'ik only. My daughter* understands Yup'ik, but usually speaks English.

Tsutomu : How about her children ?

Pat : They don't understand Yup'ik well. [③] English is their main* language. Yup'ik is used mainly* by old people today, but there are Yup'ik language classes for young people at school.

注　Yup'ik　ユピック(語)　both ～ and …　～も…も両方　spoke　speak の過去形
daughter　娘　main　主な　mainly　主に

ア　They use English every day.
イ　What did you do in Alaska ?
ウ　What do you want to know ?
エ　There are about twenty languages in Alaska.

Ⅱ　次は，Takashi が英語の授業で行ったスピーチである。これを読み，あとの問いに答えよ。

What do you do in your free time ? Maybe you like to watch TV or listen to music. I often go out with my dog, Hachi, in my free time. He looks at my face when he wants to go out with me. Hachi gives me many chances to talk with people.

Last Sunday I went to the park near my house with Hachi in the afternoon. When I was walking with Hachi, I met some people there. They were playing with their children. I didn't know those people, but they spoke* to me. So I was surprised*. They asked me, "What is his name ?" and "How old is he ?" I answered* the questions and told them about Hachi. And I talked about many other things with them.

When I am walking with Hachi, I can meet many people and enjoy talking with them. I want to say "Thank you" to him.

注　spoke　speak の過去形　be surprised　驚く　answer　答える

1　次の(1)，(2)の質問に対する答えを本文の内容に合うように英文で書け。

(1)　When Hachi looks at Takashi's face, what does he want to do ?

(2)　In the park, Takashi met some people.　Did he know them ?

2　次の英文が本文の内容と合うように，[　　　　] の中に入る最も適当な英語６語を本文中から抜き出して書け。

Takashi wants to say "Thank you" to Hachi because he gets [　　　　] from Hachi.

Ⅲ　Masao と Ann は，二人の学年の学級別の読書量のグラフを見ながら自分たちのクラスの読書量について話している。１，２について，グラフをもとに，二人のクラスとして最も適当なものを下の**ア**～**エ**の中からそれぞれ一つ選び，その記号を書け。

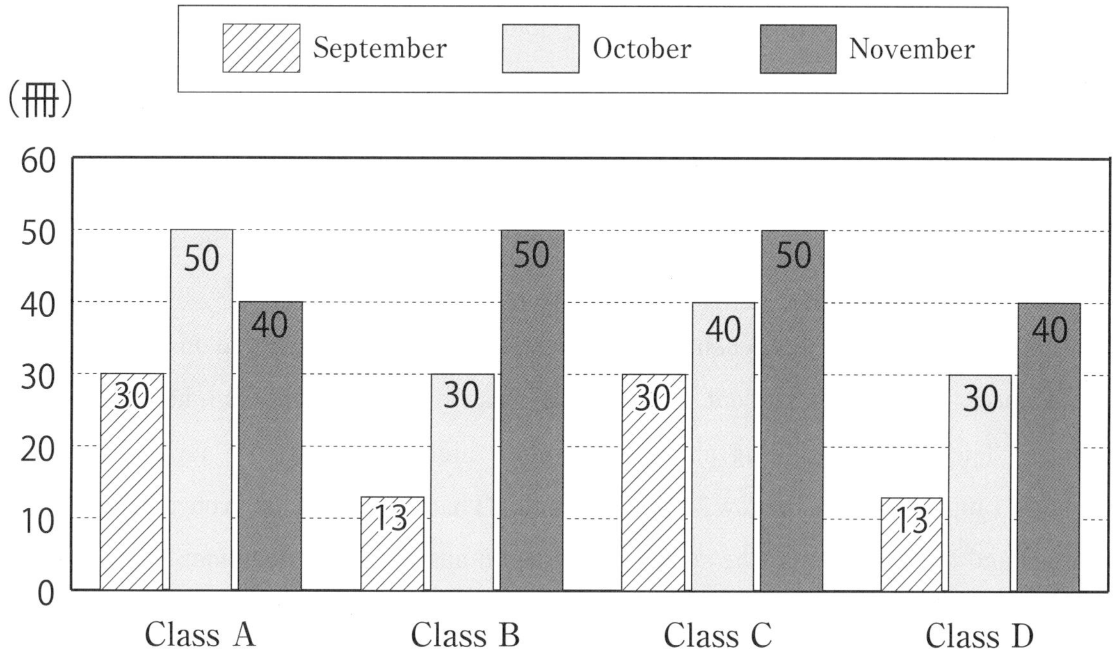

1　Masao said, "Our class read thirteen books in September.　In November, we read forty books."

ア　Class A　　イ　Class B　　ウ　Class C　　エ　Class D

2　Ann said, "In October, our class read the most books of these four classes."

ア　Class A　　イ　Class B　　ウ　Class C　　エ　Class D

4 次の英文を読み，１～７の問いに答えなさい。

Takuya and Mary were junior high school students. Mary came to Takuya's school from Australia in September and stayed for a year. There was a school trip* to Nara in October. Takuya and Mary were in the same* group for the trip.

Their group visited a temple*. Mary asked Takuya, "That statue* has so many hands. [①]" Takuya answered*, "*Senju Kannon. Senju* is ...." He tried to tell her about the statue in English, but he couldn't do it well. Then their English teacher, Mr. Tanaka, came and told them in English, "That is called *Senju Kannon. Senju* means one thousand hands. But the statue has about forty hands." Takuya understood* Mr. Tanaka's English because he used very easy English.

They went to another temple. Mary asked Takuya again, "That statue has something in its hand. What is it ?" He answered, "It's a pot*." She asked, "What's in the pot ?" He knew* the answer, but ②<u>he couldn't say it in English</u>. They had a pamphlet* for foreigners* and they read it. "Oh, it's medicine*," Mary said. "Yes ! I wanted to say that word," Takuya said in Japanese. Mary asked some other questions. Telling her in English was difficult for Takuya but he tried to answer them. So Mary was very happy.

They came back to their school and Mary said to Takuya, "I enjoyed the school trip very much. ③<u>You were a nice guide* for me</u>. Thank you, Takuya." He said, "A nice guide ? I couldn't speak English well." She said, "When I asked questions, you always tried to answer them."

Now Takuya is a college student. He visited Australia during the summer vacation and met Mary. They enjoyed talking about their junior high school days in Japan. Mary said, "You speak English very well now." Takuya said, "Thank you. When you asked me about the statues and other things on the school trip, I could answer some questions in Japanese but [④]. I have studied English very hard since then." Mary said, "That's great." Takuya said, "I also began to study old Japanese buildings like temples and shrines. They are great and beautiful. I want to show them to people from foreign countries. Now I can use English to do that." Mary asked, "Do you mean that you want to become a guide ?" Takuya answered, "Yes. You said I was a nice guide for you."

注 school trip 修学旅行　same 同じ　temple(s) 寺　statue(s) 像　answer 答える
understood understand の過去形　pot つぼ　knew know の過去形
pamphlet パンフレット　foreigner(s) 外国人　medicine 薬　guide 案内人，ガイド

1　次のア～ウの絵は，本文のある場面を表している。話の展開に従って並べかえ，その記号を書け。

2　[①] に入る最も適当なものを下のア～エの中から一つ選び，その記号を書け。

ア　Who made the temple ?

イ　Where is the statue ?

ウ　What is the name of the statue ?

エ　When was the temple made ?

3　下線部②における Takuya の気持ちとして最も適当なものを一つ選び，その記号を書け。

ア　もどかしい気持ち　　　イ　こわい気持ち

ウ　うれしい気持ち　　　　エ　安心した気持ち

4　下線部③において，Mary はなぜそのように感じたのか，35 字程度の日本語で書け。

5　[④] に，本文の内容に合うように 5 語以上の英語を書け。

6　本文の内容に合っているものを，下のア～オの中から二つ選び，その記号を書け。

ア　Takuya and Mary visited some junior high schools on the school trip to Nara.

イ　Mr. Tanaka used very easy English, so Takuya understood his English.

ウ　Takuya didn't read the pamphlet for foreigners.

エ　Mary visited Japan from Australia during the summer vacation.

オ　Takuya began to study English hard after the school trip to Nara.

7　次は，大学生になった Takuya と Takuya の友達との対話である。Takuya に代わって [　　] に 10 語以上の英語を書け。2 文以上になってもかまわない。また，符号（, や ? など）は語数には含めない。

Takuya's friend : Hi, Takuya. What are you reading ?

Takuya : I'm reading a book about old Japanese buildings.

Takuya's friend : Why are you reading it ?

Takuya : [　　　　　　　　　　]

Takuya's friend : Oh, that's great. Do your best, Takuya.

令和３年度　公立高校入試実戦問題　第１回　社　会

（解答…227Ｐ）

1　次のⅠ～Ⅲの問いに答えなさい。答えを選ぶ問いについては一つ選び，その記号を書きなさい。

Ⅰ　次の略地図を見て，１～７の問いに答えよ。

略地図１

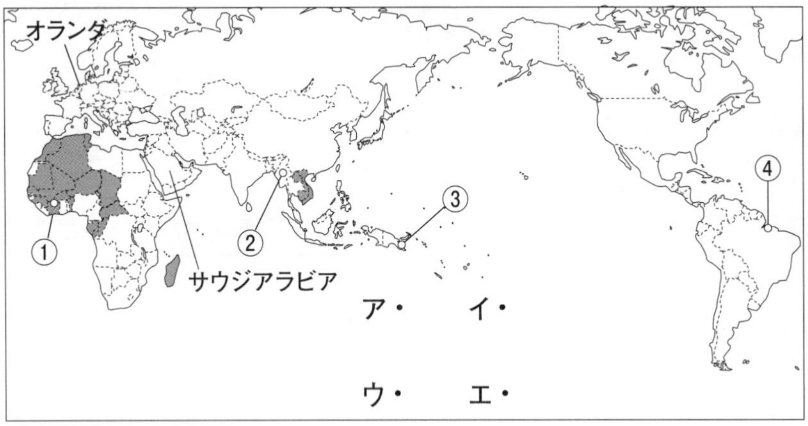

略地図２

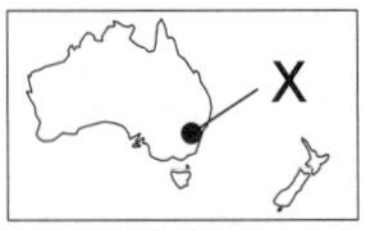

縮尺は**略地図１**と同じ

略地図３

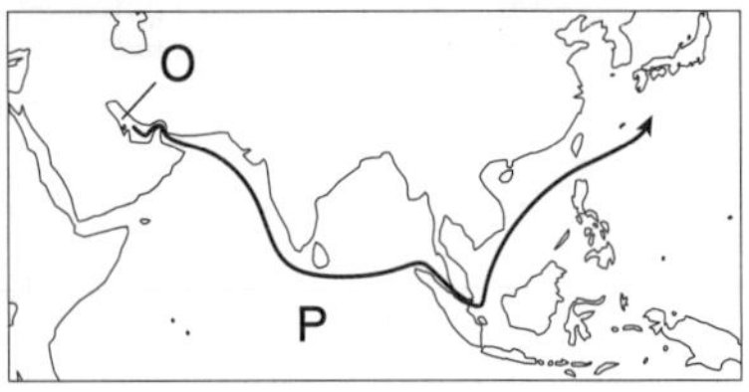

１　**略地図１**中の①～④のうち，赤道が通る地点として最も適当なものはどれか。

２　**略地図２**に示してある大陸は，**略地図１**にかかれていないオーストラリア大陸である。**略地図１**中の**ア**～**エ**のうち，**略地図２**中の**Ｘ**の都市の位置として最も適当なものはどれか。

３　**略地図１**中の**オランダ**をはじめとするＥＵの加盟国の多くで導入されている，ＥＵの共通の通貨名を何というか。

４　**資料１**は，日本から**オランダ**へ飛行機で行く場合の出発時間と到着時間を示したものである。この飛行時間は何時間何分か。ただし，サマータイムは考えない。

資料１

行き先	日本→オランダ	
現地時刻	８月19日 10時35分出発	８月19日 14時05分到着
標準時子午線	東経135度	東経15度

５　次の文は，**略地図１**中の  で示した地域を，20世紀初めに植民地支配していた国について述べたものである。この国名を書け。

> 国王の浪費や貴族の特権に不満をもっていた都市の民衆や農民らが，18世紀後半に革命をおこした。この革命の中で，身分の特権を廃止し，自由，平等，人民主権，私有財産の不可侵などをうたう人権宣言が発表された。19世紀には，アジアやアフリカに植民地を広げ，20世紀に入っておこった世界大戦の際には，講和会議が開かれた。

６　**資料２**は，**略地図１**中の**サウジアラビア**の貿易について示したものである。ある中学生は，**資料２**を円グラフで表そうと考えた。**資料２**を円グラフで表すのが適切な理由を書け。

資料２　サウジアラビアの主な貿易品（2016年）

輸出		輸入	
品目	割合（％）	品目	割合（％）
原油	66	機械類	25
石油製品	11	自動車	14
プラスチック	7	鉄鋼	4
その他	16	その他	57
総額（億ドル）	207,572	総額（億ドル）	129,796

（世界国勢図会 2019/20 年版から作成）

７　**略地図３**は，中東で産出した石油を積んだタンカーが日本へ向かう代表的な輸送航路を→で示したものである。**Ｏ**，**Ｐ**の海洋の名称の組み合わせとして最も適当なものはどれか。

ア（**Ｏ**　ペルシャ湾（ペルシア湾）　　**Ｐ**　太平洋）
イ（**Ｏ**　ペルシャ湾（ペルシア湾）　　**Ｐ**　インド洋）
ウ（**Ｏ**　紅海　　**Ｐ**　太平洋）
エ（**Ｏ**　紅海　　**Ｐ**　インド洋）

Ⅱ　次の九州地方の略地図を見て，１～６の問いに答えよ。

１　Xについて述べた次の文の [　　] にあてはまる最も適当なことばを書け。また，Xの名称として最も適当なものを，下のア～エから選べ。

> Xの島は，1993年，日本で初めてユネスコの [　　] に登録された。これは，世界的にみて保存する価値がある貴重な自然や建造物を登録し，世界の国々で協力して保存しようとするものである。

ア　種子島　　イ　小笠原諸島　　ウ　奄美大島　　エ　屋久島

２　略地図中の**長崎県**では，リアス海岸が多く見られる。この海岸線にみられる特徴を，**10字程度**で書け。

３　**資料１**は，**福岡空港**と**博多港**における輸出品の重量と金額を示したものである。**福岡空港**における主な輸出品として最も適当なものはどれか。

ア　電子部品　　イ　輸送用機械　　ウ　繊維製品　　エ　鉄鋼

資料１

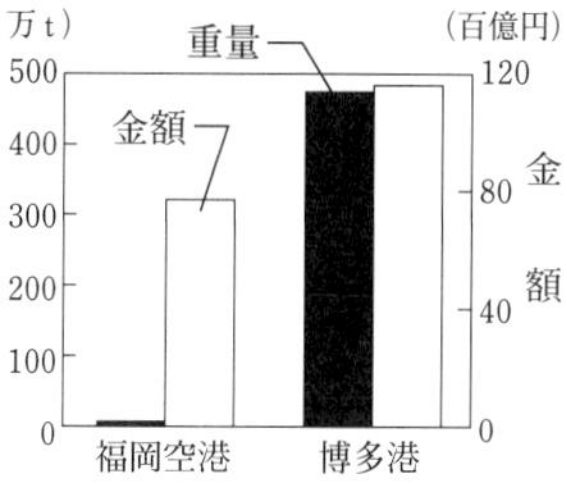

（門司税関資料などから作成）

４　**資料２**は，2016年におけるわが国のぶり類の海面漁業と養殖業による漁獲量の多い上位５道県を表している。**資料２**について述べたものとして**適当でないもの**はどれか。

ア　海面漁業によるぶり類の漁獲量が多い上位５道県には，瀬戸内海に面している県が含まれていない。

イ　養殖業によるぶり類の漁獲量が多い上位５県には，瀬戸内海に面している県が含まれている。

ウ　全国の漁獲量を見ると，海面漁業による漁獲量よりも養殖業による漁獲量の方が多い。

エ　海面漁業と養殖業を合わせたぶり類の漁獲量が多い上位３県は，鹿児島県，愛媛県，長崎県である。

資料２

（単位：ｔ）

海面漁業		養殖業	
都道府県	漁獲量	都道府県	漁獲量
島根県	12,630	鹿児島県	46,217
石川県	11,939	愛媛県	22,002
北海道	11,882	大分県	20,366
長崎県	11,138	高知県	9,929
鳥取県	10,331	長崎県	7,640
全国	106,756	全国	140,868

（海面漁業には養殖業を含まない）
（データでみる県勢 2019 年版から作成）

５　略地図中の**水俣市**でおきた公害病の主な原因として最も適当なものはどれか。

ア　水質汚濁　　イ　土壌汚染　　ウ　大気汚染　　エ　騒音

６　九州では農業が盛んなため，農産物直売所が多く見られる。**資料３**は，ある農産物直売所での販売のしかたと，生産者が，価格以外で低価格の輸入農産物に対抗するための工夫について示したものである。[Y] にあてはまる適当な内容を一つ書け。

資料３

販売のしかた	販売のしかたから考えられる工夫
○　商品ごとに生産者の名前を入れる。	○　[Y]
○　毎日，その日の朝に収穫した商品を販売する。	○　より新鮮な農産物を提供する。
○　売れ残りは，翌日朝までに生産者が引き取る。	○　消費者がどのような農産物を求めているのかを調べて，その生産を増やす。

Ⅲ　**資料１**は，ブラジルの森林面積の変化を，**資料２**は，ブラジルの牧場・牧草地面積の変化を，**資料３**は，ブラジルの牛の飼育頭数の変化を示したものである。**資料１**のような変化が生じた理由の一つを，**資料２**，**資料３**をもとにして書け。

資料１

年＼項目	森林面積（百万 ha）
2000 年	544
2014 年	495

（データブックオブザワールド 2018 年版などから作成）

資料２

年＼項目	牧場・牧草地面積（百万 ha）
2000 年	185
2014 年	196

資料３

年＼項目	牛の飼育頭数（百万頭）
2000 年	170
2014 年	212

（資料２，資料３は世界国勢図会 2017/18 年版から作成）

2 次のⅠ～Ⅲの問いに答えなさい。答えを選ぶ問いについては一つ選び，その記号を書きなさい。

Ⅰ　次の略年表を見て，１～７の問いに答えよ。

世紀	主なできごと	
1	倭の奴国の王が後漢に使いを送る	A
8	ⓐ大宝律令ができる	B
13	ⓑ一遍が時宗を開く	C
14	後醍醐天皇が［　　　］の新政を始める	
15	ⓒ足利義満が勘合貿易を始める	D
16	ⓓ織田信長が楽市・楽座を行う	
18	ⓔ田沼意次が老中となる	

資料１　ある一家の構成図

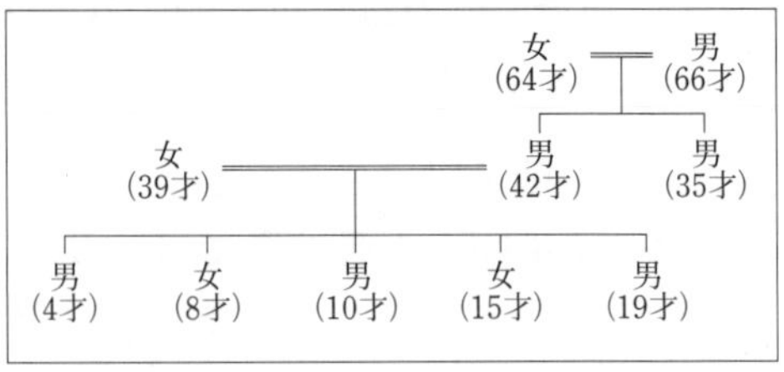

１　表の［　　　］にあてはまる最も適当なことばを書け。

２　ⓐについて，人々は律令のきまりにもとづいて戸籍に登録された。班田収授法により口分田が与えられるとき，**資料１**の一家の対象者は何人か。

資料２

３　ⓑについて，**資料２**は，諸国をめぐって信仰をすすめた一遍の生涯をえがいた絵巻物の一部で，備前国（現在の岡山県）福岡の市のようすがえがかれている。この絵に見られるようすとその説明として最も適当なものはどれか。

ア　履物や布が売られている。このころ，京都の西陣織などの絹織物が広まった。

イ　米や魚が売られている。このころ，米と麦との二毛作が行われる地域もあった。

ウ　肥料が売られている。このころ，肥料に干したいわし（干鰯）や油かすを用いた地域もあった。

エ　馬の背に荷物をのせて運ぶ馬借がいる。このころ，荷物の取り引きには明銭が使われた。

４　ⓒが将軍のころに完成した芸能として最も適当なものはどれか。

ア　歌舞伎

イ　浄瑠璃

ウ　能

エ　浮世絵

５　ⓓは，キリスト教の宣教師が教会をつくることを許すなど，キリスト教を保護した。西洋文化に対する興味関心や貿易の利益のほかに，キリスト教を保護した理由を書け。

６　**資料３**は，浄土の教えによりつくられたものである。この浄土信仰は，**資料３**の仏にすがり，どのようなことを願う信仰か書け。ただし，**極楽浄土**ということばを使うこと。また，**資料３**がつくられるなど，盛んに寺や仏像がつくられた時期が含まれるものとして最も適当なものは，略年表中の**A**～**D**のうちどれか。

資料３

７　略年表中の期間におきた次のア～エのできごとを，年代の古い順に並べよ。

ア　小野妹子が隋に送られる。　　イ　長崎に出島が築かれる。

ウ　元軍が日本に襲来する。　　エ　南蛮貿易が始まる。

Ⅱ　次は，ある中学生が近代以降のできごととその影響について発表したときにつくった表である。できごとは年代の古い順に並んでいる。１～６の問いに答えよ。

できごと	影響
日米和親条約・日米修好通商条約が結ばれた。	[　　X　　]
ⓐ富国強兵のため，積極的に欧米文化が導入された。	文明開化がおこり，伝統的生活が変化した。
日清戦争・日露戦争・第一次世界大戦で勝利した。	ⓑ国際社会で日本の地位が高まっていった。
[　　] 内閣が普通選挙法を成立させた。	ⓒ有権者の数が４倍に増えた。
ポツダム宣言を受け，ⓓ第二次世界大戦が終わった。	連合国軍に占領され，改革が進められた。

１　表中の [　　] にあてはまる最も適当な人名を書け。

２　表中の [　　X　　] にあてはまる内容として最も適当なものはどれか。

ア　朝廷をおし立てて外国の勢力を打ち払おうとする尊王攘夷運動がさかんになった。

イ　米価がはね上がり，米騒動が全国に広がった。

ウ　日本経済に大きな打撃をあたえ，労働争議や小作争議が激化した。

エ　外国の船がひんぱんに日本に近づくようになり，外国船打払令を出した。

３　ⓐに関して，殖産興業を進めるため，政府は群馬県に官営の工場をつくった。群馬県は現在でも北関東工業地域に含まれ，工業が発展している。**資料１**は，1935年，1960年，2018年のいずれかの年の日本の主な輸出品の割合を示している。次の，ある中学生のレポートの内容から判断し，それぞれの年のグラフを**Ａ～Ｃ**から一つずつ選べ。

資料１　日本の主な輸出品の割合

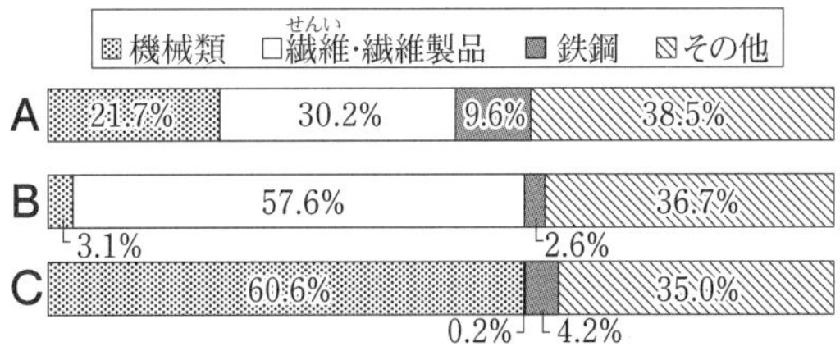

（日本国勢図会 2019/20 年版などから作成）

> 群馬県に官営工場ができて以来，日本の工業の歩みとともに，群馬県の工業も発展してきた。1935年，1960年，2018年の日本の主な輸出品の割合を見ると，群馬県における工業生産品の割合は，日本の輸出品の割合と同じ傾向で推移してきたことがわかった。

４　ⓑを説明するために示す具体例として**適当でないもの**はどれか。

ア　国際連盟の常任理事国になったこと。　　イ　日英同盟が結ばれたこと。

ウ　日中平和友好条約が結ばれたこと。　　エ　不平等条約の改正が実現したこと。

５　ⓒに関して，普通選挙法が成立したため，**資料２**の1920年に比べ，1928年に有権者の割合が増加している。1946年に有権者の割合が増加した理由は，有権者となる年齢が引き下げられたことと，あと一つは何か。

資料２　衆議院議員選挙における全人口に対する有権者の割合

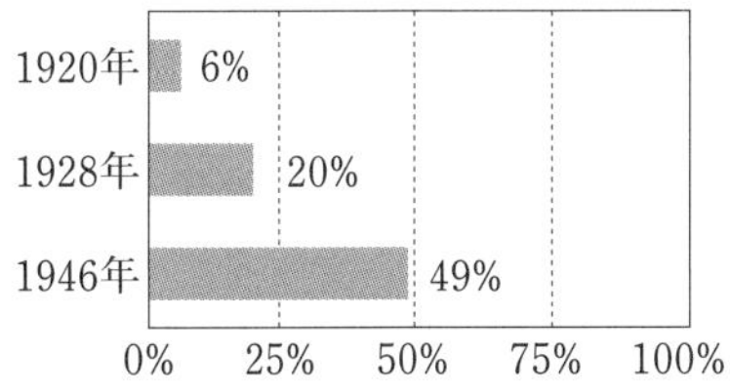

（総務省ホームページから作成）

６　ⓓ以降のできごとを，年代の古い順に並べよ。

ア　第四次中東戦争をきっかけに石油危機がおこった。

イ　東西ドイツが統一された。

ウ　サンフランシスコ平和条約が結ばれた。

エ　東京オリンピックが開催された。

Ⅲ　**資料１**，**資料２**は，第二次世界大戦後の日本で実施されたある改革の広報に用いられた紙芝居である。**資料１**，**資料２**をもとに，この改革の目的と内容を，改革の前の土地の所有状況をふまえて，**55字以上65字以内**で書け。ただし，**地主**，**政府**ということばを使うこと。

資料１

表側の絵

裏側の文章
　第二に，ほんとうの自作人はごくわづ《ず》かしかいません。全国の農家の半分が持っている土地はどれ位でしょう。全体の土地の一割もないのです。
　農家のうち六割四分までは多かれ少なかれ，小作しているのです。

資料２

表側の絵

裏側の文章の一部
　政府の買上げ条件は？

表側の絵

裏側の文章の一部
　小作人の買取方法は？

（**資料１**，**資料２**は国立公文書館デジタルアーカイブから作成）

3 次のⅠ～Ⅲの問いに答えなさい。答えを選ぶ問いについては一つ選び，その記号を書きなさい。

Ⅰ 次の略地図や資料を見て，**1**～**5**の問いに答えよ。

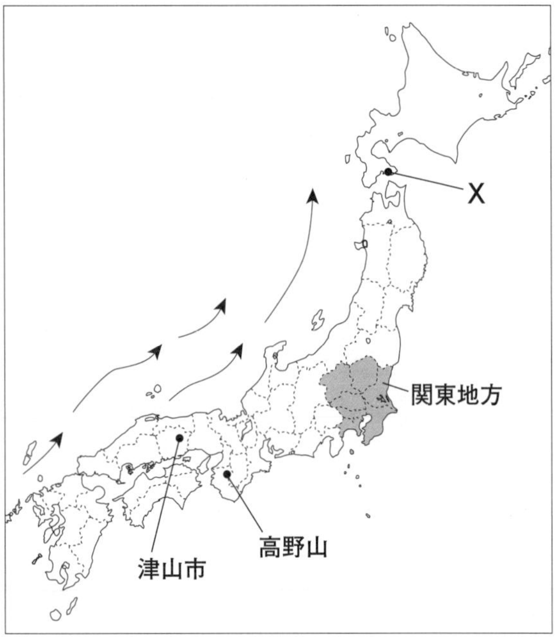

1 略地図の→で示した海流は，日本海流(黒潮)の一部が，日本海に流れ込んだものである。この海流の名称を書け。

2 略地図の**高野山**に金剛峯寺を建てて，真言宗を広めた人物は誰か。

3 略地図の**X**の都市でおきたできごとについて説明したものとして最も適当なものはどれか。

ア 中国とオランダ船に限って貿易を許され，出島がつくられた。

イ 日米和親条約と日米修好通商条約で港が開かれた。

ウ 宋との貿易を盛んにするため，平清盛が港を整備した。

エ 天下の台所とよばれ，諸藩の蔵屋敷が数多く設けられた。

4 略地図中の**関東地方**について，**資料1**を見て，**資料2**の**Y**の都県について記入する場合，あてはまるものとして最も適当なものは，**資料2**中の〈**凡例**〉の㋐～㋓のうちどれか。

資料1 関東地方の昼間人口と夜間人口（2015年）

	昼間人口(千人)	夜間人口(千人)
茨城県	2,843	2,917
栃木県	1,955	1,974
群馬県	1,970	1,973
埼玉県	6,456	7,267
千葉県	5,582	6,223
東京都	15,920	13,515
神奈川県	8,323	9,126

（日本国勢図会 2019/20 年版から作成）

資料2

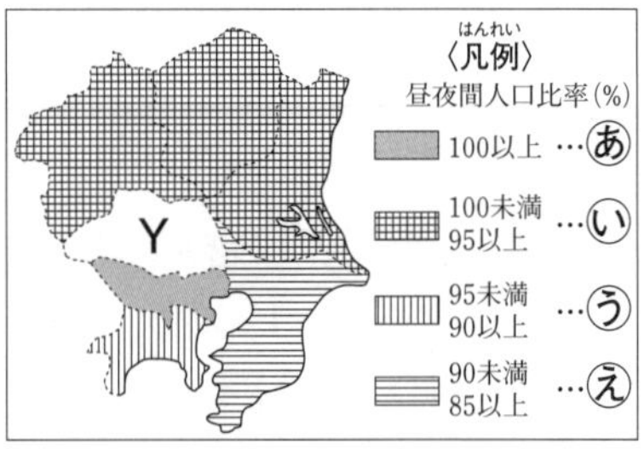

(注)昼夜間人口比率(%)＝$\frac{\text{昼間人口(昼間にいる人の数)}}{\text{夜間人口(住んでいる人の数)}}\times 100$

5 **資料3**は略地図中の**津山市**の地形図の一部である。⑴，⑵の問いに答えよ。

⑴ **資料3**中の農地の利用について述べた次の文の［ ① ］，［ ② ］に適することばを補い，これを完成させよ。

・中国自動車道の両側の山々には［ ① ］樹林が多くみられる。
・**Z**の場所から見て，大きな工場が，8方位で［ ② ］の方位に位置する。

資料3

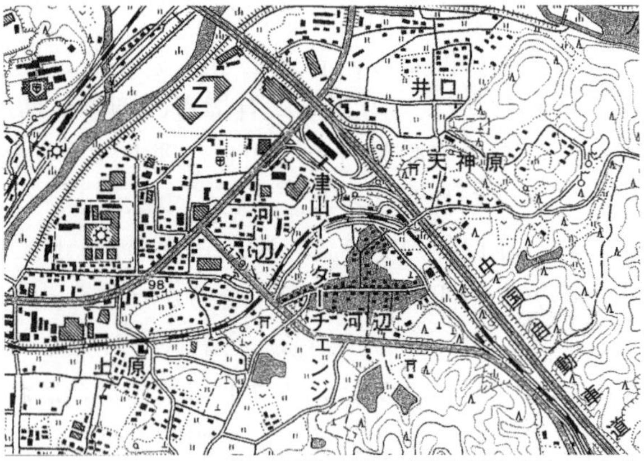

（国土地理院 平成 19 年発行「津山東部」から作成）

⑵ **資料3**中の**Z**は，ショッピングセンターを示している。**資料4**はショッピングセンター付近の最近のようすを模式的に表したものである。このショッピングセンターに，利用客が集まりやすいと考えられる理由は何か。移動手段に着目して，**資料3**と**資料4**からわかることにふれて，**25字以上35字以内**で書け。

資料4

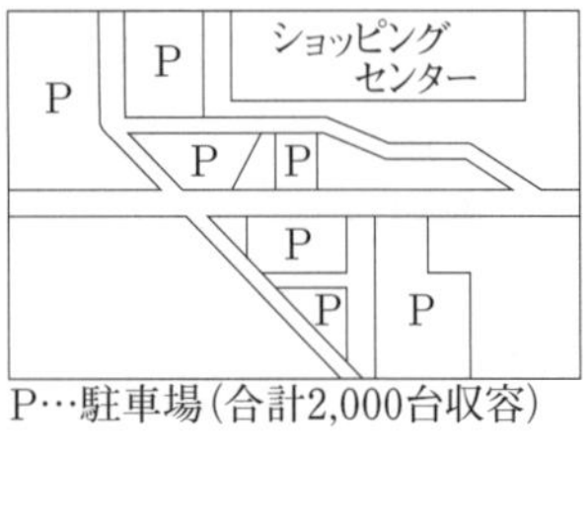

P…駐車場(合計2,000台収容)

Ⅱ　次は，世界の人口に関する生徒と先生の会話である。１～６の問いに答えよ。

生徒：世界のⓐ人口が増え始めたのはいつごろですか。
先生：イギリスでⓑ産業革命が始まった18世紀後半のころからです。さらに，ⓒ19世紀後半からの医学の進歩や衛生環境の整備によって，発展途上国で人口の急激な増加が始まりました。
生徒：このまま人口が増え続けると，どんな問題がおきますか。
先生：穀物やエネルギー資源の不足が深刻になるでしょう。また，最近では水産資源も不足してきているようです。さらに，土地や資源の確保のために自然破壊が進むことや，たくさんの二酸化炭素が放出されて，ⓓ地球温暖化が進み，ⓔ自然災害が増えることも心配されますね。
生徒：人口の増加を抑えるために，世界ではどんな取り組みをしていますか。
先生：ⓕ国際連合が中心となって，人口の増加を抑えるためのさまざまな会議を開いています。
生徒：世界の人口の増加が，多くの問題に結びついていることが分かりました。

１　ⓐに関して，**資料１**のＡ，Ｂは，日本の1950年と2018年のいずれかの年の人口ピラミッドを示したものであり，**資料２**のＸ，Ｙは日本の1950年と2018年のいずれかの年の出生率・死亡率を示したものである。2018年の人口ピラミッドと出生率・死亡率の組み合わせとして最も適当なものはどれか。

資料１

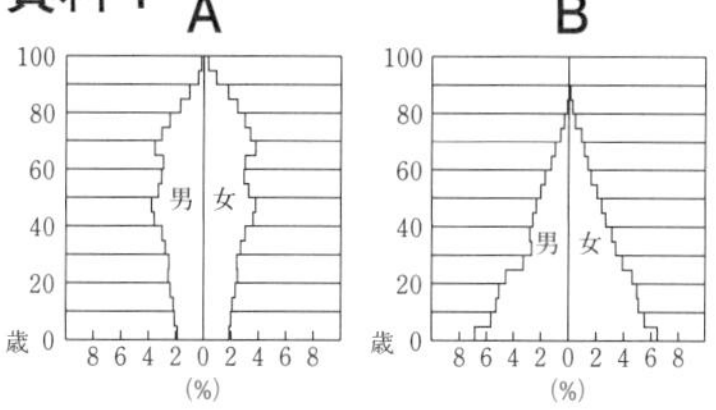

資料２

	出生率	死亡率
X	28.1	10.9
Y	7.9	11.0

（資料１，資料２は日本国勢図会 2019/20 年版などから作成）

ア　Ａ－Ｘ　　イ　Ａ－Ｙ　　ウ　Ｂ－Ｘ　　エ　Ｂ－Ｙ

２　ⓑに関して，日本は日清戦争で得た賠償金を使って，福岡県に官営の製鉄所を設立した。その製鉄所を何というか。

資料３

３　ⓒに関して，20世紀初め，黄熱病の研究で世界的に有名となった，**資料３**の人物は誰か。

４　ⓓによって，日本の経済水域をめぐってどのような問題が生じるおそれがあるか。**資料４**を参考にして書け。ただし，**地球温暖化**，**経済水域**ということばを使うこと。

資料４

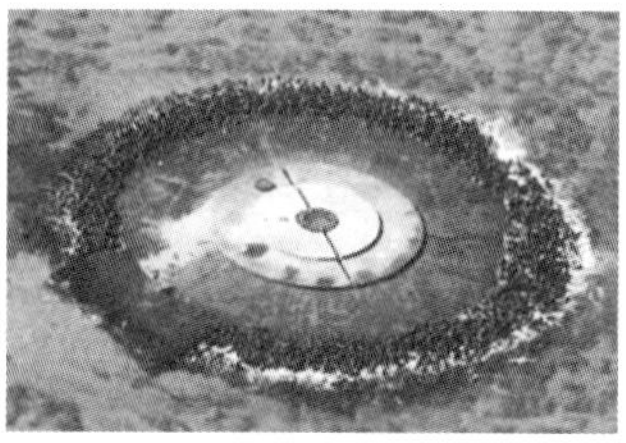

５　ⓔに関して，日本に接近する台風について述べた文として，**適当でないもの**はどれか。
ア　太平洋沿岸より日本海沿岸の方が被害を受けることが多い。
イ　夏から秋にかけて接近することが多い。
ウ　西太平洋の熱帯海域で発生することが多い。
エ　強風や大雨により被害がもたらされることが多い。

６　ⓕの本部がおかれている都市名を書け。

Ⅲ　中学生の**Ａさん**は，オーストラリアの全人口に占めるキリスト教徒の割合が減少していることを知り，オーストラリアの移住者の出身地域が変化したからではないかと予想した。次の**Ａさんのメモ**の［　　　　］に適することばを補い，これを完成させよ。

資料
オーストラリアへの移住者の出身地域

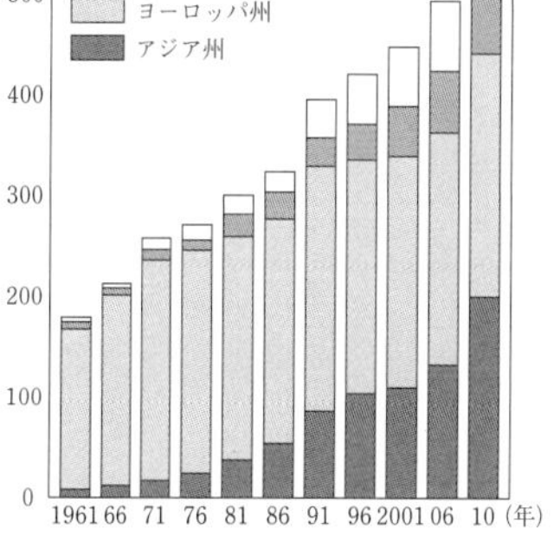

（「Australian Immigration」から作成）

Ａさんのメモ

資料を使って自分の予想が正しいことを説明しようとしたが，**資料**から読み取れる内容だけでは，キリスト教徒の割合が減少した理由の説明には不十分である。キリスト教徒の割合が減少した理由を説明するには，他に［　　　　］を説明する必要がある。

1 次の１～５の問いに答えなさい。

1　次の⑴～⑸の問いに答えよ。

⑴　$(216-36)\div 6$ を計算せよ。

⑵　$\frac{1}{3}+\frac{4}{5}\times\frac{10}{12}$ を計算せよ。

⑶　$2(5a-2)-3(5+2a)$ を計算せよ。

⑷　連立方程式 $\begin{cases} 4x+y=-7 \\ x=3y-5 \end{cases}$ を解け。

⑸　$x=3$，$y=-\frac{1}{3}$ のとき，$24xy^2\div(-6y)\times 2x$ の式の値を求めよ。

2　定価5000円の40％引きの値段のついた商品が，タイムセールでさらにその値段の70％引きで売られている。この商品を１個買ったときの代金はいくらか。なお，消費税は考えないものとする。

3　下の表は，あるケーキ屋の１週間のシュークリームの売れた個数を，120個を基準として基準との差を示したものである。この１週間に売れたシュークリームの１日の平均は何個か。

曜日	日曜日	月曜日	火曜日	水曜日	木曜日	金曜日	土曜日
基準との差(個)	＋14	－７	－２	＋１	＋13	－５	＋７

4　y は x に比例し，$x=2$ のとき $y=-8$ である。$x=-4$ のときの y の値を求めよ。

5　下の図は，AD // BC である台形 ABCD を示したものであり，AB = BC，∠ABC = 50°，∠ACD = 35° である。このとき，∠x の大きさは何度か。

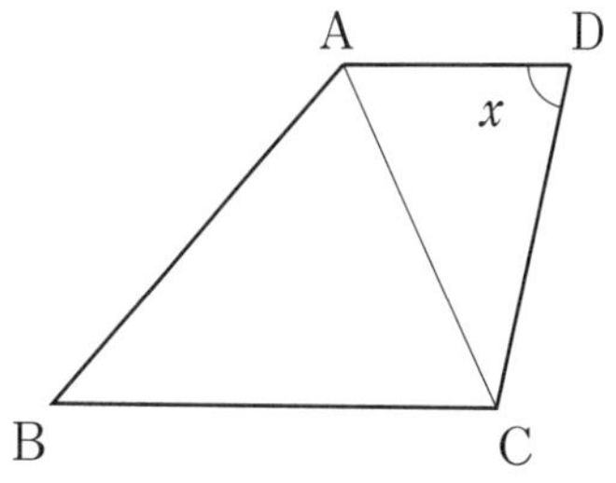

入試実戦問題　第一回

2 次の**1**～**4**の問いに答えなさい。

1 ある中学校では，A，B，C，D，E，Fの６人が花壇《だん》の世話係をしており，A，B，C，Dの４人は男子，E，Fは女子である。この６人の中から，ある日の世話係２人をくじで決めるとき，男子１人と女子１人の２人に決まる確率を求めよ。

2 **図１**は，立方体ABCD－EFGHを示したもので，１辺の長さは4 cmである。また，**図２**はこの立方体の展開図を示したものである。このとき，次の(1)，(2)の問いに答えよ。

図１

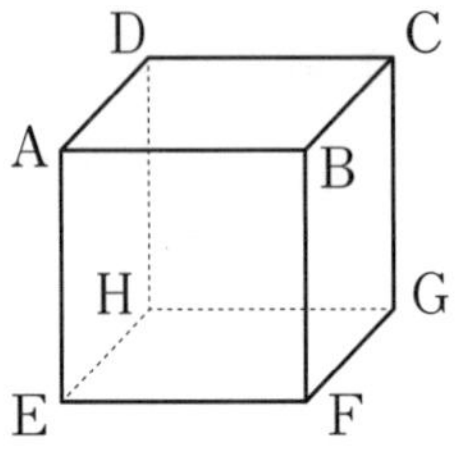

図２

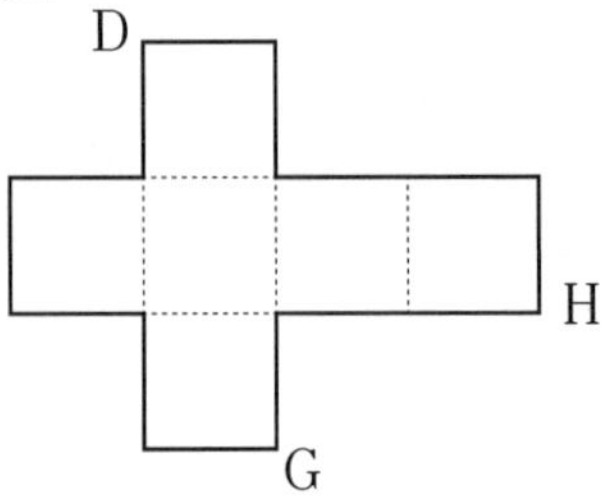

(1) 立方体ABCD－EFGHの表面積は何cm^2か。

(2) **図１**において頂点Aから，辺BF上の点Pを通り，頂点Gまで線をひく。この線の長さが最も短くなるとき，点Pの位置を**図２**中に示せ。なお，作図に用いた線は残し，点P以外の頂点の記号については示す必要はない。

3 右の図は，円と円周上の点Aを示したものであり，点Aを通り，円の面積を二等分する直線をℓとする。このとき，直線ℓを，定規とコンパスを用いて作図せよ。ただし，点Pの位置を示す文字Pを書き入れ，作図に用いた線も残しておくこと。

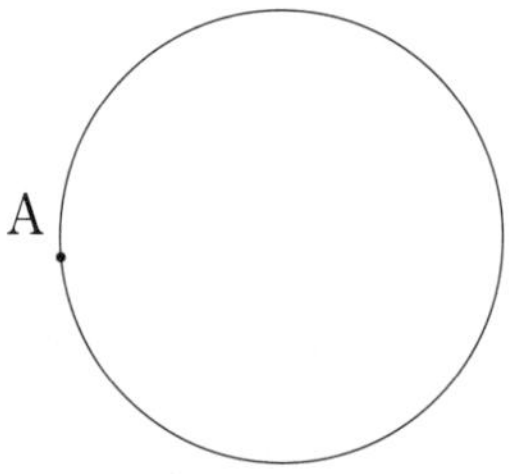

4 大人と中学生と小学生，合わせて40人で動物園へ行った。右の表は，１人あたりの動物園の入園料を示したもので，このときの入園料の総額は7300円であり，40人のうち小学生は22人だった。このとき，大人と中学生の人数はそれぞれ何人か。大人をx人，中学生をy人として，その方程式と計算過程も書くこと。なお，消費税は考えないものとする。

	入園料
大　人	500円
中学生	200円
小学生	100円

3 次の**表1**は，Kさんが９月の日ごとの歩いた距離を表にまとめたものである。次の**1**～**3**の問いに答えなさい。

表1

日	距離（m）	日	距離（m）	日	距離（m）
1日	6200	11日	8900	21日	1300
2日	8200	12日	5500	22日	5100
3日	4800	13日	1800	23日	5000
4日	7500	14日	1500	24日	3200
5日	5300	15日	3700	25日	6400
6日	4200	16日	6400	26日	3100
7日	2200	17日	3000	27日	1400
8日	5400	18日	9200	28日	1700
9日	7500	19日	4500	29日	5200
10日	5500	20日	3900	30日	8400
				合計	146000

1　歩いた距離が最も長い日の距離は，歩いた距離が最も短い日の距離の何倍か，小数第２位を四捨五入して求めよ。

2　30日間の歩いた距離の合計146000ｍを，有効数字を３けたとして，整数部分が１けたの小数と10の累乗との積の形で表せ。

3　Kさんは，**表1**をもとに，右の**表2**を作成した。このとき，次の(1)，(2)の問いに答えよ。

(1)　**表2**中の［ア］～［ウ］にあてはまる数をそれぞれ求めて表を完成させよ。

表2

階級(m)	度数(日)	(階級値)×(度数)の値
0以上 ～ 2000未満	［ア］	5000
2000 ～ 4000	6	18000
4000 ～ 6000	［イ］	［ウ］
6000 ～ 8000	5	35000
8000 ～ 10000	4	36000
計	30	144000

(2)　**表1**と，(1)で完成させた**表2**について説明したものとして，正しくないものはどれか，次の**ア**～**ウ**から１つ選び，記号で答えよ。また，正しくないことを，数値を用いて説明せよ。

ア　**表2**から，歩いた距離が4000ｍ未満の相対度数は，0.4を下回っている。

イ　**表1**から求めた中央値(メジアン)と**表2**から求めた最頻値(モード)を比較すると，どちらも同じ値であることがわかる。

ウ　**表1**から求めた１日の歩いた道のりの平均と，**表2**において，(階級値)×(度数)の値を利用して求めた１日の歩いた道のりの平均を比較したとき，**表1**で求めた平均値の方が，**表2**で求めた平均値よりも50ｍ以上長い。

4　太郎さんと花子さんは，学校の授業で調べ学習を行った。以下の会話文を読んで，次の**1**～**3**の問いに答えなさい。

太　郎：インターネットの利用料金は接続業者によってさまざまだね。ちなみに，インターネット接続業者のＡ社とＢ社の１か月あたりの利用料金は，利用時間によって下の表のようになっているよ。

Ａ社	・基本料金はかからない。 ・１か月の利用時間が100分までは，利用時間１分ごとに５円かかり，100分以降については１分につき２円かかる。
Ｂ社	・１か月の利用時間が150分以下のときには，400円の基本料金のみ。 ・１か月の利用時間が150分をこえるときには，こえた時間１分ごとに，４円を基本料金に加算する。

花　子：表をみると，Ａ社は基本料金がかからないけど，Ｂ社は基本料金がかかるのね。基本料金がかからないＡ社の方が利用料金は安くなるのかな。

太　郎：そうとは言えないと思うよ。だって，１か月の利用時間が90分のときの利用料金は，Ａ社の方がＢ社より［　　　］円高くなるからね。

花　子：そうか。表だとわかりにくいからグラフに表してみようかな。Ａ社を利用する場合について横軸を利用時間，縦軸を利用料金として，その関係を表すと下の図のようになるわ。

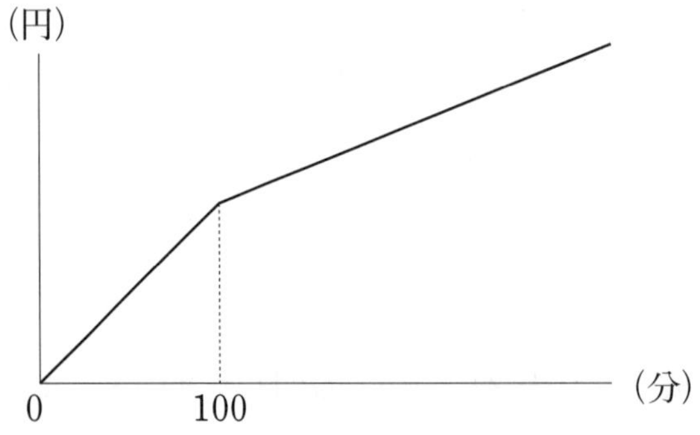

太　郎：<u>Ｂ社についても同様にグラフに表すとどうなるかな。</u>

花　子：グラフにすると一目でわかるからいいね。毎月の利用料金を少しでも安くするためには，１か月の利用時間がどのくらいかによってインターネットの接続業者を検討したり，見直すことが大切ね。

太　郎：そうだね。今日の調べ学習は，日常生活にも役立ちそうな内容になったね。

1　[　　]に適当な数を入れ，会話文を完成させよ。

2　下線部について，次の(1)，(2)の問いに答えよ。

(1)　1か月の利用時間の増加にともなう利用料金の変化のようすをグラフに表したとき，B社のグラフとして最も適当なものを，次の**ア**～**エ**の中から1つ選べ。ただし，横軸は利用時間，縦軸は利用料金を表すものとする。

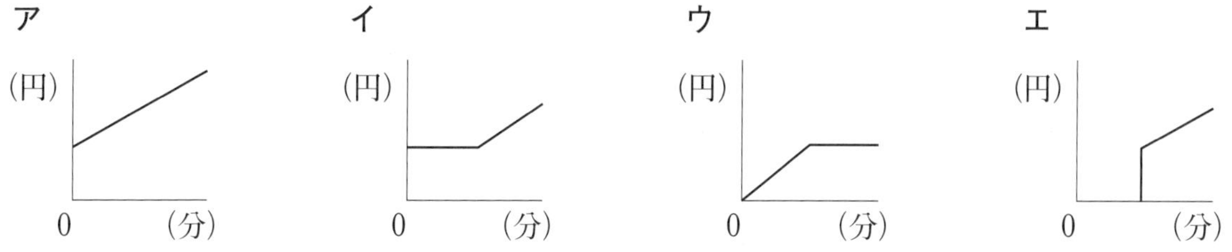

(2)　B社を利用する場合について，1か月の利用時間をx分，利用料金をy円として，下の表のようにまとめた。表中の[①]，[②]にあてはまる数や式をそれぞれ求めよ。

xの変域	$0 \leqq x \leqq 150$のとき	$x > 150$のとき
式	$y =$ [①]	$y =$ [②]

3　B社の利用料金がA社の利用料金と同じか，それよりも安くなるのは，1か月の利用時間が何分から何分までのときか。

5 右の図は，AD // BC，AD：BC＝3：4である台形ABCDを示したものである。辺BC上にAD＝BEとなる点Eをとり，線分AEと線分BDの交点をFとする。次の**1**～**3**の問いに答えなさい。

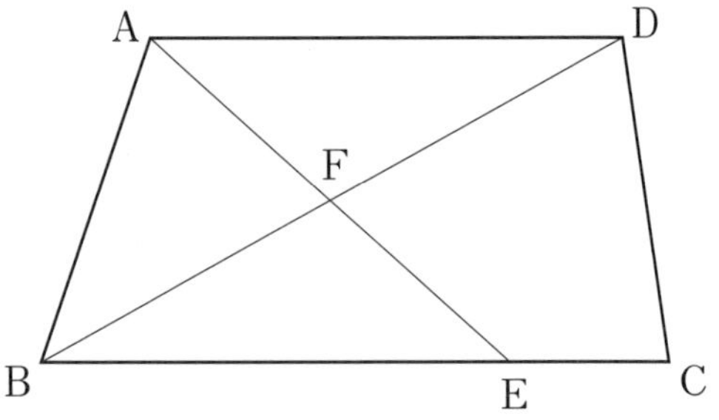

1 △AFD≡△EFBであることを証明せよ。

2 点Dと点Eを結ぶ。∠ABC＝70°，∠BCD＝80°のとき，∠CDEの大きさは何度か。

3 点Dから辺BCに垂線DHをひく。このとき，次の(1)，(2)の問いに答えよ。

(1) AD＝6cm，DH＝3cmのとき，四角形CDFEを，辺BCを軸として一回転してできる立体の体積は何cm^3か。ただし，円周率はπとし，求め方や計算過程も書くこと。

(2) AB＝DCとする。点Fを通り，辺ADと交わる直線をℓとし，直線ℓと辺ADとの交点をPとする。五角形PFEHDの面積と台形ABCDの面積の比が3：8となるとき，線分APと線分PDの比を，最も簡単な整数の比で表せ。

令和３年度　公立高校入試実戦問題　第２回　理　科　　（解答…232Ｐ）

1　次の各問いに答えなさい。答えを選ぶ問いについては記号で答えなさい。

１　原子の中心にある原子核の一部で，電気をもたないものを何というか。

２　輪ゴムや下じきのように，力によって変形させられた物体が，もとにもどろうとする性質を何というか。

３　**図１**は，火山の断面を模式的に示したものである。次の文中の①，②について，それぞれ正しいものはどれか。

図１

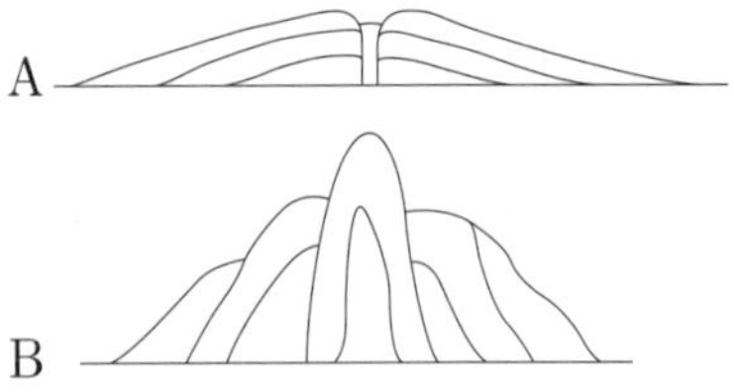

> Ａの火山では，Ｂの火山に比べてマグマのねばりけが弱いので，①(**ア**　爆発的な　　**イ**　おだやかな)噴火をする。また，溶岩の色は②(**ア**　黒っぽい　　**イ**　白っぽい)色をしている。

４　一般的なプラスチックに共通する性質として**あてはまらないもの**を１つ選べ。

ア　燃やすと二酸化炭素が発生する。　　**イ**　水より密度が小さい。

ウ　電気を通しにくい。　　**エ**　酸性やアルカリ性の水溶液に変化しにくい。

５　校庭で太鼓をたたいて，音が校舎で反射してもどってくるまでの時間をストップウォッチではかったところ，1.6秒であった。太鼓から校舎までの距離は何ｍか。ただし，空気中を伝わる音の速さは340ｍ／ｓとする。

６　**図２**は，自然界で植物，草食動物，肉食動物の数量のつり合いが保たれた状態を模式的に表したものである。

図２

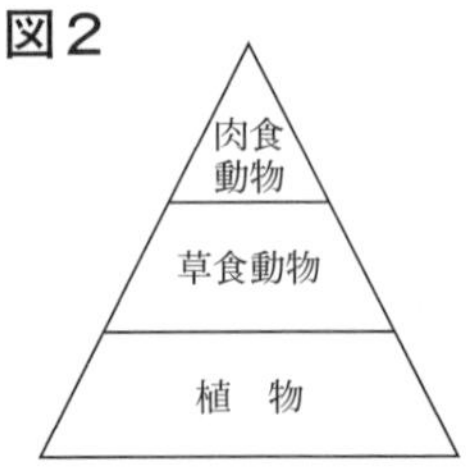

⑴　自然界の多くの生物は，食べる，食べられるの関係でつながっている。このような，食べる，食べられるという鎖のようにつながった一連の関係を何というか。

⑵　**図３**のＡに示すように，何らかの原因で草食動物の数量が急に減少した場合，生物の数量はＢからＣへと変化し，やがてつり合いが保たれた状態にもどる。**図３**のＣを完成させよ。ただし，答えは破線をなぞって書くこと。

図３

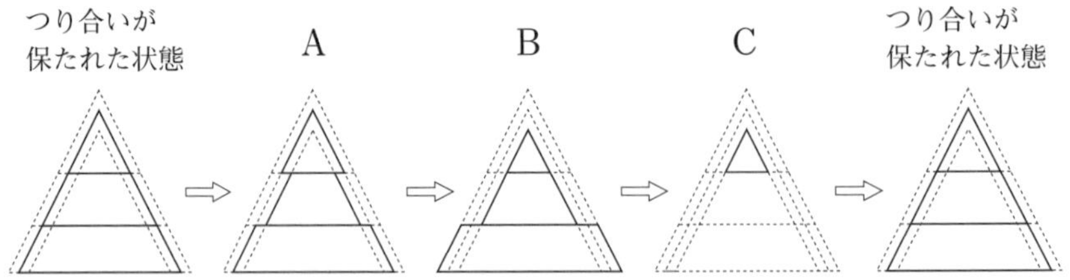

７　**図４**のように，発生させたアンモニアを集めるには上方置換法を用いるのが適している。この理由を気体の性質にふれて書け。

図４

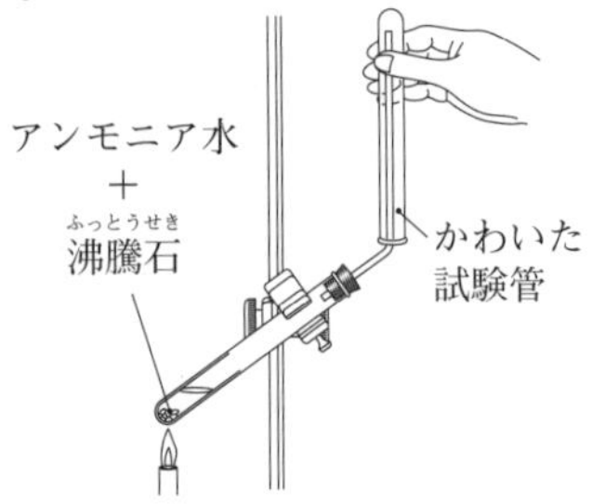

2 次のⅠ，Ⅱの各問いに答えなさい。答えを選ぶ問いについては記号で答えなさい。

Ⅰ　ある年の４月１日と５月１日に西の空を観察した。**図１**は，それぞれの日の午後９時における，オリオン座のベテルギウスと金星の位置を記録したものである。天体望遠鏡で観察したところ，ベテルギウスは４月１日と５月１日とも小さな点にしか見えなかったが，金星は４月１日と５月１日では，見かけの大きさと形が異なって見えた。**図２**は，４月１日に観察された金星の見かけの大きさと形をスケッチしたものであり，**図３**は，地球の北極のはるか上から見た，４月１日における太陽，金星，地球の位置関係を模式的に示したものである。

図１

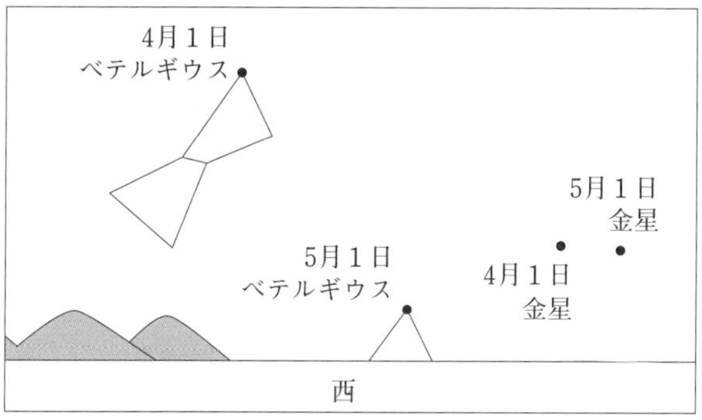

図２

図３

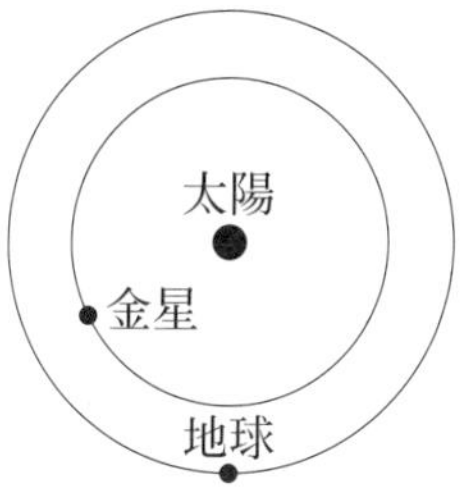

1　ベテルギウスは冬の大三角の１等星であるが，あとの２つはどれとどれか。

ア　シリウス　**イ**　ベガ　**ウ**　デネブ　**エ**　プロキオン　**オ**　アルタイル

2　５月１日に，ベテルギウスが４月１日午後９時と同じ位置に見えるのは午後何時ごろか。

3　下線部のように，ベテルギウスが小さな点にしか見えなかった理由を書け。

4　５月１日の金星の見かけの大きさと形を表したものとして最も適当なものはどれか。ただし，４月１日，５月１日とも同じ倍率の天体望遠鏡で観察したもので，観察した像を肉眼で見たときの形に直してある。

ア

イ

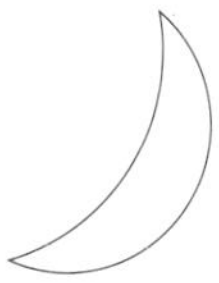

ウ

エ

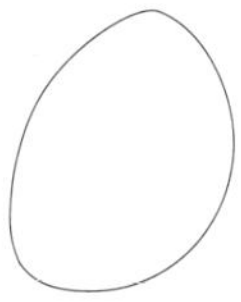

Ⅱ　**図**は，ある年の３月15日午前９時の日本付近の天気図である。

1　**図**の天気図に用いられている気圧の単位を書け。

2　**図**のＸで示した前線が通過するときの，雨のふり方と気温の変化について書け。

3　日本付近の天気は，春や秋ではほぼ３～４日で周期的に変化することが多い。下の**a**～**c**は，**図**から１日後，２日後，３日後の天気図のいずれかである。**a**～**c**を日付の早い順に並べよ。

図

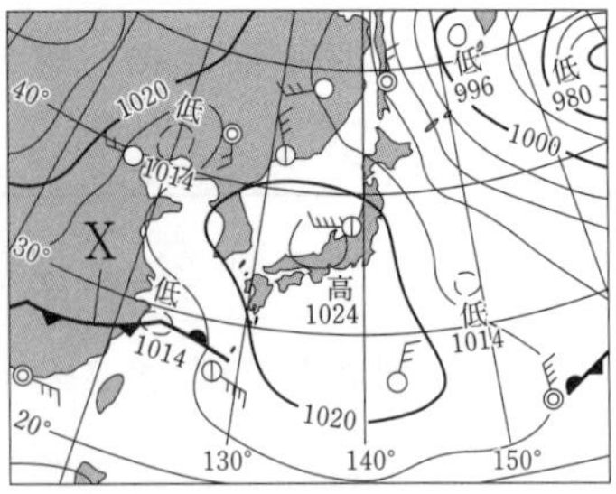

a

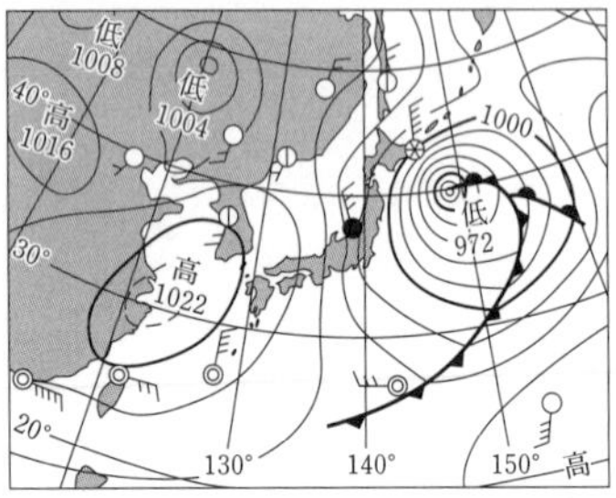

b

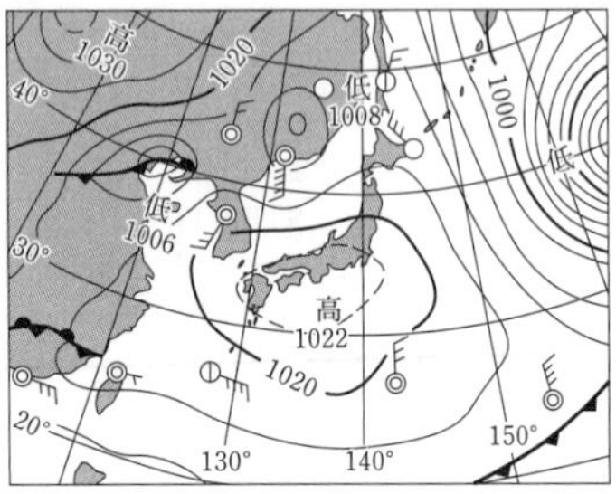

c

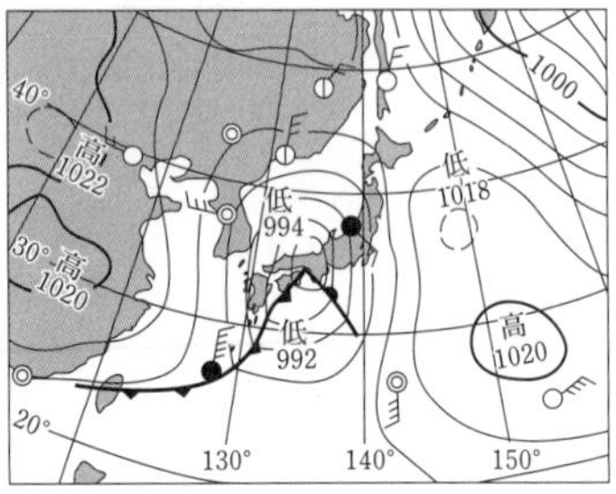

3　次のⅠ，Ⅱの各問いに答えなさい。答えを選ぶ問いについては記号で答えなさい。

Ⅰ　酸性の水溶液とアルカリ性の水溶液を混ぜ合わせたときの反応について調べるため，うすい塩酸をビーカーに10 cm^3 入れ，ＢＴＢ溶液を数滴加えた。次に，ビーカーに水酸化ナトリウム水溶液をこまごめピペットで４ cm^3 加え，ガラス棒でよくかき混ぜる操作を４回行った。それぞれの操作の後に，ビーカーの水溶液の色の変化を調べた。**表**は，その結果をまとめたものである。

表

操作の回数	（操作前）	１回目	２回目	３回目	４回目
加えた水酸化ナトリウム水溶液の体積の合計[cm^3]	0	4	8	12	16
ビーカーの水溶液の色	黄色	黄色	黄色	青色	青色

1　塩酸に水酸化ナトリウム水溶液を加えたときに起こる化学変化を化学反応式で表せ。

2　次の文中の［ a ］，［ b ］にあてはまる最も適当なことばを書け。

> 酸性・アルカリ性の強さは［ a ］を用いて表される。純粋な水の［ a ］は［ b ］であり，［ a ］の値が［ b ］より小さいとき，その水溶液は酸性で，数値が小さいほど酸性は強くなる。

3　この実験の間，水溶液中にふくまれるイオンの中で，つねに数が変化しないイオンがある。そのイオンは何か。イオン式で書け。

4　この実験で，ビーカーにうすい水酸化ナトリウム水溶液を加えたとき，中和反応が起こったのは，何回目の操作のときか。あてはまる回数をすべて書け。

Ⅱ　水とエタノールを用いて次のような**実験**を行った。

実験　12 cm^3 の水と 8 cm^3 のエタノールを混合し，この混合物 2 cm^3 を試験管Aにとった。次に，**図1**のように，残りの混合物を枝つきフラスコに入れて加熱し，出てくる気体を冷やして液体にし，最初に出てくる液体を試験管Bに集めた。試験管Bに液体が 2 cm^3 集まったところで別の試験管にかえ，さらに，液体が 2 cm^3 集まるごとに，試験管をとりかえながら加熱を続けた。このとき，加熱を始めてからの時間と出てくる気体の温度との関係は，**図2**のようになった。加熱を始めて15分後にガスバーナーの火を消し，枝つきフラスコ内に残った液体から 2 cm^3 を試験管Cにとった。

図1

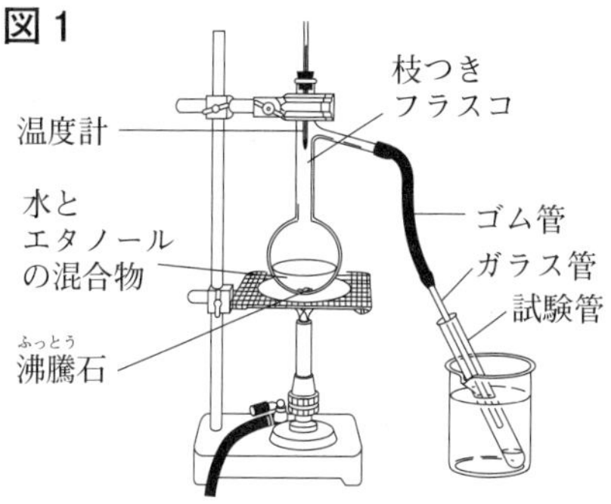

図2

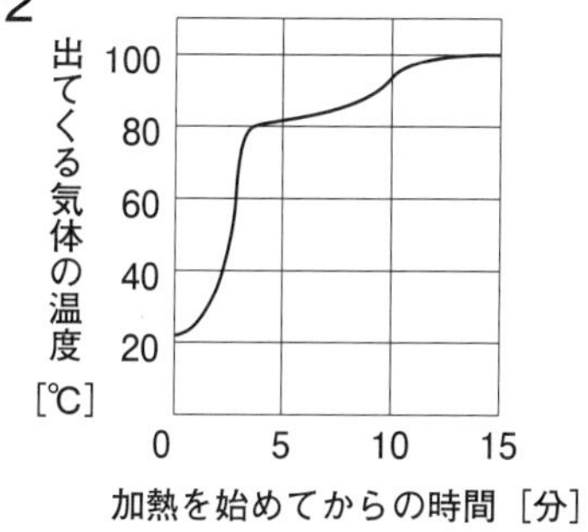

次は，**実験**の前の，2人と先生の会話である。

先　　　生：この**実験**では，水とエタノールを混合した液体を加熱し沸騰させてから，出てくる気体を冷やして再び液体としてとり出すことで，水とエタノールに分けることができます。

たけしさん： a という方法ですね。これは2つの物質の b のちがいを利用した方法です。

先　　　生：そうです。そして，この**実験**で気をつけなければならないことがあります。わかりますか。

あゆみさん：はい。ガラス管の先が c 気をつけなければなりません。

1　会話文中の a ， b にはあてはまることばを， c には実験で気をつけなければならないことを書け。

2　試験管A～Cの液体をろ紙にひたして，それぞれにマッチの火を近づけた。燃えやすい順に，A～Cを並べよ。

3　V cm^3 の水と 8 cm^3 のエタノールを混合した混合物の質量は18.3 gであった。このエタノールの密度を，Vを用いて表せ。ただし，水の密度は1.00 g/cm^3とする。

4　次のⅠ，Ⅱの各問いに答えなさい。答えを選ぶ問いについては記号で答えなさい。

Ⅰ　**図**は，エンドウの種子で，代々丸形の種子をつくるエンドウと，代々しわ形の種子をつくるエンドウとを親としてかけ合わせたときにできる子の代と，その子の代どうしをかけ合わせたときにできる孫の代の種子の形を，模式的に示したものである。

図

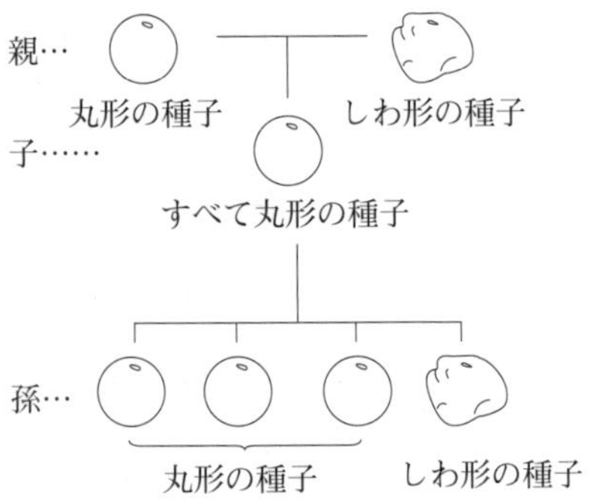

1　19世紀ごろのオーストリアで，エンドウを用いて生物の遺伝の規則性について研究し，その法則を発見した人物は誰か。

2　子の代では，すべて丸形の種子になった。このように，子に親の形質のいずれか一方だけが現れるとき，子に現れる形質を何というか。

3　エンドウの種子を決める遺伝子を，丸形をＡ，しわ形をａで表すとすると，親の丸形の種子の遺伝子はAAで表され，親のしわ形の種子の遺伝子はaaで表される。このとき，子の代の丸形の種子の遺伝子はどのように表されるか。

4　子の代の丸形の種子のエンドウと，孫の代のしわ形の種子のエンドウをかけ合わせてできる種子の形の割合を説明したものとして最も適当なものはどれか。

ア　すべて丸形の種子になる。

イ　すべてしわ形の種子になる。

ウ　丸形の種子としわ形の種子がほぼ１：１の割合になる。

エ　丸形の種子としわ形の種子がほぼ３：１の割合になる。

Ⅱ　血液の流れとはたらきを調べるため，**図**のように，水を入れたチャックつきのポリエチレンぶくろの中にキンギョを入れ，顕微鏡で尾びれの部分を観察し，その結果を，**表１**にまとめた。

図

表１

スケッチ	気づいたこと
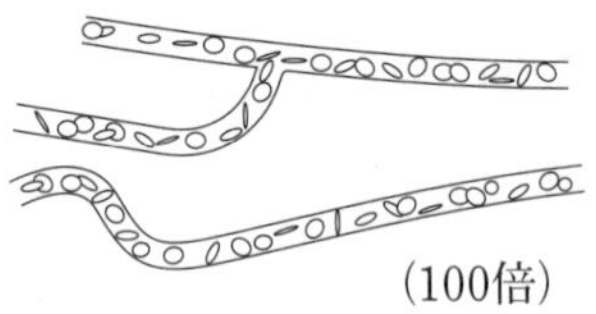	・細い血管の中に，たくさんの粒状のものが見えた。 ・粒状のものは，血管の中を一定の向きに流れていた。

(注)　(　) 内は観察したときの顕微鏡の倍率である。

1　**表２**は，キンギョなどの魚類の特徴の一部を示したものである。Ａ，Ｂの特徴のうち，どちらか１つだけがあてはまるセキツイ動物のなかまは何類か。

表２

	特徴
Ａ	変温動物である
Ｂ	卵生である

2　**表１**の血管の中を流れていた粒状のものは，酸素を運ぶはたらきをもつ，血液の成分の１つである。この粒状のものを何というか。

3　次の文中の［ a ］，［ b ］にあてはまることばをそれぞれ書け。

血液は，心臓のはたらきによって送り出され，一定の向きに流れながら，酸素や養分を運んでいる。血液中の［ a ］の一部は，毛細血管のかべからしみ出て［ b ］となり，酸素や養分を細胞へわたしている。

4　次は，ヒトの血液の循環のうち，心臓に入った血液の流れを示したものである。（ ① ）～（ ⑥ ）には，後の**ア**～**カ**のいずれかがあてはまる。（ ③ ），（ ⑥ ）にあてはまるものはそれぞれどれか。

（ ① ）→（ ② ）→（ ③ ）→肺→（ ④ ）→（ ⑤ ）→（ ⑥ ）

ア　肺動脈　　**イ**　肺静脈　　**ウ**　右心室　　**エ**　左心室　　**オ**　右心房　　**カ**　左心房

5　次のⅠ，Ⅱの各問いに答えなさい。答えを選ぶ問いについては記号で答えなさい。

Ⅰ　**図**は，電流が磁界から受ける力を利用したモーターの原理を示している。

1　**図**の状態で，コイルに電流を流したとき，コイルがつくる磁界の向きは，**図**の**ア**～**カ**のうちどれか。

図

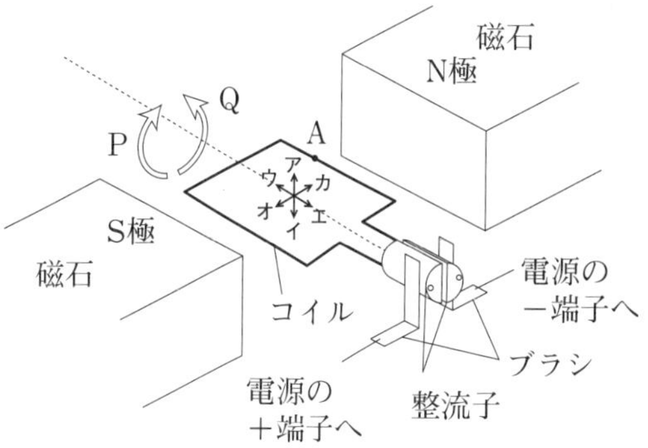

2　コイルに電流を流し，しだいに電流を大きくするとき，コイルの回転のようすを説明したものとして最も適当なものはどれか。

ア　Pの向きに回転し，しだいに速くなる。
イ　Pの向きに回転し，しだいに遅くなる。
ウ　Qの向きに回転し，しだいに速くなる。
エ　Qの向きに回転し，しだいに遅くなる。

3　コイルが回り続けるために，**図**に示したブラシと整流子はどのような役割をしているか。コイル上に示した点Aに流れる電流に着目して，「半回転」ということばを使って書け。

4　モーターのように，電流が磁界から受ける力を利用して電気エネルギーを他のエネルギーに変換するしくみをもつものはどれか。

ア　燃料電池　　**イ**　発電機　　**ウ**　スピーカー　　**エ**　マイクロホン

Ⅱ　**図１**中の水平面は，ＡＢ間だけが摩擦力のはたらく面で，それ以外は摩擦力のはたらかないなめらかな面である。金属球を水平面上に静かに置き，軽く突いて水平面上をまっすぐに運動させ，金属球の運動のようすをビデオカメラで撮影した。その結果，金属球は摩擦力のはたらかないなめらかな面では等速直線運動を続けていたことが分かった。**図２**中のＰ，Ｑ，Ｒ，Ｓ，Ｔは，**図１**中のＡ，Ｂ付近における0.2秒ごとの金属球の位置を表している。**表**は，ＰからＴまでのそれぞれの区間の距離をまとめたものである。

図１

図２

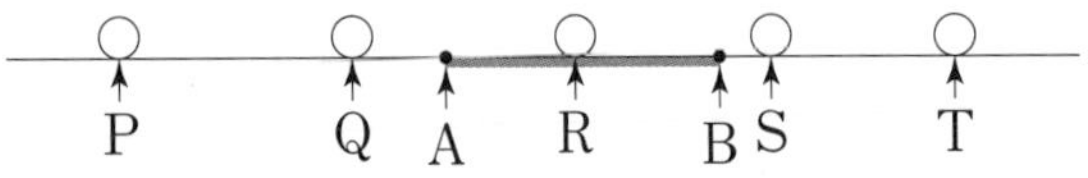

表

区間	ＰＱ間	ＱＲ間	ＲＳ間	ＳＴ間
距離［cm］	8.0	7.8	6.8	6.5

1　物体に力がはたらいていないときや物体にはたらく力がつり合っているとき，静止している物体は静止し続け，動いている物体は等速直線運動を続ける。物体のこのような性質を何というか。

2　ＰＴ間における金属球の平均の速さとＳにおける金属球の瞬間の速さはそれぞれ何cm/ｓと考えられるか。整数で答えよ。

3　実験において，Ｐ，Ｑ，Ｒ，Ｓにおける金属球のもつ力学的エネルギーの大きさをそれぞれｐ，ｑ，ｒ，ｓとする。ｐ，ｑ，ｒ，ｓの関係を正しく表している式はどれか。

ア　ｐ＞ｑ＞ｒ＞ｓ　　**イ**　ｐ＝ｑ＞ｒ＞ｓ　　**ウ**　ｐ＝ｑ＞ｒ＝ｓ

エ　ｐ＝ｑ＝ｒ＞ｓ　　**オ**　ｐ＝ｑ＝ｒ＝ｓ

5　ある中学校の三年生は、中学生まちづくりフォーラム（公開討論会）に参加することになった。**資料1**は、中学生まちづくりフォーラムのお知らせである。また**資料2**は、これに参加するために、「市立図書館の建設候補地」についてクラスで話し合ったときの記録の一部である。**資料2**の空欄に入るように、後の条件に従って文章を書きなさい。

条　件

(1)　一段落で構成し、六行以上八行以下で書くこと。

(2)　原稿用紙の正しい使い方に従って、文字、仮名遣いも正確に書くこと。

(3)　Dの候補地を選んだ立場で、あなたの意見を理由を含めて書くこと。また、Dの候補地に市立図書館ができた際に、その図書館を多くの人が利用するためにはどうすればいいか、あなたの考えを書くこと。

資料1

中学生まちづくりフォーラムのお知らせ

毎年、自分たちの住むまちに関心をもってもらうために,「中学生まちづくりフォーラム」を実施しています。今年は, 市立図書館の複数の建設候補地の中から, どこにどのような図書館を設置したらよいか, 話し合います。多くの中学生の参加をお待ちしています。

開催日時：令和2年11月29日（日）午前10時

開催場所：市民ホール（大会議室）

【建設候補地】※各候補地の枠の大きさはその敷地の広さを表しています。

A…駅前　B…住宅街　C…学校周辺　D…文化施設周辺

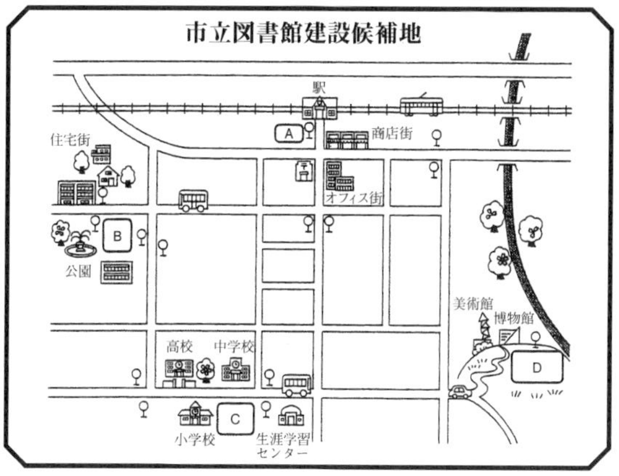

資料2

先　生　地図中にあるAからDの四つの建設候補地の中で、どこにどのような図書館が建てられると便利か、意見を出し合いましょう。

佐藤さん　僕は学校の近くに図書館があったらうれしいです。Cの場所ならば学校の帰りに、先生の許可を得て立ち寄れるし、館内のパソコンを自由に利用して、自宅ではできない調べ学習などもできると思います。また、そばにある生涯学習センターを利用した人たちも、帰りに寄ることができます。

田中さん　私は、Cよりも少し敷地が狭くなりますが、近くの住宅街には私も住んでいるし、多くの人が住んでいるのでBを選びます。休日には五歳の弟に絵本を読んであげられるし、それに飽きたら公園で遊ぶこともできます。住宅街の近くならば、子どもから大人まで幅広く利用できると思います。

山本さん　僕は、敷地は最も狭くなりますが、Aの場所に建ててもらいたいです。駅前は人が多く集まる場所ですし、商店街も近いので買い物のついでに寄ることができます。特に、電車やバスで通勤通学している人たちにとっては、待ち時間を利用して気軽に立ち寄れるので便利だと思います。

あなた　

先　生　いろいろな意見が出てきましたが、四つの候補地にはそれぞれに長所があると思います。では、今の話し合いをもとにして、多くの人が利用するためにはどのような工夫が必要か、中学生まちづくりフォーラムで発表するためのスピーチ原稿を書いてみましょう。

皆、真剣な顔をして聞いていた。

「あのとき、飯島くんを助けてあげられる人はいませんでした。先生も、何もしてあげることはできなかった。誰も、飯島くんの代わりに歌うことはできないからです。みんなも、これから同じようなことがあると思います。でもそのとき、この日のことを思い出してください。最後にたよれるのは、自分しかいない。自分一人で最後まで歌いきった飯島くんに、もう一度拍手をしてあげてください」

③先生は振り向いて、強いやさしさに満ちた笑顔で、ぼくを包んだ。

この日、④ぼくは人生でたぶん最も大切なことを学んだのだと思う。

（有吉玉青「ぼくたちはきっとすごい大人になる」による）

(注) グノー＝フランスの作曲家。

1 ＝線部**ア**～**エ**の中から、活用の種類が他と異なるものを一つ選び、記号で答えよ。

2 次の文は、――線部①で、「ぼく」がどのようなことに対して「絶望」と感じているのかをまとめたものである。□に二十字以内の言葉を補い、文を完成させよ。

> 「ぼく」が歌っている途中に大失敗をしてしまったことが原因となって、「先生」が□ということ。

3 ――線部②とあるが、このときのクラスの皆の様子としてふさわしくないものを次から一つ選び、記号で答えよ。

ア 一生懸命歌った「ぼく」を傷つけたくなくて遠慮している。
イ 先生の質問にどう応じていいのか分からず迷っている。
ウ 「ぼく」の歌に感動したので失敗のことは指摘しにくい。
エ 声が裏返ったのは事実なので自信を持って主張している。

4 「ぼく」が、ただ何も考えずに歌いつづけた様子を比喩を用いて表現している一文を抜き出し、その最初の五字を書け。

5 ――線部③とあるが、このときの「ぼく」の心の状態として最も適当なものを次から選び、記号で答えよ。

ア 本当のところは怒っているが、表面的には自分のことを責めない「ミオ先生」の態度に救われた。
イ 歌は失敗したけれど、大切なことに気づかせてくれた「ミオ先生」の言葉で、勇気が出てきている。
ウ 声が裏返ったことを深く反省しながら、自分の歌の才能に気づく機会をくれた「ミオ先生」に感謝している。
エ 「ミオ先生」の皆に対する質問に気分を害したにもかかわらず、先生の言葉に圧倒され何も言えずにいる。

6 ――線部④とあるが、「ぼく」が学んだことはどのようなことか。「困難」という語を用いて、四十字以上五十字以内で書け。

気がつくと、ぼくは盛大な拍手に包まれていた。

ぼくは歌っていたらしい。歌い終えたらしい。

そっとミオ先生を見ると、先生は微笑《ほほえ》んでいた。

この微笑みは？　ほんとうは怒っている？　そうだ、あのとき、どうしていいかわからなくなって、先生の方を見たのだ。でも先生は楽譜だけを見て伴奏を続けていた。それからぼくは、長い長い旅に出た。練習のときは、すぐに終わってしまう歌が、なぜか長い。ぼくはただ、何も考えずに歌いつづけたのだ。

呆然《ぼうぜん》として、そこに立ちつくしていると、先生がそばに来て、ささやいた。

「ほら、聞いてくださった皆様に、ご挨拶をしないと」

ぼくははじめ、意味がわからずきょとんとしていたのだけれど、「ごあいさつ」と口の中で音を転がしてから、とたんに意味がわかってぴょこんと頭を下げた。するとまた、皆が拍手をしてくれた。

校長先生が、拍手をしながら前に歩いてきた。ぼくの手をしっかりア握ると、

「素晴らしかったよ。こんなに美しい声を持つ子供がうちの学校にいたとはね。深沢先生、この子の才能を伸ばしてやってください」

と言った。

後ろに残っていた教頭先生はイ泣いているようだった。ＰＴＡ会長の絵里香のお母さんは、ハンカチを目に押し当てていた。

大人たちが帰ると、先生は、

「さあ、みんな、飯島くんの歌はどうだった？」

とたずねた。

皆が口々に、よかったー、すごかったー、あんなに高い声が出るなんて天才！　と言った。これがすべてぼくのことか？　信じられない。

少しずつ得意な気分になってきたところに、いきなり先生が水をさした。

「途中、声が裏返ったのがわかった人」

先生は、なんてことを言うんだろう。

①ぼくは絶望の淵《ふち》に立たされた。先生は、やっぱりウ怒っているんだ。それはそうだ、あんなに一生懸命にレッスンをしてくれたのに、ぼくは大失敗をしてしまったんだもの。もう終わりだ。もう教えてもらえない。

②一人、二人と、ぱらぱらと手が挙がる。右を見たり左を見たりしながらおそるおそる挙げだして、結局全員が、手を挙げた。

先生は、皆の手を降ろさせると、

「そう、飯島くんは、途中で声が裏返ってしまった。でも、飯島くんは、やめずに最後まで歌いました。恥ずかしかったと思う、もうエやめてどこかに走っていきたかったと思う。でも、やめなかった。これは素晴らしいことなんです」

と言った。

3 ——線部③「しりぞくものなり」の意味として最も適当なものを次から選び、記号で答えよ。

ア 引き下がるものである
イ 帰ってしまうものである
ウ 逆らうものである
エ 反省するものである

4 次は、本文の内容について話し合っている先生と生徒の会話である。[Ⅰ]・[Ⅱ]に適当な言葉を補って会話を完成させよ。ただし、[Ⅰ]には十字以内、[Ⅱ]には「時間」という語を用いて十五字以内の現代語で書くこと。

先生「この話で会議はどのようにするべきだと言っていますか。」
生徒「はい。会議においては、それぞれが考えたことを[Ⅰ]という中国の方法をまねて、意見を出しやすいようにするとよいと言っています。」
先生「そうですね。それはどうしてでしょうか。」
生徒「はい。なぜなら、多くの人が、上に立つ人に遠慮して意見が言えなかったり、知恵のある人でも、急に聞かれても[Ⅱ]ため、『これといって思いつきません。』と言うよりほかなかったりするという問題があるからです。」
先生「その通りです。よく理解できていますね。」

---

4 次の文章を読んで、あとの1～6の問いに答えなさい。

音楽が苦手な小学六年生の「ぼく」（飯島哲平《いいじまてっぺい》）は、深沢ミオ先生に発声をほめられたことをきっかけに歌のレッスンを受けていた。放課後に練習を重ねた「ぼく」は練習の成果を発表するため皆の前で歌うことになった。

十月に入って三回目の音楽の時間、教室の後ろには、たくさんの補助椅子が並べられた。
校長先生、教頭先生、担任の先生。ＰＴＡの会長は絵里香のお母さんだ。それからほかのクラスの先生や、知らない顔の大人もいた。
授業のはじめに、ミオ先生が挨拶をした。
「今日は、まず飯島哲平くんが、練習の成果を発表いたします。曲名は、(注)グノーの『アヴェ・マリア』です。」
アヴェ・マリア。ラテン語で歌う。やるならここまでやろう、と先生が決めた。あれから月金に加えて、先生は水曜日の放課後にも学校に来てくれて、ぼくは、ぼくたちは特訓してきたのだ、今日のこの日のために。
ぼくは立ち上がると、前に進み出た。振り返ると、顔、顔、顔……。皆、ぼくを見ている。
怖くなって、先生の方を見た。
先生は小さく深呼吸をするふりをした。

3　次の文章は、本文中の――線部②についてまとめたものである。□に十字以内の言葉を考えて補い、文章を完成させよ。

> 大型霊長類の赤ちゃんにとって、あおむけになるということは、他者に対して身をさらすことであるとともに、母親から離れることであり、危険な状況になることを意味する。だが、人間の赤ちゃんは、そのことによって□ことになり、安心していられるのである。

4　――線部③から始まる段落は、文章の論の展開上、どのような役割を果たしているか。最も適当なものを次から選び、記号で答えよ。

ア　前述の論から離れるように見せながら、実はそれまでの論をより深めるように接続させていく役割。

イ　前述の論を強く印象づけるために、別の具体例で補足しつつそれまでの論をより強調していく役割。

ウ　前述の論を一般論として暗に否定し、独自の論を展開させるために必要な視点を導入していく役割。

エ　前述の論から話題を転換させて、それまでとは全く異なる角度から新しい論を展開させていく役割。

5　次の文は、本文中の――線部④についてまとめたものである。□に入る最も適当な十七字の言葉を本文中から抜き出して書け。

> この「人間的な」関係とは、他者の眼を見るという行為によって、□という、他者との関係性のことである。

6　――線部⑤の表現は、本文中のどのような内容を言い表したものか。五十字以内で具体的に説明せよ。

3

次の文章を読んで、あとの**1**～**4**の問いに答えなさい。

もろ人（多くの人々）会議する時、「この事いかがおもひたまふや。」ととへば、上《かみ》（上に立つ人に遠慮し）をはばかり、①かたへを見あはせ（仲間同士顔を）、とやかくするうちに、「われはかくこそ（このように）おもひはべるなれ。」と、かしらだちたる人（上に立つ人）いひいだせば、おほかたは「②仰《おほ》せさる事なり。」とのみいひて、③しりぞくものなり。知恵ある人もふと（急に）聞きては、「さしておもひよりもはべらず（これといって思いつきません）。」といふべきほかやあるべき。これは会議に似たれど、その実は会議にあらず。もろこし(注)をまなびて（まねて）、めいめいそのおもひよりをかきつけて（紙に書いて）、たてまつるやうにありたき事なり（提出するようにしたいものである）。

（「たはれ草」による）

(注)　もろこし＝中国。

1　――線部①「かたへを見あはせ」を現代仮名遣いに直して書け。

2　――線部②「仰せさる事なり」とは「お言葉のとおりです」という意味であるが、お言葉とは、だれのどの言葉を指しているか。□にあてはまるように、二十字以内の現代語で書け。

> □という言葉。

る。チンパンジーの赤ちゃんは、そこまでの力はないので、お母さんが、赤ちゃんを自分の手で抱きかかえて移動する。こうした例では、赤ちゃんは、母親のお腹《なか》に密着していることになる。それに対して、赤ちゃんがあおむけになって、お母さんの身体から離れると、赤ちゃんと母親の眼《め》と眼が合うのである。われわれは、赤ちゃんの眼を見て、微笑《ほほえ》んだり、あやしたりして楽しむ。眼と眼で見つめあうということは、きわめて人間的なことなのである。

③ところで、眼とは何か？　眼は、本来、何のためにあるのか？　眼が前についていること、前進する側が見えるようについていることを考えると、眼の本来の働きが何であったかが理解できる。眼は、食物を探すこと、獲物を探すために発達した器官である。だから、眼で捉えるということは、本来、攻撃的な意味をもっている。「捕って食ってしまうぞ」という攻撃的な意味を、視線はもっているのである。とりわけ、相手の眼そのものを見るということは、相手への攻撃を意味してしまう。だから、動物の個体は、普通は、他個体の眼をじっと見たりはしない。相手からの反撃を誘発し、ときには喧嘩《けんか》が引き起こされるからである。人間の場合も、「眼《がん》をつける」という言葉が含意しているように、相手の眼を凝視することは、敵意を表現する場合がある。

ところが、人間のみが、本来、敵意や攻撃、さらに憎悪《ぞうお》の態度でもありうる、他者の眼を眼差《まなざ》すということで、同時に、親密さや情愛を表現することができるのである。あおむけの赤ちゃんの眼を見て、赤ちゃんをあやすということに、④眼と眼の間の、こうした「人間的な」関係の原点がある。赤ちゃんは、あえて他者から攻撃を受けやすい、あおむけという脆弱《ぜいじゃく》(注)で無防備な態勢をとることで、他者から親密な眼差しを引き出しているのである。

繰り返せば、あおむけになるということは、他者（母親）から離れることである。このことは、もう一つの人間の赤ちゃんの特徴とも関係している。声をあげて「泣く」ということである。大型霊長類の赤ちゃんも泣くが、簡単に——母親が抱き上げるとたちどころに——泣き止《や》んでしまう。なぜ泣くのか？　この大型霊長類についての事実からも推測できるように、お母さんを呼ぶためである。母親やその他の他者の注意を喚起し、自分のもとに呼び寄せるためである。人間の赤ちゃんは、まだほとんど自力で移動もできないときに、母親の身体から離れるので、泣く必要が出てくるのだ。人間の場合、「泣くこと」が、やがて言葉に置き換わる。

「あおむけ寝」を手がかりにした、こうした考察は、人間における、他者との関係の特徴がどこにあるのか、ということを明らかにしてくれる。⑤人間は、他者から離れることにおいて、他者に近づくのである。

（大澤真幸「〈愛〉の不思議」による）

(注)　脆弱＝もろく弱いこと。

1　本文中の［a］にあてはまる語として最も適当なものを次から選び、記号で答えよ。

ア　つまり　**イ**　だが　**ウ**　だから　**エ**　あるいは

2　——線部①とあるが、チンパンジーの赤ちゃんにとって、「お母さん」とはどのような存在か。本文中から十二字で抜き出して書け。

令和三年度　公立高校入試実戦問題　第二回　国語

（解答…231P）

1

次の**1**・**2**の問いに答えなさい。

1　次の――線部①～⑥のカタカナは漢字に直し、漢字は仮名に直して書け。

私の夢は、看護師になることだ。きっかけは、病気で①ショウニ科に入院した時の看護師さんとの出会いだ。とても②穏やかで、③チュウシャや点滴など治療で苦しかった時には、いつも私の側で「大丈夫」と④ヤサしく声をかけてくださった。そのおかげで入院生活での不安も⑤払拭され、安心して過ごすことができた。

患者さんを理解し、寄り添うことのできるような看護師を目指して、日々⑥奮闘している。

2　次は、**1**の文章中の＝＝線部「治」を行書で書いたものである。○で囲んだ①・②の部分には楷書で書いたときとは異なる特徴が見られる。その組み合わせとして最も適当なものを次から選び、記号で答えよ。

ア　①　点画が独立している　　②　折れが角ばっている
イ　①　点画が独立している　　②　折れが丸みを帯びている
ウ　①　点画が連続している　　②　折れが角ばっている
エ　①　点画が連続している　　②　折れが丸みを帯びている

2

次の文章を読んで、あとの**1**～**6**の問いに答えなさい。

チンパンジーの赤ちゃんをあおむけに置くことはできるが、そうされると、彼らは、その状態で落ち着くことはなく、手足を不自然に宙へと伸ばしてくる。何をしているのか？　①お母さんの身体《からだ》を探し、しがみつこうとしているのである。あおむけにされたまま落ち着いていられるのは、結局、人間の赤ちゃんだけである。

人間は、他者を必要としている。他者なしで、人間は生きることはできない。［ a ］、生きるために、他者（他の個体）が必要なのは、何も人間だけではない。さまざまな動物が、さまざまな原因や理由によって、他の個体を求めており、他の個体の協力なしには生きることができない。たとえば、哺乳類は、その名のごとく、母親の母乳がなければ、成長することができない。人間の「あおむけ寝」の話題から入ったのは、人間にとっての他者のあり方の特徴、とりわけ「人間的」といえるような他者との関係の性質が、実は、この何でもない行為の中に示されているからである。

なぜ、他の動物はあおむけに寝ることはないのか？　その理由は容易に思いつく。あおむけに寝るのは、危険だからである。寝ているとき、動物個体は、無防備になる。まして、重要な臓器がつまっている腹の側を、他者に、外界に、敵にさらすような姿勢で寝ていたのでは、危険極まりない。逆に言えば、人間だけが、あえて、他者や外界に対して無防備になり、弱さをさらすような姿勢をとっているのである。

チンパンジーなど大型霊長類の赤ちゃんは、あおむけにすると、お母さんの身体にしがみつこうとする、と述べた。言い換えれば、あおむけで平気に寝ているということは、母親から離れることである。生きるときに不可欠な他者から、あえて、離れたままの姿勢をとること、それがあおむけに寝るということである。

②あおむけになると、どうなるのか？　ニホンザルの赤ちゃんは、生まれたときから、お母さんの身体にしっかりとしがみつくことができ

令和３年度　公立高校入試実戦問題　第２回　英　語　（解答…234 P）

1　**聞き取りテスト**　英語は１と２は１回だけ放送します。３以降は２回ずつ放送します。メモをとってもかまいません。

1　これから，Ken と Mary との対話を放送します。この対話の中で，Ken が借りたいものを表す絵として最も適当なものを下の**ア**～**エ**の中から一つ選び，その記号を書きなさい。

ア

イ

ウ
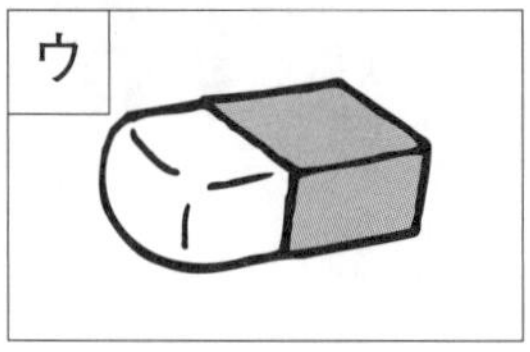

エ

2　これから，Emi と Bob との対話を放送します。二人が対話している場面として最も適当なものを下の**ア**～**エ**の中から一つ選び，その記号を書きなさい。

ア　Emi が Bob と本屋で本を選んでいる場面。
イ　Emi が Bob を図書館に誘っている場面。
ウ　Emi が Bob に本の値段を聞いている場面。
エ　Emi が Bob から本を借りる約束をしている場面。

3　これから，Kazuki が運動会の思い出について英語の授業で行った発表を放送します。Kazuki は運動会の思い出を３枚の写真を見せながら発表しました。 Kazuki は下の**ア**～**ウ**をどのような順番で見せたでしょうか。正しい順番になるように写真を並べかえ，その記号を書きなさい。

ア

イ

ウ

4　これから Lucy と Lucy の父親とのクリスマスの朝の対話を放送します。次の英文は，対話の後に，Lucy が友達に送ったメールの一部です。対話を聞いて，①，②にそれぞれ英語１語を書きなさい。

This morning, I got a book from my father. So I'm very happy now. I bought a ball for my dog, John last (　①　). My father will buy my mother's (　②　) DVD for her.

5　これから，Tom の留守番電話に残されたメッセージを放送します。メッセージの後に，その内容について英語で三つの質問をします。(1)，(2)はその質問に対する答えとして最も適当なものを下の**ア**～**エ**の中からそれぞれ一つ選び，その記号を書きなさい。(3)は英文が質問に対する答えとなるように，［　　　　］に入る適切な英語を書きなさい。

(1)　**ア**　At 7:30.　　**イ**　At 8:00.　　**ウ**　At 8:30.　　**エ**　At 9:00.

(2)　**ア**　Three people.　　**イ**　Six people.
　　ウ　Nine people.　　**エ**　Twelve people.

(3)　They will ［　　　　　　　　］ in Asahi Park.

6　これから，Aya と Mike との対話を放送します。その中で，Mike が Aya に質問しています。 Aya に代わってあなたの答えを英文で書きなさい。２文以上になってもかまいません。書く時間は１分間です。

2

次の１～４の問いに答えなさい。

１　次は，Billy と図書館の司書（Librarian）との対話である。下の①，②の英文が入る最も適当な場所を対話文中の〈　ア　〉～〈　エ　〉の中からそれぞれ一つ選び，その記号を書け。

①　Yes, of course.　　②　Here you are.

Billy : Excuse me.　Can I borrow these two books ?
Librarian : Sure.〈　ア　〉 Do you have your card ?
Billy : Yes.〈　イ　〉
Librarian : Thanks.　You can have them for three weeks.
Billy : OK.　Thank you.〈　ウ　〉May I study here after school ?
Librarian :〈　エ　〉We are open* from nine in the morning to seven in the evening.

注　open　開いている

２　次は，ALT の Hill 先生と中学生の Taro との対話である。Taro が持っている当番表(schedule)とカレンダーを参考に，（　①　），（　④　）にはそれぞれ英語１語を，（　③　）には数字を，［　②　］には３語以上の英語を書け。

当番表（schedule）

	日	月	火	水	木	金	土
ゆり	犬の散歩		犬の散歩			犬の散歩	犬の散歩
えり		洗濯		洗濯		洗濯	洗濯
太郎	掃除	食器洗い		掃除	食器洗い		掃除
☆両親の誕生日や特別な日には夕食を作る							

カレンダー

５　月

日	月	火	水	木	金	土
					1	2
3 憲法記念日	4 みどりの日	5 こどもの日	6 振替休日	7	8	9
10 母の日	11	12	13	14	15	16
17	18	19	20	21	22	23
24	25	26	27	28	29	30
31						

Ms. Hill : Hello, Taro.　How was your weekend ?
Taro : Hello, Ms. Hill.　It was good.　Yesterday was Mother's Day*.　My sisters, Yuri and Eri, and I made（　①　）for my mother.
Ms. Hill : That's very good.　Do you often help your parents* ?
Taro : Yes.　Our parents work, so we made a schedule to help them with the housework*.　I have two things to do.
Ms. Hill : I see.［　②　］
Taro : To wash the dishes and clean the rooms.
Ms. Hill : Great !　But Taro, you will take a school trip to Kyoto next week.　You are going to leave on May（　③　）, right ?　You can't do the housework during your school trip.
Taro : Well, we'll leave on Wednesday and come back on Friday.　Yuri will do my housework on Wednesday because she is（　④　）on that day.　On the next day, Eri will do my housework for me.
Ms. Hill : You have nice sisters.　You and your sisters help your parents very much.

注　Mother's Day　母の日　　parents　両親　　housework　家事

３　右の絵において，①，②の順で対話が成り立つように，①の吹き出しの［　　］に５語以上の英文を書け。

① Hi, Misa.
［　　］?
② I came here by bus.

４　下の絵は，英語の授業中のある場面を表している。場面に合うように，Shota になったつもりで，次の［　　］に 20 語以上のまとまりのある英文を書け。２文以上になってもかまわない。ただし，同じ表現を繰り返さないこと。また，符号（，や？など）は語数に含めない。

What do you want to do when you become a high school student ?
— Read many books
— Do a club activity*
— Do a volunteer activity
What do you want to do when you become a high school student ?　Please look at the blackboard.　Choose one topic and tell us your idea.　Can you start, Shota ?
OK.［　　］Thank you.
I see.　Thank you, Shota.

注　activity　活動

3 次のⅠ～Ⅲの問いに答えなさい。

Ⅰ 次は，ALT の Jones 先生と中学生の Nobuo との対話である。対話文中の［ ① ］～［ ③ ］に入る最も適当なものを下のア～エの中からそれぞれ一つ選び，その記号を書け。

Nobuo : Hello, Mr. Jones. What are you listening to ? You're laughing*.

Mr. Jones : Oh, hi, Nobuo. I am listening to a CD. It's English *rakugo.*

Nobuo : *Rakugo,* a comical* Japanese story ? What's the story about ?

Mr. Jones : ［ ① ］ But he doesn't want to work very hard. He finds an easy job in a zoo, and funny* things happen there. I've listened to this story many times, and I still laugh. *Rakugo* shows that Japanese people have a great sense of humor*. You'll also find interesting things about Japanese culture* in *rakugo.*

Nobuo : I thought *rakugo* was only for Japanese people.

Mr. Jones : No, it is not only for Japanese people. ［ ② ］ There're some other English *rakugo* CDs. English *rakugo* is becoming more popular now.

Nobuo : Really ? English *rakugo* sounds* interesting. Do you think we can learn some stories in our English Club ? ［ ③ ］

Mr. Jones : Of course. It will be fun to learn English *rakugo.*

注 laugh 笑う　comical こっけいな　funny ゆかいな　sense of humor ユーモアのセンス
culture 文化　sound ～に思われる

ア Now everyone who understands English can enjoy *rakugo,* too.

イ I don't think many people understand *rakugo.*

ウ Can you help us ?

エ It's about a man who is looking for a job.

Ⅱ 中学生の Tomoko が書いた次の英文を読み，あとの問いに答えよ。

My grandmother likes to talk very much. I'm happy to be with her. I love my grandmother. But sometimes I didn't want to listen to her long stories.

Last week, my grandmother told me something interesting. When I put* some flowers in a vase*, she said to me, "Those flowers are very beautiful. Where did you get them from ?" "My friends gave these to me for my birthday. I want to keep* them beautiful longer, but I think it's difficult," I said.

My grandmother smiled* and said, "Oh, no, it's easy. You should put something in the vase with the flowers." "What is it ?" I asked. "It's sugar*," she said. "Put some sugar in the vase. Then you can keep them beautiful longer."

I changed the water in the vase every day and put some sugar in it. A few days later, I was very surprised because the sugar kept the flowers beautiful. I was happy and said to her, "You are great ! You know a lot of things." She looked very happy to hear that.

Now I think that my grandmother knows a lot of things I don't know. When there is something I want to know, I often ask her. I love both my grandmother and her stories. I want to enjoy talking a lot with her.

注 put ～ in … …に～を入れる　vase 花びん　keep ～ … ～を…に保つ
smile ほほえむ　sugar 砂糖

1　次の(1), (2)の質問に対する答えを本文の内容に合うように英文で書け。

(1)　What was difficult for Tomoko ?

(2)　When Tomoko wants to know something, she often asks her grandmother. Why ?

2　次の英文が本文に合うように，［　　　　］の中に入る最も適当な英語を本文中から８語で抜き出して書け。

Tomoko's grandmother told Tomoko to ［　　　　　　　　］. It was sugar.

Ⅲ　中学生の Kate と Miho は映画館（theater）のチラシを見ながらどの映画を見るのか話している。１，２について，下のチラシをもとに二人がそれぞれ見る映画として最も適当なものを下のア～エの中からそれぞれ一つ選び，その記号を書け。なお，表示は税込価格とする。

CINEMA　US
Schedule*

Friday, December 11
～Thursday, December 18

The Great Cats

dubbing*	10:50-12:50	15:40-17:40	18:40-20:40
subtitles*	11:40-13:40	16:30-18:30	19:10-21:10

Wonderful Magic

dubbing	9:10-11:00	14:10-16:00	16:20-18:10
subtitles	11:30-13:20	14:15-16:05	16:30-18:20

Old Friends

subtitles	9:25-11:05	13:10-14:50	15:40-17:20

Green Days

subtitles	9:20-10:50	13:40-15:10	16:10-17:40

Fee*

・General*	$ 8.75
・Student (college*)	$ 8.00
・Student (18 or younger)	$ 7.50

Happy hour
You can see the movies start before 10:00 and after 19:00 for $ 6.50 !

注　schedule　スケジュール　　dubbing　吹き替え　　subtitles　字幕　　fee　料金　　general　一般
college　大学

1　Kate said, "I want to see two movies in a day. I can stay in the theater from ten to three."

ア　The Great Cats and Wonderful Magic
イ　Wonderful Magic and Old Friends
ウ　Old Friends and The Great Cats
エ　Green Days and Wonderful Magic

2　Miho said, "I want to see a movie, but I don't like subtitles. I only have $ 7."

ア　The Great Cats　　　　イ　Wonderful Magic
ウ　Old Friends　　　　　エ　Green Days

4 次の英文を読み，あとの１～７の問いに答えなさい。

When Becky was a junior high school student, she played video games with her younger* brother Josh almost every day. Her parents felt sad to see that and often told her to study more.

When Becky became a high school student, she made a lot of friends, and she began to enjoy learning things. Her life in high school was not so bad. But there was one thing she worried about. When her teacher asked her about her future, ①she couldn't say anything. Most of her friends had their own dreams or plans, and they often told each other about them. She felt very sad when she couldn't join them. She didn't have any dreams or plans for the future. One night she told her father about that. Her father was a carpenter*. He smiled* and told her to come to his job site* someday. She didn't know why he told her to do that.

One day, on her way home from school, she decided to visit her father's job site. It was her first experience to see him at his job site. When she got there, her father was working with two young carpenters. He was showing them how to plane* a piece of wood. She saw something professional* in him. She thought her father was great. She didn't speak to her father. She just stood there for a long time. After a while, her father said to Becky, "You are looking at me the whole time*. Come here. Let's have some tea." He gave her a cup of* tea and asked, "What do you think of my work, Becky ?" Becky said, "It's wonderful." He said, "I have built about thirty houses in about fifteen years. Building a good house takes a long time." Then she asked him, "Why did you decide to become a carpenter ?" He answered, "I wanted to make a lot of people happy through building good houses. When I started to work as a carpenter, it was very hard for me, and [②]. But I didn't, because my dream was to make a lot of people happy through building good houses. So I kept on* working very hard. It is important to have your own dream, Becky." She was moved* by her father's words. They finished drinking the tea. Then a boy came to them. The boy was Josh. She was surprised and asked, "What are you doing here ?" Josh answered, "I'm here to watch our father. I often come here after school. It's interesting to watch him at his job site." ③Becky was surprised again and looked at her father. Her father was smiling. She thought, "Josh is interested in our father's work ! Josh would probably* become a carpenter like our father." On their way home, Josh said to Becky, "I am proud of* our father. [④] ?" She answered, "I think he is a really great person." She thought about her life. After that day, she began to think about her future. She also wanted to make a lot of people happy through her work. That became her big dream. She studied harder, and her school life got better.

Now Becky is an architect* and Josh is a carpenter. A lot of people in the town want her to design* their houses. She is very busy, but she is very glad to make a lot of people happy through her work. Becky's big dream has come true*.

注 younger 年下の　carpenter 大工　smile ほほえむ　job site 仕事場　plane 削る
professional プロの　the whole time ずっと　a cup of 一杯の～　kept on ～し続けた
be moved ～に感動する　probably おそらく　be proud of ～を誇りに思う
architect 建築家　design 設計する　come true 実現する

1　次のア〜ウの絵は，本文のある場面を表している。話の展開に従って並びかえ，その記号を書け。

2　下線部①の理由として最も適当なものを下のア〜エの中から一つ選び，その記号を書け。

ア　Becky は将来の夢や計画を持っていなかったから。

イ　Becky は先生と話すことを苦手に感じていたから。

ウ　Becky は自分が話しかけられたと思わなかったから。

エ　Becky は自分の夢を誰にも言いたくなかったから。

3　［　②　］に入る最も適当なものを下のア〜エの中から一つ選び，その記号を書け。

ア　I decided to work for other people　　イ　I tried to build good houses

ウ　I often wanted to stop working　　エ　I studied how to be a carpenter

4　下線部③の具体的な理由を，35 字程度の日本語で書け。

5　［　④　］に，本文の内容に合うように３語以上の英語を書け。

6　本文の内容に合っているものを，下のア〜オの中から二つ選び，その記号を書け。

ア　Becky's parents asked her to play video games with her younger brother.

イ　Becky's friends had no idea of their own dreams.

ウ　Becky's father wanted her to think about her own future.

エ　Becky's school life got better after she found a dream and started studying.

オ　Becky's younger brother became an architect like their father.

7　次は，本文の後の Becky と Becky の客の Mr. Smith との対話である。Becky に代わって［　　］に 10 語以上の英文を書け。

Mr. Smith :　You designed a great house for us.　Why did you become an architect ?

Becky :　When I went to my father's job site for the first time, I found my big dream.

Mr. Smith :　What was that ?

Becky :　［　　　　　　　　　　　　　　　　　　　］

Mr. Smith :　Your dream has come true.　You're doing a good job.

Becky :　Thank you.

1

次のⅠ～Ⅲの問いに答えなさい。答えを選ぶ問いについては一つ選び，その記号を書きなさい。

Ⅰ　次は，マゼランの艦隊による世界一周についての略年表である。１～６の問いに答えよ。

年	できごと
1519	ⓐスペインの港を出発
1520	ⓑ大西洋を横断し，ⓒ南アメリカ大陸の海峡を通過
1521	太平洋を横断し，ⓓアジアのフィリピンに到達
	インド洋を横断し，ⓔアフリカ大陸の南方を通過
1522	ⓕスペインの港に帰着

１　ⓐに関して，現在のスペインで主に信仰されている宗教名を書け。

２　ⓑに関して，**資料１**は，ヨーロッパ州の大西洋側の一部を示したものである。これについて述べた次の文の［①］，［②］にあてはまることばの組み合わせとして最も適当なものはどれか。

資料１

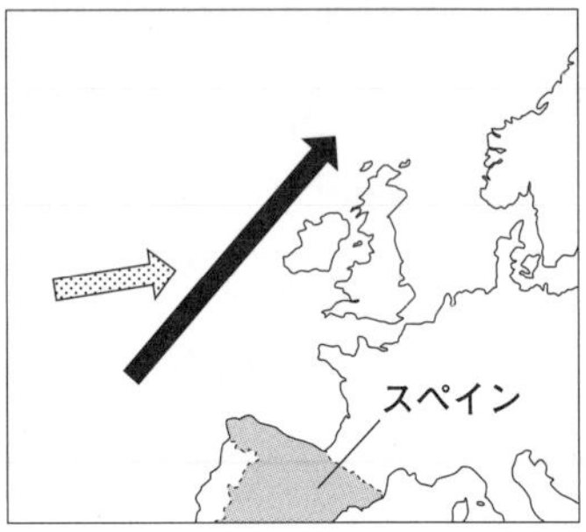

> **資料１**の ➡ は，ヨーロッパ州の大西洋岸を流れる海流を示したものである。この海流は，［①］で，⇨ で示した，一年を通じてほぼ同じ向きに吹く［②］風の影響で，日本の最北端より高緯度の地域においても，緯度が高いわりには冬でも温暖である。

ア（①　暖流　　②　季節）　　イ（①　暖流　　②　偏西）
ウ（①　寒流　　②　季節）　　エ（①　寒流　　②　偏西）

３　ⓒに関して，南アメリカ大陸とアフリカ大陸，赤道の位置関係を正しく表しているものとして最も適当なものはどれか。

ア　　　イ　　　ウ　　　エ

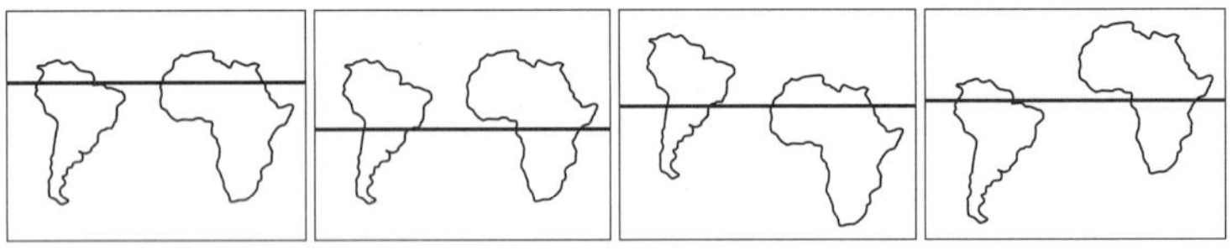

４　ⓓに関して，⑴，⑵の問いに答えよ。

⑴　**資料２**，**資料３**は，ⓓの地域で生産量の多い米についてまとめたものである。生産量に占める割合が第１位の中国が，輸出量では下位に位置している理由を書け。ただし，**消費**ということばを使うこと。

資料２　米の世界の生産量に占める上位６か国の割合（%）

国名	割合
中国	27.6
インド	21.9
インドネシア	10.6
バングラデシュ	6.4
ベトナム	5.6
タイ	4.3

資料３　米の世界の輸出量に占める上位６か国の割合（%）

国名	割合
タイ	24.5
インド	24.5
ベトナム	12.9
パキスタン	9.8
アメリカ合衆国	8.2
ウルグアイ	2.2

（資料２，３は世界国勢図会 2019/20 年版から作成）

⑵　東南アジアには，主に熱帯・亜熱帯の地域に大規模に単一の作物を栽培している農園が多くある。もとはヨーロッパ人が植民地で現地の人々に労働させていたが，現在は現地の人々が経営する農園が多い。このような大規模農園を何というか。**カタカナ**で書け。

資料４

５　ⓔに関して，アフリカ各国で社会問題になっている，**資料４**のような，都市で経済的に貧困の人々が生活する地域を何というか。**カタカナ**で書け。

６　ⓕのとき，マゼランの船隊が記録していた日付は，スペインの日付と一日だけ違っていた。この理由を説明した次の文の［Ｘ］，［Ｙ］にあてはまることばの組み合わせとして最も適当なものはどれか。

> マゼランの船隊は，地球の自転と［Ｘ］に船を進めて地球を一周したので，マゼランの船隊が記録していた日付の方が，一日だけ［Ｙ］から。

ア（Ｘ　同じ方向　　Ｙ　進んだ）　　イ（Ｘ　同じ方向　　Ｙ　遅れた）
ウ（Ｘ　逆の方向　　Ｙ　進んだ）　　エ（Ｘ　逆の方向　　Ｙ　遅れた）

Ⅱ　次の略地図を見て，１～６の問いに答えよ。

１　略地図中のＸは，日本の標準時子午線を表している。Ｘの経度を書け。ただし，東経か西経かについても示すこと。

２　略地図中のア～エは，いずれも県庁が置かれている都市を示している。都市名が，その都市のある県名と異なるものは，ア～エのうちどれか。また，その都市名を書け。

３　**資料１**は，2013年における，てんさい，あずき，じゃがいも，たまねぎの国内総生産量に占める各都道府県の割合を示したものである，**資料１**中の［Ｐ］に共通してあてはまる都道府県として最も適当なものを，略地図中のＡ～Ｄから選べ。

資料１

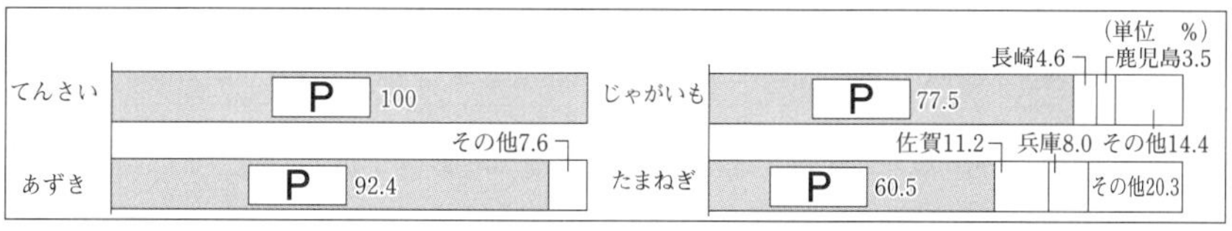

（農林水産省資料から作成）

資料２　(2017 年)

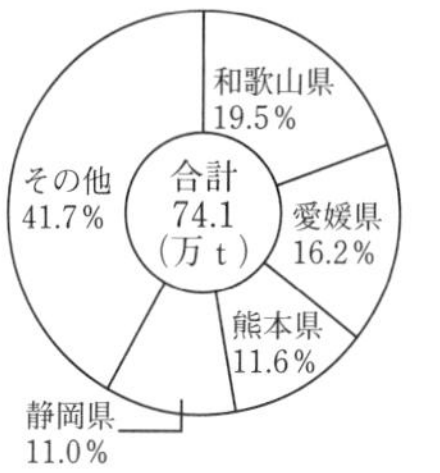

（データでみる県勢　2019 年版から作成）

４　**資料２**は，略地図中の**和歌山県**などで生産が盛んな，ある農産物の主な生産県を示したものである。**資料２**の農産物が栽培されている土地は，地形図ではどのような記号で示されるか。次のア～エから，最も適当なものを選べ。

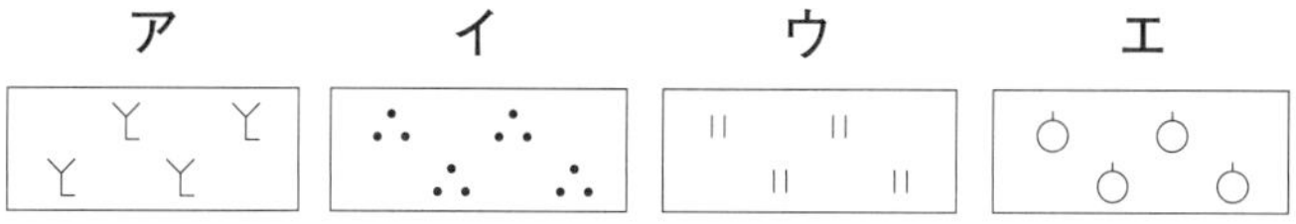

資料３

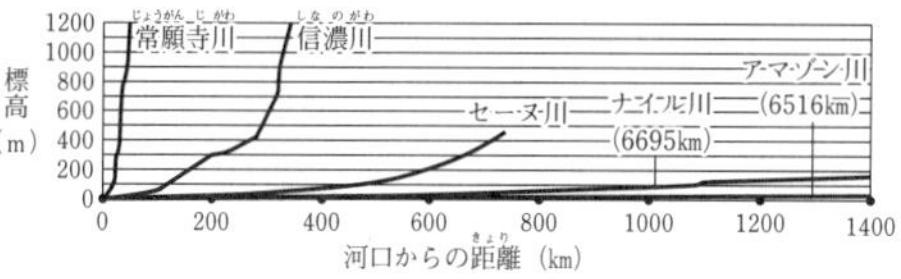

（日本の川「日本の自然３」などから作成）

５　**資料３**は，日本の河川と，大陸を流れる外国の河川を比較したものである。**資料３**から読み取れる，日本の河川の特徴を書け。

６　略地図中の**鹿児島県**では，養殖業が盛んである。現在，日本では，養殖業や栽培漁業のような育てる漁業が必要とされている。その理由を，**資料４**をもとにして書け。

資料４
日本の漁業形態別漁獲量の推移

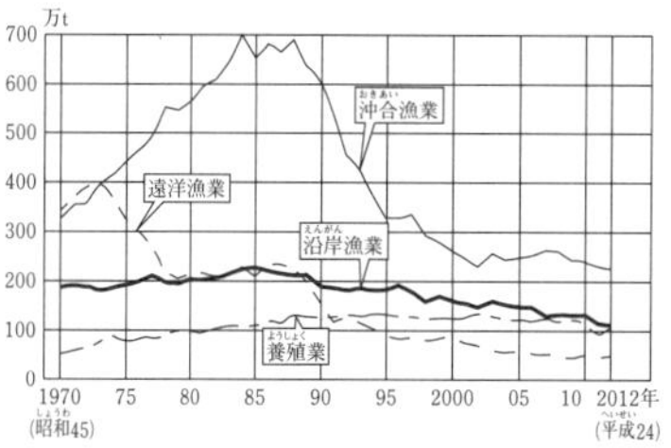

（農林水産省資料から作成）

Ⅲ　**資料１**は，日本の農家数と農業従事者数に占める65歳以上人口の割合の変化を示したものであり，**資料２**は，耕作放棄地の面積の推移を示したものである。農村がかかえる課題の一つについて，**資料１**，**資料２**をもとにして書け。

資料１

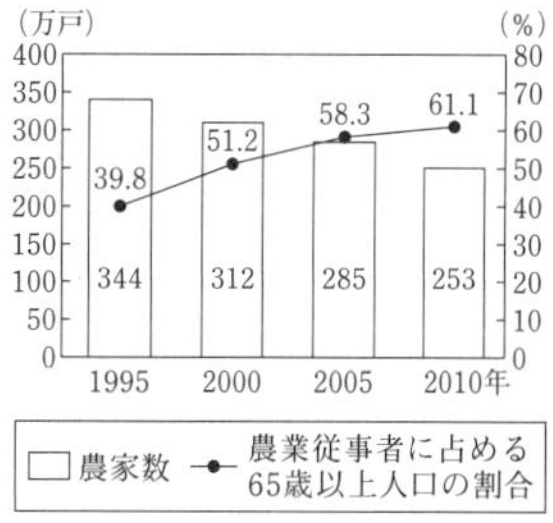

（第６版「数字でみる日本の 100 年」から作成）

資料２

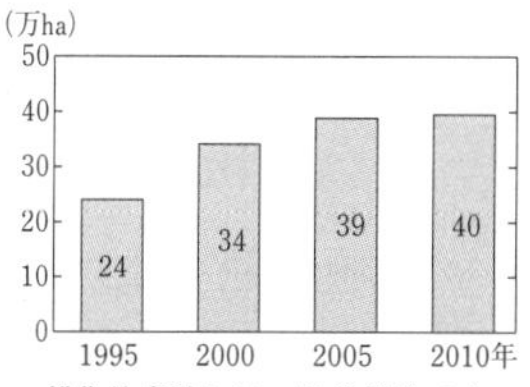

耕作放棄地とは，以前耕地であったもので，過去１年以上作物を栽培せず，しかもこの数年の間に再び耕作する意思のない土地をいう。

（平成 25 年版「食料・農業・農村白書」から作成）

2　次のⅠ～Ⅲの問いに答えなさい。答えを選ぶ問いについては一つ選び，その記号を書きなさい。

Ⅰ　次の表を見て，**1**～**7**の問いに答えよ。

時代	政治や社会のようす	農村や農民のようす
弥生	100余りの小さな国に分かれていた。	むらをつくって定住し，ⓐ稲作を行っていた。
奈良	律令にもとづいて政治が行われた。	戸籍にもとづき，［①］が支給された。
平安	律令制がくずれ，国司が強大化した。	一部の有力な農民が武士として成長した。
鎌倉	ⓑ全国に守護と地頭が置かれた。	農業生産力が高まり，ⓒ市で農作物を売る者が現れた。
南北朝 室町	後醍醐天皇の建武の新政が失敗し，朝廷が分裂したが，その後，合一した。	用水の配分・管理など，村のおきてが定められ，自治的に村が運営された。
安土桃山	ⓓ太閤検地，刀狩が実施された。	［②］
ⓔ江戸	幕府と藩による国家の基礎が確立した。	千歯こきなどの農具が発明された。

1　表中の［①］にあてはまる最も適当なことばを，**漢字3字**で書け。

2　ⓐとともに大陸から日本に伝わったものとして最も適当なものはどれか。

ア　土偶　　**イ**　埴輪　　**ウ**　銅鐸　　**エ**　和同開珎

3　ⓑに関して，このころの守護と地頭について述べた文として正しいものはどれか。

ア　守護は国ごとに置かれ，国内の犯罪の取り締まりなどにあたった。

イ　地頭は荘園ごとに置かれ，とりたてた租・庸・調を幕府に納めた。

ウ　守護は，承久の乱をきっかけに領内の武士を従え，守護大名となった。

エ　地頭は，源頼朝が制定した御成敗式目にもとづいて職務を行った。

4　ⓒに関して，**資料1**は，このころの市のようすをえがいたものである。当時の市では，中国から輸入された貨幣が使われていた。この貨幣を製造していた中国の王朝として最も適当なものはどれか。

ア　唐　　**イ**　宋　　**ウ**　漢　　**エ**　清

資料1

5　表中の［②］には，ⓓの政策の実施による，農民の身分に関して生じた影響を述べた文が入る。［②］に適することばを補い，これを完成させよ。ただし，**武士**ということばを使うこと。

6　ⓔの時代，朝鮮から通信使が来日することが慣例となった。**資料2**は，この使節団が江戸の町を歩いているようすである。この使節団は，主にどのようなときに訪れたのか書け。

資料2

7　表中の時代におきた次の**ア**～**エ**のできごとを，年代の古い順に並べよ。

ア　京都に金閣が建てられる。

イ　参勤交代の制度が定められる。

ウ　邪馬台国の女王卑弥呼が魏に使いを送る。

エ　藤原氏によって摂関政治が行われる。

Ⅱ　次の略年表を見て，１～６の問いに答えよ。

１　表の □ にあてはまる最も適当なことばを書け。

年	主なできごと
1858	ⓐ日米修好通商条約が結ばれる
1861	アメリカ南北戦争が始まる
1894	ⓑ日清戦争が始まる
1902	日英同盟が結ばれる
1914	ⓒ第一次世界大戦が始まる ―┐
1941	太平洋戦争が始まる ―┘ X
1950	朝鮮戦争が始まる
1964	□ 新幹線が開通する

２　ⓐに続いて，江戸幕府は，オランダ，ロシア，イギリス，フランスとも同様の条約を結び，欧米諸国と貿易を行うことになった。欧米諸国との貿易の開始が日本の経済に与えた影響について述べた次の文の ① ， ② にあてはまることばの組み合わせとして最も適当なものはどれか。

> 外国から安価な ① が輸入され，国内の生産地は打撃を受けた。日本から ② や茶が輸出され，国内では品不足になり，値上がりがおきた。

ア（①　綿織物　②　生糸）　イ（①　陶磁器　②　毛織物）
ウ（①　生糸　②　綿織物）　エ（①　毛織物　②　陶磁器）

資料１　わが国の貿易額の推移

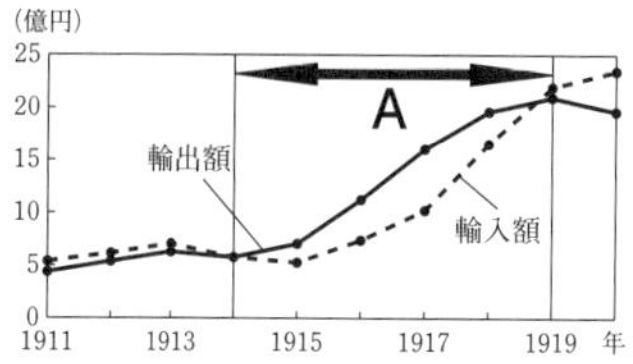

（数字でみる日本の100年から作成）

３　ⓑの後に，明治政府が国内の近代産業を発展させるために，官営の八幡製鉄所を建設した。八幡製鉄所が建設された都道府県名として最も適当なものはどれか。

ア　福岡県　　イ　群馬県
ウ　東京都　　エ　北海道

資料２　Aの期間のわが国の工業生産額の変化

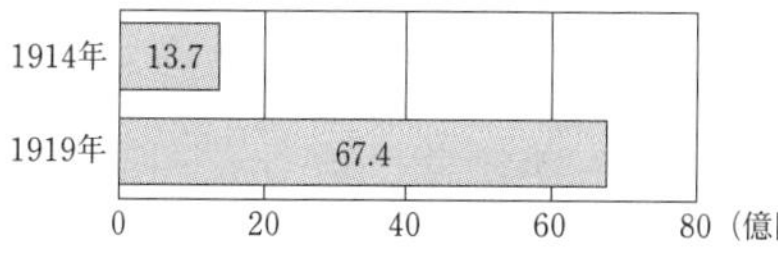

（日本資本主義発達史年表から作成）

４　ⓒに関して，**資料１**のAの時期のわが国の景気について，**資料２**から読み取れることを関連付けて，解答欄の書き出しに続けて書け。

資料３　開戦を伝える当時の新聞記事

> 帝国，米英に宣戦を布告
> 9か月にわたる日米交渉にもかかわらず，アメリカ政府は日本の真意を理解せず，戦争の準備をしている。そこで，政府は12月8日午前8時半に，交渉打ち切りを発表し，アメリカ・イギリスと戦闘状態に入った。
> （部分要約）

５　**資料３**について，この新聞記事が開戦を伝えている戦争は何か。略年表中から抜き出して書け。

６　Xの時期におこったできごとを次のア～エから三つ選び，年代の古い順に並べよ。

ア　世界平和と国際協調をうたう国際連盟が誕生し，日本は常任理事国となった。
イ　アメリカでの株価の暴落をきっかけに世界恐慌がおこり，日本も昭和恐慌となった。
ウ　シベリア出兵による米の買い占めから米価がはね上がったため，米騒動が全国に広がった。
エ　ロシアが中国東北部を事実上占領し，韓国へも進出したため，日露戦争が始まった。

Ⅲ　江戸幕府の貨幣について，**資料１**は，天保小判が使われていたころに，外国人が行った外国の銀貨と日本の銀貨や天保小判との交換についてまとめたものの一部であり，**資料２**は，天保小判と万延小判の小判（金貨）１枚あたりに含まれる金の量を示したものである。**資料１**，**資料２**をもとにして，次の文の X ， Y に適することばを，それぞれ**10字以上20字以内**で補い，これを完成させよ。ただし， X には，**外国**ということばを， Y には，**価値**ということばを使うこと。

> **資料１**から，江戸幕府は X を防ぐために，天保小判から万延小判へと小判（金貨）を造り直したと考えられる。その結果，物価が上昇したが，その理由は，**資料２**から Y からである。

資料１

交換のようす	交換の比率
外国の銀貨を日本に持ち込み，日本の銀貨と交換。	外国の銀貨１枚＝日本の銀貨３枚

↓

交換のようす	交換の比率
日本で，日本の銀貨を天保小判と交換。	日本の銀貨４枚＝天保小判１枚

↓

交換のようす	交換の比率
天保小判を外国に持ち出し，外国の銀貨と交換	天保小判１枚＝外国の銀貨４枚

〔注：交換は↓の流れで行われた。〕

資料２

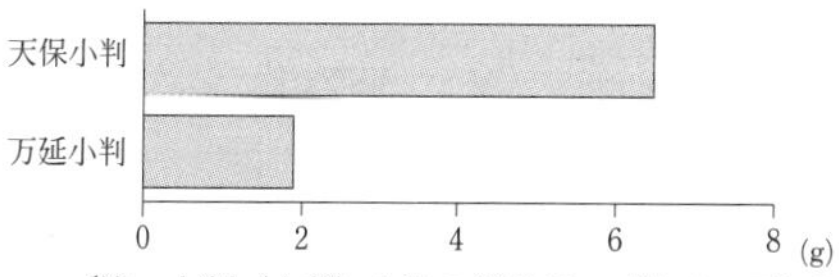

〔注：小判（金貨）１枚の単位はいずれも１両。〕

（**資料１**，**資料２**は，日本銀行金融研究所貨幣博物館ホームページなどから作成）

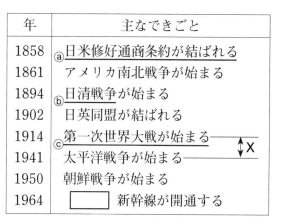

3 次のⅠ～Ⅲの問いに答えなさい。答えを選ぶ問いについては一つ選び，その記号を書きなさい。

Ⅰ　次は，ある中学校で，わが国の政治や社会に関する調べ学習を行ったときの調べ学習のテーマをまとめたものである。**1～5**の問いに答えよ。

調べ学習のテーマ
・新しい人権について（ⓐ新しい人権）
・国会について（ⓑ国会）
・国の政治と地方自治体の政治について（ⓒ国の政治と地方自治体の政治）
・選挙のしくみについて（ⓓ選挙のしくみ）
・裁判について（ⓔ裁判）

1　ⓐに関して，知る権利を新しい人権として保障するため，情報公開制度が定められている。情報公開制度の対象となる情報として最も適当なものはどれか。

ア　病院などの医療機関が保有する情報。

イ　株式会社などの民間企業が保有する情報。

ウ　地方公共団体などの行政機関が保有する情報。

エ　新聞社やテレビ局などの報道機関が保有する情報。

2　ⓑに関して，**資料1**は，わが国の2011年から2014年に召集された国会に提出された法律案の件数と，そのうちの成立した件数の推移を示したものである。次の文の［①］，［②］に適することばを補い，これを完成させよ。ただし，**資料1**中の［②］と，文中の［②］には共通のことばが入る。

> 国会は，日本国憲法で，国の唯一の［①］機関と定められ，さまざまな法律案の審議や法律の制定を行っている。**資料1**から，憲法で，行政権が属すると定められている［②］が提出した法律案の成立した割合が，国会議員が提出した法律案の成立した割合を大きく上回っていることがわかる。

資料1

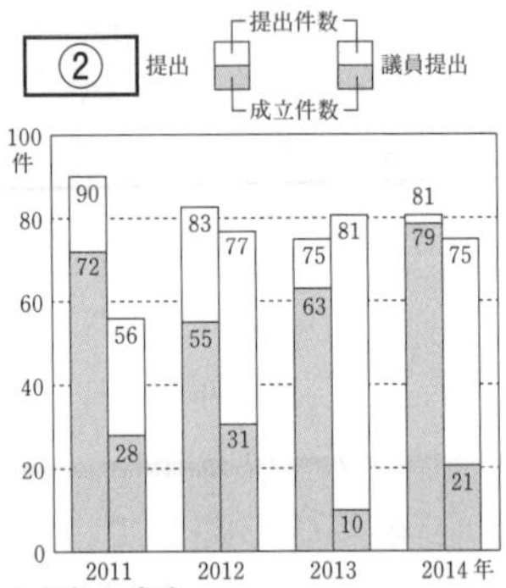

＊各年の常会

（内閣法制局資料から作成）

3　ⓒに関して，**資料2**，**資料3**は，国会と内閣の関係，議会と知事の関係をそれぞれまとめたものである。**資料2**，**資料3**中の**ア～エ**の ⇨ は，国民または住民の意思を反映するための権利などを表している。選挙権と直接請求権の両方を表しているのは**ア～エ**のどれか。あてはまるものを**すべて**選べ。

資料2
国会と内閣の関係

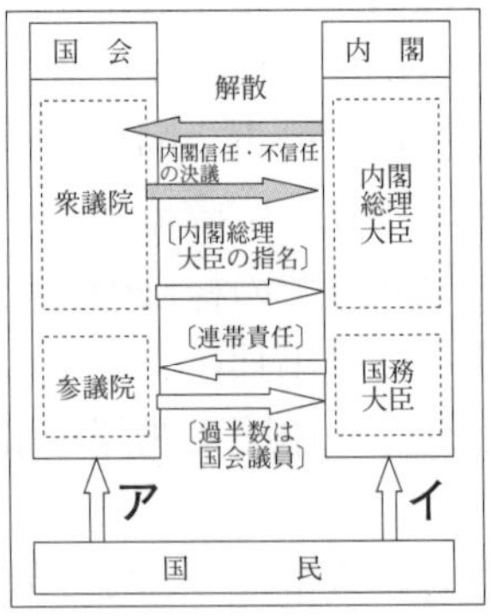

資料3
議会と知事の関係

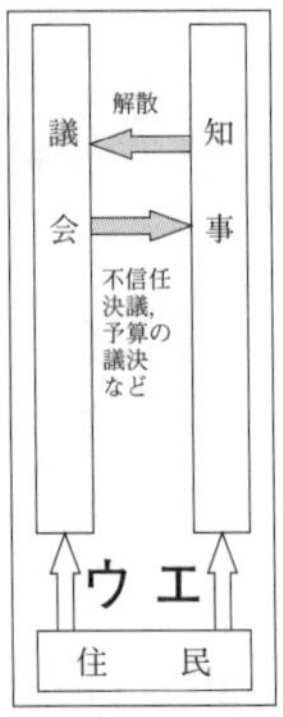

4　ⓓに関して，現在のわが国の衆議院議員選挙で取り入れられている小選挙区制とはどのようなものか説明せよ。

5　ⓔに関して，刑事裁判について述べた次の文を読み，(1)，(2)の問いに答えよ。

> 刑事裁判では，［X］が被疑者を被告人として裁判所に［Y］することで始まる。刑事裁判では，被告人の人権を保障するため，被告人は［Z］と推定されることが原則である。

(1)　文中の［X］，［Y］にあてはまることばの組み合わせとして最も適当なものはどれか。

ア（X　検察官　　Y　控訴）　　**イ**（X　検察官　　Y　起訴）

ウ（X　警察官　　Y　控訴）　　**エ**（X　警察官　　Y　起訴）

(2)　文中の［Z］に適することばを補い，これを完成させよ。ただし，**有罪**，**確定**，**無罪**ということばを使うこと。

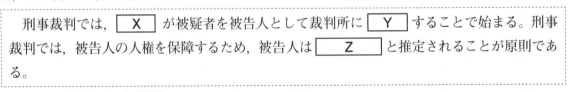

Ⅱ　中学生のＡさんは，環境問題に興味を持ち，飲料用のアルミ缶の回収がどのように回収されているかを調べ，さまざまな資料を集めた。１～６の問いに答えよ。

資料１　飲料用アルミ缶の消費量と回収量

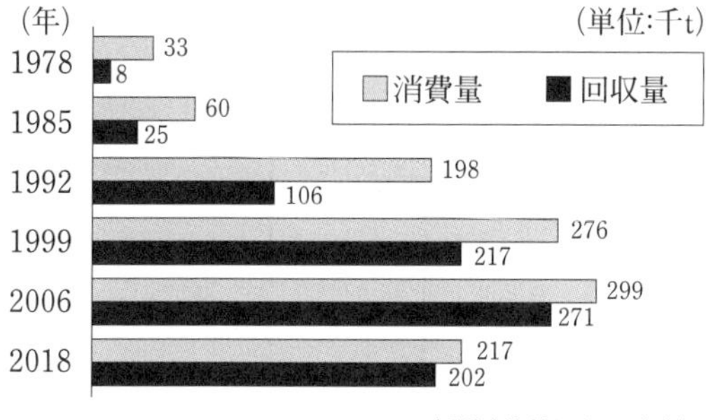

(環境省資料などから作成)

資料２

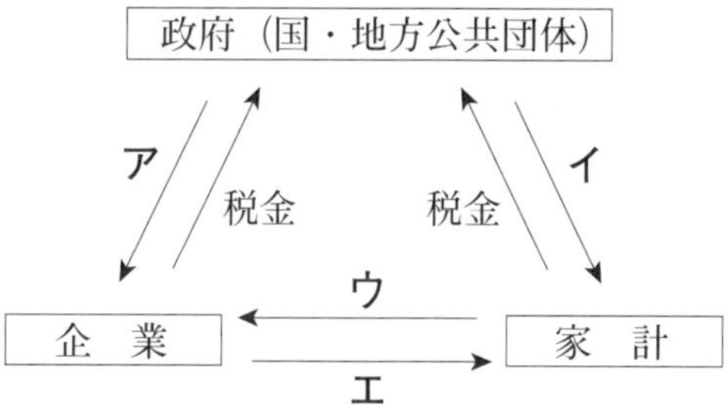

１　飲料用のアルミ缶など，工場でつくられた商品などが私たち消費者に届くまでの流れを何というか。

２　消費者の権利を守るために，1995年に製造物責任法（ＰＬ法）が施行された。この法律により，損害賠償を請求できる例として，**誤っているもの**はどれか。

ア　赤信号で停止中の自動車でエアバッグが突然破裂し，指を骨折した。

イ　製造過程で異物が混入した食品を食べたことにより，体調を崩した。

ウ　説明書の通りに使用した家電製品から出火し，火災となった。

エ　訪問販売で商品を購入し，未使用のまま返品しようとしたが販売元から断られた。

３　**資料１**の1978年から2018年までの間に，飲料用アルミ缶の回収率はどのように変化したか書け。ただし，**消費量**，**回収量**ということばを使うこと。

４　**資料１**で，アルミ缶の回収量が大幅に増えた1992年には，リオデジャネイロで，地球環境を守り，持続可能な発展を続けるための国際会議が開かれた。この会議を何というか。

５　アルミ缶の回収には，企業，国などが関わっている。**資料２**は，経済の流れを示したものである。「**Ａさん個人がごみとして出した空き缶を，市が回収する。**」という経済活動は，**資料２**の**ア～エ**のどれにあたるか。

６　中学生のＡさんは，飲料用アルミ缶を120円で購入した。この価格の中には，消費税が含まれている。消費税などの私たちが納めている税金は，政府の収入の中心となっている。国の財政に関して，**資料３**をもとにして，国債発行額の変化について，歳出，税収の変化と関連付けて，**20字以上30字以内**で書け。

資料３
日本の歳出，税収，国債発行額の推移

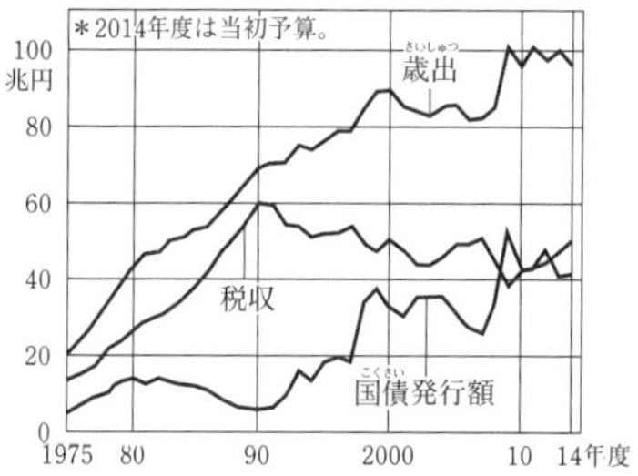

(財務省資料から作成)

Ⅲ　**資料**は，１世帯あたりの１か月間の消費支出の推移を示したものである。**資料**中の**ア～エ**は，通信，米，ガス代，家賃地代のいずれかを示している。通信を示したものを**ア～エ**から選び，そのように判断した理由を書け。

資料

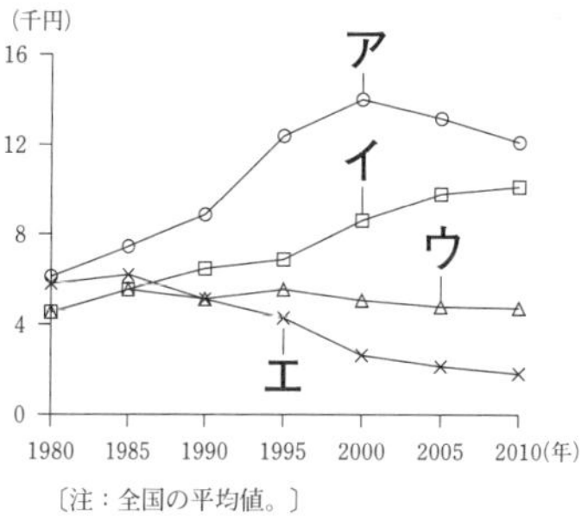

〔注：全国の平均値。〕

(総務省資料から作成)

令和３年度　公立高校入試実戦問題　第２回　数　学　（解答…238Ｐ）

1　次の１～５の問いに答えなさい。

１　次の(1)～(5)の問いに答えよ。

(1)　$5\times(-2)+6$ を計算せよ。

(2)　$\left(\frac{3}{8}+\frac{1}{4}\right)\div\frac{5}{4}$ を計算せよ。

(3)　$\sqrt{18}-4\sqrt{6}\times\frac{2}{\sqrt{3}}$ を計算せよ。

(4)　２つの異なる自然数 a，b について，$a+b<10$ が成り立つとき，$a-2b=1$ となる a，b の組み合わせを１組だけあげよ。

(5)　縦の長さが２cm，対角線の長さが４cmである長方形の横の長さは何cmか。

2　ある数を8で割ると，商は4で余りは3となった。このとき，ある数を求めよ。

3　次の**ア**～**ウ**のうち，～～～線部が**誤っているもの**はどれか。1つ選び，記号で答えよ。また，選んだものについて，～～～線部を正しくなおせ。

ア　1辺の長さがx cmの正方形の面積は，x^2cm^{2}である。

イ　x人が総人数の20％にあたるとき，総人数は$5x$人である。

ウ　時速x kmで，y km離れた町まで歩いたときにかかった時間は，xy時間である。

4　下の図は，長方形ABCDを示したもので，点Pは辺AD上の点であり，∠PBCの二等分線と辺CDの交点をQとする。∠APB＝$x°$，∠BQC＝$y°$とするとき，yをxを用いた式で表せ。

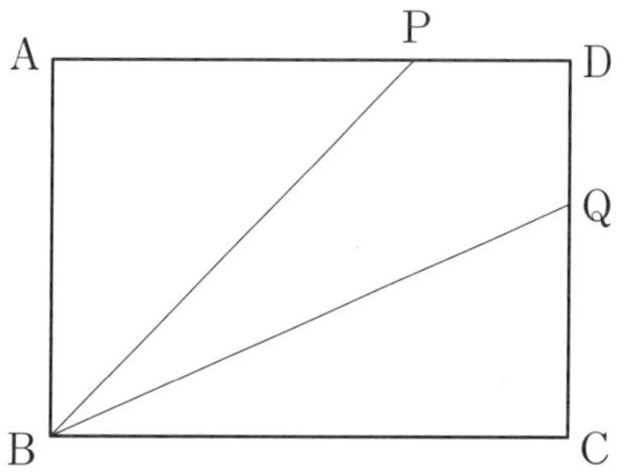

5　下の表は，平成27年5月の鹿児島県への九州からの宿泊客数を，県別に示したものである。鹿児島県内からの宿泊者数は九州全体の宿泊者数の何％にあたるか。小数第1位を四捨五入して答えること。

都道府県	宿泊客数（人）
福 岡 県	30630
佐 賀 県	5170
長 崎 県	3840
熊 本 県	9200
大 分 県	3740
宮 崎 県	12670
鹿児島県	54260
全　体	119510

2 次の１～４の問いに答えなさい。

1　ある商店街のイベントで，A店，B店の２つの店でゲームが行われている。右の図は，A店，B店のゲームの内容を示したものである。このとき，次の(1)，(2)の問いに答えなさい。

> [A店のゲーム]
> 大小２つのさいころを同時に投げるときの出る目の数の和によって，あたりとはずれを決める。
> あたり……出る目の数の和が９以上のとき。
> はずれ……出る目の数の和が８以下のとき。

> [B店のゲーム]
> ２枚の硬貨を同時に投げるときの表となる硬貨の枚数によって，あたりとはずれを決める。
> あたり……２枚とも表のとき。
> はずれ……表となる枚数が１枚以下のとき。

(1)　大小２つのさいころを同時に１回投げるとき，出る目の数の和が９になる場合は何通りあるか。

(2)　あたりが出やすいのは，A店，B店のどちらの店のゲームか。どちらか選び，選んだ方のあたりが出る確率を求めよ。

2　右の図は，点Oを中心とする半円Oと直線ℓを示したものであり，直線ℓを対称の軸として線対称移動させてできる，点Pを中心とする半円をPとする。このとき，半円Pを定規とコンパスを用いて作図せよ。ただし，点Pの位置を示す文字Pを書き入れ，作図に用いた線も残しておくこと。

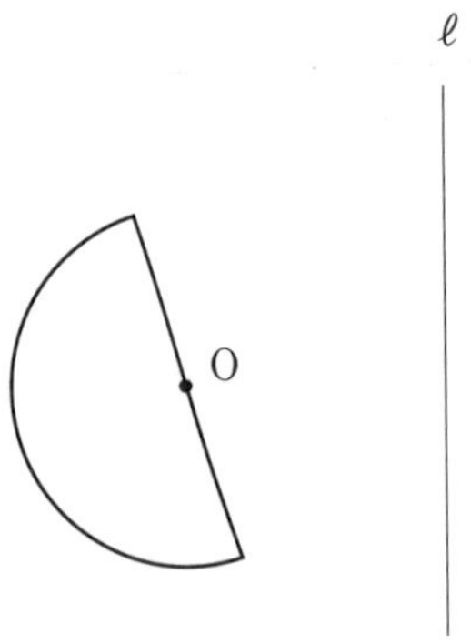

3　右の図は，正三角形ABCを示したもので，辺BC上の点をDとし，線分ADを一辺とする正三角形ADEを，辺DEが辺ACと交わるようにつくる。辺ACと辺DEの交点をFとするとき，△ABD ∽ △AEFとなることを証明せよ。

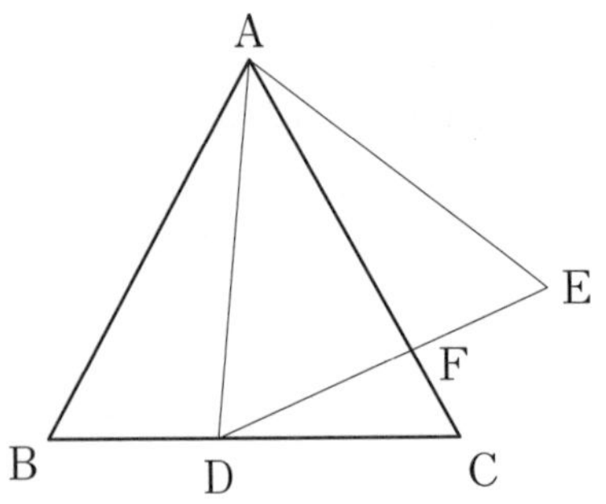

4　ある中学校では職場体験に参加する120人の生徒を，４人の組と５人の組と６人の組に分けた。生徒全員がいずれかの組に入るように組分けしたところ，全部で25の組ができ，そのうち５人の組は８組できた。このとき，４人の組と６人の組はそれぞれ何組できたか。４人の組をx組，６人の組をy組として，その方程式と計算過程も書くこと。

3 Ｋ市では，Ｋ市のすべての中学生16000人のうち，無作為に抽出した500人について通学時間を調査した。右の**表**は，その結果を示したものである。このとき，次の**1**～**3**の問いに答えなさい。

表

階級(分)	度数(人)
0 以上 ～ 10 未満	33
10 ～ 20	117
20 ～ 30	149
30 ～ 40	146
40 ～ 50	55
合　計	500

1　**表**について，最頻値(モード)は何分か。

2　**表**の調査結果を用いて，通学時間が40分以上50分未満の生徒は，Ｋ市全体でおよそ何人いるか推定せよ。

3　Ｋ市にあるＬ中学校では，全校生徒84人を対象に「通学時間は何分ですか」というアンケート調査を行った。**図**は，このアンケート結果をヒストグラムで示したもので，例えば，０分以上10分未満の生徒は５人であることがわかる。また，全校生徒の通学時間の平均値は28分であった。また，Ｌ中学校では，徒歩通学と自転車通学の生徒がおり，徒歩通学の生徒の通学時間の平均値は30分，自転車通学の生徒の通学時間の平均値は18分であった。このとき，次の(1)，(2)の問いに答えよ。なお，通学時間の平均値は，四捨五入のない値であるものとする。

図

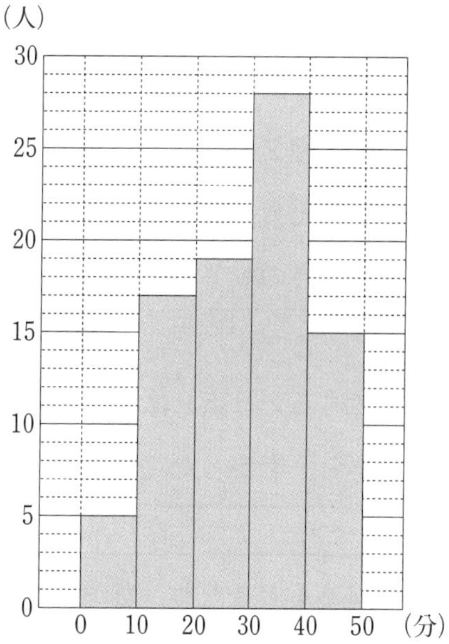

(1)　自転車通学の生徒の人数は何人か。

(2)　Ｌ中学校に通う太郎さんは，自分の通学時間が29分であったので，次のように考えた。

> 全校生徒の通学時間の平均値が28分だから，全校生徒を通学時間の短い人から順に並べ，通学時間が短い方から42人を「短い方」，長い方から42人を「長い方」の２つのグループに分けると，自分は「長い方」のグループに入る。

この考え方は正しいか。解答欄の「正しい」「正しくない」のどちらかを〇で囲み，そのように判断した理由を，根拠とした代表値が何かわかるようにして答えよ。

入試実戦問題　第二回

4 太郎さんと花子さんは，数学の授業の中で，**図１**のような底面の円の中心をそれぞれO，Hとする半径が３cm，高さが９cmの円柱を題材にした数学の問題を発表することになった。以下の会話文を読んで，次の**１**～**４**の問いに答えなさい。ただし，円周率はπとする。

図１

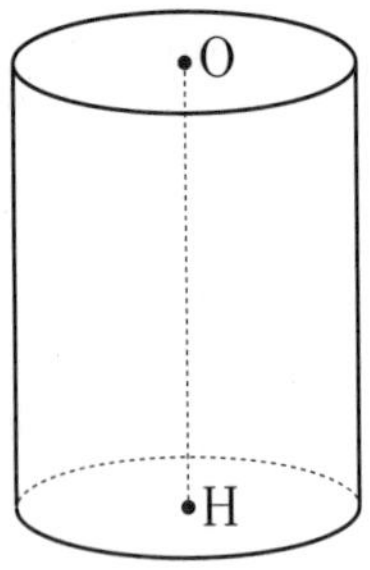

先　生：今日は，円柱を使って数学の問題をつくりましょう。まずは，**図１**の円柱の体積や表面積を求めましょう。

太　郎：**図１**の円柱の体積は［ア］cm^3，表面積は［イ］cm^2です。

先　生：基本はおさえられていますね。では，それぞれが考えてきた問題を発表してください。

花　子：私は，次の問題を考えてきました。

> **図２**のように，**図１**の円柱の側面または点Hを含む底面を動く点Pを考える。このとき，線分OPの長さが最大になるのは，点Pがどこにあるときか。また，そのときの線分OPの長さは何cmか。

太　郎：できるだけ点Pは点Oよりも遠いところにあればいいから…
あっ，わかった。つまり，線分OPの長さが最大になるのは，
［ウ］
にあるときだね。だから，そのときの線分OPの長さは，
［エ］cmです。あってるかな。

図２

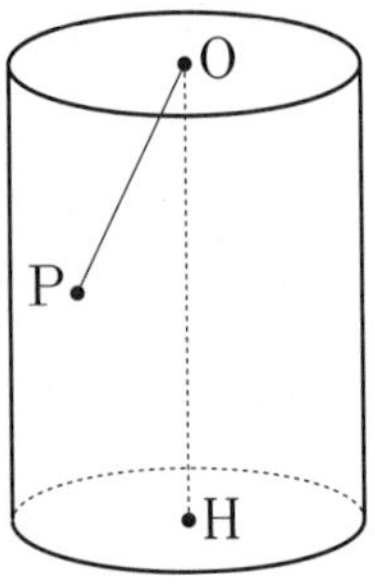

花　子：正解です。次は太郎さんの順番ね。

太　郎：わかった。ぼくは，次の問題を考えてきました。

> **図３**のように，**図１**の円柱の側面上を動く点Qをとり，点Qを通る円柱の母線と点Hを含む底面との交点をRとする。このときできる四角形OHRQを直線OHを軸として１回転させてできる立体の体積と円柱の体積の比が１：２になるとき，線分QRの長さは何cmか。

図３

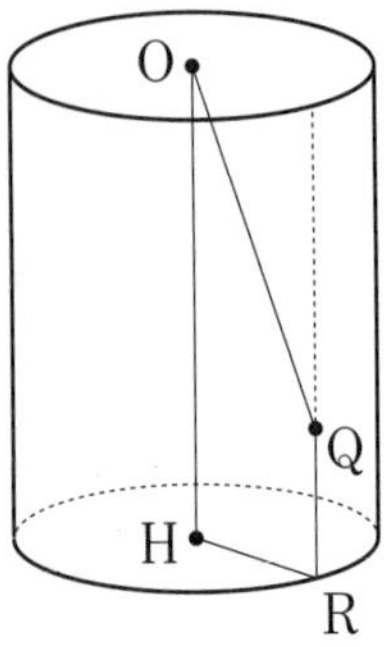

花　子：どうやって解けばいいのかな。…わかった。QR＝$x$cmとして，四角形OHRQを直線OHを軸として1回転させてできる立体の体積を，xを用いて表すと…条件から立式できるね。答えは［オ］cmです。

先　生：2人ともよくできました。では，最後に先生から問題を出します。

1　［ア］，［イ］に適当な数を入れ，会話文を完成させよ。

2　［ウ］にあてはまる内容を簡潔に書け。また，［エ］に適当な数を入れ，会話文を完成させよ。

3　［オ］に適当な数を入れ，会話文を完成させよ。

4　会話文中の下線部について，先生は次の問題を出した。

> **図4**は，長方形KLMNを紙にかいて切り取ったものである。これを**図1**の円柱の側面にすきまなく，重ならないように斜めに巻き付ける。**図5**のように，側面を2回りさせたところ，2点N，Kが円柱の同じ母線上にあり，線分NKの長さは6cmになった。また，長方形KLMNの辺LMの延長線と母線の端が一致した。このとき，長方形KLMNの面積は何cm^{2}か。ただし，紙の厚さは考えないものとする。

このとき，長方形KLMNの面積は何cm^{2}か。

図4

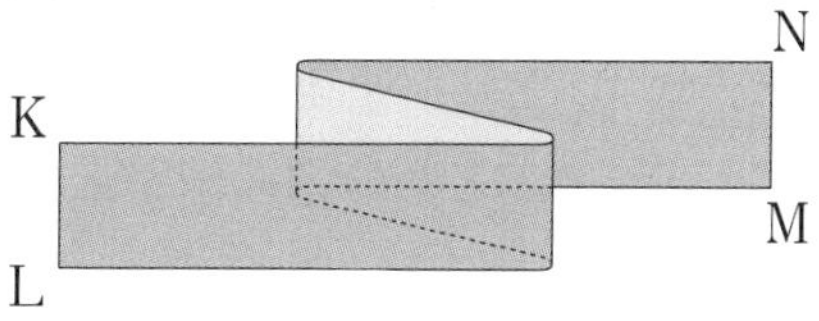

図5

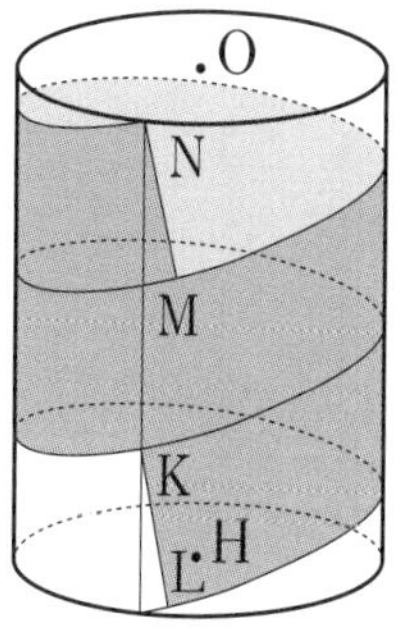

5 右の図は，関数 $y = ax^2$ …①，$y = 2$ …②，$y = 8$ …③のグラフを示したもので，①と②の交点のうち，x 座標が正の方をAとし，②のグラフと y 軸の交点をBとする。また，①と③のグラフの交点をC，Dとし，Aの x 座標は2，Dの座標は$(-4,\ 8)$であり，Oは原点とする。いま，点Pが毎秒1cmの速さでBを，点Qが毎秒2cmの速さでDを同時に出発し，それぞれ，②，③のグラフ上を矢印(→)の方向に進むものとする。このとき，次の**1**～**3**の問いに答えなさい。ただし，座標の1目もりは1cmとする。

1　a の値を求めよ。

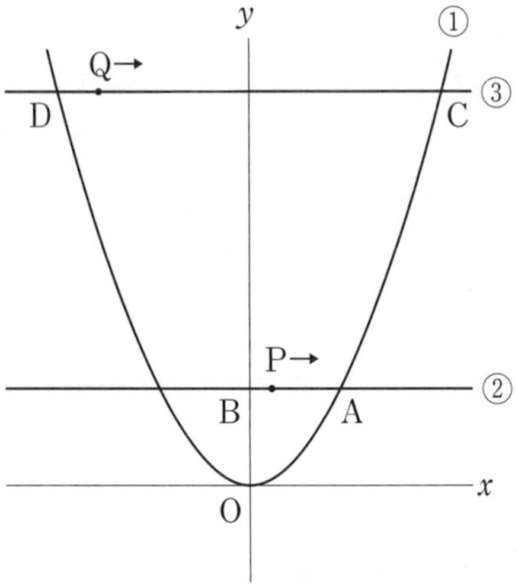

2　点P，Qが同時に出発してから2秒後の直線PQの式を求めよ。

3　点P，Qが同時に出発してから t 秒後の，4つの点A，C，Q，Pを頂点とする台形の面積を S cm^2 とする。ただし，点PがAに重なるときは△ACQの面積を S cm^2 とし，点QがCに重なるときは△ACPの面積を S cm^2 とする。このとき，次の(1)，(2)の問いに答えよ。

(1)　$t = 3$ のときの S の値を求めよ。

(2)　$S = 24$ となるときの t の値をすべて求めよ。ただし，t についての式と計算過程も書くこと。

2021年受験用

鹿児島県高校入試問題集

公立編

正答例と解説

令和二年度　鹿児島県公立高校入試問題　国　語

正答例

[1] 1 ① 勇（ましい）　② かんしゅう
③ いの（って）　④ 幕
⑤ 冷静　⑥ ちか（った）
2 十一（画）

[2] 1 イ　2 ア
3 他者と相互的にやりとりをする中で把握され表現された自らのオリジナリティが，さまざまな人との間で共通了解されたと実感できたとき。
4 Ⅰ 個人と社会との関係を自覚
Ⅱ 生きる目的としてのテーマ
5 ウ

[3] 1 おおいに　2 エ　3 ウ
4 Ⅰ 病さまざま癒ゆること
Ⅱ さらに大切に祭った
Ⅲ 信仰心をなくした

[4] 1 ア
2 Ⅰ つまらなそうだった
Ⅱ 悔しそうに話しかけてきた
3 ウ　4 エ
5 山沢君との対戦をとおして，これからもライバルたちと競い合って実力を高め，絶対にプロ棋士になると決意し，気持ちが高ぶっている。

[5] 二点目は古典の言葉を学習できないことです。確かにマンガはあらすじをおさえやすいですが、それだけで古典を読みきった気になってしまい、原典に当たらない人が多くなると思います。それでは古典の言葉の意味や文法を学ぶことはできません。このことは、古典の言葉を学習する機会を奪い、伝統的な文化の伝承が途絶えてしまう恐れがあります。

配　点

[1]	1　2点×6　2　2点	計14点
[2]	1　2点　2　3点　3　8点 4　4点×2　5　5点	計26点
[3]	1　2点　2　3点　3　3点 4　Ⅰ, Ⅲ　3点×2　Ⅱ　4点	計18点
[4]	1　3点　2　Ⅰ　3点　Ⅱ　4点 3　3点　4　3点　5　7点	計23点
[5]	9点	

解　説

[1] <漢字>

2 点画の連続があるが，「率」という漢字である。

[2] <論説文>

1 [a] は，空欄前で「相手にわかるように話すことと，自分のオリジナリティを追求すること」は「反対のこと」だと感じる人もいるかもしれないと述べており，空欄後では「この二つ（相手にわかるように話すことと，自分のオリジナリティを追求すること）は，それぞれバラバラに存在するものではない」と空欄前の事柄を否定しているので，**逆接**の接続詞が適当。よって，**ア**か**イ**に絞られる。[b] は，空欄前の「あなたの語る～最終的な課題となります」の理由が，空欄後で述べられているので「なぜなら」が適当。「～共通了解の実感だからです」とあるのにも着目する。よって組み合わせとして適当なのは**イ**である。

2 ——線部①と**ア**は**連体詞**。**イ**は**名詞**（代名詞），**エ**は**副詞**。**ウ**は「説得力」が「ある」という述語になるので**動詞**であるが，「ある日」のように体言を修飾する場合は**連体詞**となるので注意する。

3 「この実感」が「個人としての存在意義をもたらす」とあり，「この実感」とは前の「『わかった，わかってもらった』という実感」を指すが，抽象的すぎるので言い換える必要がある。「『私』と問題とのかかわりが～相互の『個』が理解に至」るということは，第五，第六段落に具体的に述べられているので，この内容をまとめる。また，「『わかった，わかってもらった』という実感」を，同じことを述べている「**共通了解の実感**」と言い換え，指定字数以内にまとめる。

4 「対話をデザインする」ことの効果が，第十三段落以降に述べられている。そこから空欄前後の文章を手掛かりに抜き出す箇所を探すとよい。
Ⅰ 本文に，「その問いは，市民としての社会参加という意識につなが」るとある。「その問い（＝「社会とは何か」という問い）」は，「個人と社会との関係を自覚」することで生まれるので，「個人と社会との関係を自覚」することは市民としての社会参加という意識をもつことにつながるのである。
Ⅱ 空欄後の「**発見**」という言葉をヒントにする。

5 **ウ**は第五段落の内容と一致する。**ア**は第一段落で「相手にわかるように話すことと，自分のオリジナリティを追求すること」は，「それぞれバラバラに存在するものではない」と述べているので，「矛盾した課題」以降が誤り。**イ**は「対話の前後で～」以降の内容は本文では述べられていないので誤り。**エ**は第十一段落にある一般的な「対話」の内容。筆者は「ここでは，対話というものを～」と否定しているので，誤りとなる。

[3] <古文>

（口語訳） 昔，汝南にいる人が，田んぼの中に網を張って，麞を捕ろうとした。そのうち麞が網にかかったけれど，その網の持ち主がまだ来ていなかったので，①通りすがりの人が麞を盗んでしまった。そうであっても人が取り得ただろうものを理由もなく取ってしまうのも罪深いと思って，その麞の代わりに，②手に持っていた鮑魚一つを網の中に入れて立ち去ったころに，ア例の網の持ち主が来て，鮑魚が網の中にあるのを見て，これ（鮑魚）はここにあるはずのものだとは思えない，どう考えても現神様が現れなさいましたのであろうと③たいそう不思議に思った。村の者たちが皆寄り集まって，そのうち祠を建てて入れなさって，イ鮑君と名づけなさった。村の者たちは病気などが癒えることがあると，このウ神様（鮑君）のお恵みによるものであるとさらに大切に祭り，お社をたくさん作り，賽の神楽の音が絶えることがなかった。本当にすばらしい神様であったことだ。七，八年ほどが過ぎ，エ例の鮑魚の持ち主がこのお社の辺りを通り過ぎて，「どのような神様がこのようにこの世にあらわれなさったのだろうか」と言って（見てみると），自分が置いていった鮑魚だった。「ああ驚きあきれたことだ，それは私が置いていったものなのになあ」と言ったので，例のご利益がたちまち止んでしまった。

1　語頭以外の**ハ行**は**ワ行**に直す。

2　主語の判別は，登場人物と話のおおまかな内容の整理が必要である。最初に登場する「汝南の人」は網を張って麞を捕ろうとしたので，**ア**「かの網の主」と同一人物。次に登場する「道行く人」は麞を盗んだ代わりに持っていた鮑魚を網に入れているので，**エ**「かの鮑魚の主」と同一人物であることがわかる。その鮑魚が人々の勘違いを経て，**イ**「鮑君」と名づけられ，**ウ**「御神」として祭られるようになったのである。

3　その理由は，――線部②の直前の「さりとも～罪深しと思ひて」で述べられている。だから，自分が盗んだ麞の代わりに鮑魚を入れたのである。

4 Ⅰ　人々が感じた「御利益」の内容が入る。

Ⅱ　お社をたくさん作り，賽の神楽の音が絶えないということは，それほど「鮑君」が大切にされていたということである。

Ⅲ　先生が最初に，御利益を生んだものは何かという，この話のテーマを説明しているので，「**信仰心**」という言葉を用いるのが適当。

4　＜小説文＞

1　――線部①直後に「**(よし。目にもの見せてやる)**」と意気込んでいることから，山沢君に勝つことへの意欲が読み取れる。冒頭のリード文に，山沢君との将棋の対戦に負けて悔しかったこと，そして研究を重ねていたことが書かれていることにも着目する。

2 Ⅰ　山沢君の対局前の様子が入る。対局に積極的だった「ぼく」に対して，山沢君は「つまらなそうだった」とある。

Ⅱ　「うまく返事ができなかった」のは，「まさか山沢君が話しかけてくるとは思わなかった」から。さらに，対局前は「つまらなそうだった」にもかかわらず，「悔しそうに」話しかけてきたのが「意外だった」のである。

3　時間切れで引き分けになった後「詰み筋を懸命に探し続け」ていた「ぼく」に対し，山沢君は「ぼく」が分からなかった詰み筋を理解している。「**メガネをかけた小学２年生の実力に感心していた**」とあるように，山沢君の実力を素直に認めていることが読み取れるので，**ア**「納得できないまましぶしぶ受け入れている」，**エ**「悔しさをこらえている」がそれぞれ不適。また，「山沢君にはかなわないとあきらめて」はいないので**イ**も不適。

4　「一緒に強くなっていけばいい」という言葉に着目する。

切磋琢磨＝学問や人徳をよりいっそう磨き上げること。また，友人同士が互いに励まし合い競争し合って共に向上すること。

大器晩成＝大きな器は完成するまでに時間がかかることから，真に偉大な人物も大成するのが遅いということ。大人物は遅れて頭角を現すということ。

呉越同舟＝仲の悪い者同士や敵味方が，同じ場所や境遇にいること。本来は仲の悪い者同士でも同じ災難や利害が一致すれば，協力したり助け合ったりするたとえ。

試行錯誤＝新しい物事をするとき，試みと失敗を繰り返しながら次第に見通しを立てて，解決策や適切な方法を見いだしていくこと。

5　「ぼく」は山沢君と対戦する前は，「自分以外はみんな敵だ」と思っていた。しかし山沢君との対戦ややりとりを通して，ライバルたちと「**勝ったり負けたりをくりかえしながら，一緒に強くなっていけばいい**」と気持ちが変化している。そしてそのことに「**ぼくの心ははずんでい**」るのである。またその後，プロになることが「**どれほど苦しい道でも，絶対にやりぬいてみせる**」と決意している。その気持ちが「かけ足で図書館にむかった」という行動にあらわれている。

5　＜作文＞

「古典をマンガで読むこと」を題に，資料を踏まえて山田さんの立場に立って考えを書く問題である。山田さんは「古典をマンガで読むこと」に反対の立場であり，そう考える理由の一点目に，**資料１**の「イメージの固定」を挙げていることをおさえる。つまり，**資料１**の「古典の言葉を学習できない」ことを二点目の理由として挙げ，その結果，□後にあるように，「伝統的な文化を伝えていくこと」についてどのような影響があるかを自分で考えて書けばよい。書き出しの指定があることや，敬体（です・ます調）で書くことに注意する。

［採点基準の例］

⑴　**理由**…４点

二点目の理由として「古典の言葉を学習できない」ことが明確に書けているかを４点（良い），２点（不明瞭），０点（書けていない）の３段階に評価する。

⑵　**考え**…５点

「古典の言葉を学習できない」ことでどのような影響があるかということを明確に書けているかを５点（優れている），４点（良い），２点（不明瞭），０点（書けていない）の４段階に評価する。

⑶　**一段落ではないもの**…減点１点

⑷　**行数を満たしていないもの**…減点３点

⑸　**表記**…最大減点３点（一か所ごとに減点１点）

①　原稿用紙の使い方の誤り。

②　誤字脱字，符号の用法の誤り。

③　用語や文の照応の不適切なもの。

④　文体が敬体でないもの。

⑹　**書き出しの条件を守れていないもの**…減点２点

令和２年度　鹿児島県公立高校入試問題　理科

正答例

[1] 1　**菌**(類)　　2　**偏西風**
3　**ア，エ，オ**(順不同・完答)
4　①　**ア**　　②　**ウ**(完答)
5　**イ，ウ**(順不同・完答)
6(1)　**交流**　　(2)　①　**イ**　　②　**ア**(完答)
7　**ウ**

[2] Ⅰ　1　**しゅう曲**
2　**東側の川岸に川原の堆積物があることから，東側が川の曲がっているところの内側となっているＱである。**
3　**イ→ウ→ア→エ**
Ⅱ　1　**イ**　　2　**日周運動**
3(1)　右図
(2)　**81.8°**

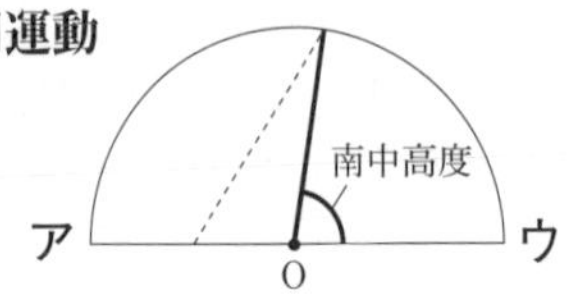

[3] Ⅰ　1　**イ**
2　a　**ミョウバン**　　b　**ホウ酸**(完答)
3　（Cは，水溶液の温度を下げると，）**溶解度が小さくなり，とけきれない分が結晶として出てきたから。**
4　$\frac{30}{S}-10$〔g〕
Ⅱ　1　$NaOH \rightarrow Na^{+} + OH^{-}$　　2　**エ**
3(1)　**燃料**(電池)
(2)　化学式　　O_2
分子の個数　4〔個〕(完答)

[4] Ⅰ　1　**酢酸オルセイン**
2　(ア)→**オ→ウ→エ→イ**
3　**根は，先端に近い部分で細胞の数がふえ，それぞれの細胞が大きくなることで成長する。**
4　**染色体が複製されるから。**
Ⅱ　1　**対照実験**
2　**ヒトの体温に近づけるため。**
3(1)　**だ液のはたらきによってデンプンがなくなった。**
(2)　**だ液のはたらきによって麦芽糖などができた。**
4　③

[5] Ⅰ　1　**30**〔°〕
2　**エ**
3　右図

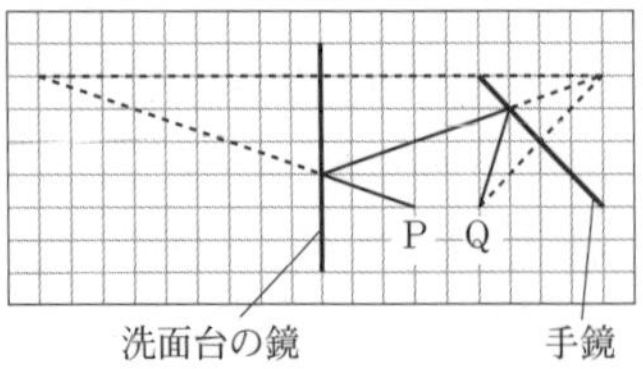

Ⅱ　1　**0.02**〔J〕
2　**ウ**　　3　**作用・反作用**　　4　**12**〔cm〕
5　**小球の位置エネルギーの大きさは変わらないので，木片の移動距離は変わらない。**

配点

[1]	3，7	3点×2　他	2点×6	計18点
[2]	Ⅰ1，Ⅱ1，2	2点×3　他	3点×4	計18点
[3]	Ⅰ4，Ⅱ3(2)	3点×2　他	2点×6	計18点
[4]	2点×9			計18点
[5]	Ⅰ3，Ⅱ5	3点×2　他	2点×6	計18点

解説

[1] ＜４分野総合＞

1　分解者の役割を担っているのは，ミミズなどの土壌動物や，菌類，細菌類などの微生物である。カビやキノコなどの菌類のなかまは，からだが菌糸とよばれる糸状のものからできており，胞子でふえるものが多い。また，乳酸菌や大腸菌などの細菌類は，単細胞生物で分裂によってふえる。

2　偏西風は，北半球と南半球の中緯度帯(緯度が30°～60°)の上空を西から東へ向かってふく西風で，地球を一周している。

3　**ア**：ハチュウ類，**イ**：鳥類，**ウ**：ホニュウ類，**エ**：魚類，**オ**：両生類である。変温動物は，環境の変化にともなって体温も変動する動物である。鳥類やホニュウ類は体温を一定に保つしくみをもち，環境の温度が変化しても体温はほとんど変化しない恒温動物である。

4　ＢＴＢ溶液は，酸性(ｐＨが７より小さい水溶液)では黄色，中性(ｐＨが７の水溶液や水)では緑色，アルカリ性(ｐＨが７より大きい水溶液)では青色になる。

5　融点は，固体の物質がとけて液体に変化するときの温度，沸点は，液体が沸騰して気体に変化するときの温度である。物質の状態は，温度が融点以下では固体，融点以上沸点以下では液体，沸点以上では気体である。**ア**の物質の沸点は－183℃なので，50℃では気体，**エ**の物質の融点は63℃なので，50度では固体である。

6(1)　交流の電圧は絶えず変化するため，オシロスコープで調べると波のような形を見ることができる。１秒あたりの波のくり返しの数を周波数といい，東日本では50Hz，西日本では60Hzである。また，乾電池による電流のように，一定の向きに流れる電流を直流という。

(2)　乾電池２個を直列につなぐと，豆電球の明るさは明るくなり，点灯する時間は短くなる。

7　台風は，熱帯地方で発生した熱帯低気圧が発達したものであり，北半球では右図のように，周辺部から中心部に向かって反時計回りに風がふく。問題文より，観測地点では，台風が近づいてくるときに東寄りの風が，最も近づいたときに南寄りの風が，台風が離れていくときに西寄りの風がふいているので，台風の進路は観測地点の西側を通過している**ウ**と考えることができる。

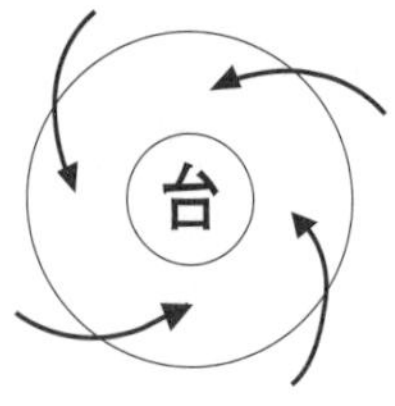

[2] ＜大地の変化・地球と宇宙＞

Ⅰ1　地層が堆積した後に，プレート運動によってその地層に大きな力がはたらくとしゅう曲ができる。

2　流れる水のはたらきには，侵食，運搬，堆積の３つがあり，水の流れが速いところでは運搬や侵食のはたらきが大きくなり，流れがゆるやかなところでは堆積のはたらきが大きくなる。川の曲がっている部分の外側は水の流れが速く，川岸や川底が侵食され，内側は水の流れが遅く，土砂が川原に堆積する。**図1**より，観察された場所では東側に堆積物が見られるので，東側が川の曲がっている部分の内側だと考えられる。よって，観察された場所は**図2のQ**である。

3　地層は，下から順に堆積していくので，浅い海で地層ができた後に火山灰が堆積して，海水と淡水が混ざる河口で地層ができたことがわかる。また，西側と東側の両方で同じ環境に生息する生物の化石が見つかっているので，これらの地層が堆積したときには断層はできておらず，地層が堆積した後に断層ができたことが読みとれる。

Ⅱ 1　北半球では，太陽は東からのぼり，南の空を通って西にしずむので，**図のウ**が南と読みとれる。

3(1)　天体が真南を通過することを南中という。このときの高さを南中高度といい，観測地点Oを中心に太陽の位置から南の地平線までの角度で表される。

(2)　**南中高度の求め方**

春分・秋分　90°－その地点の緯度

夏至　90°－(その地点の緯度－23.4°)

冬至　90°－(その地点の緯度＋23.4°)

北緯31.6°の地点での夏至の日の南中高度は

90－(31.6－23.4)＝81.8〔°〕　地球は公転面に対して垂直な方向から，地軸を23.4度傾けたまま公転をしている。そのため，北半球では，夏至のころは太陽の南中高度が高く，冬至のころは，太陽の南中高度は低い。また，日の出と日の入りの位置は，夏至のころには北寄りになり，冬至のころには南寄りになる。春分，秋分の日には，太陽は真東からのぼり，真西にしずむ。

3　＜身のまわりの物質・化学変化とイオン＞

Ⅰ 1　溶解度は溶媒の質量に比例しているので，10 gの水にとける物質の質量は，100 gの水にとける物質の質量の$\frac{1}{10}$と考えることがきる。**図1**より，塩化ナトリウムは，30℃の水10 gに約3.6 gとけるので，加えた塩化ナトリウム3.0 gはすべてとける。また，塩化ナトリウムは電解質なので，水にとけると陽イオンと陰イオンに分かれる。

2　**図1**より，30℃の水10 gにはミョウバンが約1.6 g，ホウ酸が約0.6 gとけるので，どちらも3.0 g加えるととけきれないことがわかる。また，とけ残った質量はDの方がBよりも大きかったので，Bがミョウバン，Dがホウ酸とわかる。

3　温度による溶解度の差を利用して，溶液から溶質を結晶として取り出すことを再結晶という。

4　30℃の水10 gにDがS gとけるので，Dを3.0 gとかすために必要な30℃の水の質量をx gとすると，10：S＝x：3.0　$x=\frac{30}{S}$　水ははじめに10 g入れてあるので，加える水の質量は$\frac{30}{S}-10$〔g〕

Ⅱ　水の電気分解では，陽極で酸素(気体B)が，陰極で水素(気体A)がそれぞれ発生している。

1　純粋な水は電気を流しにくいので，電気分解を行う際には水酸化ナトリウムなどの電解質を加えて電流を流しやすくする。

2　**ア**：酸化銅が炭素によって還元されて二酸化炭素が発生する。**イ**：酸化銀が熱分解して酸素が発生する。**ウ**：うすい塩酸を電気分解すると，陽極で塩素が，陰極で水素が発生する。**エ**：亜鉛板と銅板をうすい塩酸に入れてつくった電池では＋極で水素が発生し，－極では亜鉛がとけて亜鉛イオンになる。

3(2)　燃料電池の化学反応式は以下のようになる。

$2H_2+O_2 \rightarrow 2H_2O$

この化学反応式から，水素分子2個と酸素分子1個が反応して水分子2個ができることがわかる。水素(気体A)の分子が4個すべて反応するために必要な酸素(気体B)の分子をx個とすると，

2：1＝4：x　$x=2$　酸素分子が2個必要なので，酸素分子は6－2＝4〔個〕残る。

4　＜生命の連続性・動物の生活と生物の変遷＞

Ⅰ 1　酢酸オルセインの他にも酢酸カーミンや酢酸ダーリアなどでも核と染色体を染めることができる。

2　細胞が分裂の準備に入ると，それぞれの染色体が複製されて同じものが2本ずつできる。細胞分裂が開始されると，染色体は2本ずつがくっついたまま太く短くなり，これが2等分されて，それぞれが分裂後の細胞へと受け渡される。このため，新しくできた2個の細胞の核には，元の細胞と全く同じ数と内容の染色体がふくまれることになる。

Ⅱ 1　対照実験を行うことによって，2種類の実験結果の違いが，その1つの条件によるものであることが明らかになる。

2　だ液はおもにヒトの体内ではたらくので，体温に近い約40℃の湯で試験管をあたためる。

4　①　すべての試験管に水が入っているので確認できない。

②　この実験では，それぞれの水溶液が何性であるかを調べていないので確認できない。

③　試験管の中，つまり体外で消化酵素がはたらいていることが確認できる。

5　＜身のまわりの現象・運動とエネルギー＞

Ⅰ 1　鏡の面に垂直な線と入射した光がつくる角を入射角といい，反射した光がつくる角を反射角という。**図1**で反射角は90－60＝30〔°〕　入射角と反射角は等しいので，入射角は30°である。

2　右図のように，**図2**の状態で鏡にうつる範囲は，目の高さから，鏡の上端と下端に引いた補助線と鏡をはさんで対

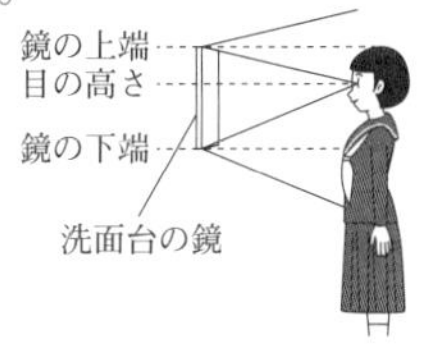

称な点までである。

3 鏡で反射する光を作図するときには，次の(1)～(3)の手順で作図をする。

(1) 鏡を軸として線対称の位置に物体の像をかく。

(2) 像と目を補助線で結ぶ。

(3) 物体から出た光が，補助線と鏡が交わる点で反射するように実線を引く。

ひろみさんが鏡で見ている像は，手鏡にうつったQなので，下図の①～⑤のようにQと手鏡について作図をした後に，手鏡にうつったQ′と洗面台の鏡について作図をする必要がある。

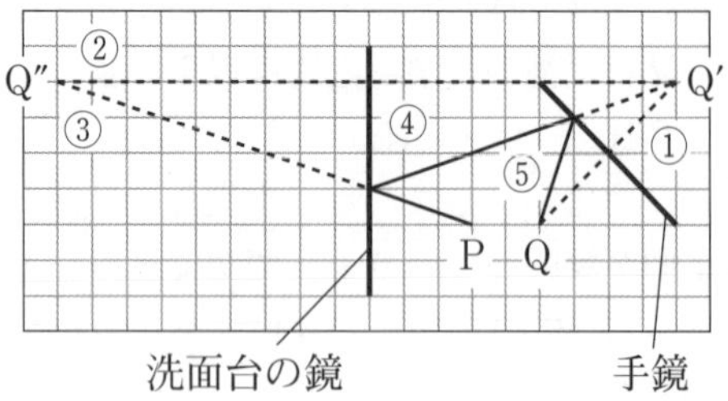

① 手鏡を軸として線対称の位置にQ′をかく。

② 洗面台の鏡を軸としてQ′と線対称の位置にQ″をかく。

③ Q″とPを補助線で結ぶ。

④ ③の線が洗面台の鏡と交わる点とQ′を補助線で結ぶ。

⑤ Qから出た光が，④で交わった点で反射した後③で交わった点で反射し，Pに届くように実線を引く。

Ⅱ 1 **仕事〔J〕＝物体に加えた力〔N〕×力の向きに移動させた距離〔m〕**

質量20 gの小球を10cm持ち上げるので，

0.2 × 0.1 ＝0.02〔J〕

2 点Xを通過した後の小球は，木片に衝突するまで等速直線運動をする。等速直線運動をしている物体には，重力と垂直抗力だけがはたらいている。

4 **表**より，木片の移動距離は小球の質量と小球を離す高さにそれぞれ比例することがわかる。質量25 gの小球を使ったときの木片の移動距離は，質量20 gの小球を使ったときの$\frac{25}{20}=\frac{5}{4}$〔倍〕になるので，小球を高さ5cmから離したとき，木片は

$2.0\times\frac{5}{4}=2.5$〔cm〕移動する。木片の移動距離が6cmになるときの小球を離す高さをx cmとすると，

$5:2.5=x:6$ $x=12$ よって，12cm

5 同じ質量の物体であれば，位置エネルギーの大きさはその物体の高さによって決まる。小球とレールとの間の摩擦や空気抵抗を考えなければ，力学的エネルギー保存の法則より，点Xでの運動エネルギーの大きさは，小球を離したときの位置エネルギーと等しいので，**図2**のようにレールの傾きが変わっても，高さが同じであれば木片の移動距離は変わらない。

令和2年度 鹿児島県公立高校入試問題 英語

正答例

1 1 ア 2 ウ 3 ウ → ア → イ (完答)

4 ① learn ② Thursday

5 (1) エ (2) イ

(3) study English harder

6 We can give her some flowers.

2 1 ① ウ ② ア

2 ① stopped ② long

③ you can take a bus

④ twenty

3 Whose notebook is it ?

4 (例1) I want to live near a hospital. When my family and I get sick, we can go to the hospital quickly.

(例2) I want to live near a convenience store. There are many kinds of things in a convenience store. Also, I can go there early in the morning.

(例3) I want to live near a park. It is fun to play with my family in the park. I can enjoy walking there.

3 Ⅰ ① エ ② ウ ③ イ

Ⅱ 1(1) Because they came from different high schools.

(2) She felt very happy.

2 Sharing our ideas

Ⅲ 1 ウ 2 エ

4 1 イ → ウ → ア (完答)

2 自分がチームメートほど上手にサッカーをすることができなかったこと。

3 Why don't you come with me

4 ウ 5 エ 6 ア，イ (順不同)

7 After I met John, I remembered it was important to enjoy soccer.

配 点

1	1，5(1)，(2) 2点×3 6 4点 他 3点×5	計25点
2	2③，3 3点×2 4 7点 他 2点×5	計23点
3	Ⅱ2 3点 他 2点×7	計17点
4	2 4点 4，5 2点×2 7 5点 他 3点×4	計25点

解 説

1 **<聞き取りテスト台本・訳>**

<チャイムの音四つ>

これから，英語の聞き取りテストを行います。問題用紙の2ページを開けなさい。

英語は1番と2番は1回だけ放送します。3番以降は2回ずつ放送します。メモをとってもかまいません。

(約3秒間休止)

では，1番を始めます。まず，問題の指示を読みなさい。

(約13秒間休止)

それでは放送します。

Taro : Mary, I want you to help me with my homework tomorrow.

Mary : Sure. Let's study together in the library.

Taro : Great ! Shall we meet in front of the library at ten o'clock ?

Mary : OK. See you tomorrow. （約 10 秒間休止）

訳 T：メアリー，僕は君に明日宿題を手伝ってほしいんだ。 M:いいわよ。図書館で一緒に勉強しましょう。 T：よかった！ 10 時に図書館の前で会おうか？ M：わかったわ。明日ね。

次に，**2**番の問題です。まず，問題の指示を読みなさい。 （約 13 秒間休止）

それでは放送します。

George : Hi, Tomoko. Look at this picture !

Tomoko : Wow, it's Sakurajima ! It's very beautiful.

George : I drew it.

Tomoko : Oh, did you ?

George : Yes. I like Sakurajima, so I often draw it. This is my best picture, I think.

Tomoko : You did a good job ! （約 10 秒間休止）

訳 G：やあ，ともこ。この絵を見て！ T：わあ，それは桜島ね！ とても美しいわ。 G：僕がそれを描いたんだ。 T：まあ，あなたが？ G：うん。僕は桜島が好きだから，しばしばそれを描くんだ。これは僕の最高の絵だと思うよ。 T：あなたは上手に描いたわね！

次に，**3**番の問題です。まず，問題の指示を読みなさい。 （約 25 秒間休止）

それでは放送します。

Today I'm talking about jobs we do at home. I asked two questions. The first question was "Do you help your family at home ?" Thirty of us answered "yes" and ten of us said "no." Then I asked, "What jobs do you do at home ?" Cleaning the house is the most popular. Washing the dishes is as popular as taking care of pets. Two classmates cook dinner. I sometimes walk my dog. Look at this picture ! This is my dog, Jack. Now I know many of us help our families and I'll try to take care of Jack more.

（約３秒おいて，繰り返す。）（約７秒間休止）

訳 今日，私は私たちが家でする仕事について話します。私は２つの質問をしました。一つ目の質問は「あなたは家で家族の手伝いをしますか？」でした。私たちのうちの 30 人が「はい」と答え，私たちのうちの 10 人が「いいえ」と言いました。そこで私は「あなたは家で何の仕事をしますか？」とたずねました。家を掃除することが最も人気があります。食器を洗うことはペットの世話をすることと同じくらい人気です。２人のクラスメートは夕食を作ります。私はときどき私の犬を散歩させます。この写真を見てください！ これは私の犬のジャックです。今，私は私たちの多くが家族を手伝うことがわかり，もっとジャックの世話をしようと思います。

次に，**4**番の問題です。まず，問題の指示を読みなさい。 （約 15 秒間休止）

それでは放送します。

Peter : Thank you for coming to our concert today, Aki. How was it ?

Aki : Wonderful ! Everyone was great. You especially played the violin very well. I really enjoyed the concert.

Peter : I'm glad to hear that.

Aki : I want to play the violin, too. Can you teach me how to play it ?

Peter : Sure. I'm free every Thursday. Please come to my house and we can practice together.

Aki : That's nice ! Can I visit you next Thursday ?

Peter : Of course.

（約 10 秒おいて，繰り返す。）（約 15 秒間休止）

訳 P：僕たちのコンサートに来てくれてありがとう，亜紀。それはどうだった？ A：すばらしかったわ！ 全員がすばらしかった。あなたは特にバイオリンをとても上手に演奏したわ。私は本当にコンサートを楽しんだわ。 P：それを聞いてうれしいよ。 A：私もバイオリンを演奏したいわ。私にそれの演奏の仕方を教えてくれる？ P:いいよ。僕は毎週木曜日が暇だよ。僕の家に来てよ，そうしたら僕たちは一緒に練習できるよ。 A：それはいいわ！ 次の木曜日にあなたを訪ねてもいい？ P：もちろんだよ。

メールの訳

こんにちは，ピーター。私は今日コンサートを楽しんだわ。私はあなたからバイオリンの演奏の仕方を①**学ぶ**ことができるからうれしいわ。私はあなたの家で②**木曜日**に会うわね。

次に，**5**番の問題です。まず，問題の指示を読みなさい。 （約20秒間休止）

それでは放送します。

I went to Kyoto with my family last summer. We visited some famous temples like Kinkakuji. When we were walking around Kyoto, I saw many foreign people. They were talking with some Japanese volunteers. The volunteers were telling the foreign people about Kyoto in English. The foreign people looked very happy. I'm sure that they learned a lot about Kyoto.

After I came back to Kagoshima, I began to study English harder. I think Kagoshima also has a lot of places to visit. I want to tell people from foreign countries about these places in English.

Question (1) : Where did Shota go in Kyoto ?

（約７秒間休止）

Question (2)：What did the Japanese volunteers do for foreign people ?　（約７秒間休止）

Question (3)：What did Shota begin after he came back from Kyoto ?　（約７秒間休止）

では，２回目の放送をします。

（最初から質問(3)までを繰り返す。）（約15秒間休止）

訳　私は昨年の夏に家族と京都に行きました。私たちは金閣寺のようないくつかの有名な寺を訪れました。私たちが京都を散策していたとき，私は多くの外国人を見ました。彼らは何人かの日本人のボランティアと話をしていました。そのボランティアの人たちはその外国人たちに京都について英語で伝えていました。外国人たちはとてもうれしそうに見えました。きっと彼らは京都についてたくさん学んだと思います。

鹿児島に帰ってきた後，私は英語をより一生懸命に勉強し始めました。私は鹿児島にも多くの訪れるべき場所があると思います。私は外国からの人々にこれらの場所について英語で伝えたいです。

(1)　翔太は京都のどこに行ったか？

ア　有名な図書館に。　**イ**　歴史博物館に。

ウ　良いレストランに。　**エ　いくつかの寺に。**

(2)　日本人のボランティアは外国人のために何をしたか？

ア　彼らは寿司を作った。

イ　彼らは京都について話した。

ウ　彼らはおもしろい本を見つけた。

エ　彼らはいくつかのプレゼントを買った。

(3)　翔太が京都から帰ってきた後，彼は何を始めたか？

（正答例の訳）彼は**より一生懸命に英語を勉強し**始めた。

次に，**６**番の問題です。まず，問題の指示を読みなさい。　（約15秒間休止）

それでは放送します。

Naomi : Our classmate Miyuki will leave Kagoshima and live in Fukuoka from next month.　We have to say goodbye to her soon.

Sam : Really ?　I didn't know that.　I'm very sad.

Naomi : Me, too.　Well, let's do something for Miyuki.　What can we do ?

Sam : (　　　　　　　　　　　　　)

（約３秒おいて，繰り返す。）（約１分間休止）

訳　N：私たちのクラスメートの美由紀が鹿児島を去って来月から福岡に住む予定なのよ。私たちはすぐに彼女にさようならを言わなくてはいけないわ。　S：本当に？　僕はそれを知らなかったよ。僕はとても悲しいよ。　N：私もよ。ええと，美由紀のために何かしましょう。私たちは何ができるかしら？　S：**（正答例の訳）僕たちは彼女に花をあげることができるよ。**

＜チャイムの音四つ＞

これで，聞き取りテストを終わります。次の問題に進みなさい。

2　＜英文表現＞

1　L：もしもし。リンダです。かおりと話してもいいですか？　A：すみません。②**彼女は今家にいません**。L：彼女は何時に帰って来る予定ですか？　A：ええと，わかりません。あなたは彼女にあとで電話してほしいですか？　L：いいえ，大丈夫です。①**でも彼女にメッセージを残していいですか？**　A：いいですよ。　L：私たちは今夜６時に会う予定でしたが，私は時間を変えたいのです。彼女に７時に来るように伝えてもらえますか？　A：わかりました。彼女に伝えます。

2　H：こんにちは，ボブ。あなたは心配そうだわ。どうしたの？　B：やあ，ひかり。今日はここにたくさんの人がいるよ。何が起こっているんだ？　これはおそらく花山行きの電車についてのお知らせだけど，僕は日本語が読めないんだ。それが何と言っているか僕に教えてくれない？　H：わかったわ。その電車は大雨のために①**止まって**いるわ。　B：本当に？　その電車はいつまた走るの？　H：お知らせは言っていないから，私はあなたが次の電車をどのくらい②**長く**待てばいいのかわからないわ。　B：なんてことだ！　僕は今日花山に行かなくてはいけないんだ。　H：それなら，③**あなたはバスに乗ることができるわよ**。それは５番乗り場から出るわ。今12時10分だから，あなたは次のバスが出るまで④**20**分あるわ。　B：僕を助けてくれてありがとう，ひかり。　H：どういたしまして。

3　①　このノートには名前がないです。**それは誰のものですか**？

②　まあ，それは私のものです。ありがとうございます。

※②で「mine（私のもの）」と答えていることから考える。

4　教師：あなたたちは将来どこに住みたいですか？黒板を見てください。一つの場所を選んで，私たちに理由を教えてください。始めてくれますか，春斗？

生徒：わかりました。

（正答例１の訳）私は病院の近くに住みたいです。私の家族と私が病気になったとき，私たちはすぐに病気に行くことができます。

（正答例２の訳）私はコンビニエンスストアの近くに住みたいです。コンビニエンスストアにはたくさんの種類のものがあります。また，私はそこに朝早く行くことができます。

（正答例３の訳）私は公園の近くに住みたいです。公園で家族と遊ぶことは楽しいです。私はそこを歩くのを楽しむことができます。

ありがとうございました。

教師：わかりました。ありがとう，春斗。

3 **＜英文読解・概容把握＞**

Ⅰ　A：君は冬休みの間何をしていたのかい？　T：僕は3月の試験のためにたくさん勉強しました。①**あなたはどうですか？**　A：私かい？　私は甑島に行ったよ。それはそこの伝統的な行事の「甑島のトシドン」で有名なんだ。君はそれについて今までに聞いたことはあるかい？　T：はい，でも僕はそれについて多くは知りません。②**あなたはそれについてどうやって知ったのですか？**　A：甑島にいる私の友人がそれについて私に教えてくれたんだよ。それはユネスコ無形文化遺産リストに登録されたよ。毎年12月31日に，「トシドン」が子どもの健全な成長を願うために人々の家に行くんだ。③**君はこの行事に興味があるかい？**　T：はい。僕は将来社会の先生になりたいので，それのような行事について知りたいです。　A：君の試験の後にそのような行事についての本を読んでね。　T：はい，そうします。

Ⅱ　今年の夏，私は全国高等学校総合体育大会にボランティアの一人として参加した。これはボランティアとしての私の初めての経験だった。私たちは開会式で踊り，鹿児島弁で何曲か歌を歌った。

ボランティアは異なる高校から来ていたので，私たちは土曜日と日曜日だけ一緒に練習した。初めは，私たちはあまりにも緊張していておたがいに話すことができなかった。開会式の一か月前，私たちの先生が「君たち一人一人は一生懸命励んでいるけれど，チームとしては，君たちはおたがいにコミュニケーションをとるべきだ」と言った。その日に練習した後，すべてのボランティアは残って私たちの問題について初めて話をした。そして，私たちは毎回の練習の後に話し合いをすることに決めた。私たちの考えを分かち合うことで，私たちの演技はより良くなった。

開会式で，私たちは最善を尽くし，私たちの演技を見た多くの人々が盛大な拍手をした。それは私をとても幸せにした。私たちの先生は「君たちはよくがんばった！　君たちの演技はすばらしかった！」と言った。

この経験から，私は大切なことを学んだ。私たちが一緒に取り組むときに，**私たちの考えを分かち合うこと**は大切だ。もし私たちがそうしたら，私たちは何かをより良くすることができる。この経験は私の人生で役に立つだろう。

1(1)　ボランティアは週末だけ一緒に練習した。なぜか？

(正答例の訳) 彼らが異なる高校から来ていたから。

(2)　開会式での演技の後，理子はどのように感じたか？

(正答例の訳) 彼女はとても幸せに感じた。

Ⅲ　1　ケンは「僕は鶏肉と何か冷たいものが食べたいです」と言った。

ア　ハンバーガーとリンゴジュース

イ　スペシャルバーガーとグリーンサラダ

ウ　ライスバーガーとアイスクリーム

エ　チキンバーガーとフライドポテト(M)

※選択肢の中で鶏肉が使われているのは「ライスバーガー」と「チキンバーガー」。「アイスクリーム」が冷たい食べ物であるので，答えは**ウ**になる。

2　アンは「私は何か食べるものと飲むものがほしいけれど，牛肉は食べたくありません。私は6ドル50セントだけ持っています」と言った。

ア　ビッグバーガーとオレンジジュース

イ　チキンバーガーとリンゴジュース

ウ　チーズバーガーとコーヒー

エ　フィッシュバーガーと紅茶

※選択肢の中で牛肉が使われていないのは「チキンバーガー」と「フィッシュバーガー」。「チキンバーガー」4ドル50セント，「リンゴジュース」2ドル25セントで合計6ドル75セントとなり，アンの所持金を超えてしまう。「フィッシュバーガー」は4ドル，「紅茶」は1ドル50セントで合計5ドル50セントとなり，6ドル50セント以内で買うことができるので，答えは**エ**になる。

4 **＜長文読解＞**

マイクは6歳のときにサッカーをし始めた。彼は彼の友達とサッカーをすることを楽しんだ。彼が中学校に入ったとき，彼は彼のチームで最もすばらしい選手の一人になった。彼と彼のチームメンバーが活躍して試合に勝ったとき，彼はとても幸せに感じた。3年目に，彼は最後のトーナメントのために一生懸命に練習した。しかしながら，4月のある日，彼がサッカーの練習のために自転車に乗っていた間，彼は転んで右脚の骨を折った。彼は動けなかった。そのため，彼は病院に運ばれた。医者はマイクに「君は2，3か月の間右脚を使えないよ」と言った。彼はそれを聞いてとても失望した。

3か月後，彼の脚は良くなり，彼はチームと一緒に再びサッカーの練習を始めた。しかし，マイクは彼のチームメンバーほど上手にサッカーができなかった。①**彼はこれについてとても悲しく感じ**，サッカーへのやる気を失い始めた。彼はときどき練習に行かなかった。そしてある日，コーチは彼に「マイク，お前は最後のトーナメントには選手として参加できない」と言った。彼はとてもショックを受けて，その日から練習に行かなかった。

一週間後，彼の父親はマイクに「今日，私は公園で小さな子どもたちによってプレーされるサッカーの試合を見に行くつもりなんだ。私は友人の息子を応援したいんだ。②**私と一緒に来ないかい？**」と言った。初め，マイクは「僕は行きたくない」と言ったが，彼の父親が何度も彼を誘ったので，ついに彼は応じた。

彼らは試合を見るために公園に行った。いくらかの子どもたちはとても良い選手で，その試合はとてもわくわくした。試合終了の5分ほど前，一人の少年が試合に加わった。マイクはその少年が何か違うことにすぐに気づいた。彼は素早く走ることができず，ときどき転んだ。マイクの父親はマイクに「あの少年が私の友人の息子のジョンだ。彼は右脚に問題を持って生まれたんだ。彼はうまく歩くことさえできない」と言った。マイクはとても驚いて「なぜ彼はサッカーをすることを選んだの？僕は，彼がもっと容易にできる多くの他のことがあると思うよ」と言った。彼の父親は「彼を見なさい。彼は彼のチームメンバーの中で一番一生懸命にボールの後を走っている。私は，③**サッカーは彼にとって何か特別なものなんだ**と思うよ」と答えた。

試合の後，マイクはジョンに話しかけた。マイクは「こんにちは，ジョン。僕はマイクだよ。君はサッカーをすることが好き？」と言った。ジョンは「うん，好きだよ。僕は素早く走れないけれど，ボールで遊ぶことはできる。僕はサッカーが大好きだよ。僕は友達とサッカーをするときはとても幸せなんだ」と答えた。マイクは彼の言葉を聞いてショックを受け，④**「僕は何をしているんだ？」と彼自身に問いかけた**。

その日はマイクにとって特別な日になった。彼は9年前に幸せだったことを思い出した。彼はその時にサッカーをし始めた。彼は小さかった時，本当にサッカーを楽しんだ。彼はこれはとても大切だと思い，彼のチームメンバーと再びサッカーを練習し始めた。彼は自分が最後のトーナメントでプレーできないであろうことはわかっていたが，彼の友達と走ってプレーすることを楽しんだ。

トーナメントで，彼はチームメンバーを手伝い，応援することに最善を尽くした。彼のチームメンバーといることは楽しかった。中学校での最後の試合の後，彼は充実感を覚えた。彼は高校でサッカーをすることを決めた。

6 ア **マイクは自転車でサッカーの練習に行っているときに転んで，病院に運ばれた。**

イ **マイクは，最後のトーナメントでサッカーができないと聞いてとてもショックを受けた。**

ウ マイクは，彼の父親が小さな子どもたちによってプレーされるサッカーの試合について彼に伝えたときにわくわくした。

エ ジョンが試合終了前に彼のチームメンバーに話しかけたので，マイクは驚いた。

オ マイクは彼が幼かった日々を思い出し，再びサッカーを練習したかったができなかった。

7 F：トーナメントはどうだったかい？ M：僕はプレーできなかったけれど，充実感を覚えたよ。お父さん，僕たちは小さな子どもたちによってプレーされるサッカーの試合を見たよ。それを覚えている？ あの日は僕にとって特別な日だったんだ。 F：どういう意味だい？ M：僕が脚を骨折する前は，活躍して試合に勝つためだけにサッカーをしていたんだ。**僕がジョンに会った後，僕はサッカーを楽しむことが大切だと思い出したよ。** F：お前は彼から大切なことを学んだんだね？ M：うん。ジョンは僕の小さな先生だよ。

令和２年度　鹿児島県公立高校入試問題　社会

正答例

1 Ⅰ 1 ヒマラヤ山脈
2 **本初子午線**（漢字５字）
3 ウ 4 **焼畑農業** 5 イ
6(1) **低い賃金で労働者を雇うことができ，費用を安くおさえた製品を生産できるから。**
(2) **主な輸出品目が農産物や工業の原料から工業製品に変わり，輸出総額が増加した。**

Ⅱ 1 シラス**台地** 2 **岐阜県** 3 ㋑
4 **大消費地に短い時間で輸送する**
5 **日本のエネルギー自給率を高めることができると考えられるから。**
6 イがさいたま市である。理由は，**昼間は通勤や通学で東京などへ人が移動していて，夜間人口に比べ昼間人口が少なくなると考えられるからである。**

Ⅲ X 経路㋐ 経路㋑（○で囲む）
Y **経路㋑は浸水予想地域の外に出るまでの距離が短く，河川の近くを通らずに避難することができる**（完答）

2 Ⅰ 1 **万葉集** 2 イ 3 ア
4 **イスラム商人が仲介していたために価格が高かったアジアの特産物を直接手に入れるため。**
5 ウ 6 B→A→C→D

Ⅱ 1 ① **西南**（漢字指定） ② **沖縄**
2 **王政復古の大号令** 3 ウ→ア→エ
4 イ
5 **労働者の賃金は上昇したが，それ以上に物価も上昇したため。**
6 エ

Ⅲ **失業率を減らすために，ダムを建設するなどの公共事業を行った**（29字）

3 Ⅰ 1 **条例** 2 ウ
3 **衆議院のほうが任期が短く解散もあるため，国民の意思をより反映すると考えられるから。**
4 エ 5 **国際司法裁判所**
6 **これまで二酸化炭素を多く排出して地球温暖化の原因を作ったのは先進国だから，まず先進国が排出削減を行うべきである。**

Ⅱ 1 ＡＰＥＣ（アルファベット指定）
2 イ 3 ウ 4 **株式や債券を発行**
5(1) **財政** (2) **累進課税**

Ⅲ X **消費者庁**
Y **不正な取引や製品等の事故といった消費**

者トラブルが減少し，消費者が主役となる
（37字）（完答）

配点

1	Ⅱ6　Ⅲ　3点×2　　他　2点×12	計30点
2	Ⅰ4，5　Ⅲ　3点×3　　他　2点×11	計31点
3	Ⅲ　4点　Ⅰ6　3点　　他　2点×11	計29点

解説

1　＜地理総合＞

Ⅰ　A－イギリス，B－中国，C－ニュージーランド，D－メキシコ。

1　ヒマラヤ山脈は，ヨーロッパのアルプス山脈からインドネシア東部までのびる**アルプス・ヒマラヤ造山帯**に属している。もう一つの造山帯は，太平洋を取り囲むように山脈や島々が連なる**環太平洋造山帯**。

2　本初子午線はイギリスのロンドンを通る０度の経線で，本初子午線より東を**東経**，西を**西経**という。

3　ウ－C国のニュージーランドのマオリと同じように，オーストラリアの先住民である**アボリジニ**の文化も尊重されてきており，オーストラリアではそれぞれの民族を尊重する**多文化社会（多文化主義）**を築こうとしている。ア－A国のイギリスは**西岸海洋性気候**であり，暖流の**北大西洋海流**と**偏西風**のため，緯度が高くても比較的温暖であり，降水量は年間を通して少ない，イ－B国の中国では南部を中心に，同じ作物を１年に２回栽培する二期作が盛んである，エ－D国のメキシコでは，フランス語ではなく，スペイン語を使用する人々の数が最も多い。

4　ブラジルのアマゾン川流域では，開発や牧場，畑などのために，森林を大規模に伐採して切り開いている。これが進行すると，自然が持つ生物多様性が失われるなどの環境破壊にもつながってくるので，経済の発展と環境の保護を両立し，**持続可能な開発**を進めていくことが課題である。

5　一般的に気候帯は，赤道付近から南北に，熱帯→乾燥帯→温帯→冷帯→寒帯と分布している。ウ－冷帯や寒帯などが含まれていることから，高緯度まで大陸が広がっている北アメリカ大陸。ア－熱帯の割合がイよりも低く，乾燥帯の割合が高いことから，大陸の大部分が乾燥帯であるオーストラリア大陸。イ－熱帯の割合がア・ウよりも高く，乾燥帯の割合も高いことから，世界最大の**サハラ砂漠**があり，大陸を赤道が通過するアフリカ大陸。

6(1)　**資料２**から，タイとマレーシアの月額平均賃金が安いので，製品生産のコストが安くなることを考えることが必要である。

(2)　**資料３**から，2013年の両国の輸出品目に機械類や石油製品などの工業製品が見られ，輸出総額も1982年から大幅に増加していることが分かる。

Ⅱ　ⓐ－仙台市，ⓘ－金沢市，ⓤ－高知市。

1　シラス台地は土地がやせていて水はけがいいため，稲作に適さず，畑作や畜産などが盛んである。

2　白川郷では，冬の積雪が多く，屋根から雪が落ちやすい三角屋根の合掌造りの集落が見られる。

3　X－冬の降水量が多いことから，北西の季節風による積雪が多いⓘの金沢市，Y－夏の降水量が多いことから，太平洋に面するⓤの高知市，Z－冬の気温が他の都市よりも低いことから，ⓐの仙台市。

4　略地図中の 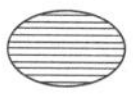 で示された４県は，群馬県・栃木県・茨城県・千葉県であり，東京都周辺に位置していることに着目する。これらの県では，大都市近郊に位置するので，新鮮な野菜や果物を出荷することができる**近郊農業**が行われている。

5　**資料１**から，日本のエネルギー自給率は他国に比べてとても低く，メタンハイドレートの実用化によって，エネルギー自給率が上がることが考えられる。

6　さいたま市のある埼玉県が東京都に隣接していることから，昼間は東京都などへ人口が流出していると考えられる。よって，**資料２のイ**がさいたま市。アは九州の中心都市である福岡市。

Ⅲ　**資料**は**防災マップ（ハザードマップ）**である。**資料**中の２つの避難経路について，この場合，浸水予想地域を通る距離が短く，水位が増し，氾濫が予想される河川のそばを通るリスクを避ける**経路ⓘ**が適切。

2　＜歴史総合＞

Ⅰ1　「万葉集」がまとめられた奈良時代には，神話や伝承，記録などを基にした歴史書の「**古事記**」と「**日本書紀**」，地方の国ごとに，自然，産物，伝説などを記した「**風土記**」もまとめられた。

2　イ－710年であり，唐の法律にならった**大宝律令**をもとに，全国を支配する仕組みが定められた。ア－文永の役は1274年，弘安の役は1281年（13世紀）であり，この二度にわたる元軍の襲来を**元寇**という，ウ－1404年（15世紀）であり，勘合貿易（日明貿易）は，正式な貿易船に，明から与えられた勘合という証明書を持たせ，朝貢の形で始められた，エ－239年（３世紀）であり，卑弥呼は魏の皇帝から「親魏倭王」という称号と金印を授けられたとされている。

3　ア－平等院鳳凰堂であり，藤原頼通によって建てられた。また，摂関政治は藤原道長とその子の頼通のころに最も安定して行われた。イ－弥勒菩薩像であり，日本で最初の仏教文化である**飛鳥文化**を代表するものの一つ，ウ－**足利義満**が京都の北山の別荘に建てた金閣であり，**北山文化**を代表するものの一つ，エ－**運慶**によって制作された金剛力士像であり，鎌倉文化を代表するものの一つ。

4　15世紀後半に**大航海時代**が始まり，ヨーロッパ人の目的は，キリスト教を世界に広めることと，アジアの特産，特に香辛料を直接手に入れること。

5X　御成敗式目は，鎌倉時代に執権の北条泰時が武士の裁判の基準を定めた制度。

Y　徳川綱吉は，極端な動物愛護政策である生類憐みの令を出した。8代将軍徳川吉宗は**享保の改革**を行い，武士に質素・倹約を命じ，上げ米の制や**公事方御定書**という裁判の基準になる法律などを定め，庶民の意見を聞く目安箱を設置した。

6　B－奈良時代であり，鑑真は奈良に唐招提寺を建てた→A－平安時代であり，最澄は805年に中国から帰国し，比叡山の延暦寺で天台宗を開いた→C－平安時代であり，菅原道真は唐のおとろえと往復の危険を理由に遣唐使の派遣の停止を進言し，894年に遣唐使の派遣が停止された→D－足利尊氏は1338年に征夷大将軍に任命されて室町幕府を開いた。

Ⅱ1①　**西郷隆盛**を中心として鹿児島の士族などがおこした西南戦争は，士族の反乱の中で最も大規模なものだった。

②　沖縄が日本に復帰した後も，今なお，沖縄島の面積の約19％がアメリカ軍施設であり，それに起因する事故，公害，犯罪などが問題となっている。

2　**大政奉還**は，幕府から朝廷に政権を返すことであり，このことにより，江戸幕府は滅びた。

3　1868年→1874年→1889年。普通選挙法の成立は1925年。

4　1858年の日米修好通商条約によって結ばれた不平等条約のうち，領事裁判権（治外法権）は1894年に**陸奥宗光**によって撤廃され，日本で罪を犯した外国人を日本の法律で裁くことができるようになった。関税自主権は1911年に**小村寿太郎**によって完全回復し，輸出入品に対して自由に関税を決めることができるようになった。

5　**資料2**中の物価を示すグラフと賃金を示すグラフの開きが年々大きくなっている点に着目する。

6　**エ**－1989年であり，アメリカのブッシュ大統領とソ連のゴルバチョフ書記長が地中海のマルタ島で会談し，冷戦の終結を宣言した。年表中に，翌年の1990年に東西ドイツが統一したことにも着目する。**ア**－1955年，**イ**－1993年，**ウ**－1949年。

Ⅲ　世界恐慌に対して，イギリスやフランスなどは植民地との関係を密接にし，それ以外の国の商品の関税を高くする**ブロック経済**という政策を採った。一方でソ連は五か年計画をたてるなど，独自の経済政策を採っていたため，世界恐慌の影響を受けなかった。

3　＜公民総合＞

Ⅰ2　**ア**－国会の仕事であり，憲法改正原案が，衆議院と参議院の総議員の3分の2以上の賛成で可決されると，国会は国民に対して憲法改正の発議をする，**イ**－国会の仕事であり，参議院が，衆議院と異なった議決をし，両院協議会でも意見が一致しないときは，**衆議院の優越**によって，衆議院の議決が国会の議決となる，**エ**－国会の仕事であり，裁判官としてふさわしくない行為をしたりした裁判官をやめさせるかどうかを判断するための裁判所。

3　国会は，参議院と衆議院の**二院制**であり，参議院が置かれているのは，国民のさまざまな意見を広く国会に反映させることができ，衆議院の行きすぎをおさえることができるからである。

4　**エ**－国や地方では**情報公開制度**が設けられ，人々の請求に応じて持っている情報を開示している。新しい人権は，**ウ**のプライバシーの権利以外にも，**環境権**や**自己決定権**などがある。**ア**－人間らしい豊かな生活を保障する権利であり，生存権・教育を受ける権利・勤労の権利・労働基本権などが含まれる，**イ**－国民が政治に参加する権利であり，選挙権や被選挙権，憲法改正の国民投票権や最高裁判所裁判官の国民審査権なども含まれる。

5　オランダのハーグに本部がある国連の機関。

6　**資料4**から，約150年もの間，二酸化炭素の累積排出量の割合をほぼ占めているのは先進国であるにもかかわらず，**資料3**の先進国も発展途上国もすべての国が排出削減を行うべきという意見は，発展途上国の立場から見れば公正さに欠けており，対立が生じたと考えられる。

Ⅱ1　国家間の経済協力について，1967年に**東南アジア諸国連合**（ＡＳＥＡＮ），1993年に**ヨーロッパ連合**（ＥＵ），1994年に北米自由貿易協定（ＮＡＦＴＡ）が発足し，特定の地域で協調や協力を強めようとする動きである地域主義が世界各国で強くなっている。

2　**ア**－社会保険ではなく公的扶助，**ウ**－公衆衛生ではなく社会保険，**エ**－公的扶助ではなく公衆衛生。

3Ｘ　**資料1**から，低下していることが分かる。

Ｙ　経済成長率は国内総生産の増加率なので，**資料1**から0％よりもマイナスになっておらず，増加傾向にあるといえる。

4　間接金融は，銀行などを通じて資金を集めること。資金を集める借り手は銀行に対して，借り入れた金額（元金）を期限内に返済するだけでなく，一定期間ごとに**利子**（利息）を支払わなければならない。元金に対する利子の比率を**金利**（利子率，利率）という。銀行は貸し出し先から利子を取り（貸し出し金利），預金者には利子を支払う（預金金利）。貸し出し金利は預金金利を上回り，その差が銀行の収入となる。

5⑵　所得税に対して，消費税などの間接税は，その人の所得に関係なく，同じ金額の商品を購入したら同じ金額の税金を負担しなければならない。この場合，所得の低い人ほど所得にしめる税負担の割合が高くなる傾向（逆進性）がある。

Ⅲ　**資料2**から，消費者が行動をおこさなかった結果，消費者トラブルが続いているので，それをなくすためにも，**資料1**から，**自立した消費者**としての行動が必要であるということが読み取れる。

令和２年度　鹿児島県公立高校入試問題　数学

正答例

[1] 1 (1)　8　　(2)　2　　(3)　$4\sqrt{3}$

(4)　エ　　(5)　ア

2　$(y=)-\dfrac{6}{x}$　　3　3，4，5

4　4　　5　イ，ウ，キ

[2] 1　22（度）

2　$\dfrac{3}{8}$

3　$(x=)\ 2\pm\sqrt{3}$

4

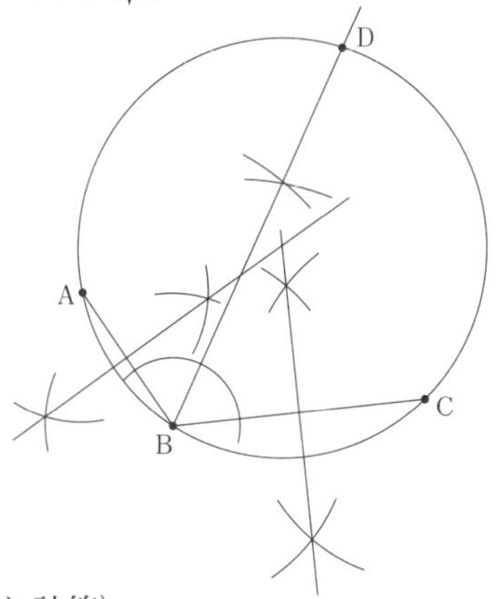

5　（式と計算）

$$\begin{cases} x+y=50 & \cdots① \\ \dfrac{x}{2}+\dfrac{y}{3}=23 & \cdots② \end{cases}$$

$$\begin{array}{lrl} ①\times 2 & 2x+2y & =100 \\ ②\times 6 & -)\ 3x+2y & =138 \\ \hline & -x & =-38 \\ & x & =38 \quad \cdots③ \end{array}$$

③を①に代入すると

$$38+y=50$$
$$y=12$$

答　（Aさんが最初に持っていた鉛筆）　38（本）

（Bさんが最初に持っていた鉛筆）　12（本）

[3] 1　60.6（点）

2 (1) ア　③　　イ　①

(2)　59.3（点）

3　51（点）

[4] 1　ア　10　　イ　$30\sqrt{3}$

2　（証明）

$\angle ACB=\angle a$ とする。

$\triangle OAC$ は二等辺三角形であるから，

$\angle OCA=\angle OAC=\angle a$

$\angle AOB$ は $\triangle OAC$ の外角であるから，

$\angle AOB=\angle OCA+\angle OAC=2\angle a$

したがって，$\angle AOB=2\angle ACB$

すなわち，$\angle ACB=\dfrac{1}{2}\angle AOB$

3 (1)　120（度），$(t=)\ 5$

(2)　$675\sqrt{3}\ (\mathrm{m}^2)$

[5] 1　Q（2，2）

2　$(t=)\ \dfrac{3}{2}$

3 (1)　R（1，−1）

(2)　（求め方や計算）

(1)より，$t=1$ であるから，$\mathrm{Q}\left(1,\ \dfrac{1}{2}\right)$，

$\mathrm{R}(1,\ -1)$ である。よって，$\mathrm{QR}=\dfrac{3}{2}$

直線TRの方程式は，$y=-x$ であるから，

直線TRと関数①のグラフとの交点の x 座標は，

$\dfrac{1}{2}x^2=-x$，$x(x+2)=0$ より，

$x=0$，$x=-2$

Tの x 座標は　$x=-2$

よって，T（−2，2）

これより　$\mathrm{TR}=\sqrt{3^2+3^2}=3\sqrt{2}$

点Qから辺TRへ垂線QHをひくと

$\triangle QHR$ は $\angle HRQ=45^\circ$ の直角二等辺三角形となるので，

$\mathrm{QH}:\mathrm{QR}=1:\sqrt{2}$

$\mathrm{QH}:\dfrac{3}{2}=1:\sqrt{2}$

これより　$\mathrm{QH}=\dfrac{3}{2\sqrt{2}}$

求める体積は

$\dfrac{1}{3}\times \mathrm{QH}^2\times\pi\times\mathrm{TH}+\dfrac{1}{3}\times\mathrm{QH}^2\times\pi\times\mathrm{HR}$

$=\dfrac{1}{3}\times\mathrm{QH}^2\times\pi\times(\mathrm{TH}+\mathrm{HR})$

$=\dfrac{1}{3}\times\mathrm{QH}^2\times\pi\times\mathrm{TR}$

$=\dfrac{1}{3}\times\dfrac{9}{8}\pi\times 3\sqrt{2}=\dfrac{9\sqrt{2}}{8}\pi$

答　$\dfrac{9\sqrt{2}}{8}\pi$

配点

[1]　3点×9		計27点
[2] 1，2，3　3点×3	4，5　4点×2	計17点
[3] 1，2(2)，3　3点×3	2(1)　4点	計13点
[4] 1，3(1)　3点×3	2，3(2)　4点×2	計17点
[5] 1，2　3点×2	3(1)　4点　3(2)　6点	計16点

解説

[1] ＜計算問題・小問集合＞

1 (1)　×と÷の計算を，＋と−の計算より先にする。

$8\div4+6=2+6=8$

(2)　×と÷の計算を，＋と−の計算より先にする。
また，約分を忘れない。

$\dfrac{1}{2}+\dfrac{9}{10}\times\dfrac{5}{3}=\dfrac{1}{2}+\dfrac{3}{2}=\dfrac{4}{2}=2$

(3)　根号の中を最も簡単な数にしていく。また，分母に根号がある場合は整理する。

$2\sqrt{3}+\sqrt{27}-\dfrac{3}{\sqrt{3}}$

$=2\sqrt{3}+3\sqrt{3}-\dfrac{3\times\sqrt{3}}{\sqrt{3}\times\sqrt{3}}$

$=5\sqrt{3}-\dfrac{3\sqrt{3}}{3}$

$=5\sqrt{3}-\sqrt{3}=4\sqrt{3}$

(4)　2数の積について，符号が同じ場合は正の数，異なる場合は負の数になる。$ab<0$ より，a と b の符号は異なるから，イかエのいずれか。また，$abc>0$ より，ab と c の符号は同じ。ab は負の数だから，c は負の数。つまり，エが正しい。

(5)　投影図において，正面から見た図を**立面図**，真上から見た図を**平面図**という。ア，イにおいて見えない線は破線で示すから，アが正しい。

2　**反比例だから，xy＝一定**が成り立つ。
$x=2$，$y=-3$を代入すると，
$xy=2\times(-3)=-6$
$xy=-6$，$y=-\dfrac{6}{x}$

3　$2^2=\sqrt{4}$，$3^2=\sqrt{9}$より，$2<\sqrt{7}<3$
また，$5^2=\sqrt{25}$，$6^2=\sqrt{36}$より，$5<\sqrt{31}<6$
$\sqrt{7}$より大きい数の中で最も小さい整数は3
$\sqrt{31}$より小さい数の中で最も大きい整数は5
よって，この範囲にある数は3，4，5

4　1から6までの6つの数を1つのグループと考えると，100÷6＝16あまり4より，100番目の数は，17番目のグループの4つ目の数，つまり4である。

5　それぞれを1.5倍すると，次の表の通り。

	山名〈山頂名〉	標高	1.5倍
ア	紫尾山	1067	1600.5
イ	霧島山〈韓国岳〉	1700	2550
ウ	霧島山〈新燃岳〉	1421	2131.5
エ	御岳	1117	1675.5
オ	高隈山〈大篦柄岳〉	1236	1854
カ	高隈山〈御岳〉	1182	1773
キ	永田岳	1886	2829

※宮之浦岳の標高を1.5で割った値とそれぞれの標高を比較してもよい。1936÷1.5＝1290.6…
この値を標高が上回るのは，**イ**，**ウ**，**キ**の3つ。

2 ＜関数・確率・作図・証明・方程式＞

1　AB＝ACより，
$\angle ACB=(180^\circ-42^\circ)\div 2=138^\circ\div 2=69^\circ$
下図において，$\angle y=180^\circ-47^\circ-69^\circ=64^\circ$
平行線の錯角は等しいから，
$\angle y=\angle x+42^\circ$，$64^\circ=\angle x+42^\circ$，$\angle x=22^\circ$

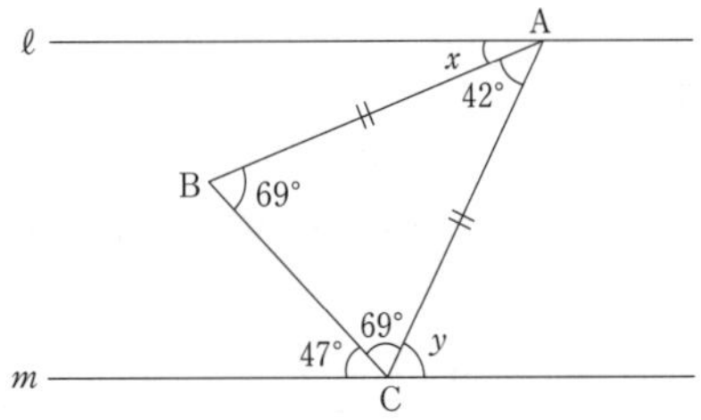

2　右の図のような樹形図をかいて考えると，すべての場合は8通りあり，そのうち，200ポイントになる場合は3通りある。
よって，ちょうど200ポイントもらえる確率は$\dfrac{3}{8}$

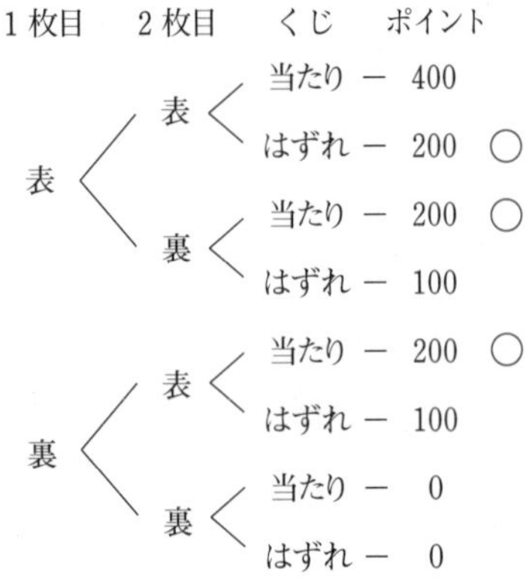

3　**比例式の内側の項の積と外側の項の積は等しい**ので，
$x^2=4x-1$，$x^2-4x+1=0$
解の公式$\left(x=\dfrac{-b\pm\sqrt{b^2-4ac}}{2a}\right)$より，
$x=\dfrac{4\pm\sqrt{(-4)^2-4\times1\times1}}{2}$
$=\dfrac{4\pm\sqrt{12}}{2}$
$=\dfrac{4\pm2\sqrt{3}}{2}$
$=2\pm\sqrt{3}$

4　①3点A，B，Cを通る円を作図する。
線分AB，BC，ACのいずれか2本の線分の垂直二等分線の交点を中心とする，点A，B，Cを通る円を作図する。
②∠ABD＝∠CBD，つまり，∠ABCの二等分線を作図する。
③①と②の交点をDとする。

5　本数の合計が50本の場合と23本の場合の2通りの式をつくり，連立方程式を解く。

3 ＜資料の整理＞

1　**平均値＝$\dfrac{\text{(各階級の階級値×度数)の和}}{\text{総度数}}$**
B組，C組それぞれに，(各階級の階級値×度数)の和を求めると，
B組は，54.0×20＝1080　C組は，65.0×30＝1950
B組とC組の人数の合計は，20＋30＝50(人)
平均値は，$\dfrac{1080+1950}{50}=\dfrac{3030}{50}=60.6$(人)
※BとCの平均値の真ん中の値(59.5)を平均値としないこと。(BとCは度数が異なる)

2(1)　**ア**…総度数が30となるのはA組とC組で，ヒストグラムの総度数が30となるのは③のみ。
イ…**中央値(メジアン)**…調べようとする資料の値を大きさの順に並べたときの中央の値で，資料の総数が偶数のときは，中央にある2つの数の平均値を中央値とする。
総数が20で偶数なので，小さい方から10番目と11番目の値をみると，①では，60点以70点未満の階級に含まれ，また，**表**の中央値とも対応しているから，①が正しい。
②は，10番目が40点以上50点未満，11番目が50点以上60点未満に含まれるので，B組を表している。

(2)　階級値を用いて平均値を求める。
$\dfrac{35\times4+45\times6+55\times5+65\times6+75\times6+85\times3}{30}$
$=\dfrac{140+270+275+390+450+255}{30}$
$=\dfrac{1780}{30}=59.33\cdots$より，59.3点

3　B組の10番目の生徒の点数をx点とすると，11番目の生徒の点数は，$x-4$(点)
B組の中央値は，この2人の点数の平均値だから，
$\dfrac{x+(x-4)}{2}=49.0$が成り立つ。
これを解くと，$2x-4=98$，$2x=102$，$x=51$
また，51－4＝47
よって，10番目は51点，11番目は47点
ここに欠席した生徒を加えて11番目の値がB組のテ

ストの点数の中央値となる。欠席した生徒の得点は76点で，欠席した生徒を加える以前の10番目，11番目の得点よりも高いので，欠席した生徒を加える前の10番目の得点が，欠席した生徒を加えた21人の中央値となる。よって，このときの中央値は51点

4 ＜平面図形＞

1 **ア**…円の中心と36個の点をそれぞれ結ぶと，円の中心角は36等分される。

よって，

$\angle \mathrm{XOY} = \dfrac{360}{36}$

$= 10$(度)

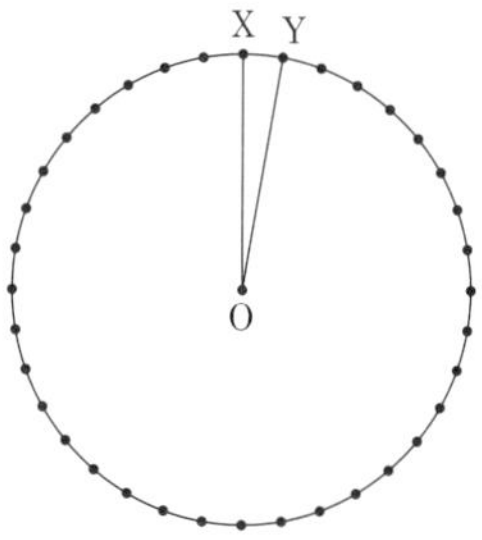

イ…１周が15分。

$\dfrac{5}{15} = \dfrac{1}{3}$より，

５分では円周の$\dfrac{1}{3}$だけ，つまり，

$360^\circ \times \dfrac{1}{3} = 120^\circ$

移動することになる。このことから，ゴンドラ①，ゴンドラ②の位置関係を見ると，上の図のようになる。

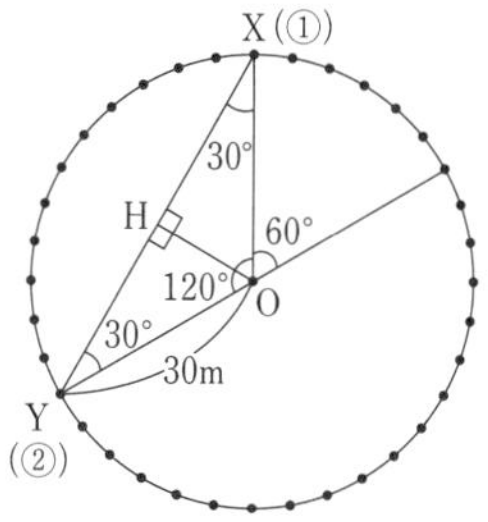

図より，２点間の距離は，頂角が120°の二等辺三角形の底辺にあたり，頂角から底辺に対して頂角の二等分線をひくと，角の大きさが30°，60°，90°の２つの合同な三角形に分けられる。

直径が60ｍだから，この三角形の斜辺は30ｍ

30°，60°，90°の三角形の辺の関係より，

$\mathrm{XH} = \dfrac{\sqrt{3}}{2} \times 30 = 15\sqrt{3}$(ｍ)

２点間の距離は，$15\sqrt{3} \times 2 = 30\sqrt{3}$(ｍ)

2 図形の性質としてわかっていることを図の中にかきこんでいくことで手がかりを探っていく。

△ＯＡＣに着目すると，△ＯＡＣは二等辺三角形で，ＯＡ＝ＯＣ，∠ＯＡＣ＝∠ＯＣＡであることと，∠ＡＯＢが△ＯＡＣの外角であることがわかる。

3(1) **1**の**イ**より，∠ＱＯＰ＝120°

また，ＱＲは円Ｏの直径となるから，

∠ＰＯＲ＝180°－∠ＱＯＰ＝60°

さらに，ＯＰ＝ＯＲより，**△ＯＲＰは正三角形**。ここで，ＱＲとＰ′Ｒ′が平行になるには，錯角である∠Ｒ′ＯＱと∠Ｐ′Ｒ′Ｏが等しくなればよい。

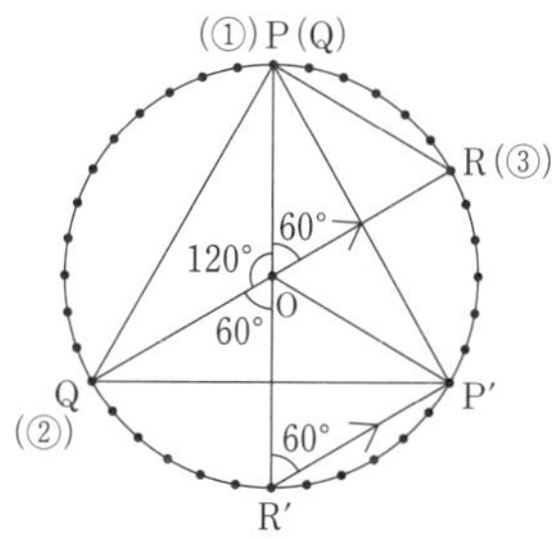

このとき，図は上のようになり，∠ＰＯＰ′＝120°

また，120°移動するのにかかる時間は５分だから，

$t = 5$

(2) (1)の図のように，円周角の性質から，

∠ＰＰ′Ｑ＝∠ＰＱＰ′＝∠Ｐ′ＰＱ

$= \dfrac{1}{2} \times 120^\circ = 60^\circ$より，**△ＰＰ′Ｑは正三角形**になり，

1の**イ**より，１辺は$30\sqrt{3}$ｍ，また，高さは45ｍ

$\triangle \mathrm{PP'Q} = \dfrac{1}{2} \times 30\sqrt{3} \times 45 = 675\sqrt{3}$(m²)

5 ＜関数＞

1 点Ｑは，点Ｐを通りx軸に垂直な直線上にあるから，点Ｐとx座標が等しい。つまり，点Ｑのx座標はtである。また，Ｑは関数①のグラフ上の点だから，

y座標は，$\dfrac{1}{2}t^2$となる。$\mathrm{Q}\left(t,\ \dfrac{1}{2}t^2\right)$

これに$t = 2$を代入すると，

x座標は２，y座標は，$\dfrac{1}{2} \times 2^2 = 2$

よって，Ｑの座標は，（２，２）

2 **1**と同様に，点Ｒの座標をtを用いて表すと，

$\mathrm{R}(t,\ -t^2)$

$\mathrm{QR} = \mathrm{QP} + \mathrm{PR}$

$= \dfrac{1}{2}t^2 + t^2$

$= \dfrac{3}{2}t^2$

これが$\dfrac{27}{8}$となるから，

$\dfrac{3}{2}t^2 = \dfrac{27}{8}$

$t^2 = \dfrac{9}{4}$

$t = \pm\dfrac{3}{2}$

$t > 0$より，$t = \dfrac{3}{2}$

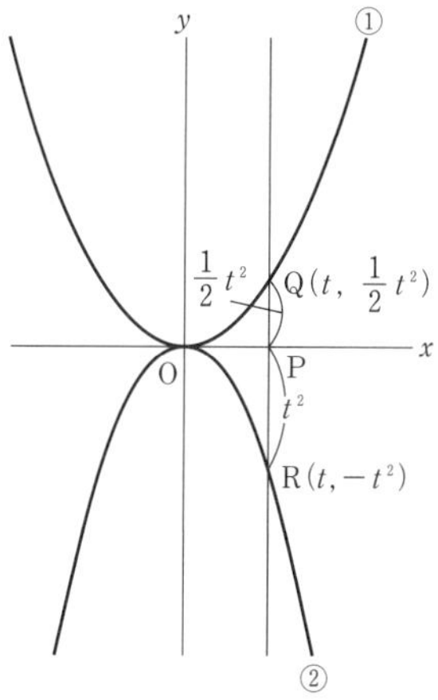

3(1) x軸と平行な直線上にあることから，この直線はy軸に対して垂直で，点Ｓは，点Ｒとy軸について対称な点となる。

y軸と直線ＳＲが垂直であること，△ＯＳＲが直角二等辺三角形であることから，下図において，△ＡＲＯも直角二等辺三角形となり，ＡＲ＝ＡＯ

つまり，点Ｒは関数②のグラフ上の点であるから，

$t = t^2$が成り立つ。これを解くと，

$t^2 - t = 0$，$t(t-1) = 0$，$t = 0$，１

$t > 0$より，$t = 1$　また，$-t^2$に$t = 1$を代入し，-1　Ｒ（１，－１）

(2) 下の図より，△ＱＴＲにおいて，線分ＴＲを底辺とするときの高さＱＨを求めると，回転体を，ＱＨを底面の半径とする２つの円すいに分けることができる。

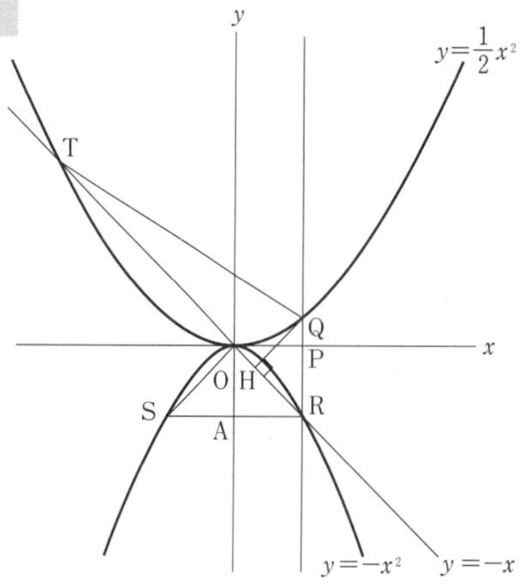

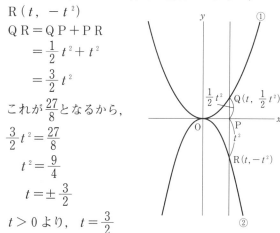

平成31年度　鹿児島県公立高校入試問題　国　語

正答例

1
1　(1) 似（た）　(2) 批評
　(3) 混雑　(4) いちじる（しい）
　(5) つ（く）　(6) しゅうそく
2　ア

2
1　ウ
2　Ⅰ　驚異に満ち，知る喜びにあふれている
　Ⅱ　未知の世界を知りたい
3　イ
4　勉強や読書をすることで，自分を相対化するための新しい視線を得て，他者との関係や世界のなかで自分が存在する意味を考え直すこと。
5　D

3
1　とおりあわせ　　2　ウ
3　Ⅰ　舞ふ
　Ⅱ　茄子が枯れる
　Ⅲ　この言葉も茄子が成長しないことを連想させて不吉だ
　Ⅳ　エ

4
1　ウ　　2　エ
3　Ⅰ　納得
　Ⅱ　わからないことがすごいことだと言われて意外に思う
4　自然を守ることが正しいかどうかではなく，自然に対する自分の素直な気持ちに従って行動すればよいのだと気づき，気が楽になったから。
5　イ

5
資料１から高齢者は若い世代との交流に参加したい人が多いことが分かるが、資料２にあるように、70歳以上は「タメロ」「ガチ」などの若者言葉を聞いたことがない割合が高い。
このことから、私は、高齢者とコミュニケーションをとる際は、あまり耳慣れないような言葉を使わずに、どんな人でも分かる言葉で話すことを心がけたいと考える。

配　点

1	1　2点×6　　2　2点	計14点
2	1　3点　　2　Ⅰ　3点　Ⅱ　4点　　3　4点 4　7点　　5　5点	計26点
3	1　2点　　2　3点 3　Ⅰ，Ⅱ，Ⅳ　3点×3　Ⅲ　4点	計18点
4	1　3点　　2　2点　　3　Ⅰ　2点　Ⅱ　4点 4　7点　　5　5点	計23点
5	9点	

解　説

1　＜漢字＞
書き取りは，続け字にならないように楷書で一画一画丁寧に書くこと。
2　「風」の五画目と六画目，七画目と八画目に点画の連続が見られる。また，行書は筆脈を意識して書かれるのでアが適当。「風」には点画の省略は見られないのでイは誤り。また，ウとエは行書の特徴にあてはまらないのでそれぞれ誤りである。

2　＜論説文＞
1　ウは，終止形が「かわいい」で，言い切りの形が「い」で終わるので**形容詞**。ア・イ・エは，用言を修飾するので**副詞**である。
2Ⅰ　空欄の前に「**知らなかった世界は**」とあり，本文中に「自分がこれまで**知らなかった世界が**」とある。「**十七字**」が最大のヒント。
Ⅱ　空欄の後の「という思いにつながる」に着目すると，「**知ることに対する敬意，リスペクトの思いにつながる**」とある。この抽象的な表現を言い換えることが必要。
3　「〈 a 〉を知ることによって初めて〈 b 〉というものへの意識が芽生える」は，その前の「〈**他者**〉を知ることが，すなわち**自分という存在**を意識する最初の経験となる」の言い換えであることに気づくと， a には〈他者〉， b には〈自己〉があてはまる。また，後に「自分を外から見る」とあり，「**自分**」＝〈自己〉，「**外**」＝〈他者〉なので，cは〈他者〉，dは〈自己〉があてはまる。
4　「**ひとりよがりの自分**」とは，「自分が絶対」だと思ったり，「世界は自分のために回っているような錯覚を持」ったりする状態である。その状況を「抜け出す」には，「自分は〈まだ〉何も知らない存在なのだと知ること」＝「**〈自己〉の相対化**」によって，「相手と自分との関係」を知り，「世界の中での自分が存在する意味を考える」ことが必要なのである。そして筆者は，「〈自己〉の相対化」をするために，「**勉強をし，読書をする**」と述べている。この内容を踏まえてまとめる。
5　まず，筆者の学ぶことに対する考えをおさえる。筆者は，学ぶこと（勉強や読書をすること）は「知識を広げる」ことだけではなく，「**自分を客観的に眺めるための，新しい場所（＝視線）を獲得する**」ことが大切だと述べている。また，学ぶことで「**自分は〈まだ〉何も知らない存在なのだと知ること**」が大切だとも述べている。Aは，「知識の量を増や」すことは前述の筆者の考え方とは合わないので不適。Bは，「実際に見たり経験したりすること」に関して述べていないので不適。またCとDは，どちらも自分が今まで知らなかったことがあることを自覚しているが，Dでは「**身近な施設をバリアフリーの視線から見直し**」とあり，この点が「新しい視線を獲得する」という筆者の考えに，よりふさわしいのでDが答えとなる。

3　＜古文＞
（**口語訳**）一般に，茄子が枯れることを，農民はみな，舞うという。和泉でのことであるが，道のかたわらで茄子を植えている人がいた。いかにも下手そうな舞々が①とおりかかり，（舞々が）見れば，大きな徳利に杯が添えて

あった。（舞々は）②少し酒を飲ませてもらいたいと思ったのであろうか，畑に立ち寄って，「それでは一曲舞いましょう」と言う。農民は，門出が悪いとひどく腹を立てたけれど，（舞々は）なんやかんやと頼みこみ，（農民は）酒を飲ませたが，（舞々は）立ち行きざまに，「さきほどの立腹はお互い根も葉もおりません」と言った。

1　語頭以外の**ハ行**は**ワ行**に直す。

2　――線部②の「これ」とは，前の**「徳利」に入っている酒**のことである。よって**ウ**が適当。ちなみに，「なん（なむ）」は係助詞なので，係り結びの法則に従って文末の「けん（けむ）」は連体形となっている。

3 Ⅰ Ⅱ　本文一行目に「茄子の枯るるをば，百姓（農民）みな，舞ふといふなり」とある。「舞ふ」という言葉を「茄子が枯れる」という意味にとったため，舞々の「さらばひとふし舞はん」という言葉に怒ったのである。

Ⅲ　農民は，舞々の「舞ふ」という言葉から「茄子が枯れる」という不吉なことを連想させられた上に，「根も葉もおりない」という言葉から「茄子の根も葉もおりない（＝成長しない）」と連想させられている。このことに「さらに腹が立ったのではないか」と**生徒C**は感じている。言葉の認識の違いですれ違っていく舞々と農民のやり取りがおもしろい。

Ⅳ　**生徒A**は，**生徒C**とは違い，「根も葉もおりない」という舞々の言葉に，農民が「**あきれたのではないか**」と感じている。舞々は「舞ふ」という「茄子が枯れる」ことを連想させることを言い，農民を怒らせたにもかかわらず，再び「根も葉もおりない」と，悪い連想をさせることを言っている。農民がどう感じるかを考えず発言しているので，舞々は「思慮（＝注意深く心を働かせて考えること）が足りない」人物だと考えたのである。

4　＜小説文＞

1　本文全体からではなく，══線部a・b・cからうかがえる人物像であることがポイント。══線部a・b・cでは，雄太は自然を守ることは「ぜったいに正しい」「大切なこと」「当たり前なこと」と信じて疑っていない。そのため，「自然」を「あるがままにそのままにしておけばいい」という他の考えを理解できないのである。

2　ホクは，前で自然に対する考えを雄太に話しており，「関西弁じゃない」「おまけに早口だ」から，真剣に発言しているのがわかる。それを「熱くなってるぞ」と長老に指摘されて，恥ずかしくなり，**照れ隠しのために「頭をかいた」のである**。

3 Ⅰ　空欄の前が「**長老さんの言葉で，自然に対する彼らの思いは**」となっており，二字ちょうどの字数指定もあるのがヒント。「長老さんの言葉がすとんと胸に落ちた」と本文にあるように，雄太は長老の言葉に「**納得**」したのである。

Ⅱ　雄太が「今まで自分が否定的に考えていた」のは，「**わからないということ**」。それを「すごいこと」だとホクが言い，それを聞いて雄太は**意外に感じた**のである。

4　雄太ははじめ，「自然を守る」ことは「ぜったい正しい」と考えており，そのため「自然なんだからあるがままにそのままにしておけばいい」という意見があることが理解できなかった。しかし，ホクや長老，ユイの話を聞くにつれ，自然に対する考え方がわからなくなっていく。そんなとき，「**自分が素直に感じたこと。それを大切にしていきたい**」というユイの一言が頭をよぎり，「**この山はきれいだと素直に感じた～すごく楽しい」という気持ちを「大事にすればいいんだ」と気づき，気持ちが楽になった**ので，「スコンと寝入っ」たのである。

5　長老は「おい，ホク，熱くなってるぞ」「おいおい～きょとんとした顔してるぞ」から，**雄太がホクとユイの話を理解できていないことに気づいている**。そこで「なあ，雄太～思わないか？」と，雄太にもわかりやすく，自分たちの自然への思いを話している。また，「**自分なりでいいんじゃないかな**」「**今はその気持ちを大事にすればいいんだ**」と，雄太が自分で考えられるように導いているといえる。**ア**は「自分の決意を積極的に語る」が，**ウ**は「他の人とは異なる意見」「自然についてさらに深く考える必要がある」が，**エ**は「自然を守ることの責任の重さを理解させる」がそれぞれ誤り。

5　＜作文＞

高齢者の世代間交流に関する資料と，世代間の言葉の意識に関する資料を踏まえて，高齢者とコミュニケーションを取る際に心がけることについて書く問題である。**資料1**からは，高齢者が若い世代との交流に意欲的であることが読み取れる。**資料2**からは，「タメ口」「ガチ」などの若者言葉を，70歳以上では聞いたことがないという割合が他の世代に比べて高いことが読み取れる。これらを踏まえて考えを書く。

［**採点基準の例**］

⑴　**読み取ったこと**…４点

資料1及び**資料2**から読み取れることが明確に書けているかを４段階に評価する。

⑵　**考え**…５点

資料から読み取ったことを踏まえて，高齢者とコミュニケーションをとる際に心がけたいことについての考えが明確に書けているかを５段階に評価する。

⑶　**表記**…最大減点４点（一か所ごとに減点１）

①　原稿用紙の使い方の誤り。

②　誤字脱字，符号の用法の誤り。

③　用語や文の照応の不適切なもの。

④　文体の不統一なもの。

⑷　**二段落構成でないもの**…減点２点

⑸　**行数を満たしていないもの**…減点３点

平成31年度　鹿児島県公立高校入試問題　理科

正答例

[1]　1　イ　　2　記号　エ　　名称　**反射鏡**(完答)
　3　**放射**
　4　**気体Xは水にとけやすく，空気より密度が大きい性質を持つ。**
　5　**風化**　　6　**Aa，aa**(完答)　　7　ウ
　8　①　ア　　②　イ(完答)

[2]　Ⅰ　1　**中枢**(神経)　　2　D，B，E　　3　ウ
　Ⅱ　1　**水面から水が蒸発するのを防ぐため。**
　　2　**葉の気孔の数は，葉の表側よりも葉の裏側の方が多い。**
　　3(1)　**Cの水の減少量には，茎からの蒸散量がふくまれていることを考えていなかったから。**
　　　(2)　**6.5**〔cm^3〕

[3]　Ⅰ　1　**振動**　　2　ア
　　3(1)　ウ　　(2)　①　イ　　②　ア(完答)
　Ⅱ　1　**8.0**〔Ω〕　　2(1)　**500**〔mA〕　　(2)　ア
　　3　a　**磁界**　　b　**誘導電流**(完答)

[4]　Ⅰ　1　①　イ　　②　イ(完答)
　　2　リトマス紙　**赤色リトマス紙**
　　　イオンの名称　**水酸化物イオン**(完答)
　　3　$Ba(OH)_2 + H_2SO_4 \rightarrow BaSO_4 + 2H_2O$
　Ⅱ　1(1)　ア，エ(順不同・完答)
　　　(2)　**容器のふたを閉めた。**(10文字以内)
　　　(3)　**質量保存**
　　2　右図

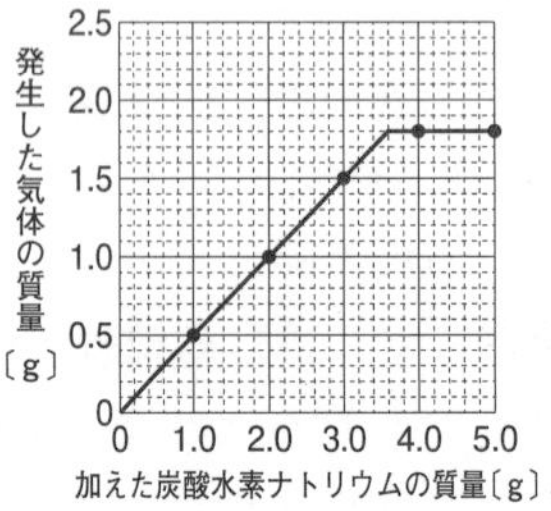

　　3　80〔%〕

[5]　Ⅰ　1　イ
　　2　**気温が露点より高くなったから。**
　　3　8
　Ⅱ　1　**地球型惑星**　　2　イ
　　3　ウ　　4　ア

配点

[1]	6，8	3点×2	他	2点×6	計18点
[2]	Ⅰ1，3　Ⅱ1	2点×3	他	3点×4	計18点
[3]	Ⅰ3(1)　Ⅱ2(1)	3点×2	他	2点×6	計18点
[4]	Ⅱ2，3	3点×2	他	2点×6	計18点
[5]	Ⅰ1　Ⅱ1，2	2点×3	他	3点×4	計18点

解説

[1]　＜4分野総合＞

1　マグマが地下深いところでゆっくりと冷え固まってできた岩石を**深成岩**といい，マグマが地上や地表付近で急に冷え固まってできた岩石を**火山岩**という。おもな深成岩と火山岩の名称と色の特徴は下表のようになっている。

マグマのねばりけ	弱い	←→	強い
色	黒っぽい	←→	白っぽい
火山岩	玄武岩	安山岩	流紋岩
深成岩	はんれい岩	閃緑岩	花こう岩

2　**ア**は接眼レンズ，**イ**は対物レンズ，**ウ**は調節ねじである。顕微鏡を使って観察を行うときは，はじめに対物レンズを一番低倍率のものにして，接眼レンズをのぞきながら，反射鏡を調節して，全体が均一に明るく見えるようにする。

3　熱の伝わり方には，**放射**の他に物質が移動せずに熱が伝わる**伝導**や，気体や液体をあたためるときのように，物質が移動して全体に熱が伝わる**対流**がある。電気エネルギーは比較的簡単に熱エネルギーに変わって移動してしまうため，有効に電気エネルギーを利用するためには，発熱を少なくする工夫が必要である。

4　水上置換法は，水にとけにくい気体を集めるときに用いられ，上方置換法は，水にとけやすく，空気より密度が小さい気体を集めるときに用いられる。

5　地層は，**風化**や**侵食**によってできたれきや砂や泥が，**運搬**されて**堆積**することでできる。

6　丸形の種子をつくる遺伝子の組み合わせはAAまたはAaの組み合わせであり，しわ形の種子をつくる遺伝子の組み合わせはaaである。AAとaaの組み合わせではしわ形の種子ができないので，Aaとaaの組み合わせによってAaとaaの遺伝子を持った種子ができると考えられる。

7　物体が斜面上にあるとき，物体に加わる重力は斜面に垂直な分力と斜面下向きの分力とに分けられる。これらの分力の大きさは斜面の傾きが同じ斜面上では変化しない。

8　**物質の密度〔g/cm^3〕＝$\dfrac{\text{物質の質量〔g〕}}{\text{物質の体積〔}cm^3\text{〕}}$**
　2つの異なる液体が上の層になるか下の層になるかは，その液体の密度によって決まる。密度は同じ体積あたりの質量を比べることで決めることができるので，**図2**より，液体Aの方が密度が大きく，上下の層に分かれたときに下の層になることが分かる。

[2]　＜動物の生活と生物の変遷・植物の世界＞

Ⅰ1　中枢神経に対して，中枢神経から枝分かれして全身に広がる神経を，**末しょう神経**という。末しょう神経には，感覚器官から中枢神経へ信号を伝える感覚神経や，中枢神経から運動器官へ信号を伝える運動神経などがあり，信号の伝達や命令などを行うこれらの器官をまとめて**神経系**という。

2　刺激を受けて，意識とは無関係に起こる反応を**反射**という。問題のように熱いものに手がふれると，手の皮膚で受け取った刺激は感覚神経を通ってせきずいに伝わる。この信号は脳に伝わらずに，せきずいから運動神経を通って手に伝わる。よって，このとき反応における刺激の信号は，意識に関係した脳の部分に伝わらない。

3　うでを曲げる場合には，筋肉Xはゆるみ，筋肉Yは縮む。

Ⅱ1　この実験のように，水が減少する原因を植物だけにしぼって調べるためには，それ以外の原因による

水の減少を極力減らす必要がある。このように，１つの条件以外を同じにして行う実験を**対照実験**という。

2　ＡとＢの実験では，葉の表側にワセリンがぬられているか，葉の裏側にワセリンがぬられているかという点だけが異なっているため，葉の表と裏の蒸散量が異なる→気孔の数が異なると考えることができる。

3(1)　Ｃの水の減少量が，すべての葉の表側と裏側からの蒸散量の合計であるとすれば，Ａは葉の裏側から，Ｂは葉の表側からの蒸散量と考えることができるが，ＡとＢの水の減少量の和はＣの水の減少量と等しくなっていないので葉の表と裏以外（茎）からの水の蒸散が起こっていると考えることができる。

(2)　**表**より，Ａは，葉の裏と茎からの蒸散量，Ｂは葉の表と茎からの蒸散量，Ｃは葉の表と裏と茎からの蒸散量を示している。よって，葉の表側と裏側からの蒸散量はＣ×２－(Ａ＋Ｂ)で求めることができ，その値は6.9×２－(5.2＋2.1)＝6.5〔cm^3〕

3　＜身のまわりの現象・電気の世界＞

Ⅰ１　音は，空気のような気体だけではなく，水などの液体，金属などの固体の中も伝わるが，振動を伝えるもののない真空容器の中や宇宙空間では音が伝わらない。

2　**ア**は振幅，**イ**は一回分の振動を表している。

3　音をコンピュータを用いて分析すると，音の大きさは振幅で，音の高さは振動数で表される。よって，**図2**の音よりも高くて大きい音はコンピュータに振幅が大きく振動数の多い波として表示される。

(1)　**ア**：振幅は小さくなり，振動数は増えているので，**図2**よりも高い音が小さく聞こえる。**イ**：振幅は小さくなり，振動数は減っているので，**図2**よりも低い音が小さく聞こえる。**エ**：振幅は大きくなり，振動数は減っているので，**図2**よりも低い音が大きく聞こえる。

(2)　弦の振動する部分を短くしたり，弦の張りを強くするほど，高い音が出る。また，弦をはじく強さを強くするほど大きい音が出る。

Ⅱ１　**抵抗〔Ω〕＝電圧〔Ｖ〕÷電流〔Ａ〕**

問題より，抵抗器ａだけに電流を流すと，電圧計は2.0Ｖ，電流計は250mAを示したので，抵抗器ａの抵抗は2.0÷0.25＝８〔Ω〕

2(1)　スイッチ１と２を入れると，回路は並列回路になる。並列回路では，各区間に加わる電圧の大きさと全体に加わる電圧の大きさが等しく，枝分かれする前の電流の大きさは，枝分かれした後の電流の大きさの和に等しく，再び合流した後の電流にも等しいので，抵抗器ａに流れる電流の大きさは2.0÷８＝0.25〔Ａ〕，抵抗器ｂは抵抗器ａと抵抗が同じ大きさで，加わる電圧も等しいので，流れる電流は0.25Ａ。よって，合流した後の電流の大きさは0.25＋0.25＝0.5〔Ａ〕＝500〔mA〕

(2)　並列回路の全体の抵抗（合成抵抗）の大きさは，各部分の抵抗の大きさよりも小さくなるので，プロペラをつけたモーターに流れる電流の大きさもスイッチ２を入れる前より大きくなる。よって，モーターの回転の速さは速くなると考えられる。

3　磁界の変化にともないコイルに誘導電流が流れる現象のことを，**電磁誘導**という。このとき，ハンドルの運動エネルギーが電磁誘導によって電気エネルギーに変換されている。

4　＜化学変化とイオン・化学変化と原子・分子＞

Ⅰ１　塩酸や硝酸カリウムのように，水にとかしたときに電流が流れる物質を**電解質**という。砂糖やエタノールのように，水にとかしても電流が流れない物質を**非電解質**という。硝酸カリウム水溶液でしめらせたろ紙の上に置いたリトマス紙がどちらも色が変化しなかったことから，硝酸カリウムが中性であることがわかる。

2　赤色リトマス紙はアルカリ性の水溶液に反応して青色に，青色リトマス紙は酸性の水溶液に反応して赤色に変化する。水酸化バリウム水溶液は電離すると，$Ba(OH)_2 \rightarrow Ba^{2+} + 2OH^-$のようになる。**図**のように，両端に電圧を加えると，陽極には陰イオンである水酸化物イオンが，陰極には陽イオンであるバリウムイオンが移動していく。よって，アルカリ性を示す物質は，赤色リトマス紙の色が青く変化した陽極側に移動した水酸化物イオンであるとわかる。

3　アルカリ性の水溶液に酸性の水溶液を加えると，水酸化バリウムの水酸化物イオンと硫酸の水素イオンがたがいの性質を打ち消しあって水となり，酸の陰イオンである硫酸イオンとアルカリの陽イオンであるバリウムイオンが結びついて硫酸バリウムという塩ができる。この塩は水にとけないため，沈殿が生じる。このような反応を**中和**という。

Ⅱ１(1)　**イ**はアンモニアなどの特徴，**ウ**は酸素の特徴である。**エ**は２種類以上の原子でできている物質のことである。

(2)　ひろみさんとたかしさんで，異なっている実験操作に着目する。化学変化では，物質をつくる原子の組み合わせは変化しても，原子が新しくできたり，なくなったりすることはないため，化学変化の前後では全体の原子の数は変化しない。

2　**表**より，うすい塩酸を入れたビーカー全体の質量と加えた炭酸水素ナトリウムの質量の和と，反応後のビーカー全体の質量との差から発生した気体の質量を求めると次の表のようになる。

加えた炭酸ナトリウムの質量〔g〕	1.0	2.0	3.0	4.0	5.0
発生した気体の質量〔g〕	0.5	1.0	1.5	1.8	1.8

このとき，加えた炭酸水素ナトリウムの質量が0～3.0 gでは発生した気体の質量が一定の割合で増加しているが，4.0 g以上では，発生した気体の質量が一定であることに注意が必要である。2本の直線の交点が気体の発生が一定になるときの炭酸水素ナトリウムの質量である。

3　問題の**表**より，1.0 gの炭酸水素ナトリウムがうすい塩酸と完全に反応すると，0.5 gの気体が発生することがわかる。1.2 gの気体を発生させるために必要な炭酸水素ナトリウムの質量をx gとすると，$1.0:0.5=x:1.2$　$x=2.4$　よって，この混合物にふくまれていた炭酸水素ナトリウムの質量の割合は，$\frac{2.4}{3.0}\times 100=80$〔%〕

5　＜天気とその変化・大地の変化＞

Ⅰ 1　小笠原気団は，夏の時期に発達するあたたかくて湿った空気のかたまりである。

2　空気中にふくまれる水蒸気の質量が変化しないものとすると，気温の低い朝の方が露点に達しやすいので霧が発生しやすい。

3　地球上の水は，太陽のエネルギーによって，状態を変えながら絶えず海と陸地と大気の間を循環している。これを**水の循環**という。陸地への降水によって移動した水は陸地からの蒸発や陸地からの流水によってすべて移動する。

Ⅱ 1　木星や土星のように大型で密度が小さい惑星を木星型惑星という。

2　皆既月食が起こるときの太陽と月と地球の位置関係は，太陽－地球－月が一直線上に並ぶ。このとき月の形は満月で，太陽によってできた地球の影に入ることで皆既月食が起こる。

3　火星は，地球の公転軌道よりも外側に存在する外惑星である。問題のように太陽から見て地球と火星が同じ方向にあるとき，太陽と地球をつなぐ線の延長線上に火星を観測することができる。午後12時の時点で火星は真南に観測できるので，午後9時ではそれよりも東の空で火星を観測できる。

4　金星は，地球の公転軌道よりも内側を公転する内惑星である。8月の時点では，太陽がしずんだ直後の夕方，西の空に金星を見ることが出来る。10月下旬に金星が観察できなくなったのは，金星が地球と太陽の間にあったからだと考えられる。11月下旬に金星が観察できたときの金星の位置は，**図**の金星の位置から，地球と太陽を結ぶ線をはさんで反対側付近にあると考えられるので，太陽が出る直前の明け方，東の空に金星を見ることができる。

平成31年度　鹿児島県公立高校入試問題　英語

正答例

1　1　イ　　2　ア

3　①　February　　②　bring

4　(1)　エ　　(2)　イ

(3)　uses a dictionary

5　Because I want to clean a park as a volunteer.

2　1　①　ウ　　②　イ

2　①　animals　　②　give　　③　pictures

④　Can I join this program

3　Do you have a smaller one ?

4　It's Flower Park Kagoshima.　There are many beautiful flowers every season.　My family often goes there and enjoys seeing them.

3　Ⅰ　①　ア　　②　エ　　③　ウ

Ⅱ　1　ウ

2　Experience is the best teacher.

Ⅲ　1(1)　Because he was only thirteen when he left Japan.

(2)　She started reading an English newspaper every week.

2　**医者になって，医者を必要としている国々で人々を助けること。**

4　1　ア 3　イ 5　ウ 4　（完答）

2　エ　　3　イ

4　**合唱をすることに決まったのに18人しか練習に来ていなかったから。**

5　they agreed　　6　ウ，エ　（順不同）

7　It is important for us to talk with each other when we decide what to do together.

配　点

1　1，2，4(1)　2点×3　　5　4点　　他　3点×4　計22点

2　2④，3　3点×2　　4　7点　　他　2点×5　計23点

3　Ⅱ　3点×2　　Ⅲ2　4点　　他　2点×5　計20点

4　2，3　2点×2　　4　4点　　7　5点　他　3点×4　計25点

解　説

1　＜聞き取りテスト台本・訳＞

＜チャイムの音四つ＞

これから，英語の聞き取りテストを行います。問題用紙の2ページを開けなさい。

英語は2回ずつ放送します。メモをとってもかまいません。（約3秒間休止）

では，1番を始めます。まず，問題の指示を読みなさい。（約12秒間休止）

それでは放送します。

Becky :　Hi, Akira !　What did you do last weekend ?

Akira :　I went to the city library and read books there. How about you, Becky ?

Becky : I played the piano with my younger sister at home.

（約３秒おいて，繰り返す。）（約３秒間休止）

訳　B：こんにちは，あきら！　先週末は何をしたの？　A：僕は市立図書館に行って，そこで本を読んだよ。君はどう，ベッキー？　B：私は家で妹とピアノを弾いたわ。

次に，**２**番の問題です。まず，問題の指示を読みなさい。（約 15 秒間休止）

それでは放送します。

Lucy : Takeshi, what are you doing ?

Takeshi : I'm writing an e-mail to a teacher in Australia because I'm going to study at school there next month. But I don't know what to write about.　Would you help me ?

Lucy : All right.　How about writing about your favorite sports, foods and subjects ?

Takeshi : That's a good idea !　Thank you, Lucy !

（約３秒おいて，繰り返す。）（約３秒間休止）

訳　L：たけし，あなたは何をしているの？　T：僕は来月にオーストラリアの学校で勉強する予定だから，オーストラリアの先生にＥメールを書いているところなんだ。でも僕は何について書くべきかわからないんだ。僕を手伝ってくれる？　L：いいわよ。あなたの好きなスポーツや食べ物や教科について書くのはどう？　T：それはいい考えだね！　ありがとう，ルーシー！

次に，**３**番の問題です。まず，問題の指示を読みなさい。（約 15 秒間休止）

それでは放送します。

Tom : Maki, one of my friends will come to Kagoshima next week.　His name is John.　He will visit your English class on February 15th.

Maki : Wow, that's exciting !　What are we going to do ?

Tom : How about showing him something Japanese ? He is very interested in Japan.

Maki : Something Japanese ?

Tom : Yes, well... Japanese traditional clothes like *kimono* or *yukata*, and toys like *kendama* or *otedama*.　Will you ask your classmates to bring some of them ?

Maki : OK, I will.　We will be happy to welcome John !

（約３秒おいて，繰り返す。）（約７秒間休止）

訳　T：真紀，私の友達の一人が来週鹿児島に来る予定なんだ。彼の名前はジョンだよ。彼は２月 15 日に君の英語の授業に訪れる予定だよ。　M：わあ，それはわくわくします！　私たちは何をするのですか？　T：彼に何か日本のものを見せるのはどうかな？　彼は日本にとても興味があるんだ。　M：何か日本のものですか？　T：うん，ええと…。着物やゆかたのような日本の伝統的な衣類とけん玉やお手玉のようなおもちゃだよ。君のクラスメートにそれらのいくつかを持ってくるように頼んでくれるかい？　M：わかりました，頼んでみます。ジョンを迎えられて私たちはうれしいでしょう！

ポスターの訳

トムの友人のジョンが私たちの英語の授業に参加します！

日にち：①**２月**15 日

彼は日本に興味があります。

日本の伝統的な衣類やおもちゃを授業に②**持ってきて**ください。

次に，**４**番の問題です。まず，問題の指示を読みなさい。（約 20 秒間休止）

それでは放送します。

Hello everyone.　I have studied English for five years, and I like it very much. Today, I'm going to talk about two important points to remember when we study English.

First, we should not be afraid of speaking English.　I didn't like talking with foreign people in English before because I thought my English was bad.　But, one day, when I talked with our ALT in English, he said, "Your English is good !　I enjoy talking with you !"　I was very happy to hear that.　I have found that I can make friends with people from foreign countries.

Second, we should use dictionaries.　When I find difficult words, my dictionary always helps me.　It gives me a lot of information.　Dictionaries can be a good teacher.

When we study English, we should remember that these two points will help us a lot.

Question (1) : How long has Kohei studied English ?

（約 10 秒間休止）

Question (2) : What is Kohei's first point ?

（約 10 秒間休止）

Question (3) : What does Kohei do when he finds difficult English words ?

（約 10 秒間休止）

では，２回目の放送をします。

（最初から質問(3)までを繰り返す。）（約 15 秒間休止）

訳　みなさん，こんにちは。私は５年間英語を勉強していて，それがとても好きです。今日，私は私たちが英語を勉強するときに覚えておくべき二つの大切な点について話します。

一つ目は，私たちは英語を話すことを恐れるべきではありません。私は自分の英語が下手だと思っていたので，以前は外国の人々と英語で話すことが好きではありませんでした。しかしある日，私が私たちのＡＬＴと英語で話したときに，彼が「君の英語は上手です！私は君と話すことが楽しいです！」と言いました。私はそれを聞いてとてもうれしかったです。私は外国の人々と友達になることができるということがわかりました。

二つ目に，私たちは辞書を使うべきです。私が難しい単語を見つけたときは，私の辞書がいつも助けてくれます。それは私に多くの情報を与えます。辞書は良い先生になることができるのです。

私たちは英語を勉強するとき，これらの二点が私たちを大いに助けるだろうということを覚えておくべきです。

(1)　康平はどのくらいの期間英語を勉強しているか？
　ア　２年間。　イ　３年間。
　ウ　４年間。　**エ　５年間。**

(2)　康平の一つ目の点は何か？
　ア　多くの友達を作る。
　イ　英語を話すことを恐れない。
　ウ　英語を毎日勉強する。
　エ　多くの間違いをしない。

(3)　康平が難しい英単語を見つけたときは彼は何をするか？
　(正答例の訳)　彼は**辞書を使う。**

次に，５番の問題です。まず，問題の指示を読みなさい。　（約15秒間休止）

それでは放送します。

Jack : Mom, can I have breakfast at 6 tomorrow ?
Mother : It's Saturday tomorrow. Do you have classes ?
Jack : No, we don't have school, but I have to get up early.
Mother : Why ?
Jack : (　　　　　　　　　　　　)

（約３秒おいて，繰り返す。）（１分間休止）

訳　Ｊ：お母さん，明日は６時に朝食を食べてもいい？　Ｍ：明日は土曜日よ。あなたは授業があるの？　Ｊ：いいや，僕たちは学校はないけれど，僕は早く起きなくてはいけないんだ。　Ｍ：なぜ？　Ｊ：**(正答例の訳)　僕はボランティアとして公園を掃除したいからだよ。**

<チャイムの音四つ>

これで，聞き取りテストを終わります。次の問題に進みなさい。

2　<英文表現>

1　Ｗ：大輔，今度の土曜日に何か計画があるの？　Ｄ：はい。僕は友達と野球の試合を見る予定です。　Ｗ：それはいいわね！　Ｄ：僕の好きなチームがこの町の野球場でプレーをするんです。②**でも僕はそこへの行き方がわかりません。**僕に教えてもらえませんか？　Ｗ：いいわよ。①**この地図を見て。**その野球場はここで，私たちの家はＡＢＣ公園の近くよ。あなたはＡＢＣ公園のバス停から市営バスに乗るべきよ。　Ｄ：わかりました。バスでそこに着くのにどのくらいの時間がかかりますか？　Ｗ：約20分よ。　Ｄ：わかりました。ありがとうございます。

2　Ｃ：こんにちは，直美！　こんにちは，健太！　あなたたちは何をしているの？　Ｎ：私たちは水族館での職場体験について読んでいるのよ。　Ｋ：僕たちはこの体験を選ぼうと計画しているんだ。　Ｃ：まあ，それはおもしろいわね。それについて私に教えて。　Ｎ：私たちは１日目に魚や海洋①**動物**について学ぶ予定よ。　Ｋ：そして２日目と３日目に，僕たちは水族館の従業員と一緒に働く予定なんだ！　Ｃ：まあ，本当に？　あなたたちはどんな仕事をするの？　Ｎ：私たちは魚にえさを②**あげて**，いくつかの水槽を掃除する予定よ。　Ｋ：僕たちはイルカショーの従業員を手伝うこともできるんだ。その後に，僕たちはイルカと③**写真**を撮ることができるんだよ！　Ｃ：すばらしいわね！あなたたちと一緒に④**この体験に参加してもいい**？　Ｎ：もちろんいいわよ。１グループに３人必要だから，私たちはもう１人生徒が必要だわ。　Ｃ：よかったわ！
　②　give+ Ａ + Ｂ：ＡにＢを与える
　④　Can I ～？：～してもいいですか。

3　①　私はこのＴシャツが気に入りましたが，それは大きすぎます。**もっと小さいものはありますか**？
　②　はい。少々お待ちください。
　※～（形容詞）+er than …：…よりも～　【比較級】

4　教師：みなさん，こんにちは。私たちは今日新しいＡＬＴを迎えます。私は君たちが君たちの町について話す準備ができていることと思います。始めてくれますか，一郎？
　生徒：わかりました。私は私の町の最もすばらしい場所の一つについて話します。
　(正答例の訳)　それはフラワーパークかごしまです。すべての季節に多くの美しい花があります。私の家族はしばしばそこへ行き，それらを見ることを楽しみます。
　私はこの場所がとても好きです。あなたも気に入るでしょう。ありがとうございました。
　ＡＬＴ：ありがとう，一郎。

3　<英文読解・内容把握>

Ⅰ　Ｔ：こんにちは，グリーン先生。あなたは何を見ているのですか？　Ｇ：これは鹿児島県のウェブサイトよ。Ｔ：①**わあ，あなたはそれを英語で読んでいるのですか？**　Ｇ：ええ。あなたはそれを韓国語と中国語でも読むことができるのよ。　Ｔ：本当ですか？　②**なぜこのウェブサイトは外国語で書かれているのですか？**　Ｇ：それはいい質問ね。外国人は鹿児島についての多くの情報をこのウェブサイトから得ることができるのよ。例えば，彼らはいくつかの有名な場所，人気のある地元の食べ物，そしてその歴史について学ぶことができるわ。私は鹿児島に来る前に，このウェブサイトから多くを学んだのよ。 T：それはすばらしいですね。③**僕はたくさんの外国人に鹿児島について知ってほしいです**。 G：私もよ。放課後に外国人のための案内リーフレットを作るのはどうかしら？ T：それをしましょう！

Ⅱ こんにちは，みなさん。私は私たちの生活の中で私たちを助けるであろう**大切なこと**について話します。

これを見てください。これは私が今年育てたトマトの一つです。私の兄は高校で農業を勉強していて，野菜を育てることを楽しんでいます。私はそれはおもしろいと思ったので，昨年私の菜園でトマトを育て始めました。私はそのトマトに毎日水をやりました。しかしながら，一か月後，それらの多くが病気になりました。そのとき私の兄は私に何の解決法も与えませんでしたが，彼は「お前はなぜそれらが病気なのかわかるか？お前はその理由を見つけようとしたか？」と言いました。

私は市立図書館に行って，トマトの栽培についての本を読みました。ついに，私はその理由を見つけました。トマトは毎日たくさんの水を必要としていないのです。その後，私は自分のトマトに必要以上の水をあげるのをやめました。

今年，私はまた挑戦し，私のトマトを上手に育てました！ 経験は最も良い先生です。今，私は何をすべきか知っています。私は来年もっと多くのトマトを育てるつもりです。

1 ア 由紀子はトマトを食べることは彼女の健康に良いと考えている。
イ 由紀子の兄は彼女にトマトの育て方を教えた。
ウ 由紀子は昨年トマトを育てることに問題を抱えた。
エ 由紀子は2年間上手にトマトを育てている。

Ⅲ 私が中学校に入ったとき，私は英語の勉強をするのが好きではなかった。それは難しく，私は多くの単語を理解できなかった。しかしながら，昨年の夏，私は**夢**を見つけた。

私の祖父が昨年の夏休みに，私をいちき串木野市の薩摩藩英国留学生記念館に連れて行った。薩摩藩の学生は150年以上前に英国に行った。外国に行くことはその時代ではとても危険だったが，彼らはそこで多くの新しいことを学び，日本に影響を与えた。「最も若い学生は，彼が日本を発ったとき，たったの13歳だったんだ」と祖父は言った。私はそれを聞いて驚き，「彼はすごいね！ たったの13歳？」と言った。私はその記念館を訪れた後，外国に行くことに興味を持った。

一週間後，私は外国で一生懸命に働いている日本人の医者についてのテレビ番組を見た。その国はもっと多くの医者を必要としていた。私は多くの国が十分な数の医者をもっていないことを知ってショックを受けた。私は病気の人々のために何かしたかった。私は医者になってそれらの国の人々を助けると決心した。

外国で働くために英語はとても重要だ。私はその番組を見て以来，毎週英語の新聞を読んでいる。それは簡単ではないが，私は私の英語を上達させるためにすべてのことをするつもりだ。

1(1) 京子が最も若い学生について聞いたとき，彼女はなぜ驚いたのか？
(正答例の訳) 彼が日本を発ったとき，彼はたった13歳だったから。
(2) 彼女は夢を見つけたあと，何をし始めたか？
(正答例の訳) 彼女は毎週英語の新聞を読むことを始めた。

4 ＜長文読解＞

［1］ エイミーは中学生だ。ある日，彼女のクラスは会議をして，文化祭のステージで何をすべきかを話した。エイミーは「私は歌うことが大好きだわ。一緒に歌いましょう！」と言った。「ちょっと待って」とサムが言った。「僕は君たちに踊り方を教えることができるよ。踊ろう！」別の女子が彼女は演劇をしたいと言った。そしてサムは「①**僕たちはいくつかの異なる考えがあるよ**。どうやって決めようか？」と言った。

［2］ サムとエイミーは彼らのクラスメート全員にたずねた。14人の生徒が歌いたいと思い，11人が踊りたいと思い，8人が演劇をしたいと思い，6人が音楽を演奏したいと思った。エイミーはとても②**興奮**して，「ありがとう，みんな！ 歌うことが多数派だわ。私たちは歌うことに決まったわ！ 明日の放課後に音楽室で練習を始めましょう。私がいくつか美しい歌を選んで，あなたたちに歌い方を教えるわ」と言った。多くの生徒はうれしそうに見えなかったが，彼らは何も言わなかった。サムは怒って教室を去った。

［3］ 翌日，18人だけが音楽室にいた。そこにサムはいなかった。彼らは練習をし始めた。エイミーは生徒たちの前に立って彼らにいくつかのアドバイスをした。彼らが練習をしている間，エイミーは「たった18人…これは問題だわ。③**私は理解できないわ**」と思った。そのときマークが彼女のところに来て，「君は悲しそうだよ。大丈夫？」と言った。彼は音楽を演奏したかったが，エイミーと歌の練習をしていた。エイミーは「私は何をすべきかわからないわ。私はただ一緒に歌いたいだけよ」と言った。マークは「僕は君がどう感じているかわかるよ，エイミー。でも多くの生徒はここにいない」と言った。エイミーは「そうなの。彼らは私たちが歌うと決めたときに何も言わなかったわ」と答えた。マークは「確かにそうだけれど，それは彼らが④**賛成した**という意味ではないよ。君は歌いたい。僕はトランペットを演奏したい。

いずれにせよ，僕たちのクラスは昨日は十分に話さなかった。もし僕たちがもっと話したら，たぶん僕たちは幸せになる方法を見つけられるよ」と言った。エイミーは「もっと話す…」と思った。

［4］　その夜，エイミーは早くベッドに入ってマークの言葉について考えた。彼女は「私たちは違うことをしたいわ。もし私たちがもっと話をしたらみんなが幸せになることができるわ…そうよ，私たちはもう一度話すべきよ」と思った。

［5］　翌朝，クラスは別の会議をした。エイミーは「昨日は18人の生徒だけが練習に来たわ。これは良くないわ。私たちはもっと話す必要があると思うの」とクラスに言った。サムは「確かにそうだよ。もう一度話そう」と言った。エイミーは「私は本当に歌いたかったから，他の人が何をしたいか考えなかったわ。でも昨夜，上演で幸せになることが私たち全員にとって大切だと気づいたの」と言った。マークは「僕は上手に歌うことはできないけれど，君たちの歌に合わせてトランペットを演奏することはできるよ。聴いて！」と言った。彼は演奏し始めた。生徒たちは「彼はすばらしい演奏者よ。彼は私たちのためにトランペットを演奏するべきよ！」と叫んだ。誰かが「僕は何ができるかな？」とたずねた。生徒たちはあちこちでおたがいに話し始めた。サムはしばらくの間考えて，「たぶん僕は君たちの歌に合わせて踊ることができるよ」と言った。他の誰かが「私はあなたたちの歌に合わせて演劇をすることができるわ！」と言った。エイミーはほほえんで「ありがとう，みんな。私はいいアイディアが浮かんだわ！　私たちはすべてを合わせることができるわ！　私たちは一つの上演の中で踊って，演劇をして，音楽を演奏して，歌うことができるわ。それはミュージカルよ！　私たちは文化祭でミュージカルをするのよ！」と言った。ついに，みんなが幸せになった。サムは「今日始めよう！」と言った。

6　ア　エイミーのクラスのすべての生徒は文化祭で歌いたかった。

イ　エイミーとサムは最初の会議の後に歌の練習を始めた。

ウ　最初の会議で踊ることは演劇をすることよりも人気があった。

エ　マークは音楽室に来て，彼のクラスメートと歌の練習をした。

オ　サムは歌うことに興味を持ったから，彼は最後にはエイミーに賛成した。

7　M：僕たちはよくやったね。君の素晴らしいアイディアをありがとう。　A：あなたは私たちをたくさん助けてくれたわ，マーク。私はクラス会議で大切なことを学んだわ。　M：おお，そうだったの？　それは何？　A：私たちが一緒に何をすべきか決めるときは，おたがいに話をすることが私たちにとっては大切よ。　M：そうだね。僕たちのクラスは今ではもっと良くなったよ。

平成31年度　鹿児島県公立高校入試問題　社会

正答例

1 Ⅰ 1　オセアニア　　2　エ　　3　西経100

4　（記号）エ

（特徴）緯度が高いわりには，冬の気温が高い。（完答）

5　イ

6　石油は埋蔵量に限りがあり，価格の変動が大きく，安定した収入を継続して得られないから。

Ⅱ 1　リアス海岸　　2　琵琶湖

3　Ⓘ　　4　ア

5　大泉町に多く住むブラジル人が生活しやすいようにするため。

6　都市の中心部の気温が，都市化の進行によって周辺地域よりも高くなる現象。

Ⅲ　全国の空港に比べ，アジアの国や地域から訪れる人の割合が大きく，中でも国際線で結ばれた国や地域からの割合が大きい。（56字）

2 Ⅰ 1　①　かな　　②　豊臣秀吉（漢字指定）

2　エ→ウ→ア→イ　　3　エ

4　借金の帳消し（6字）　　5　ウ

6　全国から大量に運びこまれた各藩の年貢米や特産物が取り引きされたから。

Ⅱ 1　①　原敬　　②　朝鮮

2　領地と領民を天皇に返す　　3　エ

4　（1899年）A　　（理由）イ　（完答）

5　ウ　　6　イ→ア→エ

Ⅲ　ラジオや雑誌などのメディアが，情報や文化を大衆に広く普及させたこと。

3 Ⅰ 1　象徴（漢字指定）

2　国民の自由や権利を守る

3　イ　　4　ウ

5　国会の信任にもとづいて内閣がつくられ，内閣が国会に対して責任を負うしくみ。（37字）

6　（当選者数）1人

（特徴）小選挙区制に比べ議席を獲得できなかった政党や候補者に投じられた票が少なくなり，国民の多様な意見を反映しやすい。（完答）

Ⅱ 1　グローバル（カタカナ指定）

2⑴　イ　　⑵　電子マネー　　3　エ

4　短い期間で高齢化がすすんでいる

5　火力発電に比べて発電にかかる費用が高いこと。

Ⅲ　（記号）ア

（しくみ）発展途上国の生産者の生活を支えるために，発展途上国で生産された商品を一定以上の価格で取り引きするしくみ。（完答）

配　点

1 Ⅲ　4点	Ⅰ4，6	Ⅱ6	3点×3	他	2点×9	計31点
2 Ⅱ4　3点				他	2点×14	計31点
3 Ⅰ6　Ⅲ			3点×2	他	2点×11	計28点

解　説

1　＜地理総合＞

Ⅰ　A－アメリカ，B－ブラジル，C－スペイン，D－ケニア，E－アラブ首長国連邦，F－インド，G－オーストラリア。

1　世界の6つの州は，オセアニア州のほかに，アジア州，ヨーロッパ州，アフリカ州，北アメリカ州，南アメリカ州がある。

2　仏教は主に東アジア，東南アジアで信仰されている。仏教，キリスト教，イスラム教は**三大宗教**とも呼ばれる。メコン川は，東南アジアを流れる川。東南アジアは，季節風の影響を受けて降水量が多いため，大きな川の流域などでは稲作が盛んである。

3　**本初子午線**は，イギリスのロンドンを通る経度0度の経線であり，本初子午線より西が西経，東が東経である。Yは東経120度であり，略地図を見ると，本初子午線から東の方向にあるYの経線まで6つの経線が引かれているので，120度÷6＝20度。よって，20度間隔で経線が引かれていることが分かる。Xは本初子午線から西の方向にある5つ目の経線なので，20度×5＝100度。よって西経100度。

4　エ－**西岸海洋性気候**であり，**暖流の北大西洋海流**と**偏西風**のため，緯度が高くても比較的温暖。ア－温暖湿潤気候の東京であり，年間の降水量が多い，イ－冷帯気候のイルクーツクであり，冬は寒さが厳しく，短い夏は気温が上がり，夏と冬の気温の差が大きい，ウ－地中海性気候のケープタウンであり，気候が，北半球のものと比べて逆になっていることから，南半球の都市の気温となる。

5　ア－フィードロットではなく，センターピボット。フィードロットは，肉牛などに飼料を与えて肥育する施設。ウ－天然ゴムや油やしは熱帯地方で主に栽培されている。スペインは**地中海性気候**であり，夏の乾燥に強いオリーブ，オレンジ類などが栽培されている。エ－カカオではなく茶であり，**モノカルチャー経済**によって，その多くが輸出されている。

6　西アジアのペルシャ湾岸には石油が大量に存在しており，**資料1**からその埋蔵量に限りがあること，**資料2**から価格が安定しないことを読み取る。

Ⅱ　あ－長野県，い－静岡県，う－山梨県，え－神奈川県。A－京都市（京都府），B－鯖江市（福井県），C－瀬戸市（愛知県），D－富士市（静岡県）。

1　Xは若狭湾，Yは志摩半島。リアス海岸は多くの入り江と湾が形成され，天然の漁港として利用されることが多い。東北地方の太平洋側に面している三陸海岸もリアス海岸であり，三陸海岸の沖は暖流と寒流がぶつかる**潮目**となっており，たくさんの魚が集まる好漁場となっている。

2　日本最大の湖。

3　**写真**は茶畑を示しており，静岡県は日本を代表する茶の産地である。

4　ア－Bの鯖江市であり，北陸では，雪に閉ざされる長い期間の副業が盛んで，伝統産業として発達した。イ－「西陣織」や「清水焼」からAの京都市。ウ－Dの富士市であり，富士山の山麓の豊富な水資源を生かした製紙・パルプ工業が発展している。エ－Cの瀬戸市であり，岐阜県の多治見市とともに，焼き物に適する土が採れ，陶磁器やファインセラミックスの生産が盛ん。

5　ブラジルの公用語はポルトガル語。

6　自動車やエアコンの熱が気温を上げ，高層ビルで風通しが悪くなり，熱がこもるために起こる現象。

Ⅲ　鹿児島空港や熊本空港のある九州は，東アジアの中国や韓国，台湾や香港などと地理的に近い位置にあり，**資料1**，**資料2**からも，それらの国々や地域から鹿児島空港や熊本空港に入国する外国人の割合が多く，国際線も確保されていることがわかる。

2　＜歴史総合＞

Ⅰ 1①　かな文字は平安時代の**国風文化**の一つであり，漢字を変形させて，日本語の発音を表せるように工夫したもので，紀貫之の「古今和歌集」や清少納言の「枕草子」などもかな文字が使われている。紫式部や清少納言などの女性による文学作品が多く生まれたことも，国風文化の特色。

②　豊臣秀吉は，太閤検地によって全国の土地を**石高**という統一的な基準で全国の田畑の面積を調べ，刀狩によって，農民の武力による一揆を防ごうとした。これらの政策によって，武士と農民との身分の区別が明確になった（**兵農分離**）。

2　エ（紀元前2500年ごろ：縄文時代のころにさかえたインダス文明）→ウ（1世紀半ば：弥生時代に後漢の皇帝から授けられた**金印**）→ア（7世紀：天武天皇のころに作られた，日本で最初の銅の貨幣）→イ（8世紀：奈良時代に市などで使われた）。

3　エ－山口県下関市，ア－宮城県女川町，イ－神奈川県鎌倉市であり，源頼朝によって鎌倉幕府が開かれた，ウ－兵庫県神戸市であり，平清盛によって，中国の宋との貿易のために港が整備された。

4　**資料1**の現代語訳：1428年以前の借金は神戸四か郷では帳消しにする。

5　16世紀の後半になると，ポルトガルやスペインの商船が長崎や平戸など九州の港に来航し，さかんに貿易を行っていた。そのころポルトガル人やスペイン人は**南蛮人**と呼ばれていたので，このころ行われていた貿易を**南蛮貿易**という。よって，Xはポルトガル。輸入品は，中国産の生糸や絹織物などが中心だった。

6　このころ，大阪と，江戸，京都の三つの都市が大きく発展した。これを**三都**という。江戸は将軍の城下町で「将軍のおひざもと」といわれた。

Ⅱ 1① 原敬は，陸軍，海軍，外務の3大臣以外は全て，衆議院第一党（最も議員の数が多い政党）の立憲政友会の党員で組織する本格的な政党内閣をつくった。しかしながら，1932年の五・一五事件によって犬養毅首相が暗殺され，政党内閣の時代が終わった。

② 朝鮮戦争が始まると，大量の軍需物資が日本で調達され，日本の経済は好景気（**特需景気**）になった。

2　版籍の「版」は土地，「籍」は人民を意味する。これは中央集権国家を造るための政策であったが，藩の政治は元の藩主がそのまま行っていたので，改革の成果はあまり上がらなかった。そこで新政府は，1871年に**廃藩置県**を行い，藩主の代わりに中央から県令と府知事を派遣して治めさせた。

3　立憲政友会は伊藤博文によって結成され，大隈重信は立憲改進党を結成した。

4　まゆから生糸をつくることを製糸といい，綿花から綿糸をつくることを紡績という。日本は，製品である綿糸を多く輸入していたが，1890年代には，原料である綿花を多く輸入し，国内での綿糸生産量が輸入量を上回り，清や朝鮮にも輸出された。

5　欧米列強の植民地支配に苦しんでいたアジアやアフリカでは，民族の独立をめざす運動が高まった。当時ベトナムはフランスの植民地であった。

6　**高度経済成長**は，1955年から始まり，1973年の**石油危機**によって不況となって終わった。**イ**－1967年であり，**四大公害病**などの**公害問題**が深刻化したため制定された→**ア**－1978年であり，その前の1972年の**日中共同声明**によって国交を正常化した→**エ**－1992年であり，ＰＫＯ協力法は，国際平和協力法ともいう。**ウ**－1945年であり，戦後の民主化政策の一つ。民主化政策として，他には，財閥解体，選挙権が20歳以上の全ての男女に与えられたこと，日本国憲法が制定されたことなどがある。

Ⅲ　**X**はラジオ，**Y**は雑誌。ラジオは新聞と並ぶ情報源となった。また，こうしたメディアの発達とともに，大衆小説，映画，歌謡曲や野球などのスポーツが大衆の娯楽として定着していった。

3　**＜公民総合＞**

Ⅰ 1　日本国憲法において，天皇は主権者ではなく，国の象徴なので，国の政治についての権限を持たず，憲法に定められている**国事行為**のみを行う。

2　政治権力から人権を守り，保障していくために，憲法によって政治権力を制限するという考えが生まれた。これを**立憲主義**という。

3　団結権は労働基本権（労働三権）の一つであり，以下は労働三権についてまとめたもの。

- 団結権…労働組合を作る権利。
- 団体交渉権…労働組合が賃金その他の労働条件の改善を求めて使用者と交渉する権利。
- 団体行動権…要求を実現するためにストライキなどを行う権利。

ア－自由権の経済活動の自由の一つ，**ウ**－参政権の一つ，**エ**－自由権の身体の自由の一つ。

4　**ア**－下級裁判所は，高等裁判所，地方裁判所，家庭裁判所，簡易裁判所の4種類，**イ**－弾劾裁判は，国会から不適任と訴えられた裁判官について裁判する裁判，**エ**－裁判員制度は刑事裁判のみである。

5　議院内閣制において，もし内閣の仕事が信頼できなければ，衆議院は**内閣不信任の決議**を行う。内閣不信任決議が可決されると，内閣は10日以内に衆議院の解散をするか，総辞職しなければならない。

6　ドント式による比例代表制の議席配分により，各政党の得票数を1，2，3…の整数で割り数値の大きい順に定数までが当選となる。この場合，A党が2，B，C党が1議席。

政党名	A党	B党	C党
候補者数	4人	3人	2人
得票数	1200	900	480
得票数÷1	1200	900	480
得票数÷2	600	450	240
配分議席	2	1	1

小選挙区制とは，一つの選挙区で一人の代表を選ぶ選挙制度なので，議席を獲得できなかった政党や候補者に入れられた票（死票）が多い。

Ⅱ 1　グローバル化によって貿易が活発になり，日本企業が海外へ進出して，国内の工場が減り（**産業の空洞化**），働く場がなくなるなどの問題が生じている。

2(1)　**資料1**に関して，企業は政府に税金を払い，政府は企業に社会資本・公共サービスを提供するので，**ⅱ**は「税金を納める」となる。企業が政府に税金を払うので，**X**は政府，**Y**は企業となる。家計は企業に労働力を提供し，政府に税金を納める。

3　**ウ**－日本銀行の金融対策。好景気のときは，政府は，公共事業をひかえたり増税したりして，景気の過熱をおさえようとする。日本銀行は，日本銀行がもつ国債を銀行に売って代金を吸い上げ，通貨の量を減らす。

4　日本が超高齢化社会になった原因として，医療技術の発達で平均寿命がのびたこと，少子化がすすんだことなどが考えられる。

5　再生可能エネルギーの課題として，他には，太陽光発電と風力発電は電力の供給が自然条件に左右されること，地熱発電は自然や観光施設との共存が必要であることなどがあげられる。

Ⅲ　フェアトレードは，発展途上国の人々の自立を促し，貧困問題を解決するための取り組みの一つである。

平成31年度　鹿児島県公立高校入試問題　数学

正答例

[1] 1 (1) 20　(2) $\frac{7}{4}$　(3) $\sqrt{7}-\sqrt{5}$
(4) ウ　(5) ア，エ

2　110（度）
3　9
4　4（倍）
5　イ

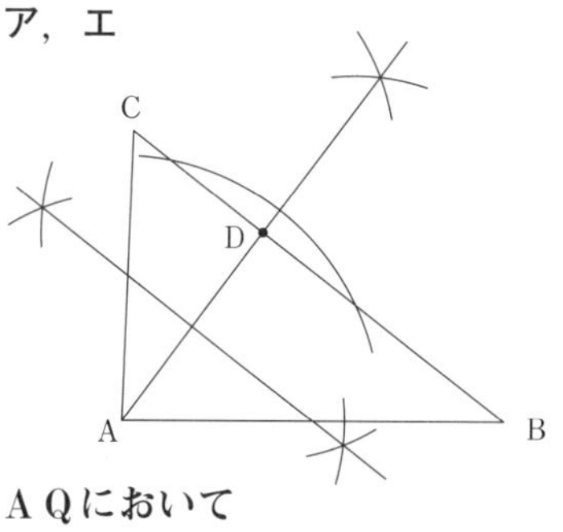

[2] 1　P（1，−5）
2　5　3
4　（証明）
△ABPと△CAQにおいて
仮定から　∠APB＝∠CQA＝90°　…①
△ABCは，∠BAC＝90°の直角二等辺三角形だから
AB＝CA　…②
∠CAD＋∠DAB＝90°
∠DAB＋∠BAP＝90°だから
∠CAD＝∠BAP　…③
$\ell /\!/ n$より，平行線の錯角は等しいから
∠CAD＝∠ACQ　…④
③，④から　∠BAP＝∠ACQ　…⑤
①，②，⑤より，直角三角形の斜辺と1つの鋭角がそれぞれ等しいから
△ABP≡△CAQ

5　（式と計算）
80円のりんごの個数は$3x$個と表される。

$$\begin{cases} x+y+3x=17 & \cdots① \\ 120x+100y+80\times 3x=1580 & \cdots② \end{cases}$$

①より　$4x+y=17$　…③
②より　$360x+100y=1580$　…④
③×10　$40x+10y=170$
④÷10　$-)\ 36x+10y=158$
$4x\quad=12$
$x=3$　…⑤
⑤を③に代入して
$12+y=17$
$y=5$
答　（120円のりんご）　3（個）
（100円のりんご）　5（個）
（80円のりんご）　9（個）

[3] 1　8（点）　2　6（人）
3 (1)　7（点）　(2)　イ，エ

[4] 1　（a＝）$x-10$
2 (1)　（証明）
$a=x-10$，$b=x-8$
$c=x+8$，$d=x+10$
と表されるから

$$M=(x-8)(x+10)-(x-10)(x+8)$$
$$=(x^2+2x-80)-(x^2-2x-80)$$
$$=4x$$

xは自然数だから，Mは4の倍数になる。
(2) ア　1　イ　6　ウ　14

[5] 1 ア　12　イ　8　ウ　$\frac{16}{3}$
エ　④　オ　$6\sqrt{7}$

2　（式と計算）
正八面体の体積は，
$2\times\frac{1}{3}\times 6^2\times 3\sqrt{2}=72\sqrt{2}$（cm³）だから，
この正八面体の体積の$\frac{1}{6}$は，$12\sqrt{2}$（cm³）である。
底面積となる△PFQの面積は，

$$6^2-\frac{1}{2}t^2-\frac{1}{2}\times 6\times(6-t)$$
$$-\frac{1}{2}\times 6\times(6-t)$$
$$=-\frac{1}{2}t^2+6t\ (\text{cm}^2)$$

体積の関係から，tについての方程式をつくると，

$$\frac{1}{3}\times\left(-\frac{1}{2}t^2+6t\right)\times 3\sqrt{2}=12\sqrt{2}$$
$$t^2-12t+24=0$$

解の公式より

$$t=\frac{12\pm 4\sqrt{3}}{2}$$
$$=6\pm 2\sqrt{3}$$

$0\leqq t\leqq 6$より　$t=6-2\sqrt{3}$
答　$6-2\sqrt{3}$（秒後）

配　点

[1]	3点×9	計27点
[2]	1，2　3点×2　3，4，5　4点×3	計18点
[3]	1，2　3点×2　3　4点×2	計14点
[4]	1　3点　2(1)　5点　2(2)　6点	計14点
[5]	1ア　3点　1イ，ウ，エ，オ　2点×4 2　6点	計17点

解　説

[1] ＜計算問題・小問集合＞

1 (1)　かっこの中から先に計算する。
$5\times(6-2)=5\times 4=20$

(2)　×と÷の計算を，＋と−の計算より先にする。

$$\frac{1}{4}+\frac{5}{3}\div\frac{10}{9}=\frac{1}{4}+\frac{5}{3}\times\frac{9}{10}$$
$$=\frac{1}{4}+\frac{3}{2}=\frac{1}{4}+\frac{6}{4}=\frac{7}{4}$$

(3)　根号の中を最も簡単な数にしていく。また，分母に根号がある場合は整理する。

$$2\sqrt{7}-\sqrt{20}+\sqrt{5}-\frac{7}{\sqrt{7}}$$
$$=2\sqrt{7}-2\sqrt{5}+\sqrt{5}-\frac{7\times\sqrt{7}}{\sqrt{7}\times\sqrt{7}}$$
$$=2\sqrt{7}-\sqrt{7}-2\sqrt{5}+\sqrt{5}=\sqrt{7}-\sqrt{5}$$

(4)　「$x<2$」は，xは2未満である（2より小さい）ことを表している。
●はその数を含むこと，○はその数を含まないことを示すから，ウが正しい。

(5)　それぞれ$x=4$を代入して右辺と比べると，
アは，$2\times 4=8$となりあてはまる。
イは，$\frac{1}{2}\times 4=2$となりあてはまらない。
ウは，$4\times 8=32$となりあてはまらない。
エは，$16-4-12=0$となりあてはまる。
よって，ア，エが正しい。

2　△ＯＣＡと△ＯＢＣはいずれも二等辺三角形であるから，
∠ＯＣＡ＝∠ＯＡＣ＝30°
∠ＯＣＢ＝∠ＯＢＣ＝25°
∠ＢＣＡ
＝∠ＯＣＡ＋∠ＯＣＢ
＝30°＋25°＝55°

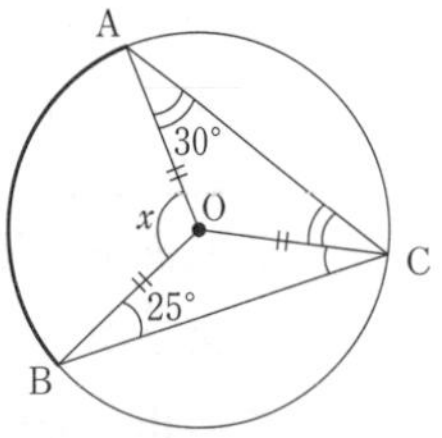

中心角は，同じ弧に対する円周角の２倍の大きさだから，$\angle x = 2 \times \angle \mathrm{BCA} = 2 \times 55^\circ = 110^\circ$

3　**変化の割合＝**$\dfrac{\text{yの増加量}}{\text{xの増加量}}$
$= \dfrac{6^2 - 3^2}{6-3} = \dfrac{27}{3} = 9$

4　底面となる円は相似で，円柱Ａの底面の円と円柱Ｂの底面の円の相似比は半径の比から２：１である。
よって，底面の円の面積比は，$2^2 : 1^2 = 4 : 1$
高さは等しいから，底面の面積比がそのまま体積比となり，円柱Ａの体積は，円柱Ｂの体積の４倍。
※相似な図形では，相似比が $a : b$ のとき，面積比は $a^2 : b^2$，体積比は $a^3 : b^3$

5　鹿児島県の収穫量の割合を x ％とすると，
$5153 : 1733 = x : 14.2$ が成り立つ。
この式を x について解くと，
$1733x = 5153 \times 14.2$，　$x = \dfrac{5153}{1733} \times 14.2$
よって，**イ**が正しい。

2　**＜関数・確率・作図・証明・方程式＞**

1　点Ａ，Ｂの y 座標を求めると，
Ａの y 座標は，$y = -\dfrac{1}{2} \times (-2)^2 = -2$
Ｂの y 座標は，$y = -\dfrac{1}{2} \times 4^2 = -8$
よって，Ａ$(-2,\ -2)$，Ｂ$(4,\ -8)$
求める直線の式を $y = mx + n$ とおき，点Ａ，Ｂの座標をそれぞれ代入すると，
$-2 = -2m + n$ …①，$-8 = 4m + n$ …②
②－①より，$-6 = 6m$，$m = -1$
$-2 = -2 \times (-1) + n$，$n = -4$
これより，直線ＡＢの式は，$y = -x - 4$
直線ＡＢと y 軸との交点をＱとすると，
△ＯＡＢ＝△ＯＡＱ＋△ＯＢＱ
$= \dfrac{1}{2} \times 4 \times 2 + \dfrac{1}{2} \times 4 \times 4 = 12$
△ＯＡＰ＝△ＯＡＱ＋△ＯＰＱ＝$\dfrac{1}{2}$△ＯＡＢより，
４＋△ＯＰＱ＝６
△ＯＰＱ＝２
点Ｐの x 座標を p とすると，
△ＯＰＱ
$= \dfrac{1}{2} \times 4 \times p$
$= 2p$ より，
$2p = 2$，$p = 1$

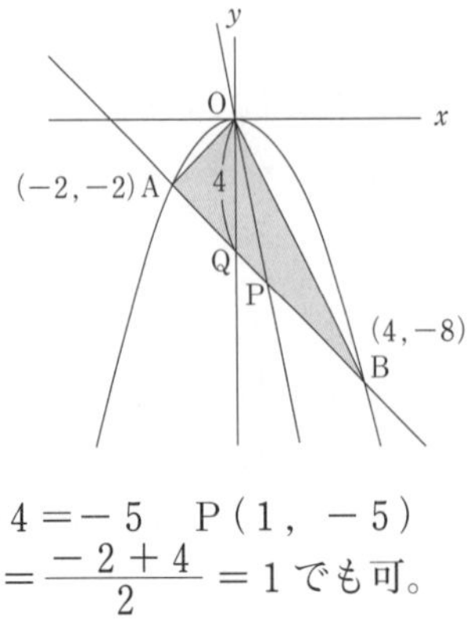

y 座標は，$y = -1 - 4 = -5$　Ｐ$(1,\ -5)$
※ＡＰ＝ＰＢより，$p = \dfrac{-2+4}{2} = 1$ でも可。

2　同時に２枚取り出すときの組み合わせとその和は，
[1]＋[2]＝３，[1]＋[3]＝４，[1]＋[4]＝５，[2]＋[3]＝５
[2]＋[4]＝６，[3]＋[4]＝７の６通り。
求める確率は $\dfrac{1}{3} = \dfrac{2}{6}$，６通りのうち２通りに該当するものは和が５のとき。

3　折り返してできる点はもととなる点と対称な点であり，折り目となる線は対称の軸で，対称な点ともととなる点を結んでできる線分を垂直に二等分する。
また，折り目となる線と辺ＢＣは平行であることから，辺ＢＣと，対称な点ともととなる点を結んでできる線分も垂直になる。よって，作図は以下の通り。
①　点Ａを通り，辺ＢＣと垂直な線をひき，ＢＣとの交点をＤとする。
②　線分ＡＤの垂直二等分線を作図する。

4　⑤に関しては，三角形の内角の和と共通角に着目して以下のように証明してもよい。
∠ＣＡＢ＝90°，∠ＢＡＰ＋∠ＱＡＣ＝90°…③
また，△ＣＡＱで，**三角形の内角の和**より，
∠ＡＣＱ＋∠ＱＡＣ＝90°…④
③，④より，∠ＢＡＰ＝∠ＡＣＱ…⑤

5　80円のりんごの個数をどのように表せばよいかに着目する。

3　**＜資料の整理＞**

1　**範囲（レンジ）**…資料の中で，最大の値から最小の値をひいた値。
表の中で，最大の値は10点，最小の値は２点であるから，範囲は，10－２＝８（点）

2　それぞれの点数は，ボールを２回転がしたときに止まった場所に書かれてある点数の組み合わせ。
・２点になる組み合わせは，２回とも１点。
・３点は，０点と３点。・４点は，１点と３点。
・５点は，０点と５点。
・６点は，１点と５点，または，２回とも３点。
・８点は，３点と５点。・10点は，２回とも５点。
５点の部分に止まるのは下線の場合で，６点の生徒４人のうち，２回とも３点の生徒が２人いるから，１点と５点の生徒は２人。
よって，１回でも５点の部分にボールが止まった生徒は，１＋２＋２＋１＝６（人）

3(1)　**２の考えをもとに，１点と５点を入れかえて表をつくると，次のようになる。**

得点（点）	0	1	2	3	4	5	6	8	10
人数（人）	0	1	1	2	2	0	4	5	5

中央値（メジアン）…調べようとする資料の値を大きさの順に並べたときの中央の値で，資料の総数が偶数のときは，中央にある２つの数の平均値を中央値とする。
総数が20で偶数なので，小さい方から10番目と11番目の値をみると，10番目は６点，11番目は８点。
よって中央値は，$\dfrac{6+8}{2} = 7$（点）

(2) 中央値とAさん，Bさんの得点(Bさんと同得点の人はいない)から分かることを検証する。
また，中央値が5.5点，Bさんの得点が6点であることから，(1)のようにして中央値を求めた場合，得点の低い方から10番目の人は5点，11番目の人(Bさん)は6点であることがわかる。

ア…上記の3人以外の点数は分からないので，最小値と最大値が分からず，よって範囲は分からない。

イ…2より，1ゲーム目に5点の部分に1回でもボールが止まった生徒は6人。5点の部分に1回でも止まると，得点の合計は5点以上となるが，2ゲーム目は11番目のBさんが6点で，それよりも得点の高い人が9人いることになるので，正しい。

ウ…アと同様の理由から，それぞれの得点の度数までは分からない。

エ…Aさんの得点が4点であること，11番目のBさんの得点が6点であることに加えて，中央値から，5点の生徒が少なくとも1人はいることから，5点以上の生徒は11人以上いることになる。よって正しい。

4 <数と式>

1 左上の数は真ん中の数より10小さいから，真ん中の数をxとするとき，$a=x-10$

2(1) 1と同様に考えて，b，c，dの数をxを用いて表す。あとは等式M$=bd-ac$にxを用いて表した数を代入して，式を展開していく。
4の倍数であることを証明したいので，最後のかたちを，4×(自然数)に変形する。
※偶数は2×(整数)，奇数は2×(整数)－1等，証明したいことがらに応じて最後のかたちをどのように変形すればよいか考える。

(2) ア，イ　4×1＝4，4×6＝24より，xの一の位の数が1，6のときである。

ウ　xの取りうる値は，2段目の左から2番目にある11から，11段目の左から8番目にある98まで。11から98までに一の位の数が1，6である数は11，16，21，26，31，36，41，46，51，56，61，66，71，76，81，86，91，96の18個ある。また，各段には9個の自然数が並び，右端には9の倍数にあたる数，左端には9の倍数より1大きい数が並んでおり，先に挙げた18個の数のうち，36，81，46，91の4個が該当する。
よって，Mの値の個数は，18－4＝14(個)

5 <平面図形>

1ア　正多面体は次の2つの性質を持つ。
①どの面もすべて合同な正多角形である。
②どの頂点にも面が同じ数だけ集まっている。
正多面体は5つあり，辺や面の数は表の通り。

	面の形	1つの頂点に集まる面の数	面の数	辺の数	頂点の数
正四面体	正三角形	3	4	6	4
正六面体（立方体）	正方形	3	6	12	8
正八面体	正三角形	4	8	12	6
正十二面体	正五角形	3	12	30	20
正二十面体	正三角形	5	20	30	12

イ　・正方形BCDEの対角線を用いて求めると，
$\frac{1}{2}\times4\times4=8$ (cm²)
・大きい正方形から4すみにできる直角二等辺三角形の面積をのぞいて求めると，
$4\times4-\frac{1}{2}\times2\times2\times4=8$ (cm²)
どちらの方法もおぼえておくとよい。

ウ　正四角すいの高さは，立方体の1辺の$\frac{1}{2}$であるから，$4\times\frac{1}{2}=2$ (cm)
イより，正四角すいABCDEの体積は，
$\frac{1}{3}\times8\times2=\frac{16}{3}$ (cm³)

エ　下の図の通り。ここでは，AとF，BとD，CとEのように，組み立てたときに立体の辺とならない頂点の組み合わせに着目して頂点の位置を決めていくとよい。

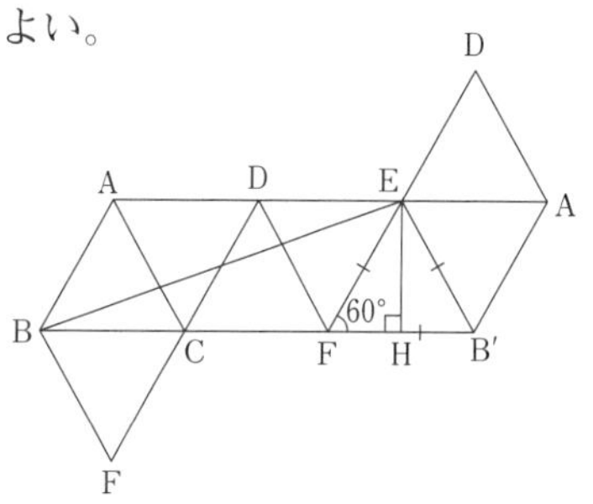

オ　上の図より，線分BEの長さがひもの長さとなる。点Eから線分FB′に垂線をひき，その交点をHとすると，△EFB′は正三角形だから，△EFHは**90°，60°，30°の直角三角形**。
EH$=\frac{\sqrt{3}}{2}\times6=3\sqrt{3}$ (cm)
BH＝6＋6＋3＝15(cm)
三平方の定理より，
BE$=\sqrt{\mathrm{BH}^2+\mathrm{EH}^2}=\sqrt{225+27}=6\sqrt{7}$ (cm)

2　会話中の先生の説明より，四角形ABFDは正方形である。正方形ABFDから2つの合同な三角形△PBF，△QDFと，△APQの面積をのぞいたものが，△PFQの面積となる。

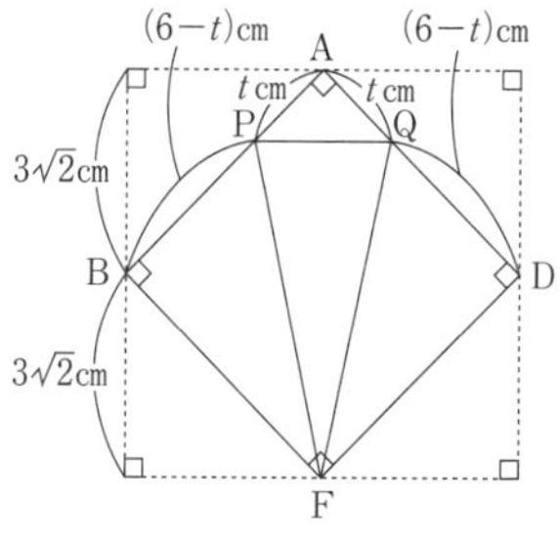

※正方形ABFDの各辺の長さが6cmであることから，AFの長さは$6\sqrt{2}$ cm(△BFAは直角二等辺三角形)，また，△APQも直角二等辺三角形で，PQ$=\sqrt{2}\,t$ (cm)である。四角形APFQの面積から，△APQの面積をひいて△PFQの面積を求めてもよい。

平成30年度　鹿児島県公立高校入試問題　国　語

正答例

1　1　(1)　尊敬　　(2)　供（え）
(3)　植樹　　(4)　こ（らす）
(5)　のぞ（む）　　(6)　かいだく
2　十七（画）

2　1　イ　　2　エ
3　Ⅰ　効率的に処理し，最適化する
Ⅱ　課題の意味を理解できず，人間にとって不都合な答えを出す
4　困難な問題に直面したとき，失敗を繰り返しながらも，自由な発想によってその場に応じた別の方法を導き出し，解決を図ろうとすること。
5　ウ

3　1　まいらせん
2　はさみよ，くしよなどいふもの　　3　ア
4　Ⅰ　あまりにも用心深すぎて愚かなことだ
Ⅱ　したりがほ
Ⅲ　ウ

4　1　ア　　2　エ
3　Ⅰ　胸の痛み
Ⅱ　自分自身とも向き合いたい
4　父は，自分が無理矢理水泳をさせたことで苦しんでいる僕の気持ちを理解し，好きなことをしてほしいと思っているということ。
5　イ

5　記号　A
私は、各競技会場内に、資料二にある畜産加工品や菓子類などを集めた売店を出店する取り組みをしたい。来県された方々が競技を見ながら食べられるようにすれば、気軽に鹿児島の食べ物にふれることができると思うからだ。さらに、試食なども提供することで、より多くの方々に鹿児島の食べ物のおいしさを知ってもらえ、再訪にもつながると考える。

配　点

1	1　2点×6　　2　2点	計14点
2	1　2点　　2　3点　　3　Ⅰ　3点　　Ⅱ　5点	
	4　8点　　5　5点	計26点
3	1　2点　　2　3点　　3　3点	
	4　Ⅰ　4点　　Ⅱ　3点　　Ⅲ　3点	計18点
4	1　2点　　2　3点　　3　Ⅰ　2点　　Ⅱ　4点	
	4　7点　　5　5点	計23点
5	9点	

解　説

1　<漢字>
書き取りは，続け字にならないように楷書で一画一画丁寧に書くこと。
1(6)　「快諾」とは依頼や申し入れを快く承諾すること。
2　点画の省略があるが，「霜」という漢字である。

2　<論説文>
1　イは，「ない」の前に文節わけの「ネ」を入れられるので，存在の否定を示す形容詞の「ない」。ア・ウ・エは，「ない」を「ぬ」に置き換えられ，「ない」の前に文節わけの「ネ」を入れるとおかしくなるので，打ち消しの助動詞の「ない」である。
2　［ a ］の前では，東大に合格できるように開発されたＡＩ（東大ロボ）の強みは「驚異的な計算力や暗記力」だと述べており，［ a ］の後では，その東大ロボの弱みが「意味を理解する」ことだと逆のことを述べているので，逆接の接続詞「しかし」が適当。
3Ⅰ　［ Ⅰ ］には，ＡＩができることがあてはまり，それは前段落に述べられている。また，［ Ⅰ ］の前後の文の言葉を手掛かりにするとよい。
Ⅱ　ＡＩは「人間が生きていくことを前提とした課題」であるにもかかわらず，その課題の解決方法は「人間がいなくなること」だと導き出してしまう。つまり，その課題の本来の意味を理解できないので，人間が求めていない，不都合な答えを導き出してしまうのである。また，――線部前の段落で，ＡＩの弱みは「意味を理解できない」ことだと述べ，そんなＡＩが「最適」だと導き出す答えが，「人間が求めるものと同じとは限らない」と述べていることもヒントにするとよい。
4　筆者は，ＡＩの「強み」「弱み」を述べた後，人間の「弱み」「強み」について論を展開している。そして，人間の「強み」について述べている第十段落に「そこに人間の値打ちが出てくる」とあるので，「そこ」にあたる内容をまとめる。さらに，第十一段落以降では，「失敗が多いことが値打ちにつながる」ことについても述べているので，そこも含めてまとめる。また，「覚えた『正解』以外の『別解』」「ハードルを飛び越える」などの抽象的な言葉も言い換えたい。
5　論説文において具体例は，筆者の考えに説得力をもたせたり，考えを補強したりする効果がある。本文で筆者は，「東大ロボ」の例を挙げて，「意味を理解できない」というＡＩの弱みに説得力を与えている。また，「ルーシー」の例を挙げて「失敗が多いことが値打ちにつながる」という筆者の考えを補強している。

3　<古文>
（口語訳）（ある男が）どこで火事があったという知らせを聞いても，身の回りにある調度品などを縄で結びつけて，井戸の中に入れた。水に入れにくいものは袋のようなものの中に入れて，自分のそばに離さず置いていた。「火事はあんなに遠くなのにどうしてそのようになさるのか。」と言われると，「炎が燃え広がって進んでくると遠くでも近くなるものだろう。」と言う。「風の方向がよいからこっちには来るまい。」と言われると，「もし風向きが変わったらそんなことはないだろう。」と言う。（その受け答えを聞いた）人々は皆あざ笑った。

ある日非常に遠方で火事になったのが，風がにわかに吹き出して，またたくまに焼け広がり，例の男の（住まいの）あたりも焼け失せてしまった。火が静まって，近所の人々が，「食事しようとしても器がない。」と嘆いていると，例の男が得意顔で，「貸してあげましょう。」と言って，例の縄を引きたぐると，はさみやら，くしやらを引き上げた。また袋の中から，器などを出しながら，「日ごろから人にあざ笑われることがなかったら，どうしてこのようなときにほまれを得ることがあろうか。」と言ったのを，「確かにその通り。」と言った人もあったということだ。

1　ワ行の「**ゐ・ゑ・を**」は「**い・え・お**」に直す。

2　──線部①直後に「縄にゆひつけて，井のうちへ入れつ」とあるので，──線部①は井戸の中に入れたものであることが分かる。

3　──線部③と思っているのは「かの男」である。火事により器がなく困っていた近所の人々を助けたのは「かの男」なので，**ウ・エ**は不適。また，「ほまれ」は「名誉」という意味なので，**ア**が適当。

4Ⅰ　遠くの火事にまで必要以上に用心する男の様子を見て，人々は笑ったのである。ここでの「笑ふ」は「あざける，あざ笑う，ばかにして笑う」の意味。人々はそんな男に対して「愚かだ」と，ばかにして笑っていたのである。

Ⅱ　[Ⅱ]の後の文より，[Ⅱ]には「非常に得意な様子」をあらわす「表情」があてはまると考えられる。「したりがほ」は，まさに「得意顔」という意味。

Ⅲ　本文での「かの男」の行動から考える。

ウ　「備えあれば憂いなし」＝普段から準備をしておけば，いざというとき何も心配がないこと。

ア　「能ある鷹は爪を隠す」＝才能や実力のある者は，軽々しくそれを見せつけるようなことはしないというたとえ。

イ　「情けは人のためならず」＝人に親切にすれば，その相手のためになるだけでなく，やがてはよい報いとなって自分にもどってくる，ということ。

エ　「災いを転じて福となす」＝身にふりかかった災難を，うまいこと活用して，そのまま自分に役立つものとして利用するさま。あるいは，厄介ごとが一転して幸福の種に転じるさま。

4　＜小説文＞

1　「言葉に詰まる」とは，うまい表現や言い方が見つからずに話し続けることができない様子，説明や返答に困る様子などを意味する表現のこと。

2　母は，僕が真琴の「努力の証」であるメダルを「真琴の部屋から持ち出したことを知って」おり，真琴もそのことにきっと気づいているにもかかわらず，何も言わず，責めることもしていない。そんな二人の気持ちを思うと，申し訳なくて，僕は涙を流している。また，──線部②前後の「ごめんなさい」からも，僕が二人に対して申し訳ないと思っていることが分かる。

3Ⅰ　[Ⅰ]の前の文に着目し，似たような表現を探せばよい。僕は「あのとき水泳をやめていなければ，真琴みたいに，父みたいに速くなれたのだろうか」と，水泳をやめたことを**後悔**しており，「僕にはできなかった，父みたいな泳ぎ」をする真琴に**「胸がキリリと痛ん」**でいる。

Ⅱ　僕は，真琴の泳ぎを見て，「僕だって～速くなれたのだろうか」「僕はいつか～見られるようになるだろうか」と，自分に問いかけていることから，**自分自身と向き合おうとしている**ことが分かる。

4　僕が「わかっていた」のは，**僕に対する父の本当の気持ち**である。──線部④前の母の言葉に着目すると，父は「自分が無理矢理水泳をやらせて，つらい思いをさせた」ことに気づいており，僕の苦しみを理解していたことが分かる。また，「お父さんだって，お母さんと同じこと，正太郎に対して思ってるんだよ」と母が言っていることから，父の気持ちも「正太郎が，好きなことやってくれてたら，それでいいと思う」という母の気持ちと同じであることが分かる。

5　母は，記録更新した真琴の泳ぎを見られなかったことに対してフォローしたり，口下手な父の気持ちを僕に伝えたりと，**僕のことだけではなく，家族全員に気を配っている**。そして，「いまからでも，僕たち親子は，笑って話したり，思っていることを伝え合ったりできるだろうか」と，父との関係修復に悩む僕に対して，「できるよ，家族なんだから」と後押ししている。

5　＜作文＞

鹿児島へ再訪したい理由を調査した**資料１**をもとに，二年後の国民体育大会・全国障害者スポーツ大会で来県される方々に鹿児島県を再訪してもらうための取り組みを，**資料２～４**を踏まえて書く問題である。**資料１**の再訪したい理由と関連する内容を，**資料２～４**から選ぶことが大切である。また，それらの資料を踏まえて，鹿児島県を再訪してもらうための効果的な取り組みを考える。

［採点基準の例］

⑴　**重視したいこと**…４点
重視したいこととして選んだ内容と，選んだ**資料２～４**とのつながりが適切であるかを４段階に評価する。

⑵　**具体的な取り組み**…５点
取り組みが具体的に書けており，かつ効果的な内容であるかを５段階に評価する。

⑶　**表記**…最大減点４点（一か所ごとに減点１点）
①　原稿用紙の使い方の誤り。
②　誤字脱字，符号の用法の誤り。
③　用語や文の照応の不適切なもの。
④　文体の不統一なもの。

⑷　**行数を満たしていないもの**…減点３点

平成30年度 鹿児島県公立高校入試問題 理科

正答例

[1] 1 エ　2 めしべ→おしべ→**花弁**→がく
3 **恒星**　4 Sv(シーベルト)　5 **外来生物**
6 Aの質量 [＝] Bの質量　7 ウ
8 **2.7**(g /cm^3)

[2] Ⅰ 1 **震央**　2 **3.5**(km/s)
3(1) **70**(km)
(2) ① ウ　② ア(完答)
Ⅱ 1 **熱を伝えやすい性質**
2 (1日目と2日目では，1 m^3の空気にふくまれる水蒸気の質量は) **同じであるが，1日目のほうが気温が高く飽和水蒸気量が大きいから。**
3 a 4　b 1　c 2　d 3

[3] Ⅰ 1 a アルカリ　b **砂糖水**(完答)
2 記号 C　名称 **石灰水**(完答)
3 $NaOH + HCl \rightarrow NaCl + H_2O$
4 **16**(%)
Ⅱ 1 ア
2 **塩素が発生した電極Bが陽極だから，＋極は電極Bにつながっている Y である。**
3 a **10**　b **0.38**(完答)

[4] Ⅰ 1 **被子植物**　2 **減数分裂**
3 右図(完答)
4 a **有性**
b **無性**(完答)

Ⅱ 1 **無セキツイ動物**　2 アサリ　3 エ
4 a E　b ハチュウ

[5] Ⅰ 1 **0.1**(秒間)
2(1) ① イ　② ア(完答)
(2) **等速直線運動**
3 エ
Ⅱ 1 **虚像**
2 イ
3(1) **10**(cm)
(2) 右図

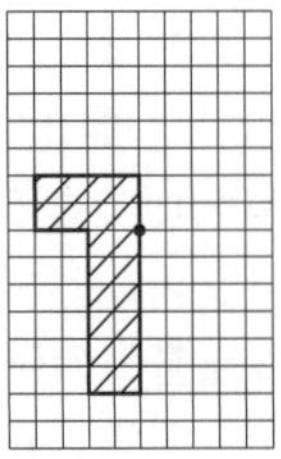

配点

[1]	2，8	3点×2	他 2点×6	計18点
[2]	Ⅰ1，3(1) Ⅱ1	2点×3	他 3点×4	計18点
[3]	Ⅰ1，2 Ⅱ1	2点×3	他 3点×4	計18点
[4]	2点×9			計18点
[5]	Ⅰ2(1) Ⅱ3(2)	3点×2	他 2点×6	計18点

解説

[1] ＜4分野総合＞

1 積乱雲は寒冷前線付近に発生し，落雷やひょう，急な大雨を引き起こす原因となる。高層雲や乱層雲は温暖前線の付近に層状に発生し，雨や雪を降らせる。巻雲は，温暖前線の東側に発生しやすい。

2 おしべの先端には，やくという部分があり，花粉が入っている。めしべの先端には柱頭という部分があり，花粉がつきやすくなっている。めしべのもとの膨らんだ部分を子房といい，その中に，将来種子になる胚珠がある。

3 宇宙には，太陽のような恒星や恒星が数億～数千億個集まってできた銀河とよばれる天体が無数に存在している。

4 放射線には，α線，β線，γ線，X線，中性子線などがあり，放射線を出す物質を放射性物質，放射性物質が放射線を出す性質を放射能という。放射線に関する単位には次のようなものがある。

ベクレル(Bq)：**物体中で1秒間に原子核が壊変する数を表す。**
シーベルト(Sv)：**放射線によって，人体にどれだけ影響があるかを表す。グレイに係数をかけて求める。**
グレイ(Gy)：**放射線がそれを受けている物質1kgあたりにあたえるエネルギーを表す。**

5 外来生物に対して，もともとその地域に生息していた生物を在来生物という。外来生物が持ち込まれることによって在来生物の生態系が崩れてしまうことが問題となっている。

6 A，Bはそれぞれビーカーをふくめた全体の質量を示しており，ビーカーの中の物質がすべて水にとけていても，一部がとけ残っていても全体の質量は変わらない。

7 電磁石の磁力を強くする方法には，①コイルの導線の巻き数を増やす。②流れる電流を大きくする。の2つがある。①から，導線の巻き数が100回のコイルよりも巻き数が200回のコイルの磁力のほうが強くなる。また，乾電池1個の場合や乾電池2個を並列につないだ場合よりも，乾電池2個を直列につないだ場合のほうがコイルに加わる電圧が大きくなる。オームの法則より，電流の大きさは電圧の大きさに比例するので，②から，乾電池2個を直列につないだほうが電流が大きくなるので磁力が強くなる。よってウの磁力が最も強いと考えられる。

8 **物質の密度〔g/cm^3〕＝$\dfrac{\text{物質の質量〔g〕}}{\text{物質の体積〔}cm^3\text{〕}}$**
図より，金属を入れた後のメスシリンダー内の水の体積が36.0mLと読み取れるので，金属16.2 gの体積は
36.0−30.0＝6.0mL　1 mL＝1 cm^3なので，
$\dfrac{16.2}{6.0}$＝2.7〔g/cm^3〕

[2] ＜大地の変化・天気とその変化＞

Ⅰ 1 震源から観測点までの距離を震源距離，震央から観測点までの距離を震央距離という。

2 地震のゆれを伝える波には，初期微動を伝えるP波と，主要動を伝えるS波があり，P波はS波よりも伝わる速さが速い。図より，震源からの距離が等しい地点で伝わるのが遅いほうがS波なので，その速さは　35÷10＝3.5 km/s

3(1)　初期微動継続時間は，震源からの距離に比例する。図では，震源から35kmの地点での初期微動継続時間が5秒間。観測点Xでの初期微動継続時間は10秒間なので，震源からの距離は35kmの地点よりも10÷5＝2倍離れていることがわかる。よって，観測点Xの震源からの距離は35×2＝70km

(2)　同じ場所を震源とする地震は，マグニチュードが大きい地震の方が震度が大きくなる。

Ⅱ1　この実験では，コップの表面付近の空気の温度をコップの中の水温と同じにする必要があるため，熱をよく伝える性質をもつ金属製のコップが用いられる。

3，4　湿度〔%〕＝$\dfrac{\text{1 m}^3\text{の空気にふくまれる水蒸気量〔g/m}^3\text{〕}}{\text{その空気と同じ気温での飽和水蒸気量〔g/m}^3\text{〕}}\times 100$

1m³の空気にふくまれる水蒸気の質量の大小は，表の露点から読み取ることができ，飽和水蒸気量の大小は気温から読み取ることができる。飽和水蒸気量は気温が高いほど大きくなり，空気中の水蒸気の量は，露点の温度での飽和水蒸気量と等しいので，1日目と2日目では，水蒸気量は等しく，飽和水蒸気量が1日目の方が大きいため，1日目の方が湿度が低いことがわかる。同様に，1日目と4日目を比べると，飽和水蒸気量は等しく，水蒸気量は4日目の方が小さいため，4日目の方が湿度が低い。2日目と3日目を比べると，飽和水蒸気量は等しく，水蒸気量は3日目の方が大きいため，2日目の方が湿度は低いことになる。

3 ＜身のまわりの物質・化学変化とイオン＞

Ⅰ1　Aは特有の刺激臭がありアルカリ性を示すのでアンモニア水。Bは実験1で中性を示し，実験2で黒くこげた物質ができたので砂糖水。Cは実験1でアルカリ性を示し，実験2で加熱したときに白い物質が残ったので石灰水。Dは実験1で酸性を示し，実験2で気体がとけていることがわかるのでうすい塩酸。Eは実験1で中性を示し，実験2で加熱したときに白い物質が残ったので塩化ナトリウム水溶液。

2　炭酸水素ナトリウムの熱分解では固体の炭酸ナトリウム，液体の水，気体の二酸化炭素が発生する。二酸化炭素は石灰水を白くにごらせる。

3　うすい塩酸(HCl)にある水溶液を加えると食塩($NaCl$)ができることから，ある水溶液が水酸化ナトリウム水溶液($NaOH$)とわかる。

4　質量パーセント濃度〔%〕＝$\dfrac{\text{溶質の質量〔g〕}}{\text{溶液の質量〔g〕}}\times 100$
問題より，溶液の質量が15.0g，溶質の質量が2.4gなので，$\dfrac{2.4}{15.0}\times 100=16\%$

Ⅱ1　塩化銅は電解質であり，水中で$CuCl_2 \rightarrow Cu^{2+}+2Cl^-$のように電離するので，水中には銅イオンの2倍の塩化物イオンが存在する。また，水溶液中では，イオンはばらばらになって全体に均一に広がるため，アが正しい。

2　電気分解では，陽イオンが陰極に引き寄せられ，陰イオンが陽極に引き寄せられる。1より，水溶液中の陽イオンは銅イオン，陰イオンは塩化物イオンなので，電極Aは陰極，電極Bは陽極だとわかる。また，電源の＋極につないだ電極が陽極，－極につないだ電極が陰極なので，電極AにつないだXが－極，電極BにつないだYが＋極となる。

3　それぞれの質量の比を化学式と合わせて考えると，
銅原子(Cu)：塩素原子(Cl)＝9：5　塩素分子は塩素原子が2個結びついたものなので，
銅原子(Cu)：塩素分子(Cl_2)＝9：10　塩化銅の電気分解の化学反応式より，塩化銅1個から銅原子1個と塩素分子1個ができるので，
銅原子(Cu):塩素分子(Cl_2):塩化銅($CuCl_2$)
＝9：10：19　反応した塩化銅の質量をx gとすると，$0.18 : x=9:19$　$9x=0.18\times 19$　$x=0.38$

4 ＜生命の連続性・動物の生活と生物の変遷＞

Ⅰ1　胚珠が子房で包まれている植物を被子植物，子房がなく胚珠がむき出しになっている植物を裸子植物という。

2　減数分裂によってできる生殖細胞の染色体の数は，減数分裂前の半分になる。

3　図1より，個体Cは個体Aと個体Bの有性生殖によってできた個体，個体Dは個体Bの栄養生殖によってできた個体であることがわかる。有性生殖では，精細胞や卵細胞が減数分裂によってつくられるため，親の染色体を半分ずつ受けついだ個体ができる。栄養生殖は無性生殖の1つで，受精を行わず体細胞分裂によって新しい個体ができるため，親と同じ染色体をもっている。

4　新しい品種を開発するためには，形質の異なるさまざまな親の組み合わせを調べる必要があるため有性生殖が，開発した品種を生産するときには，同じ形質をもつ個体を育てる必要があるため，無性生殖が利用されている。

Ⅱ　先生のヒントから，Aは，トカゲ(ハチュウ類)。Bは，ひれをもち，体表はうろこでおおわれているためメダカ（魚類）。Dは，あしで移動し，子を乳で育てるのでウサギ(ホニュウ類)。

1，2　図2より，Cは，背骨がなく外とう膜をもつのでアサリ(軟体動物)。Fは背骨がなく外とう膜をもたないのでザリガニ(節足動物)。

3　アの条件にあてはまるのは鳥類とホニュウ類。イの条件にあてはまるのは魚類，両生類，ハチュウ類。ウの条件にあてはまるのはハチュウ類と鳥類。エの条件にあてはまるのは魚類と両生類。図2より，Xの条件にあてはまるのは魚類をふくむ2種類の生物なので，エの条件が正しい。

4　3より，Gはイモリ(両生類)，Eはハト(鳥類)。始祖鳥は，前足が鳥のつばさのような形状で，羽毛の化石も残っており，現在の鳥類の特徴を示す。一方，

つばさの中ほどに3本のつめがあり，口には歯があるなど，ハチュウ類の特徴も示す。

5　＜電気の世界・運動とエネルギー＞

Ⅰ1　記録タイマーは1秒間に60打点を記録するので，その6打点分では$\frac{1}{60}\times 6 = 0.1$秒間の移動距離を表している。

2(1)　①等間隔で打点が記録されていることから台車が一定の速さで移動していることがわかる。よって，速さと時間の関係を表すグラフはイ。②台車が一定の速さで移動しているので，移動距離も一定の割合で増加していく。よって，移動距離と時間の関係を表すグラフはア。

(2)　等間隔で打点が記録されている区間の力学台車は，力を加えられておらず，一定の速さで一直線上を進んでいるので等速直線運動をしているといえる。

3　速さ〔cm/s〕＝距離〔cm〕÷時間〔s〕

1より，記録タイマーは6打点で0.1秒間に移動した距離を記録するので，5打点では$0.1\times\frac{5}{6}=\frac{1}{12}$秒間に移動した距離が記録されている。よって，力学台車の平均の速さは$2.5\div\frac{1}{12}=30$〔cm/s〕

Ⅱ1　虚像は，物体が焦点に近づくほど大きくなり，凸レンズに近づくほど物体の実際の大きさに近づいていく。

2　凸レンズによって，スクリーン上に実像ができるとき，物体から出た光のうち①凸レンズの軸に平行な光は，凸レンズの反対側の焦点を通る。②凸レンズの中心を通る光はそのまま直進する。③焦点を通る光は，凸レンズを通った後，軸と平行に進む。下図のように，①～③のうち2本を作図することで，スクリーンの位置を決めることができる。スクリーン側の焦点の位置は凸レンズの中心線をはさんで線対称の位置になる。

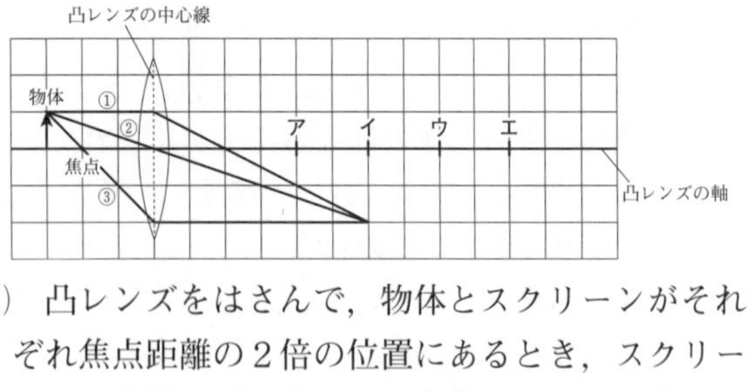

3(1)　凸レンズをはさんで，物体とスクリーンがそれぞれ焦点距離の2倍の位置にあるとき，スクリーンには物体と同じ大きさの実像ができる。**表**より，凸レンズから厚紙までの距離と凸レンズからスクリーンまでの距離がともに20cmのとき，物体と同じ大きさの実像ができているので，この凸レンズの焦点距離は20÷2＝10cm

(2)　**表**より，凸レンズからスクリーンまでの距離が，凸レンズから厚紙までの距離の2倍のときの実像のＡＢ間の長さは8.0cmなので，凸レンズの軸を中心に上下左右が逆で，それぞれの長さが2倍になるような像をかけばよい。

平成30年度　鹿児島県公立高校入試問題　英語

正答例

1　1　エ　　2　ア

3　①　inviting　　②　October

4　(1)　イ　　(2)　エ

5　Because I have to take care of my little sister.

2　1　①　エ　　②　イ

2　①　looking　　②　drinking

③　Do we have to take anything

④　before

3　Can I use the computer ?

4　I went fishing with my grandfather.　He taught me how to fish, so I caught a lot of fish.　He looked very happy.　We had a very good time.

3　Ⅰ　①　イ　　②　ウ　　③　ア

Ⅱ　1　ウ　　2　good for our health

Ⅲ　1(1)　Because he didn't like working with other people.

(2)　His teacher's words did.

2　同じ目標に向かってみんなで協力して取り組んだ後の達成感。

4　1　ア 4　　イ 9　　ウ 6　　(完答)

2　ア

3　リサが，夢をあきらめるべきか練習に行くべきか決めかねていたということ。

4　Was it difficult for you to become a doctor

5　ウ　　6　ウ，エ　　(順不同)

7　You told me the importance of doing my best.　I did my best for my dream.

配　点

1	1，2　2点×2	5　4点	他　3点×4	計20点
2	2③，3　3点×2	4　9点	他　2点×5	計25点
3	Ⅱ　3点×2	Ⅲ2　4点	他　2点×5	計20点
4	2，5　2点×2	3　4点	7　5点	
	他　3点×4			計25点

解　説

1　＜聞き取りテスト台本・訳＞

＜チャイムの音四つ＞

これから，英語の聞き取りテストを行います。問題用紙の2ページを開けなさい。

英語は2回ずつ放送します。メモをとってもかまいません。　(約3秒間休止)

では，1番を始めます。まず，問題の指示を読みなさい。　(約12秒間休止)

それでは放送します。

John：Hello, Megumi.　What will you do this Sunday ?

Megumi：I will go to the river to draw pictures.

John：That sounds fun !　Have a nice weekend.

Megumi：Thank you.

(約3秒おいて，繰り返す。)(約3秒間休止)

訳　J：こんにちは，めぐみ。今度の日曜日は何をするの？　M：私は絵を描きに川に行く予定よ。　J：それは楽しそうだね！　良い週末を。　M：ありがとう。

次に，**2**番の問題です。まず，問題の指示を読みなさい。　　　　　　　　　　　　（約15秒間休止）

それでは放送します。

Yuta : Look, Cathy ! I have made a bird with paper.

Cathy : Wow. That's wonderful. Can you make other things ?

Yuta : I made these balloons. I can also make other animals.

Cathy : Cool ! They are beautiful.

Yuta : We call them "*origami*" in Japanese. *Origami* is a traditional Japanese art. Do you want to try ?

Cathy : I'd love to. Please tell me how to make a bird.

Yuta : OK. I will show you.

（約3秒おいて，繰り返す。）（約3秒間休止）

訳　Y：見て，キャシー！　僕は紙で鳥を作ったよ。C：わあ。すばらしいわね。あなたは他のものも作れる？　Y：僕はこれらの風船を作ったよ。僕は他の動物も作れるよ。　C：すごい！　それらはきれいね。Y：僕たちはそれらを日本語で「折り紙」と言うんだ。折り紙は日本の伝統的な芸術なんだ。君もやってみたい？　C：ぜひ。私に鳥の作り方を教えて。　Y：いいよ。見せてあげるよ。

次に，**3**番の問題です。まず，問題の指示を読みなさい。　　　　　　　　　　　　（約15秒間休止）

それでは放送します。

Takuya : Hi, Judy. Are you free on October 28 ?

Judy : Let me see. October 28 is the last Saturday of next month, right ?

Takuya : That's right.

Judy : I have nothing special to do that day.

Takuya : Would you like to come to my house ? My parents will have a birthday party for me. My father cooks well, and he will make a special lunch. My mother will make a cake.

Judy : Sounds great. I'd like to go. What time should I go to your house ?

Takuya : Please come at eleven o'clock in the morning. Some of my other friends will come, too.

Judy : That's nice. I can't wait for the party.

（約3秒おいて，繰り返す。）（約7秒間休止）

訳　T：やあ，ジュディー。10月28日は暇かい？　J：ええと。10月28日は来月の最後の土曜日よね？　T：そうだよ。　J：私はその日は特に何もないわ。T：僕の家に来ない？　僕の両親が僕のために誕生パーティーを開くんだ。僕の父は料理が上手で，特別な昼食を作るつもりだよ。母はケーキを作る予定なんだ。J：すごいわね。私は行きたいわ。何時にあなたの家に行けばいいかしら？　T：午前11時に来て。僕の他の友人の何人かも来るよ。　J：それはいいわね。パーティーが待ちきれないわ。

メール文の訳

こんにちは，拓也。

私をパーティーに①**招待して**くれてありがとう。

私は②**10月**28日のパーティーが待ちきれないわ。

次に，**4**番の問題です。まず，問題の指示を読みなさい。　　　　　　　　　　　　（約25秒間休止）

それでは放送します。

Hello, everyone. Today, I will talk about how to make new friends.

When I was an elementary school student, I had to change schools. On the first day at my new school, I was worried and thought, "Can I make new friends ?"

The next day, a girl smiled at me and said, "Hi. My name is Mari. Let's walk home together." While we were walking, we talked about many things. I was very happy. After that, we became good friends.

When I was a first-year junior high school student, a new classmate came from a different city. Her name was Kana. On her first day, she looked nervous. I wanted to talk to her, but I was too nervous. When I came home, I told my mother about my new classmate. She said to me, "You had the same experience, right ? Be kind to her." Just then, I remembered my experience. That night, I decided to talk to Kana.

When I was walking to school the next day, I saw Kana. I said with a smile, "Good morning, Kana. My name is Ayumi. Let's go to school together." We talked a lot. Kana was friendly and kind. We became good friends. Since then, to make friends, I have talked to my classmates with a smile.

That is a good way to make new friends. You should try it, too.

Question (1) : How did Ayumi feel on the first day at her new elementary school ?
（約10秒間休止）

Question (2) : What does Ayumi do to make new friends ?　　（約10秒間休止）

では，2回目の放送をします。

（最初から質問(2)までを繰り返す。）（約8秒間休止）

訳　みなさん，こんにちは。今日は新しい友達の作り方について話します。

私が小学生のとき，私は転校しなければいけませんでした。新しい学校での初日，私は不安で「私は新しい友達を作れるかしら？」と思いました。

翌日，一人の女の子が私に笑いかけて「こんにちは。私の名前は真理よ。一緒に帰りましょう」と言いました。私たちは歩いている間にたくさんのことを話しました。私はとてもうれしかったです。その後，私たちは仲の良い友達になりました。

私が中学1年生のとき，違う市から新しいクラスメートが来ました。彼女の名前は加奈でした。彼女の初日，彼女は緊張しているようでした。私は彼女に話しかけたかったのですが，私はあまりにも緊張していました。家に帰ったとき，私は新しいクラスメートについて母に話しました。彼女は私に「あなたは同じ経験をしたわよね？　彼女に親切にしてあげなさい」と言いました。ちょうどそのとき，私は自分の経験を思い出しました。その夜，私は加奈に話しかけることを決めました。

翌日私が学校に歩いていたとき，私は加奈に会いました。私は笑顔で「おはよう，加奈。私の名前はあゆみよ。一緒に学校に行きましょう」と言いました。私たちはたくさん話しました。加奈は友好的で優しかったです。私たちは仲の良い友達になりました。その時以来，友達を作るために，私はクラスメートに笑顔で話しかけています。

それは新しい友達を作るのに良い方法です。あなたもそれを試してみるべきですよ。

(1)　あゆみは彼女の新しい小学校での初日にどのように感じたか？
　ア　彼女は幸せに感じた。　**イ　彼女は心配に感じた。**
　ウ　彼女はわくわくした。　エ　彼女は眠く感じた。

(2)　新しい友達を作るためにあゆみは何をするか？
　ア　彼女は人に手紙を書く。
　イ　彼女は人と一緒に歌を歌う。
　ウ　彼女は人に素敵なプレゼントをあげる。
　エ　彼女は笑顔で人に話しかける。

次に，**5**番の問題です。まず，問題の指示を読みなさい。（約12秒間休止）

それでは放送します。

Tom :　A new hamburger shop will open tomorrow, Saori.　Would you like to go with me ?
Saori :　I'd love to, but I can't.
Tom :　Oh, really ?　Why ?
Saori :　(　　　　　　　　　　　　　　　)
（約3秒おいて，繰り返す。）（1分間休止）

訳　T：新しいハンバーガーショップが明日開店するよ，沙織。僕と一緒に行かない？　S：ぜひ行きたいけれど，行けないの。　T：おお，本当に？　なぜ？　S：（正答例の訳）**私は妹の面倒を見なければいけないからよ。**

＜チャイムの音四つ＞

これで，聞き取りテストを終わります。次の問題に進みなさい。

2　**＜英文表現＞**

1　K：僕はカナダのある家族の家に一か月間泊まる予定なんです。僕はホストマザーのために何か買いたいのです。　S：おお，それはいいね。②**何を買うか決めたのかい？**　K：いいえ。何かいい考えはありますか？　S：そうだなあ。fan はどうだい？　K：fan？　それは何ですか？　S：君はそれを日本語で「扇子」と呼ぶよね？　K：おお，わかりました。扇子！　それはいい考えです。①**僕は彼女がそれを気に入ることを願います。**　S：僕は彼女は気に入ると思うよ。

2　A：あなたの手の中には何があるの，望？　N：チラシよ。私たちの町は8月6日の夏祭りの手伝いができるボランティアを①**探して**いるの。　A：本当に？私はボランティア活動に興味があるわ。　N：まあ，そうなの？　一緒に行きましょう。　A：いいわね。私たちは何をする予定なの？　N：私たちはわかば公園をそうじして，テントを張るのよ。また，食べたり②**飲んだりする**ために使われる場所の設営もする予定よ。そのボランティア活動は午後1時に始まるから，私たちはその公園に12：45までに着くべきだわ。あなたはそれがどこにあるか知っているわよね？　A：ええ。③**私たちは何か持っていかなくてはならないの？**　N：ええ。帽子とタオルよ。ああ，私はもう一つあなたに伝えることがあるわ。公園に行く④**前に**昼食をすませてね。　A：わかったわ。私は自分が大きな助けになれることを願っているわ。

①　look for ～：～を探す
空欄の前後の語との関係から，「ボランティアを募集している」という内容を「ボランティアを探している」というように言いかえている。

③　空欄の後に，チラシの中の「持参するもの」について話している。ここから，ボランティア活動のときに持っていくものについてたずねていることがわかる。また，応答が「Yes.」であることから，「What」などで始まる英文ではなく，「Yes / No」で答えられる質問文が入ることがわかる。

3　①　お母さん，私はインターネットで確認することがあるの。10分間**コンピューターを使ってもいい**？
②　もちろんいいわよ。ちょっと待ってね。
※②の応答文が「can」であることに注意する。

4　教師：みなさん，こんにちは。私はあなたたちがスピーチをする準備ができていることを願っています。太郎，始めてくれる？
生徒：わかりました。今日は昨年の夏休みの良い経験について話そうと思います。
（正答例の訳）**私は祖父と釣りに行きました。彼は私に釣りの仕方を教えてくれたので，私はたくさん魚を釣りました。彼はとてもうれしそうでした。私たちはとても楽しい時間を過ごしました。**私はこの経験を決して忘れないでしょう。ありがとうございました。
教師：ありがとう，太郎。

3　**＜英文読解・内容把握＞**

Ⅰ　E：君は暇な時間にはいつも何をするの？　K：私はたいてい本を読みます。私は読書が大好きです。　E：何の種類の本が好きなの？　K：すべての種類の本です。私が子どものとき，移動図書館が私の町に来ました。①**私はそこからたくさんの本を借りました**。それらはすべておもしろかったです。　E：移動図書館とは何だい？　K：それはたくさんの本を運ぶ乗り物です。それは町や都市を訪れるので，人々がそれらを借りることができるのです。　E：それはかっこいいね！　②**それは今でも君の町を訪れるの？**　K：いいえ。それは2005年に私の町を訪れるのをやめました。③**でも私は良いことを聞きました**。　E：それは何？　K：新しい移動図書館が次の４月にこの市を周回して，私の町にも訪れる予定なんです！　E：わあ！　それはすばらしいね。君はまた本を借りることができるね！　K：その通りです。そしてそれには特別なものがあるのです。それは飲み物も出すんです。私は待ちきれません！

Ⅱ　あなたは緑茶が好きですか？　私はそれを飲むのが大好きです。私はインターネットで緑茶について読みました。今日，私は私が学んだいくつかのことを共有したいと思います。

初めに，鹿児島は日本で第２位の緑茶の生産地です。緑茶は鹿児島の多くの地域で生産されています。多くの人が鹿児島産のお茶を飲むことを楽しみます。

また，緑茶は特にアメリカなどの外国に輸出されています。今日，和食はアメリカで人気になっているので，以前よりもっと多くの緑茶が日本から輸出されています。

最後に，緑茶は**健康に良い**です。例えば，それは私たちの血圧を下げて，私たちの歯を清潔に保ちます。私たちをくつろがせることもします。

私は緑茶にとても興味を持ったので，それについてもっと学びたいです。

1　ア　敦子は読書によって緑茶について学んだ。
　イ　鹿児島で緑茶を作ることはとても難しい。
　ウ　今，より多くの日本の緑茶がアメリカに売られている。
　エ　敦子は病気になったので緑茶を飲み始めた。

Ⅲ　昨年，私たちは文化祭があった。私たちのクラスは大きなモザイクアートを作ることを決め，文化祭の２か月前にそれを放課後に作り始めた。初め，私は他の人と作業することが好きではなかったので，それをしたくなかった。私のクラスメートの数人と私は他の生徒と一緒に作業することなく家に帰った。私たちのクラスの雰囲気は良くなかった。

ある日，私たちの先生が私たちに「君たちの何人かは文化祭に向けて一生懸命作業をしていない。もちろん私は君たちに素晴らしいモザイクアートを作ってもらいたいが，一緒に作業することがもっと大切だ」と言った。私はそれを聞いて申し訳なく思った。先生は「もし君たちがこれをしたら，**何かすばらしいもの**を得るだろう」と続けた。

翌日から，私は自分の態度を変えて，私のクラスメート全員がおたがいに助け合い始めた。私たちは作品をより良くする方法について話し，何日もの間一生懸命作業し続けた。ついに，モザイクアートを作り終えた。

文化祭の前日，私たちは作品を校舎の壁に取り付けた。それを見たとき，私たちは歓声をあげた。私はうれしく，私のクラスメートは満面の笑みを浮かべていた。クラスメートの一人が「私たちは同じ目標に向かって一緒に作業したから今幸せに感じるよ」と言った。その時，私は先生が私たちに何を伝えたかったのか理解した。

1(1)　初め，たけしはモザイクアートを作りたくなかった。なぜか？
　（正答例の訳）彼は他の人と作業するのが好きではなかったから。
(2)　何がたけしの態度を変えたのか？
　（正答例の訳）彼の先生の言葉が変えた。

4　**＜長文読解＞**

［１］　リサは中学１年生だった。彼女は３歳のときにバレーを始め，練習を楽しんだ。彼女が中学校に入る前は，たくさんのコンクールに出て，いつも賞をとった。彼女はよく両親に「私はプロのバレエダンサーになりたい」と言っていた。

［２］　リサが中学校に入った後，レッスンはより困難になったので，彼女はときどきそれらを怠けて休んだ。ある日，バレエの先生が「リサ，最善を尽くしなさい！　コンクールはもうすぐよ」と言った。「わかってるわ」とリサは言い，「私はコンクールでいつも賞をとったわ。私はそんなに一生懸命に練習をする必要はないわ。私はまたそれができるわ」と思った。

［３］　コンクールが来た。リサは賞をとらなかった。彼女は「どうして？　信じられないわ」と思った。翌日から，彼女は次のコンクールに向けて練習した。彼女はとにかく「①**私は良いバレエダンサーよ**。賞をとれるわ」と考えた。次のコンクールで，彼女はまた賞をとらなかった。彼女はショックを受けた。彼女が家に帰っていたとき，彼女は「私は夢をあきらめるわ。私はプロのバレエダンサーにはなれない…」と思った。彼女は悲しかった。

［４］　その日の後，リサは一週間バレエの練習をしなかった。彼女の母親は「リサ，あなたの先生が私に電話をしてきたわ。彼女はあなたのことを心配しているわよ。レッスンに行ったらどう？　あなたの夢はプロのバレエダンサーになることでしょう？」と言った。リサは「プロのバレエダンサーになることは私には難しすぎるの。私にはバレエの才能がないわ」と言った。彼女の母親は悲しかった。

［５］　その日の夜にリサが寝る前に，彼女は「私は夢をあきらめるべきかしら？　それともレッスンに行くべき

かしら？」と思った。彼女は一か月間練習しなかった。彼女は長い間いつも同じ質問について考えたが，②**決めることができなかった**。

［６］　ある日，リサのおじが彼女の家族を訪ねてきた。彼の名前はベンだった。彼は「長い間会っていなかったね，リサ！」と言った。「また会えてうれしいわ」とリサは言った。ベンは「私はお前がたくさんのバレエの賞をとったのを覚えているよ。まだバレエの練習をしているのかい？」と言った。その質問に答えることなく，リサは「今は何をしているの？」とたずねた。「私は病院で働いているよ。私は多くの人を助けるために医者になったんだ。それは私の夢だったんだ」と言った。リサは「わあ，あなたはやったのね！　③**医者になることはあなたにとって難しかった**？」と言った。ベンは「もちろん難しかったよ！　私は一生懸命に取り組んだよ。私は医者になるために試験に合格しなければならなかったんだ。私はその試験に何度も落ちたよ。私はよく夢をあきらめることを考えたけれど，私は何度も繰り返し挑戦した。ついに私は試験に合格したんだよ」と言った。リサは「あなたは素晴らしいわ。あなたはあきらめなかった…」と言った。ベンは「もし私たちが簡単に夢をあきらめたら，私たちは後でそれを後悔するだろう。もしお前が夢を持っているなら，最善を尽くしてみなさい」と言った。リサは「私は夢のために最善を尽くしたかしら？」と考えた。彼女の心の中で何かが変わった。

［７］　その夜，リサは母親に「お母さん，私は間違っていたわ。私は自分の夢のために一生懸命取り組むべきよ。私はベンと話して大切なことを学んだわ。明日レッスンに行くわ」と言った。母親はそれを聞いて④**うれしか**った。

［８］　翌日，リサは彼女の先生のところに行って「ごめんなさい。ここでまたバレエを練習していいですか？」と言った。「もちろんよ！」と彼女の先生は満面の笑みで言った。リサは再び練習を始めた。それはとても大変だったが彼女は決してやめなかった。彼女は一生懸命に練習して，毎日最善を尽くした。

［９］　５年後，有名なプロのバレエ団の公演の招待状がベンに送られた。それには演技者の名前が書かれていた。リサの名前がそれらの中にあった。

７　B：やあ，リサ！　お前はプロのバレエダンサーになったんだね。お前は素晴らしかったよ。　L：ありがとう。あなたが５年前に私を訪ねたとき，私は夢をあきらめることを考えていたけれど，あなたが私の気持ちを変えたのよ。　B：どういう意味かい？　L：**あなたは私に最善を尽くすことの大切さを教えてくれたわ。私は夢のために最善を尽くしたわ**。だから私はプロのダンサーになることができたの。私は将来有名なダンサーになりたいわ。　B：お前はできるよ。

平成30年度　鹿児島県公立高校入試問題　社会

正答例

1 Ⅰ１　南極大陸　　２　ウ
３　直角に交わる　　４　ア
５　国境線にまっすぐな部分が多いこと。
６　一人っ子政策がとられたため，人口の増加が抑えられ，０～14歳人口の割合が低くなってきている。

Ⅱ１　a　　２　エ　　３　施設園芸農業
４　瀬戸大橋が開通　　５　▲
６（記号）イ
（理由）**等高線**の間隔が狭くなっているから。
（完答）

Ⅲ　黒潮（漢字２字）を利用して生み出される電力は，自然の力を利用した**再生可能**なエネルギーであり，これを利用することで**持続可能**な社会を実現することができると思われること。

2 Ⅰ１　遣隋使（漢字３字）
２　百済を助ける　　３　イ
４　**実力**のある者が，上の身分の者の地位を奪う**風潮**。
５　ウ→ア→エ
６　①　異国船打払令
②　外国船に**燃料**や**水**を与え

Ⅱ１　①　伊藤博文　　②　米騒動
２　ウ　　３　廃藩置県　　４　エ
５　**銀行**が倒産すると聞いた人々が，**預金**を引き出そうとしたから。
６　イ

Ⅲ　Aでは作業を**分担**すること，Bでは富岡製糸場のように，**西洋**の技術や機械を導入することで生産性を高めている。

3 Ⅰ１　委員会（漢字３字）
２　**主権者**である国民が選ぶ**議員**で構成されているから。
３　エ　　４　えん罪を防ぐ　　５　ウ
６　住民が政治に直接参加して身近な問題に取り組み，民主主義を学ぶことができるから。

Ⅱ１　バリアフリー（カタカナ指定）　　２　エ
３　自由で公正な**競争**が行われるようにする
４　労働基準法
５　（X）604800　　（記号）ア

Ⅲ　食料自給率を上げ，気象状況によって輸入に影響のでるアメリカなどからの輸入に依存しないようにするため。

配　点

1	Ⅰ６　Ⅲ　４点×２　Ⅱ６　３点	他　２点×10	計31点
2	Ⅲ　３点	他　２点×14	計31点
3	Ⅰ６　Ⅲ　３点×２	他　２点×11	計28点

解　説

1　＜地理総合＞

Ⅰ 1　世界の六大陸は，南極大陸のほかに，ユーラシア大陸，オーストラリア大陸，アフリカ大陸，北アメリカ大陸，南アメリカ大陸がある。

2　略地図中の緯線は20度間隔なので，ⓧの地点の緯度は，緯度０度（赤道）から南へ20度×２＝40度。
経線は15度間隔なので，ⓧの地点の経度は，経度０度（本初子午線）から東へ15度×６＝90度。

3　略地図のような，経緯線が直角に交わった地図では，赤道からはなれ，緯度が高くなるほど，実際の面積よりも大きく表される。

4　ア－強い日ざしをはねかえして家の中をすずしく保つために，壁を石灰で白くぬった住居であり，温帯の地中海性気候でみられ，ギリシャにあるＢ地点があてはまる。イ－暑さや湿気を防ぐために，床を高くした住居であり，熱帯の熱帯雨林気候でみられ，パプアニューギニアにあるＤ地点があてはまる。ウ－草と水を求めて家畜とともに移動する暮らし（**遊牧**）に合わせた移動式の住居であるゲルであり，乾燥帯のステップ気候でみられ，モンゴルにあるＣ地点があてはまる。エ－木材などで作られた住居であり，冷帯の冷帯気候（亜寒帯気候）でみられ，カナダにあるＡ地点があてはまる。

5　アフリカ州では，かつてこの土地を**植民地**にしたヨーロッパの国々が緯線や経線を使って引いた境界線を，今も国境線として使っているため，直線的な国境線が多くみられる。

6　略地図中の░░で示された中国では，一組の夫婦が産み育てる子どもは一人だけとする**一人っ子政策**が1970年代後半からとられた。だが，2016年に一人っ子政策は撤廃され，すべての夫婦に二人目の子どもを持つことが認められるようになった。

Ⅱ　Ａ－東海地方の一部，Ｂ－中国・四国地方の一部，Ｃ－関東地方の一部，Ｄ－東北地方の一部。

1　ａ－静岡県静岡市，ｂ－香川県高松市，ｃ－神奈川県横浜市，ｄ－岩手県盛岡市。

2　エ－略地図Ａにみられる愛知県の特色であり，豊田市周辺にはたくさんの自動車関連工場が進出し，今日では地域全体で自動車の生産が行われている。ア－略地図Ｂにみられる香川県の特色であり，農業用水が不足しがちな讃岐平野では，ため池を造って水を確保している。イ－略地図Ｄにみられる秋田県の特色。ウ－略地図Ｃにみられる千葉県の特色であり，東京国際空港（羽田空港）とともに，空の玄関口として世界各地の空港とも結ばれている。

3　ⓐの都市は田原市。**施設園芸農業**は，温室やビニールハウスを使った農業で，野菜・果物・花・庭木などを，都市部の大消費地向けに生産する園芸農業の一つである。

4　ⓘの都市は岡山市。本州四国連絡橋には岡山県と香川県を結ぶ児島（倉敷）－坂出ルートの他に，兵庫県と徳島県を結ぶ神戸－鳴門ルート，広島県と愛媛県を結ぶ尾道－今治ルートがある。

5　千葉県の臨海部に広がる**京葉工業地域**では，船で輸入した原油を原料とする製油や石油化学に関連する工業がさかんなので，▲は石油化学の工場。関東地方の南部に広がる**京浜工業地帯**のなかでも，多くの人口をかかえる東京では，膨大な情報が集まり新聞社や出版社が多いので，印刷業がさかん。よって■は出版・印刷の工場。残る●は電気機械の工場。

6　等高線とは，高さが等しい地点を結んだ線で，等高線の間隔が狭い所ほど傾斜が急になる。

Ⅲ　**持続可能な社会**とは，未来の社会も考えた資源の有効活用，環境保全と経済発展を両立させる社会であり，この社会の実現のために，太陽光や風力などの**再生可能エネルギー**を利用した発電の拡大に期待が高まっている。

2　＜歴史総合＞

Ⅰ 1　小野妹子らを遣隋使として中国に派遣した**聖徳太子**は，役人の心構えを示した**十七条の憲法**や，家柄らにとらわれず才能や功績によって役人を採用する**冠位十二階**の制度を定めた。

2　白村江の戦いの後，中大兄皇子は，唐や新羅の侵攻にそなえ，九州北部に**防人**をおき，山城や水城を築いた。さらに中大兄皇子は即位して**天智天皇**となり，全国にわたる初めての戸籍をつくるなど，国内の制度づくりを急いだ。

3　**資料１**は一遍の踊念仏であり，時宗を開いた。ア－日蓮宗（法華宗），ウ－浄土真宗，エ－臨済宗の内容。鎌倉時代の仏教は他に，法然の開いた浄土宗，道元の開いた曹洞宗などがある。

4　下剋上の風潮が広がり，守護大名の地位をうばって実権をにぎったり，守護大名が成長したりして，**戦国大名**が各地に登場してきた。

5　ウ（15世紀後半：室町時代の東山文化）→ア（16世紀：安土桃山時代の桃山文化）→エ（17世紀末～18世紀初め：江戸時代の元禄文化）。イは８世紀であり，鑑真が建てた唐招提寺は奈良時代の天平文化を代表するものの一つである。

6　水野忠邦が行った政策。江戸の三大改革として，水野忠邦の行った**天保の改革**の他に，徳川吉宗の行った**享保の改革**，松平定信の行った**寛政の改革**がある。

Ⅱ 1 ①　伊藤博文は，君主権の強いドイツ（プロイセン）憲法を中心とした憲法草案の作成を行い，1889年に**大日本帝国憲法**として発布された。

②　ロシア革命に対する干渉のために，アメリカや日本などがシベリアに出兵（**シベリア出兵**）したが，軍が大量の米を購入すると予想した商人たち

が米を買い占めたために，米の値段が急激に上がり，米屋などが襲われる**米騒動**がおこった。

2　**ウ**－1917年。ロシア革命に対する干渉戦争に勝利したソビエト政府は，1922年に**ソビエト社会主義共和国連邦（ソ連）**を結成した。**ア**－1804年。ナポレオンが武力でヨーロッパ諸国を征服するなかで，**フランス革命**の自由・平等の考えが広まっていった。**イ**－1861年。**リンカン**大統領は，戦争中の1863年に「人民の，人民による，人民のための政治」を訴え，また，**奴隷解放宣言**を出し，戦争は北部の勝利で終わった。**エ**－1871年。小国に分かれていたドイツでは，プロイセン王国がビスマルク首相の下で軍事力と経済力の強化を進めて諸国を統一し，ドイツ帝国が誕生した。

3　廃藩置県によって，各県には県令（後の県知事）を，東京，大阪，京都の3府には府知事を中央から派遣して治めさせた。

4　Bの変化は，1925年に成立した**普通選挙法**によるものであり，納税額による制限を廃止して，満25歳以上の男子に選挙権を与えるというもの。Cの変化は，**ＧＨＱの民主化政策**によるものであり，それまで満25歳以上の男子に限られていた選挙権が，満20歳以上の男女に与えられるというもの。よってYは，性別があてはまり，**エ**が答えとなる。

5　第一次世界大戦後の不景気が関東大震災の打撃を受けていっそう深刻になり，1920年代の後半には，中小銀行が不良債権を抱えて経営に行きづまり，預金の引き出しで倒産に追い込まれる銀行が相次いだ。

6　**イ**－1947年であり，ＧＨＱの民主化政策の一つ。**ア**－1965年，**ウ**－1973年であり，石油危機（オイル・ショック）によって，日本の**高度経済成長**が終わった。**エ**－1968年。

Ⅲ　Ａ　は**工場制手工業（マニュファクチュア）**であり，働き手を一つの工場に集め，作業を分担させた生産方法。Ｂ　は**殖産興業**政策の一つであり，お雇い外国人の指導も取り入れ，近代産業の育成を目指した。

3　＜公民総合＞

Ⅰ1　国会の審議は，衆議院と参議院のそれぞれにおいて，院の議員全体が参加する**本会議**と，議員が分かれて参加する**委員会**で行われる。国会に提出された議案は，まず委員会で審議され，その結果は本会議に報告され，討論ののち採決される。重要な議案では，委員会の審議において，専門家などの意見を聞く**公聴会**が開かれる。議案の議決は，過半数の賛成による多数決で行われる。

2　主権者である国民によって選ばれた代表者が国会で物事を決定するやり方を**間接民主制**といい，**議会制民主主義**ともいわれる。

3　内閣総理大臣の指名は国会によって行われ，その指名に基づき，天皇によって任命される。これは，天皇が行う**国事行為**の一つである。

5　第二次世界大戦終了後の1948年に，国際連合（国連）は**世界人権宣言**を採択し，それを実現するために，1966年に**国際人権規約**を採択した。これらの他にも，**ア～エ**のような国際条約が取り決められ，人権を国際的に保護する活動が行われている。

6　地方自治のしくみについて，地方公共団体には首長と地方議会がおかれていて，首長と地方議員は住民の直接選挙によって選ばれる。住民には，首長や地方議員の解職（リコール），議会の解散などを求める**直接請求権**が認められている。

Ⅱ1　バリアフリーは，基本的人権の一つである平等権に基づくものである。平等権に基づくものは他に以下のようなものなどがある。

● **ノーマライゼーション**…障がいの有無にかかわらず，全ての人が区別されることなく，社会の中で普通の生活を送ること。

● **ユニバーサルデザイン**…言語や文化，国籍，性別，年齢，障がいの有無にかかわらずに利用することができる施設や製品などのデザインのこと。

2　直接金融とは，企業などの借り手が株式や債券などを発行して貸し手から直接お金を調達すること。

3　市場経済において，価格の働きがうまく機能するためには，市場の競争にだれもが自由に参加できるように保たれている必要がある。価格の働きがうまく機能しなくなる原因として，**独占**と**寡占**がある。**独占**は市場で商品を供給する企業が1社だけの状態を，**寡占**はそれが少数の状態を指す。

4　労働者の権利に関して，日本では，**労働基準法**，**労働組合法**，**労働関係調整法**の3つが代表的なもので，これらは**労働三法**と呼ばれている。労働基準法の主な内容には以下のようなものがある。

● 労働者と使用者は常に対等である。
● 男女同一賃金
● 労働時間は週40時間，1日8時間以内
● 少なくとも週1の休日

5Ｘ　Ｂのとき，1バレル＝54ドルなので，100バレルのときは，54ドル×100＝5,400ドル。1ドル＝112円なので，5,400ドル×112円＝604,800円。

Ｙ・Ｚ　為替相場において，1ドル＝100円が1ドル＝90円のように，外国通貨に対して円の価値が高くなることを**円高**，1ドル＝100円が1ドル＝110円のように，円の価値が低くなることを**円安**という。**円安**の場合は輸出が有利になる。

Ⅲ　**資料2**から日本は食料自給率が減っているので，**資料3**から外国からの輸入に頼っていることが読み取れるが，**資料4**から主な輸入国でさまざまな自然災害が起こり，いつでも外国産の農産物を輸入できるとは限らないので，食料自給率を上げ，国産農産物の消費を拡大する必要があると考えられる。

平成30年度　鹿児島県公立高校入試問題　数学

正答例

[1] 1 (1)　29　　(2)　$\frac{7}{4}$

(3)　$5\sqrt{3}$　　(4)　ア，ウ

(5)　$(x=)\,12$

2　$3(x+4)(x-1)$　　3　$(y=)\,\frac{3}{2}x+6$

4　$(n=)$ 5，20，45　　5　19(%)

[2] 1　$\frac{5}{36}$

2　$(r=)\,2$　（体積）$\frac{16}{3}\pi\ (\mathrm{cm}^3)$

3　重なっている

4　（例1）

（相似な三角形）△ＤＥＦ（と）△ＣＢＦ

（証明）

△ＤＥＦと△ＣＢＦにおいて

ＢＣ∥ＤＥより，平行線の錯角は等しいから，

∠ＤＥＦ＝∠ＣＢＦ　　……①

∠ＥＤＦ＝∠ＢＣＦ　　……②

①，②より，2組の角がそれぞれ等しいから，

△ＤＥＦ∽△ＣＢＦ

※「対頂角は等しいから，

∠ＤＦＥ＝∠ＣＦＢ」を用いても可。

（例2）

（相似な三角形）△ＡＤＥ（と）△ＡＢＣ

（証明）

△ＡＤＥと△ＡＢＣにおいて

ＢＣ∥ＤＥより，平行線の同位角は等しいから，

∠ＡＤＥ＝∠ＡＢＣ　　……①

∠ＡＥＤ＝∠ＡＣＢ　　……②

①，②より，2組の角がそれぞれ等しいから，

△ＡＤＥ∽△ＡＢＣ

※「∠ＥＡＤ＝∠ＣＡＢ（共通の角）」を用いても可。

5　（式と計算）

$$\begin{cases} x+y=60 & \cdots\cdots① \\ \frac{280}{60}x+\frac{340}{60}y=300 & \cdots\cdots② \end{cases}$$

②×6　　$28x+34y=1800$

①×28　$-)\ 28x+28y=1680$

$6y=120$

$y=20$　……③

③を①に代入して，$x+20=60$

$x=40$

答　トレーニングＡ　40(分)
　　トレーニングＢ　20(分)

[3] 1　22.5(m)　　2　0.2

3 (1)　20.2(m)

(2)（適切でないもの）エ

（理由）20ｍ以上の人数の割合は5人の記録を加える前が0.6で，加えた後が0.571…となるから。

[4] 1　$6\sqrt{2}$ (cm)

2 (1)　$(y=)\,30$

(2) ア　6　　イ　$\frac{1}{2}x^2$　　ウ　$6x-18$

(3)　（式と計算）

台形ＡＱＴＤができるのは，$0<t<3$ のときである。

$QB=RC=2t$ (cm)

△ＣＲＴは直角二等辺三角形より，

$TR=RC=2t$ (cm)

$AD=6$ (cm)，$QT=12-2t$ (cm)，

$AQ=6-2t$ (cm) であるから，

$$\frac{1}{2}\{6+(12-2t)\}(6-2t)=24$$

$$(18-2t)(6-2t)=48$$

$$4t^2-48t+108=48$$

$$t^2-12t+15=0$$

解の公式より　$t=\frac{12\pm2\sqrt{21}}{2}$

$=6\pm\sqrt{21}$

$0<t<3$ より　$t=6-\sqrt{21}$

答　$6-\sqrt{21}$(秒後)

[5] 1

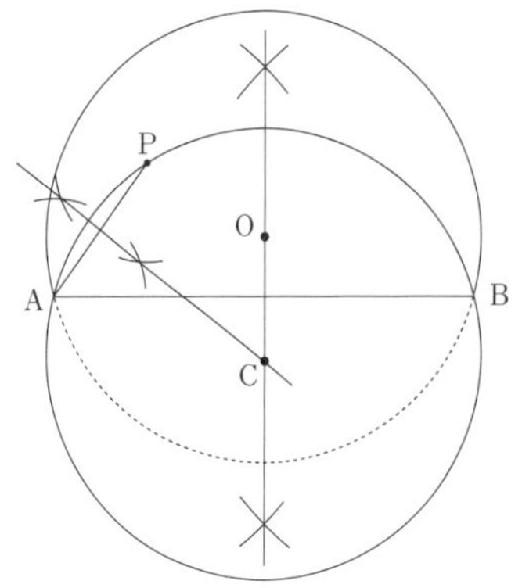

2 (1)　150(度)　　(2)　π (cm)

(3)　ア　∥　　イ　△ＯＱＳ　　ウ　△ＳＢＱ

エ　△ＲＢＱ＝△ＳＢＱ＝$\frac{1}{2}$×ＱＳ×ＢＴ

②よりＱＳ＝6 (cm)

②，③より，△ＯＱＴは3つの角が30°，60°，90°の直角三角形であるから，

$OT=\frac{\sqrt{3}}{2}OQ=\frac{\sqrt{3}}{2}\times6=3\sqrt{3}$ (cm)

これより，ＯＢ＝6 (cm) であるから，

$BT=OB-OT=6-3\sqrt{3}$ (cm)

よって，

$$\triangle RBQ=\frac{1}{2}\times6\times(6-3\sqrt{3})$$

$$=18-9\sqrt{3}$$

答　$18-9\sqrt{3}$ (cm²)

配　点

[1]	3点×9	計27点
[2]	1，3　3点×2　　2，4，5　4点×3	計18点
[3]	1，2，3(1)　3点×3　　3(2)　4点	計13点
[4]	1，2(1)，(2)　3点×3　　2(3)　5点	計14点
[5]	1　4点　　2(1)　3点　　2(2)　4点　　2(3)　7点	計18点

解 説

1 ＜計算問題・小問集合＞

1(1) **×と÷の計算を，＋と－の計算より先にする。**

$5+4\times6=5+24=29$

(2) **×と÷の計算を，＋と－の計算より先にする。**

$\frac{9}{5}\div0.8-\frac{1}{2}=\frac{9}{5}\times\frac{5}{4}-\frac{1}{2}$

$=\frac{9}{4}-\frac{2}{4}=\frac{7}{4}$

(3) **根号の中を最も簡単な数にしていく。**

$\sqrt{60}\div\sqrt{5}+\sqrt{27}=\frac{\sqrt{60}}{\sqrt{5}}+\sqrt{3^3}$

$=\sqrt{12}+3\sqrt{3}$

$=2\sqrt{3}+3\sqrt{3}=5\sqrt{3}$

(4) **ア，ウ**はどんな自然数を入れても計算の結果は自然数となる。

イ…△のほうが□よりも絶対値が大きい場合，計算の結果は負の整数となる。例：$1-2=-1$

エ…□を△でわりきれない場合，計算の結果は分数となる。例：$1\div2=\frac{1}{2}$

(5) 比例式には次の性質がある。

a：b＝c：dならば，ad＝bc

$3:4=(x-6):8$，$3\times8=4(x-6)$

$24=4x-24$，$4x=48$，$x=12$

2 最初に3で括ると，

$3x^2+9x-12=3(x^2+3x-4)$

2数の和が3，積が－4となる組み合わせは，4と－1だから，

$3(x^2+3x-4)=3(x+4)(x-1)$

3 y軸とグラフとの交点のy座標は6だから，求める直線ℓの式は$y=ax+6$とおくことができる。

グラフから，直線ℓの式は点$(-4,\ 0)$を通るから，この座標を代入し，$0=-4a+6$，$a=\frac{3}{2}$

よって，直線ℓの式は，$y=\frac{3}{2}x+6$

4 根号の中がある数の2乗になればよいから，$\sqrt{5n}$のnは，5×(ある数の2乗)で表すことができる。問題の条件から，「ある数の2乗」のある数に，1から順に正の整数をあてはめていくと，

・1のとき，$n=5\times1^2=5$

・2のとき，$n=5\times2^2=20$

・3のとき，$n=5\times3^2=45$

・4のとき，$n=5\times4^2=80$

4をあてはめたとき50をこえるので，あてはまるnの値は，5，20，45の3つ。

5 (鹿児島県の飼養頭数)÷(全国の飼養頭数)×100

＝303000÷1594000×100

＝303÷1594×100＝19.0…より，19％

2 ＜確率・空間図形・文字と式・証明・方程式＞

1 xに1から6までの自然数を代入したときのyの値を求めると，

・$x=1$のとき，$y=-1+8=7$より，(1，7)

しかし，さいころの出る目の数は1から6までだから，条件にあてはまらない。

・$x=2$のとき，$y=-2+8=6$より，(2，6)

・$x=3$のとき，$y=-3+8=5$より，(3，5)

・$x=4$のとき，$y=-4+8=4$より，(4，4)

・$x=5$のとき，$y=-5+8=3$より，(5，3)

・$x=6$のとき，$y=-6+8=2$より，(6，2)

の5通り。全体では36通りあるから，点Pが1次関数$y=-x+8$のグラフ上の点となる確率は，$\frac{5}{36}$

2 円周$=2\times\pi\times r=2\pi r$ (cm)

これが4πcmだから，$2\pi r=4\pi$，$r=2$

また，半径$r$cmの球の体積は，$\frac{4}{3}\pi r^3$ (cm³)だから，

$r=2$のとき，半球の体積は，

$\frac{4}{3}\pi\times2^3\times\frac{1}{2}=\frac{16}{3}\pi$ cm³

3 ①～③の式で表される部分は下の図の通り。

これより，③の部分は①，②の重なっている部分を表していることがわかる。

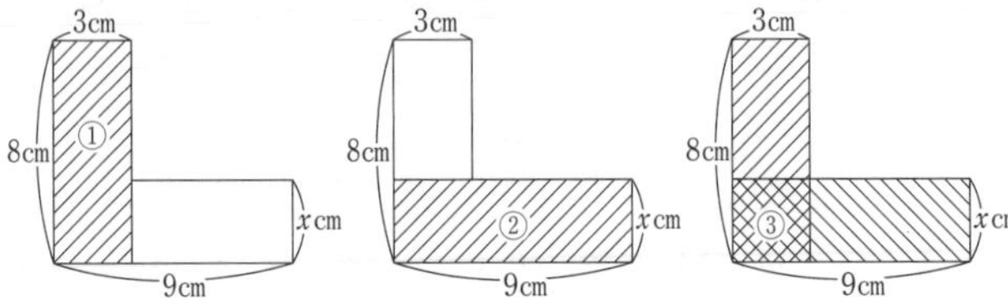

4 2直線と交わる直線について2直線が平行ならば，「同位角が等しい」「錯角が等しい」の2点がいえる。

図中に示された角どうしが等しくなるので，相似条件の「2組の角がそれぞれ等しい」を利用できることに着目して証明すればよい。

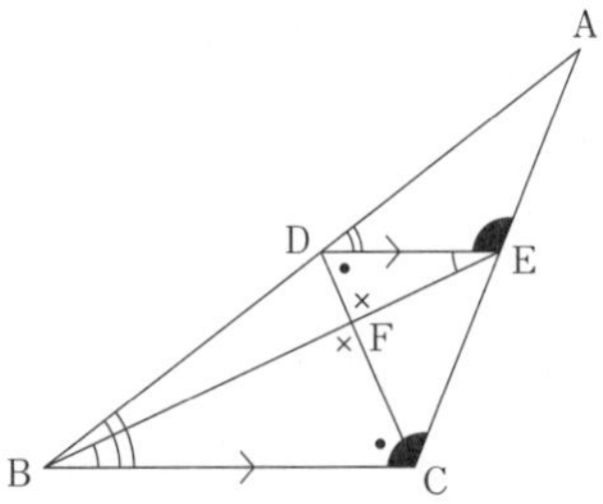

5 1分当たりの消費するエネルギーはそれぞれ，

Aが$\frac{280}{60}$kcal，Bが$\frac{340}{60}$kcalとなる。

トレーニングを行う時間の合計から，

$x+y=60$…①

トレーニングで消費するエネルギーの合計から，

$\frac{280}{60}x+\frac{340}{60}y=300$…②

①，②の連立方程式から，x，yの値を求める。

3 ＜資料の整理＞

1 **最頻値(モード)**…資料の中で，最も多く出てくる値。

度数分布表では，度数の最も多い階級の階級値。

度数が最も多いのは20m以上25m未満の階級で12人。

階級値はその階級の中央の値だから，最頻値は，

$\frac{20+25}{2}=22.5$m

2 **相対度数＝$\frac{\text{(その階級の度数)}}{\text{(度数の合計)}}$**

15m以上20m未満の度数(人)は6だから，相対度数は，$\frac{6}{30}=0.2$

3(1)　**平均値**…個々の資料の値の合計を，資料の総数でわった値。

はじめの30人の平均値が20.5mだから，この30人の資料の値の合計は，$20.5\times30=615$m

新しく入った5人の結果を加えた35人の平均値を求めると，$\dfrac{615+20+19+11+14+27}{30+5}$

$=\dfrac{706}{35}=20.17\cdots$より，20.2m

(2)　新しく入った5人を加えた度数分布表をつくると，右の図のようになる。

階級(m)	加える前(人)	加えた後(人)
以上　未満 5 ～ 10	1	1
10 ～ 15	5	7
15 ～ 20	6	7
20 ～ 25	12	13
25 ～ 30	5	6
30 ～ 35	1	1
計	30	35

ア…範囲（レンジ）→最大値と最小値の差。最小値は5m以上10m未満，最大値は30m以上35m未満の階級に属する1人の値で，新しく入った5人もどちらの階級にも属さないことがわかるので，範囲はどちらも同じである。

イ…中央値（メジアン）…調べようとする資料の値を大きさの順に並べたときの中央の値。資料の総数が偶数の場合は，中央にある2つの値の平均値が中央値となる。

加える前は，小さい方から15人目と16人目の平均値が中央値となり，$1+5+6=12$，$12+12=24$，加えた後は小さい方から18人目の値が中央値となり，$1+7+7=15$，$15+13=28$より，どちらも20m以上25m未満の階級に含まれており，階級値は22.5m

ウ…一番度数の大きい階級はいずれも20m以上25m未満の階級で，最頻値はどちらも22.5m

オ…加える前は，**2**より，0.2

加えた後は，$\dfrac{7}{35}=0.2$より，同じ。

4　＜関数＞

1　DからBCに対して垂線をひき，その交点をHとすると，△HCDは，HC＝HDの直角二等辺三角形。

AB＝DH＝6cm，$CD=\dfrac{\sqrt{2}}{1}DH=6\sqrt{2}$cm

2(1)　$x=8$のとき，下の図のようになり，重なった部分は台形PQCDとなる。

QC＝$x$cm＝8cm，PD＝2cm，PQ＝6cmより，

$y=\dfrac{1}{2}(2+8)\times6=30$

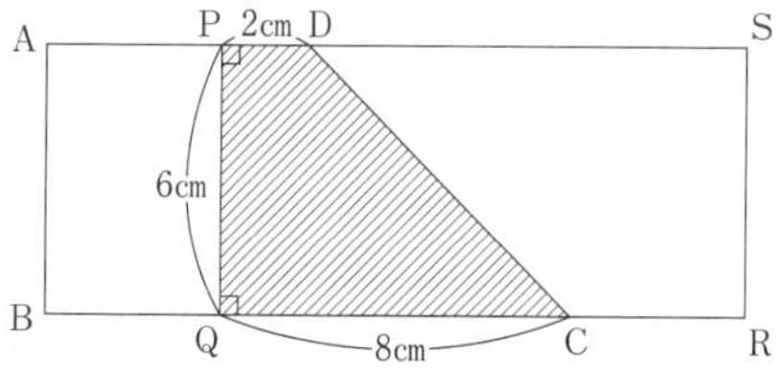

(2)　重なる部分は，頂点Dが点Pと重なるまでは三角形(i)。重なって以降は，(1)で求めたような台形(ii)となる。

・ⅰのとき，**1**より，CH＝6cmで，このとき頂点Dが頂点Pと重なる。また，△HCDは直角二等辺三角形で，重なる三角形はこれと相似な直角二等辺三角形である。重なる部分が三角形であるときのxの変域は，$0\leqq x\leqq6$

$y=\dfrac{1}{2}\times x\times x=\dfrac{1}{2}x^2$

・ⅱのとき，(1)より，重なる部分は台形で，高さは6cm，上底は$(x-6)$cm，下底は$x$cmと表すことができる。頂点Cが頂点Rに重なるのは12秒後で，重なる部分が台形であるときのxの変域は，$6\leqq x\leqq12$

$y=\dfrac{1}{2}\{(x-6)+x\}\times6=6x-18$

(3)　AQ，QTの長さをどのようにして表すかに着目する。QT＝QR－TR，TRは△RTCにおいて，∠RTC＝∠RCT＝45°より，直角二等辺三角形であることがいえる。

よって，TR＝RC＝QBである。

また，二次方程式の解がtの変域の範囲にあるかどうかの検証を忘れないこと。

・止まった状態

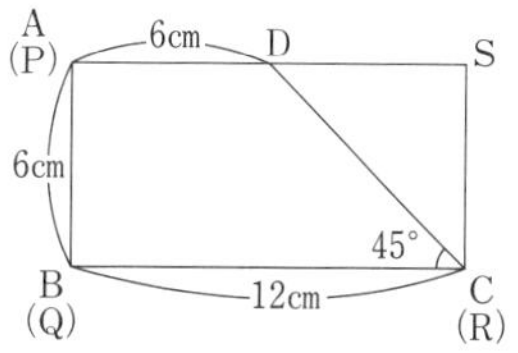

・移動し始めてから

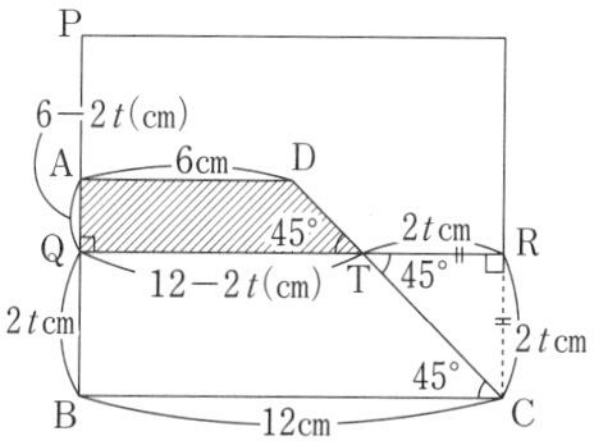

5　＜平面図形＞

1　円の中心は，2本の弦の垂直二等分線の交点をとることにより求められる。よって，弦AP，弦ABの垂直二等分線（弦PB等，任意の弦でも可）を作図し，その交点をCとする。

2(1)　**中心角は，同じ弧に対する円周角の2倍の大きさ。**

∠QOB＝2∠BAQ＝2×15°＝30°

∠AOB＝180°－30°＝150°

(2)　弦ABに対して点Rと対称な点をR′とすると，

$\overset{\frown}{RB}=\overset{\frown}{R'B}$

∠R′AB＝∠RAB

＝15°

∠R′OB＝2∠RAB

＝30°

$12\pi\times\dfrac{30°}{360°}=\pi$ cm

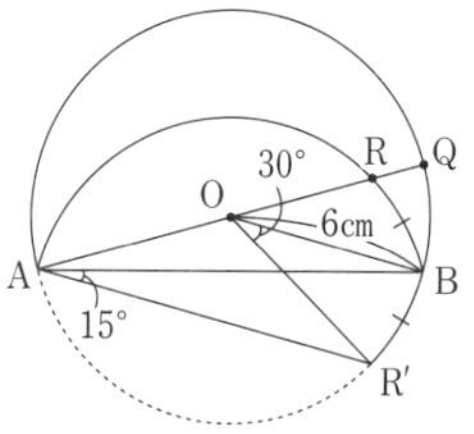

(3)　正確な図をかくことで，解までの方向性をはっきりさせていく。

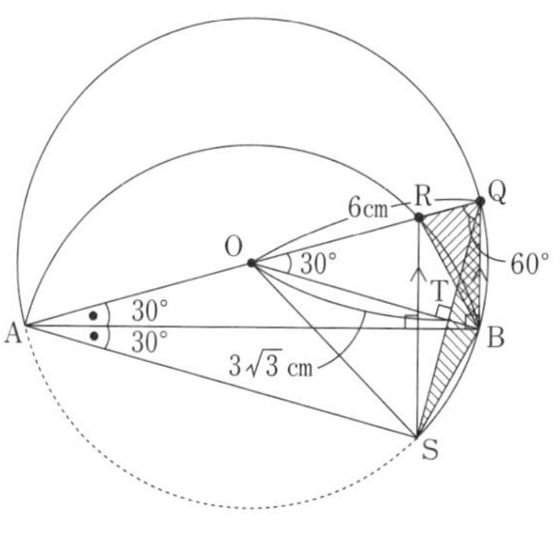

令和三年度　公立高校入試実戦問題第一回　国語

正答例

1　1①　規則　②　しゅうしん
③　おちい　④　要領
⑤　留　⑥　さくげん
2　ウ

2　1　ウ
2　「縮める」こと
3　厳しい地形の日本を旅する時に，牛馬が利用できず，荷物を背負って歩かなくてはならない状況で，荷物を少しでも薄く軽くしたい
4　いかに多く～物を運ぶか
5　ア　6　エ

3　1　いいてかわせたる
2　ア
3　（鰹の）値段が（とても）高かったから。
4Ⅰ　相撲で負けること
Ⅱ　さのみいむべき事にはあらざる

4　1　イ
2　次の瞬間，
3　ア　4　ウ
5　雅彦が落とした本の別冊付録を川に飛び込んで拾い上げたこと。
6　本を弁償せずにすんだばかりでなく，次の本もこれまでどおり貸してもらえたこと。

5　三つ目は、職場の人たちへの感謝の気持ちを忘れないことです。先生方は、子どもたちのことで毎日忙しく過ごされています。しかし、子どもたちのことを見ながらも、職場体験に来た私たちに気を遣ってくださり、保育園での仕事の流れや子どもたちとの接し方など丁寧に指導してくださいました。感謝の気持ちを持つことは大事だと思います。

配　点

1	2点×7	計14点
2	1　3点　2　3点　3　7点　4　4点 5　4点　6　5点	計26点
3	1　2点　2　3点　3　4点 4Ⅰ　4点　Ⅱ　3点	計16点
4	1　3点　2　3点　3　4点　4　4点 5　5点　6　6点	計25点
5	9点	

解　説

1　＜漢字＞

2　「複」で部首はころもへんである。「複」と「増」は十四画，「遠」は十三画，「確」は十五画，「報」は十二画。

2　＜論説文＞

1　李御寧氏は「日本人の縮める性向」については話題にしたが，「なぜ，日本人は縮めるのか」には触れていなかった，という文脈なので，逆接の接続詞が入る。

2　団扇を扇子に，食事を幕の内弁当に，大きな木を盆栽に，こうもり傘を折りたたみ傘に，コンピューターを電卓にしたことを端的にまとめた言葉である。

3　「その背景となる事情を（八）・（九）段落の内容を踏まえて書く」という設問の指定が解答作成に大いに役立つ。そして（八）・（九）段落を受けた（十）段落に考えていたことが述べられている。筆者は，広重の絵に「荷物を運ぶ牛や馬はいない」ことから，昔の「旅する日本人は皆，荷物を背負って歩いていた」と気づき，（八）・（九）段落で地形との関連を考えた上で，（十）段落で「日本人は荷物を背負いながら～そのことだけを考えて歩いていた」と考察している。

4　「日本人」の「ある大切な価値観」とは「いかに物を縮めたか」である。これと対照的なのは，（十三）段落の「牛馬に荷物を預ける民族」の「いかに多くの物を持ち，いかに大きな物を運ぶか」という価値観である。

5　（一）段落が文章全体の問題提起，（十四）・（十五）段落が文章全体の結論である。その間の部分は結論に導くためのステップで，（二）～（四）段落で「なぜ，日本人はものを縮めるのか」というテーマを示し，（五）～（十三）段落でその考察をしている。

6　エは（十四）・（十五）段落の内容と一致する。アのファッションの話（三宅一生氏の例）は「縮める」ことから生まれたことの一例に過ぎない。イは「日本人の勤勉さ」について述べられた文章ではないため不適。ウは「国々との関係」と「縮める」の関係について述べた文章ではないため不適。

3　＜古文＞

（口語訳）関取の谷風梶之助が，新弟子を供につれて，日本橋本船町を通りかかったとき，鰹を買おうとしたが，値段がとても高かったので，（谷風は）供の者に言いつけて，「まけよ」と言わせてそのまま通り過ぎてしまったところ，魚を売る男が呼び止めて，「関取がまけるというのは避けなければいけないことだ。」と言ったので，谷風は立ち帰って，「買いなさい，買いなさい。」と言って買わせたのはおかしいことだった。これは谷風がまけたのではない。魚を売る男にまけさせたことなので，それほど避けなければならないことではないのに，「買いなさい，買いなさい。」と言ったのは，（谷風が）ちょっと早とちりしたと思われた。これは私が若かったとき，目のあたりにしたことであった。

1　語頭以外の「ハ行」は「ワ行」に直す。二か所あるので注意する。

2　「言いつけられた」のではなく，「言いつけた」人物なので注意する。

3　直前の「価いと高かりければ」が理由である。

4　まず，本文では二つの意味の「まける」がカギになっていることに気づくこと。魚売りの男が関取という立場をうまくつかったしゃれを，谷風がまともに受けて言い値のまま鰹を買ってしまったのである。

4　＜小説文＞

1　══線部とイは，動詞の未然形に付いて打ち消しを

表す助動詞で，「ぬ」に置き換えられる。アは形容詞の後に付いて，「ない」の前に「は」を入れることができるので補助形容詞，ウ，エは形容詞の「ない」である。

2　繁の行動を追って読む。「思い切りのよさ」が感じられるのは，別冊付録を取ろうとして川の中へ飛び込んだところになる。「ためらわずに」飛び込んでいる。

3　繁は川を恐れていなかった。まったく平気な様子を表す言葉を選ぶ。また，直前の「あさっての方を向いて」から，繁の母親の言うことを意に介さない様子が感じられる。「冷然と」は言い過ぎ，「猛然と」というほど反抗もしていない。

4　直接的には，母から兄としての責任を問われているからであるが，雅彦は，繁が「言うな」「これが原因で貸本を禁じられるのが辛い」という合図を送っているのだと推測し，謝るのが最善と判断している。

5　繁の行動なので，別冊付録を川に飛び込んで拾い上げたことを指す。

6　前日に雅彦が心配していたのは，「弁償することになるのだろうか。どこにもそんなお金などない」ということである。また，——線部③の前に「そればかりか～次の本も貸してくれたのだ」とあることから，これも含めて「よかった」と言っていることがわかる。

5　＜作文＞

資料1のメモを見ると，①，②についてはすでに述べられているので，③の感謝の気持ちの部分をまとめる。①，②ではメモの内容に加え，具体的な話を書いているので，③でもメモの内容に加え，具体的な状況を想定しながら書くことが大事である。

［採点基準の例］

(1)　内容…9点

感謝の気持ちについてメモを踏まえ，かつ具体的な状況を想定しながら書けているかを6段階に評価する。

9点：メモの内容を全て踏まえ，かつ具体的な状況を想定しながら書けている。

7点：メモの内容だけ全て踏まえて書けている。

5点：メモの内容を三つ書けているもの。

3点：メモの内容を二つだけ書けているもの。

1点：メモの内容を一つだけ書けているもの。

0点：メモの内容を一つも書けていないもの。

(2)　段落指定を守っていないもの…減点1点

(3)　行数を満たしていないもの…減点3点

(4)　表記…最大減点3点（一か所ごとに減点1点）

①　原稿用紙の使い方の誤り。

②　誤字脱字，符号の用法の誤り。

③　用語や文の照応の不適切なもの。

④　文体が敬体でないもの。

(5)　書き出しの条件を守っていないもの…減点2点

令和3年度　公立高校入試実戦問題第1回　理科

正答例

1　1　**静脈血**　2　a　**組織**　b　**器官**(完答)
3　**先端がとがっている側の面積が小さいから。**
4　H_2O　5　(1)　**海陸風**　(2)　ウ
6　①　ア　②　ウ(完答)　7　**陰極線**

2　Ⅰ　1　右図

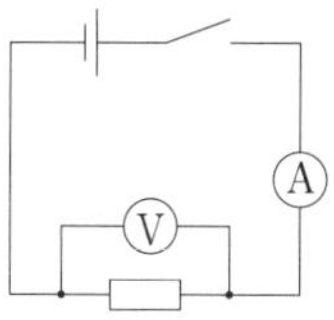

2　**大きな電流が流れてもよいように，最も大きい5Aの端子を用いる。**
3　**3750**(J)　4　**6**(倍)
Ⅱ　1　a　**空気**　b　**波**(完答)
2　イ　3　(実験)⑤

3　Ⅰ　1　**単子葉類**
2　A　ウ　C　イ(完答)
3　**デンプンは水にとけにくいから。**
Ⅱ　1　**けん**
2　X　**感覚**(神経)　Y　**運動**(神経)(完答)
3　イ，エ(順不同・完答)　4　**0.16**(秒)

4　Ⅰ　1　**単体**
2　**鉄と硫黄が反応するとき，熱を出しているから。**
3　**6.6**(g)　4　エ
Ⅱ　1　**還元**　2　$2CuO + C \rightarrow 2Cu + CO_2$
3

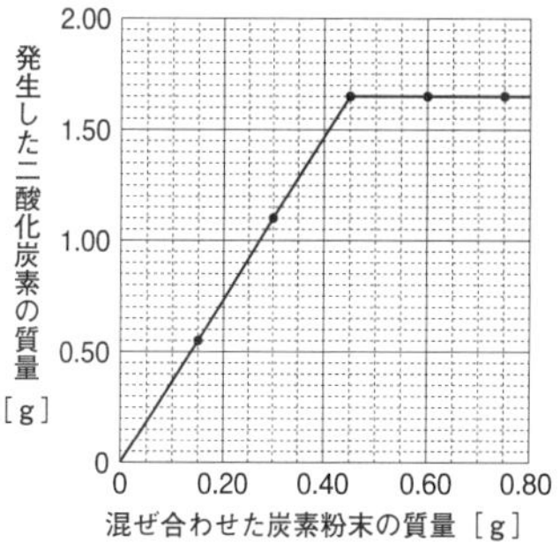

4　**3.2**(g)

5　Ⅰ　1　**マグニチュード**
2　**大陸プレートが引きこまれる**
3　**9時46分53秒**　4　**15**(秒)
Ⅱ　1　**露点**　2　ウ，エ(順不同・完答)
3　ウ　4　2(回目)

配　点

1 3，5(2)	3点×2	他2点×6	計18点
2 Ⅰ3，Ⅱ1，2	2点×3	他3点×4	計18点
3 Ⅰ1，Ⅱ1，3	2点×3	他3点×4	計18点
4 Ⅰ2，Ⅱ3	3点×2	他2点×6	計18点
5 Ⅰ2，Ⅱ4	3点×2	他2点×6	計18点

解　説

1　＜4分野総合＞

1　酸素を多くふくむ血液を動脈血という。また，心臓から送り出される血液が流れる血管を動脈といい，心臓へもどってくる血液が流れる血管を静脈という。

3　$圧力〔Pa〕= \frac{面を垂直に押す力〔N〕}{力がはたらく面積〔m^2〕}$

同じ大きさの力がはたらいても，力がはたらく面積が小さいほど，圧力は大きくなる。

5　空気は，あたためられると膨張して密度が小さくなり，上昇気流が発生して気圧の低いところができる。水は，陸をつくる岩石などよりもあたたまりにくく冷えにくい性質があるため，日中はあたたまりやすい陸上の気温が海上よりも高くなる。その結果，陸上で上昇気流が発生し，気圧が海上よりも低くなり，海から陸へ向かって海風がふく。

6　物質が状態変化するとき，体積は変化するが，質量は変化しない。いっぱんに，物質が固体から液体，気体へと状態変化するとき，体積は大きくなるが，水は例外で，固体の方が液体よりも体積が大きくなる。

2　＜電気の世界・身のまわりの現象＞

Ⅰ3　**電力〔W〕＝電圧〔V〕×電流〔A〕**

熱量〔J〕＝電力〔W〕×時間〔s〕

電熱線Bの消費電力は，5.0×2.5＝12.5〔W〕

５分＝300秒なので，12.5×300＝3750〔J〕

4　電熱線AとCを並列につなぐと，電熱線A，Cにはそれぞれ5.0Vの電圧が加わるので，温度上昇は，それぞれを使ったときの温度上昇の和になると考えられる。５分間での温度上昇を見てみると，

電熱線A：16.8－15.0＝1.8〔℃〕

電熱線C：24.0－15.0＝9.0〔℃〕

よって，(1.8＋9.0)÷1.8＝６〔倍〕

Ⅱ2　**ア**：実験番号①と④，または③と⑤を比較，**ウ**：実験番号②と③を比較することで確かめることができる。**エ**：振幅は，はじく強さで変わるため，この実験からはわからない。

3　実験番号⑤は，「細い」弦が「強く張って」あり，「振動する部分も短い」ので，最も高い音が出る。

3　＜植物の世界・動物の生活と生物の変遷＞

Ⅰ1　被子植物は，胚珠が子房の中にあり，子葉が１枚ある単子葉類と，子葉が２枚ある双子葉類に分けられる。単子葉類と双子葉類は右図のような特徴で分類される。

2　二酸化炭素は水にとけると，酸性を示す。二酸化炭素をとけこませて緑色に調整した（溶液を中性にした）ので，もともとの溶液はアルカリ性だったことがわかる。BTB溶液中の二酸化炭素が減ると，溶液はアルカリ性になり，二酸化炭素が増えると，溶液は酸性になる。

Ⅱ3　反応には，意識して起こす反応と，無意識に起こる反応がある。無意識に起こる反応を反射といい，危険から身を守ったり，からだのしくみを調整したりするのに役立っている。

4　20人の平均が3.12秒なので，１人あたりの平均は3.12÷20＝0.156〔秒〕　よって，およそ0.16秒。

4　＜化学変化と原子・分子＞

Ⅰ1　２種類以上の原子でできている物質を化合物という。水や二酸化炭素など，１種類の物質でできている物を純粋な物質(純物質)という。

2　鉄と硫黄の化合は，化学変化が起こるとき，周囲に熱を出す発熱反応である。

3　物質Bは硫化鉄。**実験1**より，鉄と硫黄の質量が，鉄：硫黄＝７：４のとき，過不足なく反応することがわかる。鉄粉6.0 gと硫黄の粉末2.4 gのとき，過不足なく反応するには硫黄が不足しているので，硫黄2.4 gと化合する鉄の質量をx gとおくと，

７：４＝x：2.4　x＝4.2

よって，できる硫化鉄は，4.2＋2.4＝6.6〔g〕

4　物質Aから発生する気体は無臭の水素，物質Bから発生する気体は特有の腐卵臭のある硫化水素。

Ⅱ3　発生した二酸化炭素の質量は，酸化銅の質量と混ぜ合わせた炭素粉末の質量の和から試験管Aの中に残った固体の質量を引けば求められる。

4　**3**より，酸化銅6.00 gと炭素粉末0.45 gのときに２つが完全に反応して4.80 gの銅になることがわかる。よって，炭素0.30 gと混ぜ合わせて反応させると，試験管Aの中には，酸化銅が還元されて生じた銅と，未反応の酸化銅がある。このうち，酸化銅が還元されて生じた銅は，$4.80\times\frac{0.30}{0.45}=3.2$〔g〕

5　＜大地の変化・天気とその変化＞

Ⅰ3　初期微動を伝える波(P波)は，地点Aから地点Cまでの40kmを５秒で進んだので，P波の速さは，40÷５＝８〔km/ｓ〕　よって，地点Aに地震が発生してから初期微動が到着するまでにかかる時間は，56÷８＝７〔秒〕　したがって，地震の発生した時刻は，９時47分０秒の７秒前である９時46分53秒と考えられる。

4　**3**と同様に考えると，主要動を伝える波(S波)の速さは(96－56)÷(17－７)＝４〔km/ｓ〕　震源から地点Bまでの120 kmを，P波は120÷８＝15〔秒〕，S波は120÷４＝30〔秒〕で進むので，到着時刻の差は30－15＝15〔秒〕になる。また，初期微動継続時間が震源からの距離に比例することを利用して求めることもできる。

Ⅱ2　コップの表面に水滴がつくのは，状態変化である。

3　**湿度〔%〕＝$\frac{\text{1 m}^3\text{の空気にふくまれる水蒸気の質量〔g/m}^3\text{〕}}{\text{その空気と同じ気温での飽和水蒸気量〔g/m}^3\text{〕}}$×100**

図より，室温20℃での飽和水蒸気量はおよそ17.3 g/m^3であり，露点が11℃なので，このときの空気1 m^3中にふくまれる水蒸気量は10.0 gである。よって湿度は，$\frac{10.0}{17.3}\times100=57.8\cdots$　およそ，58%。

4　**図**より，気温が高いほど，飽和水蒸気量の変化が大きくなるので，露点の最も高い２回目が最も多くの水滴が生じると考えられる。

令和３年度　公立高校入試実戦問題第１回　英語

正答例

1
1　エ　　2　イ
3　イ→ア→ウ（完答）
4　①　tomorrow　　②　pencil
5　(1)　イ　　(2)　ア
(3)　She took many pictures (of the beautiful river).
6　I have to buy something for dinner.

2
1　①　エ　　②　ウ
2　①　Where can we (you) use it ?
②　eight　　③　food　　④　April
3　What time does this bus leave ?
4（例１）　I want to learn about Japanese culture. It is important for us to learn about it. We will find a lot of interesting things.
（例２）　I want to go to the city zoo. We can see many animals. It will be fun to go there.
（例３）　I want to enjoy climbing mountains. It will be good for our health. I want to have lunch on the top of the mountain.

3
Ⅰ　①　ウ　　②　エ　　③　ア
Ⅱ　1　(1)　He wants to go out with Takashi.
(2)　No, he didn't.
2　many chances to talk with people
Ⅲ　1　エ　　2　ア

4
1　ア→ウ→イ（完答）
2　ウ
3　ア
4　メアリーからの質問にいつも英語で一生懸命に答えようとしていたから。
5　（例）I couldn't answer them in English
6　イ，オ　（順不同）
7　（例）Because I want to show them to people from foreign countries in English.

配点

1　1，5(1)，(2)　２点×３　　6　４点　　他　３点×５　計 25 点
2　2①，3　３点×２　　4　７点　　他　２点×５　計 23 点
3　Ⅱ2　３点　　他　２点×７　計 17 点
4　2，3　２点×２　　4　４点　　7　５点　他　３点×４　計 25 点

解　説

1　＜聞き取りテスト台本＞

＜チャイムの音四つ＞

これから，英語の聞き取りテストを行います。問題用紙の２ページを開けなさい。

英語は１番と２番は１回だけ放送します。３番以降は２回ずつ放送します。メモをとってもかまいません。

（約３秒間休止）

では，１番を始めます。まず，問題の指示を読みなさい。

（約 13 秒間休止）

それでは放送します。

Chisato : The weather is nice in Sapporo. How is it in Nagoya ?　*Michael :* It's cloudy.　（約 10 秒間休止）

次に，２番の問題です。まず，問題の指示を読みなさい。

（約 13 秒間休止）

それでは放送します。

Hiroshi : Oh, no ! I can't find my pen !
Lily : Oh..., do you need one now, Hiroshi ?
Hiroshi : Yes. Can I use your pen, Lily ?
Lily : Sure. Here you are.　（約 10 秒間休止）

次に，３番の問題です。まず，問題の指示を読みなさい。

（約 25 秒間休止）

それでは放送します。

Today I'll talk about studying Japanese. I studied Japanese by listening to CDs in my country. Now in Japan, I can learn it from Japanese comics.

Look. This is a very useful machine. It looks like a small computer. It's really a nice dictionary. I use it when I read Japanese books. I always bring it to the library.

（約３秒おいて，繰り返す。）（約７秒間休止）

次に，４番の問題です。まず，問題の指示を読みなさい。

（約 15 秒間休止）

それでは放送します。

Kota : Hey, Tina, our next meeting for the festival is on Tuesday, October 23rd at the library.
Tina : Oh, that's tomorrow, Kota.
Kota : You're right. We have to go there tomorrow.
Tina : It will start at 3:30, right ?
Kota : Yes. We have to bring a notebook and a pencil.
Tina : OK.

（約 10 秒おいて，繰り返す。）（約 15 秒間休止）

次に，５番の問題です。まず，問題の指示を読みなさい。

（約 20 秒間休止）

それでは放送します。

One day in August, I was doing my homework about a famous river. My mother said, "Let's go to the library. We can find some books about the river there."

In the library, I found three books about the river for my homework. I read six old stories from these books. I thought that these stories were beautiful. I said to my mother, "I want to see the river."

The next morning, my mother and I went to the river by car. We saw many flowers around the river. I had lunch with my mother. After lunch, I took many pictures of the beautiful river. We had a good time there.

(1)　How many books did Tomoe find in the library for her homework ?　（約７秒間休止）

(2) What did Tomoe and her mother see around the river?　(約7秒間休止)

(3) What did Tomoe do after lunch?　(約7秒間休止)

では，2回目の放送をします。

(最初から質問(3)までを繰り返す。)(約15秒間休止)

では，6番を始めます。まず，問題の指示を読みなさい。　(約15秒間休止)

それでは放送します。

Yoshio: Hi, Susie! I'm going to play tennis this afternoon. Can you come?

Susie: I really want to.... But I can't. I have to go shopping this afternoon.

Yoshio: Oh, really? Why?

Susie: (　　　　　　　　　　　　)

(約3秒おいて，繰り返す。)(約1分間休止)

＜チャイムの音四つ＞

これで，聞き取りテストを終わります。次の問題に進みなさい。

2 ＜英文表現＞

1 H：中学生のときにあなたはアメリカを訪れましたか，恵子？　K：はい。私は鹿児島からの何人かの他の生徒たちといっしょにカリフォルニアへ行きました。　H：②**おお，本当ですか？**　私はカリフォルニア出身です。　K：まあ，私はそれを知りませんでした。私はカリフォルニアのいくつかの海辺へ行きました。①**私はそれらをとても気に入りましたよ。**　H：私もです。私は海辺の近くに住んでいて，しばしばそこに行きました。

2 K：こんにちは，ビリー。この割引クーポン券を見てよ。私のお母さんが数週間前にこのクーポン券をくれたのよ。私はこれを今朝机の中で見つけたの。　B：①**僕たちはそれをどこで使うことができるの？**　K：私たちはこれを市立動物園で使うことができるわ。例えば，私たちが市立動物園に入場するとき，私たちは割引を受けられるわ。それは二人でたったの②**800**円なのよ！　B：それはすばらしいね！　僕はそこでホワイトタイガーを見たかったんだ。　K：いいわね。じゃあ行きましょう！　私たちは動物園内にいかなる③**食べ物**も持ってくることはできないけれど，そのレストランでお昼ごはんを食べることができるわ。　B：僕たちは割引を受けられる？　K：ええ！　すべてが10%割引よ。　B：今出発しよう。僕たちは正午前にそこに着くことができるよ。　K：ビリー，待って！　私たちはクーポン券を使えないわ。　B：どうして？　K：今日は5月3日よ。見て。私たちはこのクーポン券を④**4月**30日までに使わなければいけなかったのよ。　B：なんてことだ！

①　空欄の後の佳奈の発言で，クーポン券を使うことができる場所について答えているので，「Where」を使った英文を入れるとよいことがわかる。

3 ①　すみません。**このバスは何時に出発しますか？**

②　10：30です。すぐにバスに乗ってください。

※バスの運転手が時間を答えているので，少年はバスの出発時刻をたずねていることがわかる。

What time ～？：何時に～ですか。

4 教師：私たちは5月に修学旅行があります。あなたたちは修学旅行で何がしたいですか？　黒板を見てください。一つを選んで理由を私たちに教えてください。始めてくれますか，由依？

生徒：わかりました。

(正答例1の訳) 私は日本の文化について学びたいです。私たちにとってそれを学ぶことは大切です。私たちはたくさんの興味深いものを発見するでしょう。

(正答例2の訳) 私は市立動物園に行きたいです。私たちはたくさんの動物を見られます。そこに行くのは楽しいでしょう。

(正答例3の訳) 私は山に登るのを楽しみたいです。それは私たちの健康にいいでしょう。私は山頂で昼食を食べたいです。

ありがとうございました。

教師：わかりました。ありがとう，由依。

3 ＜英文読解＞

Ⅰ　T：アラスカについてもっと教えてください，パット。　P：わかりました。①**あなたは何を知りたいですか？**　T：言語についてです。昼食の席であなたとあなたの奥さんは何語を使っていましたか？　P：それはユピック語でした。私たちは，ユピック語と英語の両方を話すのです。　T：私はそのことを知りませんでした。アラスカは2つの言語があるのですね！　P：いいえ。②**アラスカには約20の言語があります。**ユピック語はそれらの1つにすぎません。　T：おお，本当ですか？　あなたの家族全員がユピック語と英語の両方を話すのですか？　P：いいえ。私たちの家族の中で，私の妻と私だけが毎日両方の言語を使います。私の父親と母親はユピック語だけを話しました。私の娘はユピック語を理解しますが，たいてい英語を話します。　T：彼女のお子さんはどうですか？　P：彼らはあまりユピック語はわからないのです。③**彼らは毎日英語を使います。**英語は彼らの主な言語なのです。ユピック語は今日，主に高齢の人々に使われますが，学校では若い人々のためのユピック語の授業があるのですよ。

Ⅱ　あなた方は暇な時間に何をしますか？　おそらくあなた方はテレビを見たり，音楽を聴くことが好きでしょう。僕は暇な時間には，僕の犬であるハチとしばしばいっしょに出かけます。彼は僕といっしょに出かけたいときには僕の顔を見ます。ハチは僕に人々と話をするたくさんの機会を与えてくれます。

先週の日曜日，僕は午後にハチといっしょに家の近くの公園に行きました。僕がハチと歩いているとき，そこで数人の人々と会いました。彼らは彼らの子供たちと遊んでいました。僕はそれらの人々のことを知りませんでしたが，彼らは僕に話しかけました。だから僕は驚きました。彼らは僕に「彼の名前は何ですか？」そして，「彼は何歳ですか？」とたずねました。僕はその質問に答え,彼らにハチについて話しました。そして,僕は彼らと他の多くのことについて話をしました。

僕がハチと歩いていると，多くの人々と会い，彼らと話すことを楽しむことができます。僕は彼に「ありがとう」と言いたいです。

1 ⑴ ハチが孝志の顔を見るとき，彼は何をしたいのですか？

（正答例の訳） 彼は孝志と出かけたいのです。

⑵ 公園で，孝志は数人の人々に会いました。孝志は彼らを知っていましたか？

（正答例の訳） いいえ，知りませんでした。

Ⅲ 1 正夫は「僕たちのクラスは9月に13冊の本を読んだよ。11月には，僕たちは40冊の本を読んだよ」と言った。

※9月の読書量が13冊で，11月の読書量が40冊のクラスを探す。

2 アンは「10月に私たちのクラスはこの4つのクラスの中で一番多くの本を読んだわ」と言った。

※10月の読書量が他のクラスと比べて一番多いクラスを探す。

4 ＜長文読解＞

拓也とメアリーは中学生だった。メアリーは9月にオーストラリアから拓也の学校に来て，1年間滞在した。10月に奈良への修学旅行があった。拓也とメアリーはその旅行で同じグループだった。

彼らのグループはお寺を訪れた。メアリーは拓也に「あの像はとてもたくさんの手があるわ。①**その像の名前は何？**」とたずねた。拓也は「千手観音だよ。千手とは…」答えた。彼はその像について英語で彼女に教えようとしたが，彼はそれをうまくできなかった。その時彼らの英語の先生である，田中先生が来て，「あれは千手観音と呼ばれているんだよ。千手は千本の手を意味するんだ。でもその像は約40本の手があるんだよ」と彼らに英語で話した。田中先生がとても易しい英語を使ったので，拓也は彼の英語を理解した。

彼らはもう一つのお寺に行った。メアリーは拓也に再び,「あの像は手に何か持っているわ。それは何かしら？」とたずねた。彼は「それはつぼだよ」と答えた。彼女は「そのつぼには何が入っているの？」とたずねた。彼はその答えを知っていたが，②**それを英語で言うことができなかった**。彼らは外国人用のパンフレットを持っていて，それを読んだ。「まあ，それは薬よ」とメアリーが言った。「そうだ！　僕はその言葉を言いたかったんだよ」と拓也は日本語で言った。メアリーはいくつか他の質問をした。彼女に英語で教えることは拓也にとって難しかったが,彼はそれらに答えようとした。だからメアリーはとてもうれしかった。

彼らは学校に戻って，メアリーは拓也に「私は修学旅行をとても楽しんだわ。③**あなたは私にとってすばらしいガイドだったわ**。ありがとう,拓也」と言った。彼は「すばらしいガイド？　僕はうまく英語を話せなかったよ」と言った。彼女は「私が質問をしたとき，あなたはいつもそれらに答えようとしてくれたわ」と言った。

現在，拓也は大学生だ。彼は夏休みの間にオーストラリアを訪れて，メアリーに会った。彼らは日本での中学生の日々について話をすることを楽しんだ。メアリーは「あなたは今ではとても上手に英語を話すわね」と言った。拓也は「ありがとう。君が修学旅行で僕に像やそのほかのことについてたずねたとき，いくつかの質問には日本語で答えられたけれど，④**英語では答えることができなかった**。僕はそれからずっととても一生懸命に英語を勉強しているんだ」と言った。メアリーは「それはすばらしいわね」と言った。拓也は「僕はお寺や神社のような日本の古い建物も勉強し始めたんだ。それらはすばらしくて美しいんだよ。僕はそれらを外国からの人々に見せたいんだ。今はそれをするために英語を使うことができるよ」と言った。メアリーは「あなたはガイドになりたいということ？」とたずねた。拓也は「そうだよ。君が,僕は君にとってすばらしいガイドだって言ったじゃないか」と答えた。

1 ア 本文6～8行目。→ウ 本文12～13行目。→イ 本文19～20行目。

2 ア 誰がその寺を作ったの？
イ その像はどこにあるの？
エ その寺はいつ作られたの？

3 本文訳波線部参照。

4 本文訳二重傍線部参照。

6 ア 拓也とメアリーは奈良への修学旅行でいくつかの中学校を訪れた。
イ 田中先生はとても易しい英語を使ったので，拓也は彼の英語を理解した。
ウ 拓也は外国人用のパンフレットを読まなかった。
エ メアリーは夏休みの間にオーストラリアから日本を訪れた。
オ 拓也は奈良への修学旅行のあとから一生懸命に英語を勉強し始めた。

7 TF：やあ，拓也。君は何を読んでいるんだい？
T：僕は日本の古い建物についての本を読んでいるんだ。
TF：君はなぜそれを読んでいるんだい？
T：**なぜなら僕はそれらを海外から来た人に英語で紹介したいからだよ。**
TF：おお，それはすごいね。最善を尽くしてね，拓也。

令和３年度　公立高校入試実戦問題第１回　社会

正答例

1　Ⅰ　1　④　　2　ア　　3　ユーロ
4　11時間30分　　5　フランス
6　円グラフは，全体に占める割合を示すのに適しているから。
7　イ
Ⅱ　1（語句）世界遺産（世界自然遺産）
（記号）エ　　（完答）
2　複雑に入り組んでいる。（11字）
3　ア　　4　エ　　5　ア
6　農産物により優れた安全性などの価値を加える。／こだわりをもった農産物を提供する。／消費者に安心感をあたえる。等
Ⅲ　森林面積が減少したのは，牛を増やすために，森林を牧場・牧草地にかえたから。

2　Ⅰ　1　建武　　2　9人　　3　イ
4　ウ　　5　仏教勢力に対抗するため。
6（信仰）死後に極楽浄土に生まれ変わることを願う信仰。
（記号）B　（完答）
7　ア→ウ→エ→イ
Ⅱ　1　加藤高明　　2　ア
3（1935年）B（1960年）A
（2018年）C　（完答）
4　ウ
5　女性に選挙権があたえられたこと。
6　ウ→エ→ア→イ
Ⅲ　この改革以前は，土地の多くを地主が所有していたが，政府は自作農を増やすために，地主から土地を買い上げ，小作人に売り渡した。（61字）

3　Ⅰ　1　対馬海流　　2　空海
3　イ　　4　㋓
5(1)　①　針葉　　②　南西　（完答）
(2)　自動車による交通の便が良く，駐車場も十分に用意されているから。（31字）
Ⅱ　1　イ　　2　八幡製鉄所
3　野口英世
4　地球温暖化が進み，海面が上昇すると，領土とその周辺の経済水域を失うおそれがある。
5　ア　　6　ニューヨーク
Ⅲ　アジア州では，全人口に占めるキリスト教徒の割合が低いこと

配点

1	Ⅰ6　Ⅱ6　Ⅲ　3点×3　　他　2点×11	計31点
2	Ⅰ6　Ⅱ5　Ⅲ　3点×3　　他　2点×11	計31点
3	Ⅱ4　Ⅲ　3点×2　　他　2点×11	計28点

解説

1　＜地理総合＞
Ⅰ1　赤道が通る国として，ブラジル，インドネシア，ケニア，エクアドルなどがある。本初子午線が通るところについてもおさえておこう。
2　Xはシドニー。日本とオーストラリアはほぼ同じ経度にある。
3　ユーロの導入により，他の国で両替をする必要がなくなった。なかには，デンマークのように，ＥＵ加盟国でありながらも独自の通貨を使っている国もある。
4　日本とオランダの時差は，（135度－15度）÷15度＝８時間。日本を出発したとき，オランダは８月19日の２時35分。到着時間の14時05分から引くと飛行時間が分かる。
5　18世紀後半の革命は**フランス革命**，20世紀の大戦は**第一次世界大戦**で，講和会議はパリで開かれた。**人権宣言**は，近代の人権確立の基礎となった。
6　割合を表すときに有効なのは円グラフと帯グラフ，数や量を比べるときに有効なのは棒グラフ，変化を表すときに有効なのは折れ線グラフ。
7　ペルシャ湾周辺は油田地帯であり，サウジアラビアやアラブ首長国連邦は原油の産出が多い。
Ⅱ1　小笠原諸島は2011年に，日本で４番目に世界自然遺産に登録された。
2　リアス海岸は，三陸海岸や志摩半島などにもみられる。
3　福岡空港の方が，博多港の輸出に比べて重量が軽いが，金額が大きいところに着目する。電子部品は，小型で軽量かつ高価なので，航空機で輸送しても採算が取れる。九州地方では，集積回路（ＩＣ）などを生産する電子部品工業が盛ん。
4　エ－長崎県ではなく大分県。
5　水俣市が面する八代海の水質汚濁によって，そこでとれた魚類を食べた人々に被害が及ぶ水俣病が発生した。
6　生産者の表示によって，生産者は商品に対してより責任を感じるようになり，消費者には安全性を示すことができる。
Ⅲ　**資料１**から森林面積の減少，**資料２**から牧場・牧草地面積の増加，**資料３**の牛の飼育頭数の増加が読み取れる。これらに，南アメリカ大陸では，経済発展のために森林開発が進んでいることをふまえて解答をつくる。

2　＜歴史総合＞
Ⅰ1　天皇中心の政治で公家を重んじたため，武士たちから反発を受けた。これを受けて，足利尊氏が挙兵し，新政は２年ほどでくずれた。
2　**班田収授法**は６歳以上のすべての人々に口分田が与えられ，その人が死ぬと国に返すしくみであった。
3　鎌倉時代の農業について答える。同じころ，牛馬

耕も行われるようになった。アー「西陣」とは応仁の乱から由来する名前なので，この時代にはない。ウー江戸時代。エー明銭が日本に入ってくるのは室町時代。

4　足利義満のころの文化を北山文化と言う。**世阿弥・観阿弥**父子が**能**を完成させた。また，能の合間に演じられた**狂言**もこのころ広まった。ア，イ，エーいずれも江戸時代に，京都や大阪を中心とする上方で町人をにない手として栄えた元禄文化。

5　**織田信長**は比叡山延暦寺を焼き討ちにしたり，一向一揆を屈服させたりするなど，仏教勢力には厳しい態度でのぞんだ。

6　**資料3**は，**藤原頼通**が宇治につくった平等院鳳凰堂の阿弥陀如来像。

7　飛鳥時代→鎌倉時代→戦国時代→江戸時代。

Ⅱ 1　幕府が外国の圧力に負け，朝廷の許可を得ずに通商条約を結んだことから，尊王攘夷運動が盛んになった。

3　群馬県につくられた官営工場は**富岡製糸場**。繊維中心から鉄鋼，機械類へと移り変わっていった。

4　日中平和友好条約が結ばれたのは1978年。

5　戦後改革によって，20歳以上のすべての人に参政権があたえられ，女性の国会議員も生まれた。

6　1951年→1964年→1973年→1990年。

Ⅲ　この改革は農村で行われた**農地改革**のこと。

3　＜地歴総合＞

Ⅰ 1　日本海側を流れる寒流は**リマン海流**，太平洋側を流れる暖流は**日本海流（黒潮）**，寒流は**千島海流（親潮）**である。

2　同じころ，**最澄**が比叡山に延暦寺を建てて**天台宗**を広めた。いずれも，人里離れた山奥の寺で，学問や厳しい修行を行うもので，仏教の基礎となった。

3　Xは函館。他はそれぞれ，アー長崎，ウー兵庫，エー大阪。

4　Yは埼玉県。昼夜間人口比率は88.8%。昼間は東京に出勤・通学する人が多い。

5(2)　高速道路が走っており，インターチェンジも付近にあるため，遠方からの客も利用しやすい。

Ⅱ 1　日本の人口ピラミッドは，富士山型からつりがね型，つぼ型に変遷している。人口ピラミッドから，高齢化とともに少子化が進んでいることがわかる。

2　八幡製鉄所設立当時は重工業の力は弱く，輸入超過の状態が続いたが，日露戦争後に重工業が発展してきた。

Ⅲ　**資料**からは，アジア州からの移住者は増え続けており，移住者全体に占めるアジア州の割合も高くなっていることが読み取れるが，キリスト教徒に関することは読み取れないため，アジア州における宗教人口の割合を示した資料を用意し，アジア州で全人口に占めるキリスト教徒の割合が低いことを示す必要がある。

令和３年度　公立高校入試実戦問題第１回　数学

正答例

1 1(1)　30　(2)　1　(3)　$4a-19$

(4)　$x=-2$，$y=1$　(5)　24

2　900(円)　3　123(個)

4　$y=16$　5　80(度)

2 1　$\frac{8}{15}$

2(1)　96(cm²)

(2)　右図

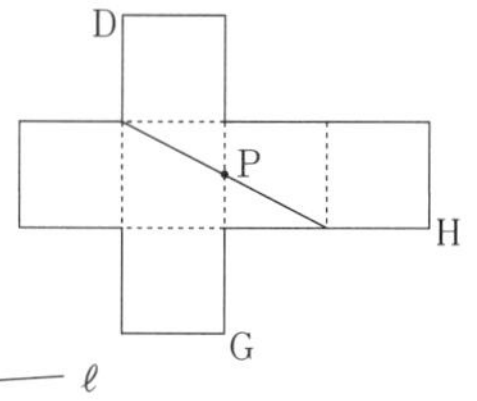

3

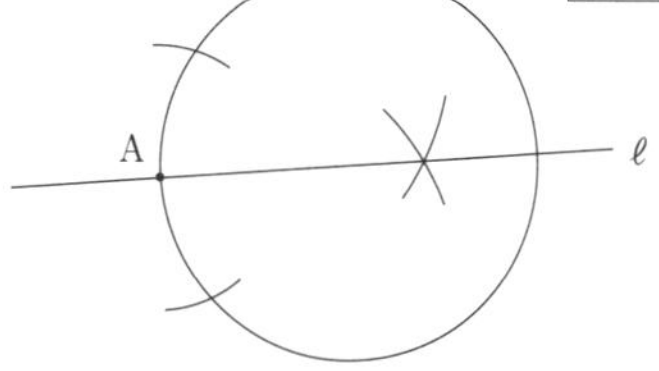

4　$\begin{cases} x+y+22=40 & \cdots\cdots① \\ 500x+200y+22\times100=7300 & \cdots\cdots② \end{cases}$

整理して

$\begin{cases} x+y=18 & \cdots\cdots③ \\ 5x+2y=51 & \cdots\cdots④ \end{cases}$

$5x+2y=51$

$-)\ 2x+2y=36$　……③×2

$3x=15$

$x=5$　……⑤

⑤を③に代入し，$5+y=18$，$y=13$

答　大人　5人，中学生　13人

3 1　7.1(倍)　2　1.46×10^5 (m)

3(1)　ア　5　イ　10　ウ　50000(完答)

(2)　記号　イ(完答)

説明

表1について，値が小さいほうから15番目は，5000 m，16番目は5100 mだから，

中央値は，$\frac{5000+5100}{2}=5050$(m)

表2について，最頻値は4000 m以上6000 m未満の階級の階級値だから，

最頻値は，$\frac{4000+6000}{2}=5000$(m)

よって，表1から求めた中央値と表2から求めた最頻値は異なるから，イは正しくない。

4 1　50

2(1)　イ　(2)①　400　②　$4x-200$

3　80分から250分の間

5 1　△AFDと△EFBにおいて，

仮定より，

AD＝EB　……①

AD // BCより，平行線の錯角は等しいから，

∠FAD＝∠FEB　……②

∠FDA＝∠FBE　……③

①，②，③より，1辺とその両端の角がそれぞれ等しいから，

△AFD≡△EFB

2　100(度)

3(1)　BCを軸として，△BCDを一回転してできる立体から，△BEFを一回転してできる立体の体積をひけばよい。$BC=6\times\frac{4}{3}=8$ (cm)

$\frac{1}{3}\times3^2\pi\times BH+\frac{1}{3}\times3^2\pi\times CH$

$=\frac{1}{3}\times3^2\pi\times8=24\pi$ (cm³)

点Fを通り辺BEに垂直な線をひき，その交点をIとすると，1より，$FI=\frac{1}{2}DH=\frac{3}{2}$(cm)

$\frac{1}{3}\times\left(\frac{3}{2}\right)^2\pi\times BI+\frac{1}{3}\times\left(\frac{3}{2}\right)^2\pi\times EI$

$=\frac{1}{3}\times\left(\frac{3}{2}\right)^2\pi\times6=\frac{9}{2}\pi$ (cm³)

$24\pi-\frac{9}{2}\pi=\frac{39}{2}\pi$ (cm³)

答　$\frac{39}{2}\pi$ cm³

(2)　7：5

配　点

1	3点×9	計27点
2	3，4　4点×2　　他　3点×3	計17点
3	3(2)　4点　　他　3点×3	計13点
4	2(2)②，3　4点×2　　他　3点×3	計17点
5	3(1)　6点　　3(2)　4点　　他　3点×2	計16点

解　説

1　＜計算問題・小問集合＞

1(1)　かっこの中から先に計算する。

$(216-36)\div6=180\div6=30$

(2)　かけ算を先にする。約分を忘れない。

$\frac{1}{3}+\frac{4}{5}\times\frac{10}{12}=\frac{1}{3}+\frac{2}{3}=\frac{3}{3}=1$

(3)　$2(5a-2)-3(5+2a)$

$=10a-4-15-6a=4a-19$

(4)　$4x+y=-7$ に $x=3y-5$ を代入し，

$4(3y-5)+y=-7$，$12y-20+y=-7$

$13y=13$，$y=1$，$x=3\times1-5$，$x=-2$

(5)　先に計算してから代入する。

$24xy^2\div(-6y)\times2x=24xy^2\times\left(-\frac{1}{6y}\right)\times2x$

$=-\frac{24xy^2\times2x}{6y}=-8x^2y$

これに $x=3$，$y=-\frac{1}{3}$ を代入し，

$-8\times3^2\times\left(-\frac{1}{3}\right)=24$

2　$5000\times(1-0.4)\times(1-0.7)$

$=5000\times0.6\times0.3=900$(円)

3　$\frac{14-7-2+1+13-5+7}{7}+120$

$=\frac{21}{7}+120=3+120=123$ より，123個

4　**比例だから，$y=ax$（a は比例定数）とすると，**

$-8=2a$，$a=-4$，$y=-4x$ に $x=-4$ を代入し，$y=-4\times(-4)=16$

5　$AB=BC$ より，$\angle BCA=(180°-50°)\div2=65°$

AD∥BCより，錯角は等しいから，

$\angle CAD=\angle BCA$

$=65°$

$\angle x=180°-35°-65°$

$=80°$

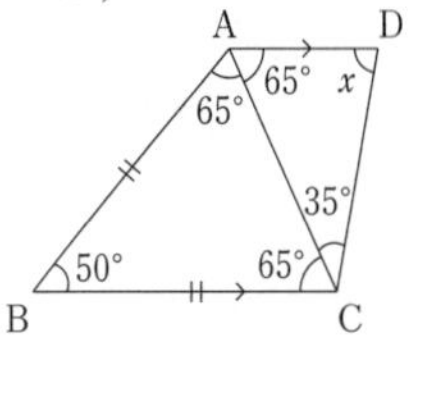

2　＜確率・空間図形・作図・連立方程式＞

1　2人の組み合わせは，

AB，AC，AD，AE，AF，BC，BD，BE，BF，CD，CE，CF，DE，DF，EFの15通り。男女の組み合わせになっているのは下線をひいた8通りだから，$\frac{8}{15}$

2(1)　$4\times4\times6=96$(cm²)

(2)　展開図上にすべての頂点を示すと右の図のようになる。最も短くなるのは，点Pが直線AG上にあるときだから，線分AGをひき，BFとの交点にあたる点をPとする。

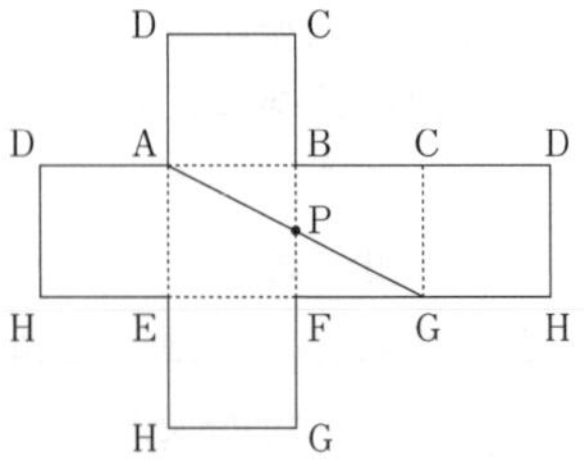

3　①点Aを中心とする円と円周の交点を2つとる。

②①の交点を中心とする半径が等しい円を2つかく。

③②でできた交点と点Aを通る直線を ℓ とする。

4　合計人数と入園料の総額についてそれぞれ立式する。

3　＜資料の整理＞

1　歩いた距離が最も長い日は18日で9200m，歩いた距離が最も短い日は21日で1300mだから，

$9200\div1300=7.07\cdots$ より，7.1倍

2　$146000=1.46\times100000$

$100000=10^5$ より，$146000=1.46\times10^5$(m)

3(1)　0m以上2000m未満の階級の階級値は，

$\frac{0+2000}{2}=1000$ より，1000m

1000×［ア］＝5000より，［ア］は5

これより，［イ］＝30－5－6－5－4＝10

［ウ］は，4000m以上6000m未満の階級の階級値が5000mだから，5000×10＝50000

(2)　**ア**…4000m未満の度数の合計は，5＋6＝11

11÷30＝0.366…より，0.4を下回る。

ウ…平均値を**表1**から求めると，

146000÷30＝4866.6…より，約4867m

表2から求めると，144000÷30＝4800(m)

よって，その差は50m以上長い。

4　＜関数とグラフ＞

1　A社は，90×5＝450円。B社は，400円

よって，A社の方が，450－400＝50(円)高い。

2(1)　150分までは一定(400円)，150分以降は時間に比例して増えるから，**イ**のグラフが適当。

(2)①　2より，$0\leqq x\leqq150$ のとき，y の値は400で一定だから，$y=400$

②　変化の割合は，x（利用時間）が1増加するごとに y（利用料金）は4円増加するから，求める式を $y=4x+a$ とおく。

①より，$x=150$ のとき，$y=400$ の点を通るから，$400=4\times150+a$，$a=-200$

よって，$y=4x-200$

3　A社を利用する場合について，1か月の利用時間を

x分，利用料金をy分とするとき，

① $0 \leqq x \leqq 100$のとき，$y=5x$

② $100 \leqq x$のとき，変化の割合は2で，(100，500)を通るから，求める式を$y=2x+b$とおくと，
$500=2\times100+b$，$b=300$
よって，$y=2x+300$

2(2)で求めたＢ社のグラフと重ねると，下の図のようになり，Ｂ社の方がＡ社と同じかそれより安くなるのは，xの変域が⟷で示した範囲のときである。
$x\leqq100$のとき，Ａ社とＢ社の料金が同じになるのは，$5x=400$，$x=80$より，80分のときである。
$x\geqq150$のとき，Ａ社とＢ社の料金が同じになるのは，$4x-200=2x+300$，$2x=500$，$x=250$より，250分のときである。また，その間はＢ社の方が安い。

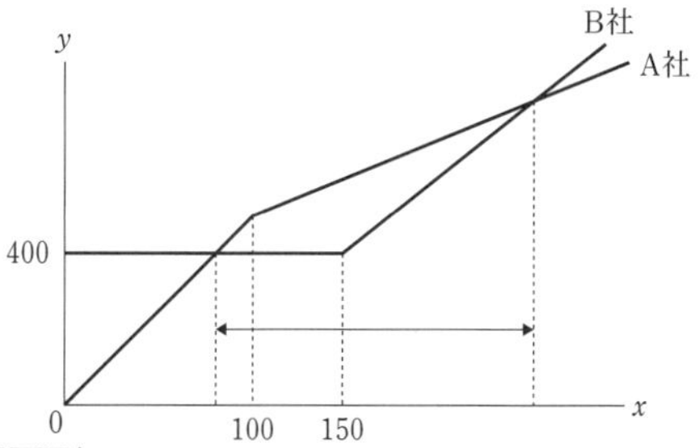

5 ＜平面図形＞

2 ＤとＥを結ぶと，ＡＤ//ＢＣ，ＡＤ＝ＢＥから，四角形ＡＢＥＤは平行四辺形である。**ＡＢ//ＤＥより，同位角は等しい**から，$\angle$ＤＥＣ＝$\angle$ＡＢＥ＝70°
$\angle$ＣＤＥ＝180°－70°－80°＝30°

3(1) ＢＨ＋ＨＣ＝ＢＣ，ＢＩ＋ＥＩ＝ＢＥより，正答例の式に変形することができる。

(2) ＡＢ＝ＤＣのとき，ＡＢ＝ＤＥより，△ＤＥＣは二等辺三角形となり，△ＤＥＨ≡△ＤＣＨが成り立つ。△ＤＥＨ＝△ＤＣＨ＝aとすると，
ＢＥ：ＥＣ＝3：1だから，
△ＤＢＥ＝3△ＤＥＣ＝$6a$
△ＡＢＤ＝△ＤＢＥ＝$6a$より，
台形ＡＢＣＤ＝$6a+6a+2a=14a$
△ＤＦＥ＝$\frac{1}{2}$△ＤＢＥ＝$3a$
ここで，△ＰＦＤ＝xaとすると，
五角形ＰＦＥＨＤ＝$(x+4)a$
$(x+4)a:14a=3:8$
$(x+4):14=3:8$
$8x+32=42$，$8x=10$，$x=\frac{5}{4}$
△ＰＦＤ＝$\frac{5}{4}a$，△ＡＦＰ＝$3a-\frac{5}{4}a=\frac{7}{4}a$
△ＡＦＰと△ＤＦＰの面積比は，ＡＰ：ＰＤの線分の比と等しくなるから，
ＡＰ：ＰＤ
$=\frac{7}{4}a:\frac{5}{4}a$
$=7:5$

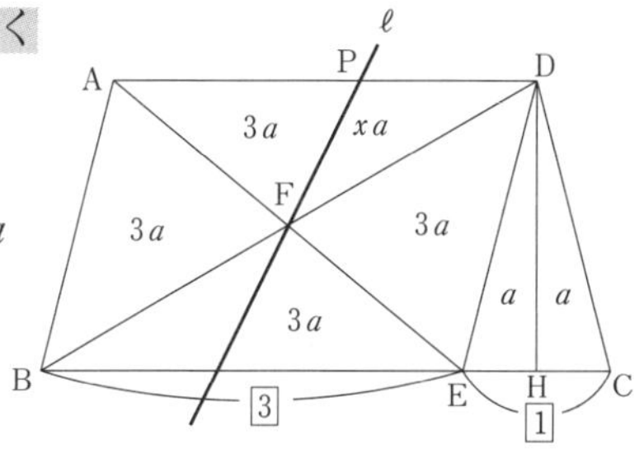

令和三年度　公立高校入試実戦問題第二回　国語

正答例

[1] 1 ①　小児　②　おだ
③　注射　④　優
⑤　ふっしょく　⑥　ふんとう
2　エ

[2] 1　イ
2　生きるときに不可欠な他者
3　母親と見つめあう　4　ア
5　親密さや情愛を表現することができる
6　人間の赤ちゃんは，あおむけになり母親から離れると，見つめあいや泣くことを通じ，母親との親密さを得る。

[3] 1　かたえを見あわせ
2　上に立つ人の「私はこのように思います。」
3　ア
4 Ⅰ　紙に書いて提出する
Ⅱ　考える時間が不十分である

[4] 1　エ
2　怒って，もう歌を教えてくれなくなる
3　エ　4　それからぼ　5　イ
6　どんな困難な状況でも，最後にたよれるのは自分だけだから，一人でやりとげなければならないということ。

[5] 　私は、Dに図書館を建ててほしいと思います。なぜなら、敷地が広いので大きな図書館を建設することができ、また、博物館や美術館が近くにあり、静かな場所だからです。今後、多くの人に利用してもらうためには駐車場を広くし、図書館の利用時間帯に合わせてバスの運行本数を増やすなど、交通面で利用しやすくすることが大切だと思います。

配　点

[1] 2点×7　計14点
[2] 1　3点　2　4点　3　3点　4　5点
5　4点　6　7点　計26点
[3] 1　2点　2　4点　3　2点
4 Ⅰ，Ⅱ　4点×2　計16点
[4] 1　3点　2　4点　3　4点　4　3点
5　4点　6　7点　計25点
[5] 9点

解　説

[1] ＜漢字・書写＞

2　行書は，急いで書く必要性や疲れずにたくさん楽に書くといった必要性の中で発達した書体であるから，点画の省略や連続，丸みがある。

[2] ＜論説文＞

1　[a]の直前で，「他者なしで，人間は生きることはできない」とし，直後で「他者（他の個体）が必要なのは，何も人間だけではない」としているので，接続詞「だが」が適当。

2　第二段落に「哺乳類は，～母乳がなければ，成長することができない」とあるが，成長できないだけではなく，生きていくこともできないことを表す語句を探す。第四段落で，再び「チンパンジーの赤ちゃん」の話に戻っている。この段落の最終文で，「母親から離れること」を「生きるときに不可欠な他者から，あえて，離れたままの姿勢をとること」と言い換えている。

3　第五段落後半に「赤ちゃんがあおむけになって，お母さんの身体から離れると，赤ちゃんと母親の眼と眼が合う」とある。

4　前の段落で述べた「眼と眼で見つめあうということは，きわめて人間的なことなのである」という論を深めるために，「眼とは何か？」を取り上げている。「ところで」で始まっているが，話題は転換していないので注意すること。

5　前の文に述べられている，「人間のみ」の特徴を抜き出す。

6　赤ちゃんが他者（母親）から離れることについては，第五，第八段落に，見つめあうことと，泣いて母親を呼ぶことが挙げられている。これは，いずれも赤ちゃんが母親に近づくことになる。この二点をまとめる。

[3] ＜古文＞

（**口語訳**）多くの人々が会議をするとき，「このことはどのようにお思いになるか。」と尋ねると，上に立つ人に遠慮し，仲間同士顔を見合わせて，あれこれしているうちに，「わたしはこのように思います。」と，上に立つ人が言いだすと，たいていは「お言葉のとおりです。」と言うばかりで，引き下がるものである。知恵がある人でも急に聞いたのでは，「これといって思いつきません。」と言うよりほかはない。これは会議に似ているけれど，実際は会議ではない。中国をまねて，それぞれが考えたことを紙に書いて，提出するようにしたいものである。

1　語頭以外のハ行はワ行に直す。

2　――線部②の言葉は，その直前の「われはかくこそおもひはべるなれ。」という「かしらだちたる人」の言葉に対して言ったものである。

3　ここでの「しりぞく」は「引き下がる」という意味。たいていは上に立つ人に遠慮して，自分の意見を言わずに引き下がってしまうのである。

4 Ⅰ　あとに「という中国の方法をまねて」とあるので，中国の方法を探すと，「めいめいそのおもひよりをかきつけて，たてまつる」とある。これを現代語に直して意味が通るようにする。

Ⅱ　知恵のある人が「これといって思いつきません。」と言わざるを得ない理由である。知恵のある人は急に聞かれて考える時間が足りないのである。これではせっかく知恵のある人がいてももったいないので中国の方法をまねした方がよいと言っている。

[4] ＜小説文＞

1　エは下一段活用。他は五段活用。打ち消しの助動詞「ない」をつけて判別する。

2　直後に「やっぱり怒っているんだ」とあり，同じ段落の最後に「もう終わりだ。もう教えてもらえない」とあることから，先生が怒って歌を教えてくれなくなると思い，絶望していると考えることができる。

3　ここは，手を挙げてよいのか戸惑っている場面である。「一人，二人と，ぱらぱらと」「右を見たり左を見たりしながらおそるおそる」という表現から，「自信を持って」いるとは考えられない。

4　「ぼく」が歌っているのは，初めの方の場面。時間の長さを感じながら歌いつづけた状況を，「長い長い旅に出た」という比喩で表している。

5　先生は失敗を怒っておらず，最後まで一人で歌いきった「ぼく」を評価した。だから，「ぼく」も前向きにとらえることができたのである。「強いやさしさに満ちた笑顔」とあることから，「ミオ先生」の言葉を素直に受け止め，励まされたと考えられる。アは「本当のところは怒っている」，ウは「才能に気づく機会をくれた」，エは「先生の言葉に圧倒され何も言えずにいる」がそれぞれ不適。

6　「ぼく」が，歌の失敗という「困難」な状況を，誰の力も借りずに「自分」一人で乗り越えなければならなかったことから考える。「先生」のねぎらいの言葉によって，「ぼく」は，その日自分が経験したことの意味を認識したのである。

[5]　＜作文＞

佐藤さん，田中さん，山本さんは，意見と理由を先に書き，その後に候補地に建てた場合の便利さについての考えを書いている。地図から周辺環境を読み取り，候補地を選んだ理由や考えを書いているため，三人の書き方を参考にしてDの候補地を選んだ立場で書くとよい。

［採点基準の例］

⑴　意見・理由…４点

Dの候補地を選んだ理由が明確に書けているかを，４点（良い），２点（不明瞭），０点（書けていない）の３段階に評価する。

⑵　考え…５点

図書館を多くの人が利用するためにどうすればよいか，自分の考えが明確に書けているかを，５点（優れている），４点（良い），２点（不明瞭），０点（書けていない）の４段階に評価する。

⑶　段落指定を守っていないもの…減点２点

⑷　行数を満たしていないもの…減点３点

⑸　表記…最大減点４点（一か所ごとに減点１点）

①　原稿用紙の使い方の誤り。

②　誤字脱字，符号の用法の誤り。

③　用語や文の照応の不適切なもの。

④　文体が敬体でないもの。

令和３年度　公立高校入試実戦問題第２回　理科

正答例

[1]　1　中性子　　2　弾性

3　①　イ　②　ア（完答）　　4　イ

5　272（m）

6　⑴　食物連鎖　　⑵　右図

7　水にとけやすく，空気より密度が小さいから。

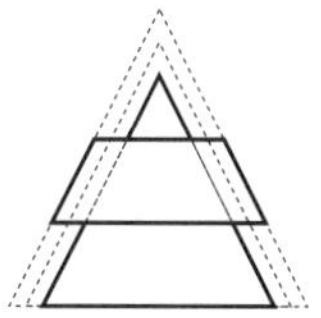

[2]　Ⅰ　1　アとエ（順不同・完答）

2　（午後）7（時ごろ）

3　ベテルギウスは，はるか遠くにあるから。

4　イ

Ⅱ　1　ヘクトパスカル（hPa）

2　強い雨が短時間に降り，前線の通過後は気温が下がる。

3　c，a，b

[3]　Ⅰ　1　$HCl + NaOH \rightarrow NaCl + H_2O$

2　a　pH　　b　7（完答）　　3　Cl^-

4　1回目，2回目，3回目（完答）

Ⅱ　1　a　蒸留　　b　沸点

c　たまった液の中に入らないように

2　B，A，C　　3　$\frac{18.3-V}{8}$（g/cm^3）

[4]　Ⅰ　1　メンデル　　2　優性形質　　3　Aa

4　ウ

Ⅱ　1　鳥（類）　　2　赤血球

3　a　血しょう　　b　組織液（完答）

4　③　ア　⑥　エ（完答）

[5]　Ⅰ　1　イ　　2　ア

3　コイルが半回転するごとに点Aを流れる電流の向きを逆にする役割。

4　ウ

Ⅱ　1　慣性

2　PT間　36（cm/s）　　S　33（cm/s）

3　イ

配　点

[1]	5，6⑵	3点×2	他	2点×6	計18点
[2]	Ⅰ2，4，Ⅱ1	2点×3	他	3点×4	計18点
[3]	2点×9				計18点
[4]	Ⅱ3，4	3点×2	他	2点×6	計18点
[5]	Ⅰ3，Ⅱ3，	3点×2	他	2点×6	計18点

解　説

[1]　＜４分野総合＞

1　原子は原子核と－の電気をもつ電子からできている。原子核は，＋の電気をもつ陽子と電気をもたない中性子からできている。

3　Bの火山は，マグマのねばりけが強く，爆発的な噴火をし，溶岩の色は白っぽい。

4　水より密度が大きいものに，ポリエチレンテレフタラートやポリ塩化ビニルやポリスチレンがある。

5　音が空気中を進んだ距離は，340×1.6＝544〔m〕この距離は，太鼓から校舎までの１往復分の距離だか

ら，太鼓から校舎までの距離は544÷２＝272〔m〕

6⑵　Ｂで植物がふえたので，Ｃではそれをえさとする草食動物が増加し，食べる量も多くなるので植物が減少する。

7　下方置換法は水にとけやすく，空気より密度が大きい気体，水上置換法は水にとけにくい気体を集めるのに適している。

2 ＜地球と宇宙・天気とその変化＞

Ⅰ１　夏の大三角は，ベガ，デネブ，アルタイルである。

２　星は１か月でおよそ30°動いて見える。年周運動の30°は日周運動の２時間にあたるので，同じ位置に見える時刻は，１か月で２時間早くなる。

４　金星の公転の向きは，地球と同じ反時計回りであり，公転周期は地球より短く，地球に近づいてくるので，大きく見え，欠け方も大きい。

Ⅱ２　寒冷前線付近では積乱雲が発達し，強い雨が短時間に降る。寒冷前線の通過前は，南寄りの風がふくが，通過後は北寄りの風がふき，寒気におおわれるので気温は下がる。

３　日本列島付近の天気は，偏西風の影響で西から東へと変わっていく。図中の前線をともなった低気圧に着目する。

3 ＜化学変化とイオン・身のまわりの物質＞

Ⅰ　酸性の水溶液には水素イオンがふくまれ，アルカリ性の水溶液には水酸化物イオンがふくまれる。

１　酸の水溶液とアルカリの水溶液を混ぜ合わせると，水素イオンと水酸化物イオンが結びついて水をつくり，たがいの性質を打ち消しあう。この反応を中和という。中和が起こるときは，水と一緒に，酸の陰イオンとアルカリの陽イオンが結びついて塩ができる。塩は，混ぜ合わせる水溶液の種類によって異なり，塩酸と水酸化ナトリウム水溶液の中和では，塩として塩化ナトリウムができる。

３　２つの溶液を混ぜ合わせると，中和の反応が起こるため，水素イオンの数は減少するが，塩化物イオンの数は変化しない。また，うすい水酸化ナトリウム水溶液を加えるたびに，ナトリウムイオンの数は増加していき，水酸化物イオンは中和を終えた後に増加していく。

４　３回目にうすい水酸化ナトリウム水溶液を加えたことで，溶液が酸性からアルカリ性になっている。つまり，３回目にうすい水酸化ナトリウム水溶液を加えると，溶液中の水素イオンが完全に反応し，なくなったとわかる。

Ⅱ２　エタノールを多くふくむ液体の方がよく燃える。

３　**物質の密度〔g/cm³〕$=\dfrac{\text{物質の質量〔g〕}}{\text{物質の体積〔cm}^3\text{〕}}$**

Ｖ cm^3 の水の質量は，Ｖ×1.00＝Ｖ〔g〕

８ cm^3 のエタノールの質量は，18.3－Ｖ〔g〕

よって，エタノールの密度は $\dfrac{18.3-V}{8}$〔g/cm^3〕

4 ＜生命の連続性・動物の生活と生物の変遷＞

Ⅰ４　図より，丸形が優性であるとわかる。子の代どうしをかけ合わせたときにできる孫の代の遺伝子の組み合わせは右上の表の通りであり，孫の代のしわ形の種子のエンドウの遺伝子の組み合わせはａａである。よって，Ａａの遺伝子をもつ種子のエンドウと，ａａの遺伝子をもつ種子のエンドウをかけ合わせてできる種子の遺伝子の組み合わせは右下の表の通りであり，

	Ａ	ａ
Ａ	ＡＡ	Ａａ
ａ	Ａａ	ａａ

	ａ	ａ
Ａ	Ａａ	Ａａ
ａ	ａａ	ａａ

Ａａ：ａａ＝１：１となる。

Ⅱ１　鳥類は卵生であるが，恒温動物である。

２　赤血球には，ヘモグロビンという物質がふくまれており，ヘモグロビンは酸素の多いところでは酸素と結びつき，酸素の少ないところでは酸素をはなす性質を持っている。ヒトの血液のおもな成分は他に以下のものがある。

白血球…細菌などの異物を分解する。

血小板…出血した血液を固める。

血しょう…養分や不要な物質などを運ぶ。

３　細胞の活動によって出される二酸化炭素やアンモニアなどの不要な物質も，組織液にとけてから血管の中にとりこまれる。

４　右心房→右心室→肺動脈→肺→肺静脈→左心房→左心室の順。心臓から肺を通って心臓にもどる血液の経路を，肺循環という。

5 ＜電気の世界・運動とエネルギー＞

Ⅰ１　電流の向きと磁界の向きの関係は，右図のように表される。

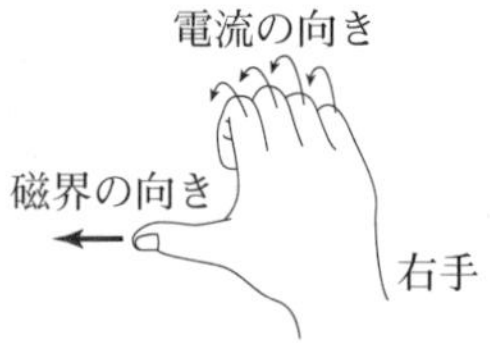

２　磁石の磁界の向きはＮ極からＳ極である。点Ａは下向きの力を受け，コイルの左側では上向きの力を受けるので，コイルはＰの向きに回る。電流を大きくすると，コイルの回転は速くなる。

３　半回転ごとに電流の向きが変わるため，いつもコイルの右側は下向きの力，左側は上向きの力を受けて回転を続ける。

４　発電機とマイクロホンは，電磁誘導によって誘導電流が流れるしくみである。

Ⅱ２　ＰＴ間の距離は8.0＋7.8＋6.8＋6.5＝29.1〔cm〕かかった時間が0.8秒なので，

29.1÷0.8＝36.3…　およそ，36 cm/s 。Ｓでは摩擦力がはたらいていないので，Ｓにおける瞬間の速さはＳＴ間の平均の速さに等しい。ＳＴ間の距離は6.5 cm，かかった時間が0.2秒なので，

6.5÷0.2＝32.5　およそ，33 cm/s 。

３　ＰＱ間では力学的エネルギーが保存されるので，ｐ＝ｑ，ＡＢ間ではしだいに力学的エネルギーが減少するので，ｑ＞ｒ＞ｓとなる。

令和３年度　公立高校入試実戦問題第２回　英語

正答例

1　１　イ　２　エ　３　ア→ウ→イ　（完答）
　４　①　Saturday　②　favorite
　５　(1)　ウ　(2)　エ
　　(3)　They will have lunch in Asahi Park.
　６　Because I practiced tennis very hard yesterday.

2　１　①　エ　②　イ
　２　①　dinner
　　②　What are they ?
　　③　20　④　free
　３　How did you come here ?
　４（例１）　I want to read many books when I become a high school student.　I want to learn many things by reading.
　（例２）　I want to do a club activity when I become a high school student.　I didn't do that in junior high school, so I want to try.
　（例３）　I want to do a volunteer activity when I become a high school student.　It is important to help other people.

3　Ⅰ　①　エ　②　ア　③　ウ
　Ⅱ　１(1)　To keep the flowers beautiful longer.
　　(2)　Because her grandmother knows a lot of things she doesn't know.
　　２　put something in the vase with the flowers
　Ⅲ　１　ウ　２　イ

4　１　ウ→イ→ア　（完答）
　２　ア　３　ウ
　４　ジョシュが父親の仕事に興味があり，よく父親の仕事場に来ていると知ったから。
　５　What do you think about him ?
　６　ウ，エ　（順不同）
　７　It was to make a lot of people happy through my work.

配　点

1　１，５(1)，(2)　２点×３　６　４点
　他　３点×５　計 25 点
2　２②，３　３点×２　４　７点　他　２点×５　計 23 点
3　Ⅱ２　３点　他　２点×７　計 17 点
4　２，３　２点×２　４　４点　７　５点
　他　３点×４　計 25 点

解　説

1　<聞き取りテスト台本>
<チャイムの音四つ>

これから，英語の聞き取りテストを行います。問題用紙の２ページを開けなさい。

英語は１番と２番は１回だけ放送します。３番以降は２回ずつ放送します。メモをとってもかまいません。

（約３秒間休止）

では，１番を始めます。まず，問題の指示を読みなさい。

（約 13 秒間休止）

それでは放送します。

Ken : Is this yours, Mary ?
Mary : Yes.
Ken : May I use it ?　I want to know what this word means.
Mary : OK.　（約 10 秒間休止）

次に，２番の問題です。まず，問題の指示を読みなさい。

（約 13 秒間休止）

それでは放送します。

Emi : Bob, do you have any books about our town ?
Bob : Yes, I have a book about my town.　Why do you want it ?
Emi : I want to know how many people live in our town.　Can I borrow yours ?
Bob : Sure.　Then I will bring it tomorrow.

（約 10 秒間休止）

次に，３番の問題です。まず，問題の指示を読みなさい。

（約 25 秒間休止）

それでは放送します。

On a beautiful day in September, we had our sports day.　I was very excited because I liked running very much.　I got up at six that day.　At first, I joined the 100-meter dash.　I wanted to win, but I came in third in the race.　My father took some pictures of me.　In the afternoon, I ate lunch with my family.　Later, I enjoyed some more races.　We had a very good time.

（約３秒おいて，繰り返す。）（約７秒間休止）

次に，４番の問題です。まず，問題の指示を読みなさい。

（約 15 秒間休止）

それでは放送します。

Lucy : Look at this box, Father !
Father : Oh, there is something in this box.　Is it something to eat, Lucy ?
Lucy : No, it is a big ball.　I bought it last Saturday.　This is a present for our dog, John.　He loves balls very much.
Father : Nice !　He'll be happy.　Lucy, you have a present, too.
Lucy : Really ?　Do you have a present for me ?
Father : Yes, of course.　This is for you.　Please open it now.
Lucy : Wow !　Thank you, Father !　I have wanted this book for a long time.
Father : I'm glad to hear that.　It's a very famous book.　Well, I want to buy a present for your mother.　I'm going to buy a DVD for her.　I know her favorite one.　Can you go to buy one with me this afternoon ?
Lucy : OK.　She'll be happy, too.

（約 10 秒おいて，繰り返す。）（約 15 秒間休止）

次に，５番の問題です。まず，問題の指示を読みなさい。

（約 20 秒間休止）

それでは放送します。

Hi, Tom. This is Shinji.　I'm calling you to tell you about the tennis games we will play tomorrow morning.

The place is Green Park. We wanted to start the games at seven thirty in the morning. But Masao can't come so early. So the games will begin at nine. Please come at eight thirty. Our group has nine people but three more people will join us tomorrow. They are students from America. Please bring something to eat. We will have lunch in Asahi Park near our school after the games. I think it will be sunny tomorrow. See you !

(1) What time should Tom get to Green Park tomorrow ?
（約７秒間休止）

(2) How many people will play the tennis games ?
（約７秒間休止）

(3) What will they do after the tennis games ?
（約７秒間休止）

では，２回目の放送をします。
（最初から質問(3)までを繰り返す。）（約 15 秒間休止）

次に，６番の問題です。まず，問題の指示を読みなさい。
（約 15 秒間休止）

それでは放送します。

Mike : Hi, Aya. How are you ?
Aya : Hi, Mike. I'm a little tired today.
Mike : Oh, really ? Why are you tired today ?
Aya : (   )

（約３秒おいて，繰り返す。）（１分間休止）

＜チャイムの音四つ＞

これで，聞き取りテストを終わります。次の問題に進みなさい。

[2] ＜英文表現＞

1　B：すみません。これらの２冊の本を借りてもいいですか？　L：ええ。あなたはカードを持っていますか？　B：はい。②**はい，どうぞ**。　L：ありがとうございます。あなたはそれらを３週間借りられます。　B：わかりました。ありがとうございます。放課後にここで勉強してもいいですか？　L：①**はい，もちろんです**。ここは朝９時から夕方７時まで開いています。

2　H：こんにちは，太郎。週末はどうでしたか？　T：こんにちは，ヒル先生。よかったですよ。昨日は母の日でした。僕の姉の百合と恵理と，僕で母のために①**夕食**を作りました。H：それはとてもすばらしいですね。あなたたちはよくご両親を手伝うのですか？　T：はい。僕たちの両親は働いているので，僕たちは家事をして彼らを手伝うために当番表を作りました。僕はやるべきことが二つあります。　H：そうなのですね。②**それらは何ですか？**　T：食器を洗うことと部屋を掃除することです。　H：すばらしいですね！　でも太郎，あなたは来週，京都へ修学旅行に行く予定ですよ。あなたは５月③**20** 日に出発するのよね？　旅行の間は家事ができません。　T：ええと，僕たちは水曜日に出発して，金曜日に帰ってきます。百合はその日④**暇**なので水曜日に僕の家事をしてくれる予定です。その次の日に，恵理が僕のために僕の家事をしてくれる予定です。　H：あなたは良いお姉さんたちをもっていますね。あなたとあなたのお姉さんたちはとてもよくご両親を手伝っているのですね。

3　①　やあ，美沙。**どうやってここに来たの？**
②　私はここにバスで来たわ。

4　教師：あなたたちは高校生になったら何をしたいですか？　黒板を見てください。話題を一つ選んで，あなたたちの考えを教えてください。始めてくれますか，翔太？

生徒：わかりました。

（正答例１の訳）私は高校生になったらたくさん読書がしたいです。私は読書をすることでたくさんのことを知りたいです。

（正答例２の訳）私は高校生になったら部活をしたいです。中学生の時はやらなかったので，挑戦してみたいです。

（正答例３の訳）私は高校生になったらボランティアをしたいです。他人を助けることは大切です。

ありがとうございました。

教師：わかりました。ありがとう，翔太。

[3] ＜英文読解＞

Ⅰ　N：こんにちは，ジョーンズ先生。何を聴いているのですか？　あなたは笑っていますよ。　J：おお，こんにちは，信夫。私はＣＤを聴いているんだよ。英語の落語だよ。　N：こっけいな日本の物語の落語ですか？　何についての物語ですか？　J：①**それは仕事を探している男の話だよ**。でも彼は一生懸命に働きたくはないんだ。彼は動物園で簡単な仕事を見つけて，そこでゆかいなことが起こるんだ。私はこの物語を何度も聴いていて，いまだに笑ってしまうんだ。落語は日本人がすばらしいユーモアのセンスを持っていることを示してくれているよ。君は落語の中に日本の文化についての興味深いことも見つけるだろうね。N：僕は，落語は日本人のためだけのものだと思っていました。　J：いいや，それは日本人のためだけのものではないよ。②**今日では，英語を理解する全ての人も落語を楽しむことができるんだよ**。いくつか他の英語の落語のＣＤがあるよ。英語の落語は今もっと人気になっているところなんだ。　N：本当ですか？　英語の落語はおもしろそうですね。あなたは，僕たちが英語クラブでいくつかの物語を学ぶことができると思いますか？　③**僕たちを手伝ってくれませんか？**　J：もちろんだよ。英語の落語を学ぶことは楽しいだろうね。

Ⅱ　私の祖母は話をすることが大好きだ。私は彼女といて幸せだ。私は祖母が大好きだ。しかし，ときどき私は彼女の長い話を聞きたくなかった。

先週，祖母が私にあるおもしろいことを教えた。私が花を花びんに入れたとき，彼女が私に「それらの花はとてもきれいね。あなたはどこからそれらを手に入れたの？」と言った。「私の友達が私の誕生日にこれらをくれたのよ。私はそれらをより長く美しく保ちたいのだけれど，難しいと思うわ」と私は言った。

祖母は，ほほえんで「まあ，いいえ，それは簡単よ。あなたは花と一緒にあるものを花びんに入れるべきなのよ」と言った。「それは何？」と私はたずねた。「それは砂糖よ」と彼女は言った。「花びんにいくらかの砂糖を入れてごらんなさい。そうしたらあなたはそれらをより長く美しく保つことができるわ。」

私は花びんの水を毎日かえ，その中にいくらかの砂糖を入れた。数日後，その砂糖が花を美しく保っていたので，私はとても驚いた。私はうれしくて，彼女に「おばあちゃんはすごいわ！　あなたはたくさんのことを知っているのね」と言った。彼女はそれを聞いてとてもうれしそうだった。

今，私は，私の祖母は私の知らないたくさんのことを知っていると思う。何か私が知りたいことがあるとき，私はしばしば彼女にたずねる。私は祖母と彼女の話の両方が大好きだ。私は彼女とたくさん話すことを楽しみたい。

1(1)　知子にとって何が難しかったか？

（正答例の訳）　花をより長く美しく保つこと。

(2)　知子が何かを知りたいとき，彼女はしばしば彼女の祖母にたずねる。それはなぜか？

（正答例の訳）　知子の祖母が彼女の知らない多くのことを知っているから。

Ⅲ1　ケイトは「私は1日に映画を2本見たいの。私は10時から3時まで映画館に滞在できるわ」と言った。

※10時から3時の間に見ることができるのは，4本である。そのうち，時間が重なっていないのは10：50の回のThe Great Catsと，13：10の回のOld Friendsであるから，答えは**ウ**になる。

2　美穂は「私は映画を見たいけれど，字幕は好きじゃないの。私は7ドルだけ持っているわ」と言った。

※美穂は吹き替えで見たいので，吹き替えのあるThe Great CatsかWonderful Magicに絞ることができる。7ドルで見られるのはハッピーアワーに該当する映画であり，吹き替えで10時より前，もしくは19時以降に始まるのはWonderful Magicの最初の回だけであるから，答えは**イ**になる。

4　＜長文読解＞

ベッキーが中学生の時，彼女は弟のジョシュとほぼ毎日テレビゲームをしていた。彼女の両親はそれを見て悲しんで，しばしば彼女にもっと勉強するように言った。

彼女が高校生になった時，たくさんの友達ができ，物事を学ぶことを楽しみ始めた。彼女の高校生活はそんなに悪くなかった。しかし彼女が心配していることが一つあった。彼女の先生が彼女に将来のことについて聞いたとき，①**彼女は何も言えなかった**のだ。彼女の友達のほとんどが彼ら自身の夢や計画を持っていて，それらについてよくお互いに話していた。彼女は彼らに加わることができないとき，とても悲しかった。彼女は将来の夢や計画を一つも持っていなかった。ある夜，彼女は父親にそのことについて話した。彼女の父親は大工だった。彼はほほえんで，彼女にいつか彼の仕事場に来るように言った。彼女はなぜ彼が彼女にそうするように言ったのかわからなかった。

ある日，学校から帰る途中，彼女は父親の仕事場を訪れようと決めた。彼の仕事場で彼を見るのは彼女にとって初めての経験だった。彼女がそこに着いたとき，彼女の父親は二人の若い大工と仕事をしていた。父親は彼らに木材の削り方を教えていた。彼女は彼の中にプロとしての何かを見た。彼女は父親をすごいと思った。彼女は父親に話しかけなかった。彼女は長い間そこにただ立っているだけだった。しばらくした後，父親はベッキーに「ずっと私を見ているね。ここにおいで。お茶を飲もう」と言った。彼は彼女にお茶を一杯渡して「私の仕事をどう思うかい，ベッキー？」とたずねた。ベッキーは「すばらしいわ」と言った。彼は「私は約15年間で30軒ほどの家を建てたんだよ。良い家を建てるのは時間がかかるんだ」と言った。そこで彼女は彼に「お父さんはどうして大工になろうと決めたの？」とたずねた。彼は，「私は良い家を建てることを通してたくさんの人々を幸せにしたかったんだよ。私が大工として働き始めた時，それはとても大変で，②**しばしば働くのをやめたくなったよ**。でも私はやめなかった。なぜなら私の夢は良い家を建てることを通して多くの人々を幸せにすることだったからね。だから私は一生懸命働き続けたよ。君自身の夢を持つことは大切だよ，ベッキー」と答えた。彼女は彼女の父親の言葉に感動した。彼らはお茶を飲み終えた。そのとき一人の少年が彼らのところに来た。その少年はジョシュだった。彼女は驚いて「ここで何してるの？」とたずねた。ジョシュは「僕はお父さんを見るためにここにいるんだよ。僕は放課後によくここに来るよ。彼の仕事場で彼を見るのはおもしろいんだ」と答えた。③**ベッキーはまた驚いて**父親を見た。彼女の父親はほほえんでいた。彼女は，「ジョシュはお父さんの仕事に興味を持っていたのね！　ジョシュはおそらくお父さんのような大工になるわね」と思った。彼らの帰り道で，ジョシュはベッキーに「僕はお父さんを誇りに思うよ。④**お姉ちゃんは彼についてどう思う？**」とたずねた。「私は，お父さんは本当にすばらしい人だと思うわ」と彼女は答えた。彼女は彼女の人生について考えた。その日以降，彼女は自分の将来について考え始めた。彼女も自分の仕事を通して多くの人々を幸せにしたかった。それは彼女の大きな夢になった。彼女はより熱心に勉強し，学校生活はより良いものになった。

今，ベッキーは建築家で，ジョシュは大工だ。その町のたくさんの人が彼女に自分たちの家を設計してほしいと思っている。彼女はとても忙しいが，彼女の仕事を通してたくさんの人々を幸せにしてとてもうれしく思っている。ベッキーの大きな夢は実現したのだ。

2　本文訳波線部参照

3　ア　他の人々のために働こうと決めた

イ　いい家を建てようと努力した

エ　大工になる方法を勉強した

4　本文訳二重傍線部参照。

6　ア　ベッキーの両親は彼女に彼女の弟と一緒にテレビゲームをするように言った。

イ　ベッキーの友人は彼ら自身の夢について考えがなかった。

ウ　ベッキーの父は，彼女に彼女自身の将来について考えてほしかった。

エ　ベッキーの学校生活は彼女が夢を見つけてより熱心に勉強し始めた後，より良いものになった。

オ　ベッキーの弟は彼らの父親のように建築家になった。

7　S：あなたは私たちのためにすばらしい家を設計してくれましたね。あなたはなぜ建築家になったのですか？　B：私は初めて父の仕事場に行ったとき，大きな夢を見つけたのです。　S：それは何でしたか？　B：**私の仕事を通して人々を幸せにすることです**。　S：あなたの夢は叶いましたね。あなたはいい仕事をしていますよ。　B：ありがとうございます。

令和３年度　公立高校入試実戦問題第２回　社会

正答例

1　Ⅰ　1　キリスト教　2　イ　3　エ
4(1)　生産した穀物の多くが国内で消費されるため。
(2)　プランテーション（カタカナ指定）
5　スラム（カタカナ指定）　6　エ
Ⅱ　1　東経 135 度　2　ア，仙台市（完答）
3　A　4　エ
5　河口からの距離が短く，急流である。
6　とる漁業による漁獲量が減少傾向にあるため。
Ⅲ　農家数が減少するとともに農業従事者の高齢化が進んでおり，耕作放棄地が増えていること。

2　Ⅰ　1　口分田（漢字３字）　2　ウ
3　ア　4　イ
5　農民の身分は，武士とはっきりと区別された。
6　将軍の代がわりのとき。
7　ウ→エ→ア→イ
Ⅱ　1　東海道　2　ア　3　ア
4　第一次世界大戦が始まると，工業生産額が増加し，輸出額が輸入額を上回ったため，好景気をむかえた。
5　太平洋戦争　6　ウ→ア→イ
Ⅲ　X　外国に大量の小判（金貨）が流出すること（15 字）
Y　小判（金貨）1 枚あたりの価値が下がった（15 字）

3　Ⅰ　1　ウ
2　①　立法　②　内閣（完答）
3　ウ，エ（完答）
4　一つの選挙区で一人の代表を選ぶ制度。
5(1)　イ
(2)　有罪の判決が確定するまでは無罪
Ⅱ　1　流通　2　エ
3　消費量に対する回収量の割合が，年々高まっており，回収率は上がってきている。
4　国連環境開発会議 / 環境と開発に関する国連会議 / 地球サミット
5　イ
6　税収が減少し，歳出が増加したため，国債発行額が増えた。（27 字）
Ⅲ（記号）イ
（理由）情報化が進み，上昇していると考えられるから。（完答）

配点

1　Ⅱ6　Ⅲ　3点×２　他　２点×12　計30点
2　Ⅱ4　3点　他　２点×14　計31点
3　Ⅲ　4点　Ⅱ6　3点　他　２点×11　計29点

解説

1　＜地理総合＞

Ⅰ 1　キリスト教，仏教，イスラム教は三大宗教とよばれる。キリスト教はヨーロッパ，南北アメリカ，オセアニアに，仏教は東南アジア，東アジアに，イスラム教は北アフリカ，西アジア，中央アジア，東南アジアに主に広がっている。
2　暖流の北大西洋海流と，その上をふく偏西風の影響で，日本の最北端より高緯度の地域においても，緯度が高いわりには冬でも温暖（西岸海洋性気候）。
3　０度の緯線を赤道という。
4(1)　中国は人口が世界で最も多い国。それに次ぐインドも小麦では中国と同じように，生産量のわりに輸出量が少ないという状態である。
(2)　ヨーロッパの植民地であったアフリカの国々でも多くみられる。
6　マゼランの船隊は西廻りで，世界一周を果たした。現在は，日付変更線を東から西へ越えるときは日付を一日進める。

Ⅱ 1　兵庫県明石市を通る。
2　宮城県の県庁所在地。イ－千葉市，ウ－富山市，エ－福岡市。
3　Aは北海道。他に生乳などの生産量も全国で最も多い。B－福島県，C－鳥取県，D－宮崎県。
4　資料２の農産物は，主な生産県からみかんとわかる。みかんは果樹園の地図記号で示される。ア－桑畑，イ－茶畑，ウ－水田。
5　外国の大陸の河川は河口からの距離が長く，流れがゆるやかである。
6　各国が排他的経済水域を設定したこと，資源保護などの視点から，漁獲量の制限が厳しくなっている。

Ⅲ　資料１から，農家数が減少するとともに農業従事者の高齢化が進んでいること，資料２から，耕作放棄地が増えていることが読み取れる。

2　＜歴史総合＞

Ⅰ 1　戸籍に登録された６歳以上のすべての人々に口分田が与えられ，その人が死ぬと，国に返すことになっていた。これを班田収授法という。
2　青銅器や鉄器などの金属器が伝わり，銅鐸や銅鏡などは祭りのための宝物として用いられた。ア－縄文時代，イ－古墳時代，エ－奈良時代。
3　イ－租・調・庸は奈良・平安時代。ウ－守護大名は室町時代。エ－御成敗式目を定めたのは北条泰時。
4　平安時代末に平清盛が日宋貿易のために兵庫の港を整備したことから，宋と考えられる。
5　農民を耕作にだけ従事させる一方で，それまで自分の領地にいた武士は城下町に集められた。このように，農民と武士の身分の区別がはっきりとしたことを，兵農分離という。

6　徳川家康の時代に朝鮮との国交が回復し，将軍の代がわりごとに通信使が来る慣例となった。対馬藩の宗氏は，朝鮮との国交の実務を担当するとともに，釜山の倭館での貿易を許された。

7　弥生時代→平安時代→室町時代→江戸時代。

Ⅱ 1　同年にはアジアで初めての開催となる，東京オリンピックが行われた。

2　最大の貿易港は横浜港で，相手国はイギリスが中心。品不足や，日本の金貨の海外への大量流出などから日常品の物価までもが急上昇したため，武士の中では攘夷を主張する声が高まってきた。

3　イの群馬県には，1872年に富岡製糸場がつくられた。

4　**資料1**のAの期間は輸出が輸入を上回っており，**資料2**の1914年からの5年間で工業が急速に発展したことがわかる。

5　日米交渉とは1937年に始まった日中戦争の解決のための交渉のこと。1941年12月8日，日本はハワイの真珠湾を奇襲し，太平洋戦争が始まった。

6　エは1904年。1918年→1920年→1929年。

Ⅲ　**資料1**から，自国の銀貨を日本に持ち込み，金貨に交換し持ち帰り，再び自国で銀貨に交換すると，元本の3倍に増えることがわかる。また，**資料2**から，小判に含まれる金の量を約3分の1に減らしたことがわかる。

③　<公民総合>

Ⅰ 1　国が情報公開法を制定し，地方自治体が情報公開制度を設けている。

2　**行政権**は**内閣**，**立法権**は**国会**，**司法権**は**裁判所**がもつ（**三権分立**）。国会議員が提出する法律案を議員立法という。

3　**直接請求権**は，国政には見られない権利で，首長や議員の解職（リコール），議会の解散，条例の改正や廃止などを求めることができる権利などが保障されている。

4　日本の選挙制度には，小選挙区制の他に，得票に応じて各政党へ議席を配分する**比例代表制**がある。

5(1)　警察官は被疑者を逮捕するが，現行犯を除き，逮捕状がなければ逮捕できない。

Ⅱ 2　ＰＬ法は，欠陥商品によって消費者が被害を受けた場合は，消費者が企業側の過失を証明できなくても損害賠償を求められることを定めている。エの訪問販売などで商品を購入した場合，一定期間内であれば，理由にかかわりなく契約を解除できる**クーリング・オフ制度**が定められている。

5　地方公共団体による行政サービス。ア－代金，ウ－労働力，エ－賃金。

6　税収が減少したため，国の借金（国債）で補っている状況。

Ⅲ　ア－家賃地代，ウ－ガス代，エ－米。

令和３年度　公立高校入試実戦問題第２回　数学

正答例

① 1(1)　-4　　(2)　$\frac{1}{2}$　　(3)　$-5\sqrt{2}$

(4)　$a=3$，$b=1$ または $a=5$，$b=2$

(5)　$2\sqrt{3}$ (cm)

2　35　　3　ウ　正しくなおしたもの　$\frac{y}{x}$

4　$y=90-\frac{x}{2}$　　5　45(%)

② 1(1)　4(通り)　　(2)　店　A店　確率　$\frac{5}{18}$

2(例)

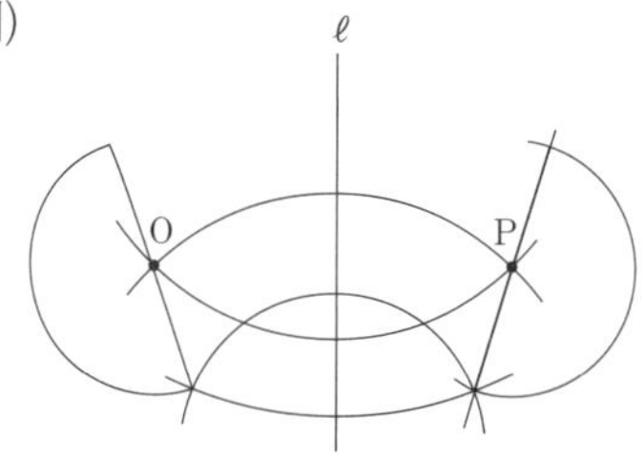

3　△ＡＢＤと△ＡＥＦにおいて，
仮定より，△ＡＢＣ，△ＡＤＥは正三角形だから，

∠ＡＢＤ＝∠ＡＥＦ＝60°　……①
∠ＤＡＢ＝∠ＣＡＢ－∠ＣＡＤ
　　＝60°－∠ＣＡＤ　……②
∠ＦＡＥ＝∠ＥＡＤ－∠ＣＡＤ
　　＝60°－∠ＣＡＤ　……③

②，③より，
∠ＤＡＢ＝∠ＦＡＥ　……④
①，④より，2組の角がそれぞれ等しいから，
△ＡＢＤ∽△ＡＥＦ

4　$\begin{cases} x+8+y=25 & \cdots\cdots① \\ 4x+5\times 8+6y=120 & \cdots\cdots② \end{cases}$

整理して，

$\begin{cases} x+y=17 & \cdots\cdots③ \\ 4x+6y=80 & \cdots\cdots④ \end{cases}$

$$\begin{array}{rl} 4x+6y=80 & \\ -)\ \ 4x+4y=68 & \cdots\cdots③\times 4 \\ \hline 2y=12 & \\ y=6 & \cdots\cdots⑤ \end{array}$$

⑤を③に代入し，$x+6=17$，$x=11$

答　4人の組　11組，6人の組　6組

③ 1　25(分)　　2　1760(人)　　3(1)　14(人)

(2)　正しくない
通学時間の中央値は，30分以上40分未満の階級にあり，太郎さんの通学時間よりも長くなるから。

④ 1ア　81π　　イ　72π

2ウ　点Ｐが点Ｈを含む底面の円周上

エ　$3\sqrt{10}$

3　$\frac{9}{4}$　　4　36π (cm²)

⑤ 1　$a=\frac{1}{2}$　　2　$y=-3x+8$

3(1)　$S=9$

(2)　$0\leqq t\leqq 2$ のとき，

$\frac{(2-t)+(8-2t)}{2}\times 6=24$

$6-3t+24-6t=24$，$9t=6$，

$t=\frac{2}{3}$ で，これは $0\leqq t\leqq 2$ の範囲にある。

$2 \leqq t \leqq 4$のとき,

$\dfrac{(t-2)+(8-2t)}{2} \times 6 = 24$

$3t-6+24-6t=24$, $-3t=6$,

$t=-2$となるが, $2 \leqq t \leqq 4$より不適。

$4 \leqq t$のとき,

$\dfrac{(t-2)+(2t-8)}{2} \times 6 = 24$

$3t-6+6t-24=24$, $9t=54$

$t=6$で, これは$4 \leqq t$の範囲にある。

よって, $t=\dfrac{2}{3}$, 6

答　$t=\dfrac{2}{3}$, 6

配　点

1	3点×9	計27点
2	**2～4**　4点×3　　他　3点×2	計18点
3	**3**(2)　4点　　他　3点×3	計13点
4	**1**　2点×2　　他　3点×4	計16点
5	**3**(1)　4点　　**3**(2)　6点　　他　3点×2	計16点

解　説

1　＜計算問題・小問集合＞

1(1)　かけ算から先にする。

$5 \times (-2) + 6 = -10 + 6 = -4$

(2)　かっこの中から先に計算する。

$\left(\dfrac{3}{8}+\dfrac{1}{4}\right) \div \dfrac{5}{4} = \left(\dfrac{3}{8}+\dfrac{2}{8}\right) \div \dfrac{5}{4}$

$= \dfrac{5}{8} \times \dfrac{4}{5} = \dfrac{1}{2}$

(3)　$\sqrt{18} - 4\sqrt{6} \times \dfrac{2}{\sqrt{3}} = \sqrt{3^2 \times 2} - \dfrac{8\sqrt{6}}{\sqrt{3}}$

$= 3\sqrt{2} - 8\sqrt{2} = -5\sqrt{2}$

(4)　$a = 2b + 1$にbの値をあてはめて考える。

$b = 1$のとき, $a = 2 \times 1 + 1 = 3$は適する。

$b = 2$のとき, $a = 2 \times 2 + 1 = 5$は適する。

$b = 3$のとき, $a = 2 \times 3 + 1 = 7$となり,

$a + b = 7 + 3 = 10$となるので不適。

(5)　**三平方の定理**より, $\sqrt{4^2 - 2^2} = \sqrt{12} = 2\sqrt{3}$ (cm)

2　(ある数)÷8＝4余り3より,

(ある数)＝4×8＋3＝35

3　**時間＝道のり÷速さ**だから, $\dfrac{y}{x}$時間

4　**AD//BCより錯角は等しい**から,

∠PBC＝x(度), ∠QBC＝$\dfrac{x}{2}$(度)

また, ∠BCQ＝90°, **三角形の内角の和**より,

$\dfrac{x}{2} + y + 90 = 180$, $\dfrac{x}{2} + y = 90$, $y = 90 - \dfrac{x}{2}$

5　54260÷119510×100＝45.4…より, 45％

2　＜確率・作図・証明・連立方程式＞

1(1)　3と6, 4と5, 5と4, 6と3の4通り。

小＼大	1	2	3	4	5	6
1	2	3	4	5	6	7
2	3	4	5	6	7	8
3	4	5	6	7	8	⑨
4	5	6	7	8	⑨	⑩
5	6	7	8	⑨	⑩	⑪
6	7	8	⑨	⑩	⑪	⑫

(2)　A店は右のようになる。

全体では36通りで, 和が9以上になるときは10通りあるから, $\dfrac{10}{36} = \dfrac{5}{18}$

B店はすべての場合が(表, 表)(表, 裏)(裏, 表)(裏, 裏)の4通りで, そのうちの1通りがあたりだから, $\dfrac{1}{4} = \dfrac{9}{36}$

よって, A店の方があたりが出やすい。

2　①直線ℓ上の任意の2点を中心とし, 点Oを通る円をそれぞれ作図し, その交点(Oではない方)をPとする。

②直線ℓ上の任意の2点を中心とし, 半円Oの直径の両端のどちらかを通る円をそれぞれ作図する。

③②でとった点と点Pを通る直線と, 点Pを中心とし, ②でとった点を通る円を作図し, 半円をかく。

3　右図より, 正三角形の1つの角は60°であることと, ×印をつけた角は60°−∠DACの形で表すことができるから, 相似条件「2組の角がそれぞれ等しい」を用いればよい。

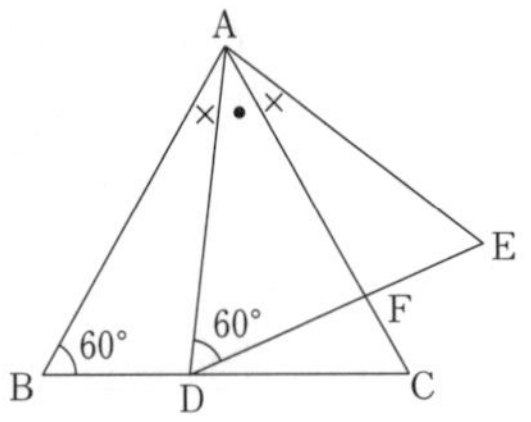

4　組数と生徒数の合計についてそれぞれ立式する。

3　＜資料の整理＞

1　度数が最も大きいのは20分以上30分未満の階級で, その階級値が最頻値となるから, $\dfrac{20+30}{2} = 25$(分)

2　**表**から, 40分以上50分未満の相対度数は,

$\dfrac{55}{500} = 0.11$

K市のすべての中学生の人数は16000人だから,

16000×0.11＝1760より, およそ1760人。

3(1)　自転車通学の生徒の人数をx人とすると, 徒歩通学の人数は$(84-x)$人。

平均値の関係から, $30(84-x)+18x=28 \times 84$が成り立つ。これを解いて,

$2520-30x+18x=2352$, $12x=168$, $x=14$

よって, 自転車通学の人数は, 14人

(2)　**中央値(メジアン)**…調べようとする資料の値を大きさの順に並べたときの中央の値で, 資料の総数が偶数のときは, 中央にある2つの数の平均値を中央値とする。総数が84で偶数なので, 小さい方から42番目と43番目の値が含まれる階級は30分以上40分未満の階級となり, 太郎さんの通学時間(29分)よりも長いから, 太郎さんの考えは正しくないことがわかる。

4　＜空間図形＞

1　ア　**(円柱の体積)＝(底面積)×(高さ)**より,

$3^2\pi \times 9 = 81\pi$ (cm^3)

イ　円柱を展開図で示したとき, 側面の長方形の横の長さは, 底面の円の円周と等しいから,

$2\pi \times 3 = 6\pi$ (cm)

(円柱の表面積)＝(底面積)×2＋(側面積)より,

$3^2\pi \times 2 + 9 \times 6\pi = 18\pi + 54\pi = 72\pi$ (cm^2)

2　線分OPの長さが最大になるのは, 点Pが点Hを含む底面の円周上にあるときである。△OPHは直角三角形で, OH＝9 (cm), PH＝3 (cm)

であるから, **三平方の定理**より,

OP^2＝OH^2＋PH^2, OP^2＝$9^2 + 3^2$

OP^2＝90　OP＞0より, OP＝$3\sqrt{10}$ (cm)

3　四角形ＯＨＲＱを直線ＯＨを軸として１回転させてできる立体は右図の通り。ＱＲ＝x (cm)とすると，立体の体積は，底面の半径が３cm，高さが$x$cmの円柱の体積と底面の半径が３cm，高さが$9-x$ (cm)の円錐の体積の和である。この立体と円柱の体積の比が１：２であるから，

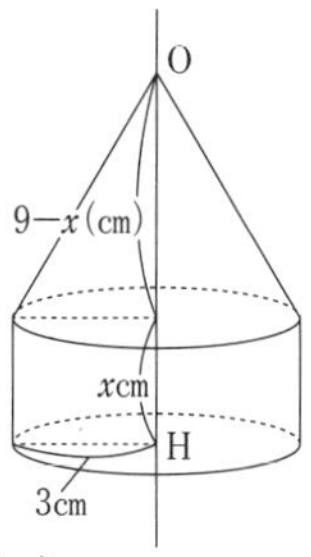

$3^2\pi\times x+\frac{1}{3}\times3^2\pi\times(9-x)=81\pi\times\frac{1}{2}$

$9\pi x+3\pi(9-x)=\frac{81}{2}\pi$

$9x+27-3x=\frac{81}{2}$，　$6x=\frac{27}{2}$，　$x=\frac{9}{4}$

よって，ＱＲ＝$\frac{9}{4}$ (cm)

4　円柱の側面の展開図に長方形ＫＬＭＮが巻き付いている様子をかくと右図の通り。このとき，△ＭＮＸ≡△ＬＫＹであるから，長方形ＫＬＭＮの面積は平行四辺形ＫＹＸＮの面積に等しい。よって，長方形ＫＬＭＮの面積は，$3\times12\pi=36\pi$ (cm²)

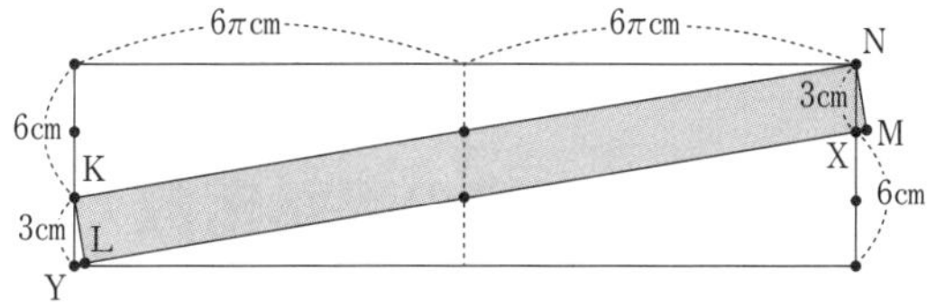

5　＜関数＞

1　$y=ax^2$に$x=-4$，$y=8$をそれぞれ代入し，
$8=a\times(-4)^2$，$16a=8$，$a=\frac{1}{2}$

2　２秒後に点Ｐは点Ａと重なり，点Ｑはy軸上にある。
関数①上の点だから，点Ａのy座標は，
$y=\frac{1}{2}\times2^2=2$　よって，Ｐ(２，２)
求める直線の式を$y=bx+8$として，点Ｐの座標を代入し，$2=2b+8$，$2b=-6$，$b=-3$
よって，直線ＰＱの式は，$y=-3x+8$

3(1)　Ａ(２，２)，Ｃ(４，８)より，ＡＢ＝２(cm)，ＣＤ＝８(cm)
$t=3$のとき，ＡＰ＝ＰＢ－ＡＢ＝$1\times3-2=1$(cm)
ＱＣ＝ＣＤ－ＱＤ＝$4\times2-2\times3=2$ (cm)
高さは，$8-2=6$ (cm)
台形ＡＰＣＱ＝$\frac{1}{2}\times(1+2)\times6=9$ (cm²)
よって，$S=9$

(2)　・$0\leqq t\leqq2$のとき，台形ＡＣQ_1P_1
・$2\leqq t\leqq4$のとき，台形ＡP_2ＣQ_2
・$4\leqq t$のとき，台形ＡP_3Q_3Ｃ
の３つの場合についてtの値を求めて検証する。

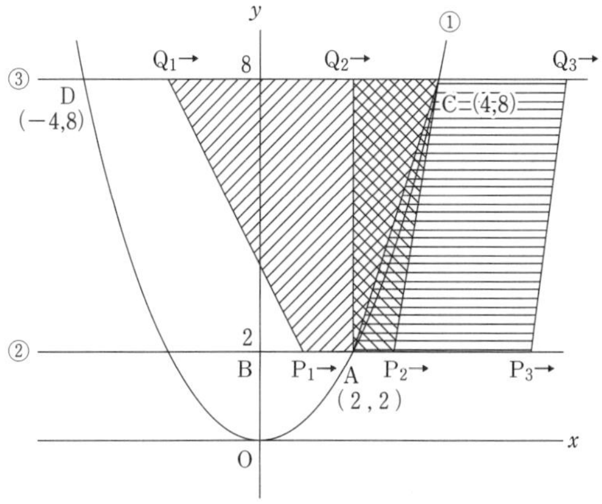

統一模試

県内最大規模の公開模試

高校受験の道標!!

のべ※43,000人近くの中学生が挑戦

※ 2019年度

統一模試は，県下400の会場で300を超える学習塾が参加する県内最大規模の公開模試です。鹿児島県の公立高校入試問題にもっとも近い内容と形式で出題していますので，本番の入試実践練習にピッタリの模試です。また，カラーの個人成績票やデジタル採点による個人学力分析表などの情報と，長年の蓄積された豊富なデータで志望校選択に必ずお役に立ちます。

〈個人成績票〉

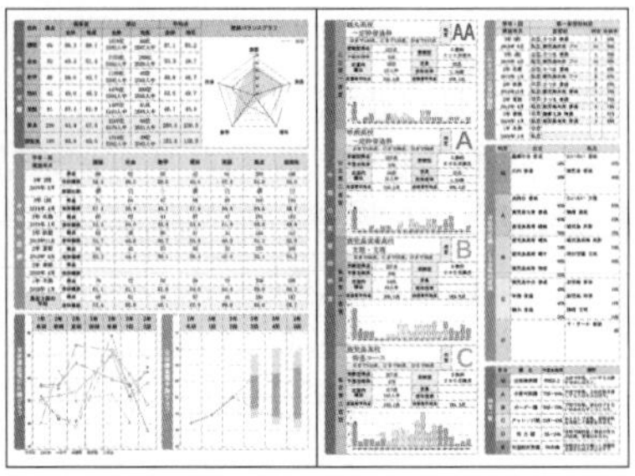

〈個人学力分析表〉

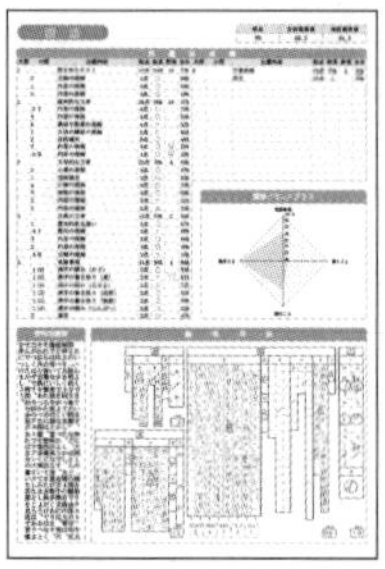

令和２年度年間計画

学年	回	テスト名	統一実施日
中学3年	1	中学３年　第１回	7月４日
	2	中学３年　第２回	8月20日
	3	中学３年　第３回	10月３日
	4	中学３年　第４回	11月７日
	5	中学３年　第５回	12月５日
	6	中学３年　第６回	1月６日
	7	入試プレテスト	2月６日
中学2年	1	中学２年夏期テスト	8月19日～20日
	2	中学２年冬期テスト	12月４日～５日
	3	新中学３年春期テスト	3月12日～13日
中学1年	1	中学１年夏期テスト	8月19日～20日
	2	中学１年冬期テスト	12月４日～５日
	3	新中学２年春期テスト	3月12日～13日
新中1		新中学１年春期テスト	3月12日～13日

★県内最大規模の受験者数
★公立高校入試に最も近い内容と形式
★豊富なデータに基づく信頼性の高い合格可能性判定

統一模試申し込み方法

①学習塾での受験
最寄りの統一模試ポスターのある学習塾へ受験料を添えて申し込んでください。

②当社指定の受験会場
電話かインターネットで申し込んでください。
◎３年生の各回で私立高校や鹿児島大学など様々な特設会場で会場テストを行います。
※受験会場は、回によって異なります。詳しくはホームページをご覧ください。

③自宅受験（受験料は4,200円になります）
お近くに会場がない場合のみ自宅受験ができます。当社まで電話かインターネットで申し込んでください。

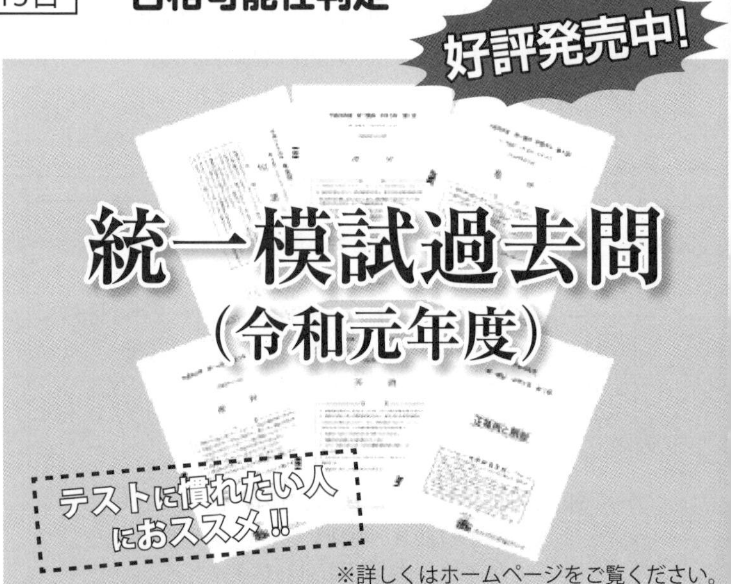

※詳しくはホームページをご覧ください。

統一模試過去問の特徴

- ●形式・出題数・出題傾向とも、鹿児島県の高校入試に沿って編集。
- ●出題範囲は段階的になっているため、学校の進度に合わせてご利用いただけます。
- ●各教科の平均点・正答率の一覧や過去の追跡調査などをもとに出した精度の高い合格判定も掲載。（公立高校Ａ判定のみ）

小学生模試は「小学生学力コンクール」！

小学５・６年生向けに実施されるテストです。

小学６年生は第１回～第５回（4月・7月・8月・12月・1月），小学５年生は第１回～第３回（4月・8月・1月）の日程で実施されます。なお，小学６年生の第２・４回は，「発展編」として，中学受験を予定する児童向けで，他の回より少しレベルの高い模試となります。また、小学６年生の第１・３・５回と小学５年生の「通常回」は英語を含めた５教科となります。（小学５年第１回を除く）。

【受験料／「通常回」（小学５年第１回を除く）は3,200円，「発展編」および小学５年第１回は3,000円（税込）】

主催／㈱鹿児島県教育振興会
後援／南日本新聞社
会場／特設会場および各学習塾の指定会場
受験料／3,500円（税込）

■内容を詳しく知りたい方は…
鹿児島県統一模試　検索

ホームページ
www.kakyoushin.co.j
Facebookも要チェック

2021年受験用

鹿児島県高校入試問題集　公立編

初版発行　2020年6月1日

編　　集　教育振興会高校入試問題集編集部

発 行 所　(株)鹿児島県教育振興会

〒890-0056　鹿児島市下荒田1丁目14番15号
TEL(代表)099(252)2621　FAX 099(252)2623
URL：http://www.kakyoushin.co.jp
Email：kyoushin@kakyoushin.co.jp

印 刷 所　株式会社　新生社印刷

■　許可なしに転載、複製することを禁じます。
■　乱丁・落丁はお取りかえしますので弊社に直接お申し出ください。